Todos los libros de Linkgua Ediciones cuentan con modelos de Inteligencia Artificial entrenados por hispanistas. Pregúntale al chat de tu libro lo que desees acerca de la obra o su autor/a.

Para ebooks: Accede a nuestro modelo de IA a través de este enlace.

Para libros impresos: Escanea el código QR de la portada con tu dispositivo móvil.

Obtén análisis detallados de nuestros libros, resúmenes, respuestas a tus preguntas y accede a nuestras ediciones críticas generativas para una experiencia de lectura más enriquecedora.
La transparencia y el respeto hacia la autoría de las fuentes utilizadas son distintivos básicos de nuestro proyecto. Por ello, las respuestas ofrecen, mediante un sistema de citas, las fuentes con las que han sido elaboradas.

Inca Garcilaso de la Vega

Comentarios reales
Edición de Aurelio Miró Quesada

Parte I

Barcelona **2024**
Linkgua-ediciones.com

Créditos

Título original: Comentarios reales.

© 2024, Red ediciones S.L.

e-mail: info@linkgua.com

Diseño de cubierta: Michel Mallard.

ISBN rústica: 978-84-9007-100-7.
ISBN ebook: 978-84-9007-099-4.

Cualquier forma de reproducción, distribución, comunicación pública o transformación de esta obra solo puede ser realizada con la autorización de sus titulares, salvo excepción prevista por la ley. Diríjase a CEDRO (Centro Español de Derechos Reprográficos, www.cedro.org) si necesita fotocopiar o escanear algún fragmento de esta obra.

Sumario

Créditos _____ **4**

Prólogo _____ **13**
  I. Años de formación _____ 13
    El capitán y la Palla _____ 13
    Años de infancia _____ 14
    Años de mocedad _____ 16
    El viaje a España _____ 17
    De Gómez Suárez a Garcilaso de la Vega _____ 19
    El cambio de mundo _____ 20
    La traducción de los Diálogos de Amor _____ 21
    El paso a Córdoba _____ 23
    La Florida del Ynca _____ 24
  II. Los Comentarios Reales _____ 26
    Las anotaciones en la Historia de Gómara _____ 27
    Los «papeles rotos» de Blas Valera _____ 27
    Las fuentes escritas _____ 29
    Lo que vio y lo que oyó _____ 30
    El comento y la glosa _____ 32
    Composición y técnica _____ 33
    La idealización del Imperio Incaico _____ 34
    El mestizaje y el paisaje peruano _____ 36
    La impresión de los Comentarios _____ 38
  III. Fin de una vida y final de una obra _____ 39
    Anuncios de la fama _____ 40
    La Segunda Parte de los Comentarios _____ 41
    Diferencias entre las dos partes _____ 42
    El punto de vista personal _____ 45
    Compatriotas peruanos y humanistas de Córdoba _____ 47
    La muerte del Inca _____ 48
    El inventario de los libros _____ 49

La Historia general del Perú 51
Epílogo 52

Criterio de esta edición **53**

Comentarios reales de los incas
a la serenísima princesa doña Catalina de Portugal, duquesa de Braganza, etc. **55**

Proemio **57**
Al lector 57

Advertencias **59**
Acerca de la lengua general de los indios del Perú 59

Libro primero **63**
Capítulo I. Si hay muchos mundos. Trata de las cinco zonas 63
Capítulo II. Si hay antípodas 65
Capítulo III. Cómo se descubrió el Nuevo mundo 66
Capítulo IV. La deducción del nombre Perú 69
Capítulo V. Autoridades en confirmación del nombre Perú 71
Capítulo VI. Lo que dice un autor acerca del nombre Perú 73
Capítulo VII. De otras deducciones de nombres nuevos 76
Capítulo VIII. La descripción del Perú 78
Capítulo IX. La idolatría y los dioses que adoraban antes de los Incas 83
Capítulo X. De otra gran variedad de dioses que tuvieron 84
Capítulo XI. Maneras de sacrificios que hacían 86
Capítulo XII. La vivienda y gobierno de los antiguos, y las cosas que comían 88
Capítulo XIII. Cómo se vestían en aquella antigüedad 90
Capítulo XIV. Diferentes casamientos y diversas lenguas. Usaban de veneno y de hechizos 92
Capítulo XV. El origen de los Incas reyes del Perú 93
Capítulo XVI. La fundación del Cuzco, ciudad imperial 98
Capítulo XVII. Lo que redujo el primer Inca Manco Cápac 100
Capítulo XVIII. De fábulas historiales del origen de los Incas 101

Capítulo XIX. Protestación del autor sobre la historia _____ 104
Capítulo XX. Los pueblos que mandó poblar el primer Inca _____ 107
Capítulo XXI. La enseñanza que el Inca hacía de sus vasallos _____ 108
Capítulo XXII. Las insignias favorables que el Inca dio a los suyos _____ 110
Capítulo XXIII. Otras insignias más favorables, con el nombre Inca _____ 111
Capítulo XXIV. Nombres y renombres que los indios pusieron a su rey _____ 114
Capítulo XXV. Testamento y muerte del Inca Manco Cápac _____ 115
Capítulo XXVI. Los nombres reales y la significación de ellos _____ 118

Libro segundo _____ 121

Capítulo I. La idolatría de la segunda edad y su origen _____ 121
Capítulo II. Rastrearon los Incas al verdadero Dios Nuestro Señor _____ 125
Capítulo III. Tenían los Incas una T en lugar sagrado _____ 128
Capítulo IV. De muchos dioses que los historiadores españoles impropiamente aplican a los indios _____ 130
Capítulo V. De otras muchas cosas que el nombre Huaca significa _____ 135
Capítulo VI. Lo que un autor dice de los dioses que tenían _____ 137
Capítulo VII. Alcanzaron la inmortalidad del ánima y la resurrección universal _____ 140
Capítulo VIII. Las cosas que sacrificaban al Sol _____ 143
Capítulo IX. Los sacerdotes, ritos y ceremonias y sus leyes atribuyen al primer Inca _____ 145
Capítulo X. Comprueba el autor lo que ha dicho con los historiadores españoles _____ 146
Capítulo XI. Dividieron el imperio en cuatro distritos registraban los vasallos _____ 150
Capítulo XII. Dos oficios que los decuriones tenían _____ 151
Capítulo XIII. De algunas leyes que los Incas tuvieron en su gobierno _____ 153
Capítulo XIV. Los recursos daban cuenta de los que nacían y morían _____ 157
Capítulo XV. Niegan los indios haber hecho delito ningún Inca de la sangre real _____ 159
Capítulo XVI. La vida y hechos de Sinchi Roca, segundo rey de los Incas _____ 161
Capítulo XVII. Lloque Yupanqui, rey tercero, y la significación de su nombre _____ 164
Capítulo XVIII. dos conquistas que hizo el Inca Lloque Yupanqui _____ 165
Capítulo XIX. La conquista de Hatun Colla y los blasones de los collas _____ 167
Capítulo XX. La gran provincia Chucuitu se reduce de paz. Hacen lo mismo otras muchas provincias _____ 170
Capítulo XXI. Las ciencias que los Incas alcanzaron. Tratase primero de la astrología 173
Capítulo XXII. Alcanzaron la cuenta del año y los solsticios y equinoccios _____ 174

Capítulo XXIII. Tuvieron cuenta con los eclipses del Sol, y lo que hacían con los de la Luna _____ 177

Capítulo XXIV. La medicina que alcanzaron y la manera de curarse_____ 179

Capítulo XXV. Las yerbas medicinales que alcanzaron _____ 181

Capítulo XXVI. De la geometría, geografía, aritmética y música que alcanzaron ____ 183

Capítulo XXVII. La poesía de los Incas amautas, que son filósofos, y harauicus, que son poetas_____ 185

Capítulo XXVIII. Los pocos instrumentos que los indios alcanzaron para sus oficios_ 191

Libro tercero de los Comentarios reales de los incas _____ **197**

Capítulo I. Maita Cápac, cuarto inca, gana a Tiahuanacu, y los edificios que allí hay _ 197

Capítulo II. Redúcese Hatunpacasa y conquistan a Cac-yauiri _____ 200

Capítulo III. Perdonan los rendidos y declárase la fábula_____ 202

Capítulo IV. Redúcense tres provincias, conquístanse otras, llevan colonias, castigan a los que usan de veneno_____ 203

Capítulo V. Gana el Inca tres provincias, vence una batalla muy reñida _____ 206

Capítulo VI. Ríndense los de Huaichu; perdónanlos afablemente _____ 208

Capítulo VII. Redúcense muchos pueblos; el Inca manda hacer una puente de mimbre_____ 209

Capítulo VIII. Con la fama de la puente se reducen muchas naciones de su grado __ 212

Capítulo IX. Gana el Inca otras muchas y grandes provincias y muere pacífico _____ 214

Capítulo X. Cápac Yupanqui, rey quinto, gana muchas provincias en Cuntisuyu ____ 216

Capítulo XI. La conquista de los aimaras; perdonan a los curacas. Ponen mojoneras en sus términos _____ 218

Capítulo XII. Envía el Inca a conquistar los quechuas. Ellos se reducen de su grado_ 221

Capítulo XIII. Por la costa de la mar reducen muchos valles. Castigan los sodomitas 223

Capítulo XIV. Dos grandes curacas comprometen sus diferencias en el Inca y se hacen vasallos suyos_____ 225

Capítulo XV. Hacen un puente de paja, enea y juncia en el desaguadero, redúcese Chayanta _____ 230

Capítulo XVI. Diversos ingenios que tuvieron los indios para pasar los rios y para sus pesquerías_____ 233

Capítulo XVII. De la reducción de cinco provincias grandes, sin otras menores ____ 237

Capítulo XVIII. El príncipe Inca Roca reduce muchas y grandes provincias mediterráneas y marítimas _____239
Capítulo XIX. Sacan indios de la costa para colonizar la tierra adentro. Muere el Inca Cápac Yupanqui_____241
Capítulo XX. La descripción del Templo del Sol y sus grandes riquezas_____242
Capítulo XXI. Del claustro del templo y de los aposentos de la Luna y estrellas, trueno y relámpago y arco del cielo _____244
Capítulo XXII. Nombre del sumo sacerdote, y otras partes de la casa _____247
Capítulo XXIII. Los sitios para los sacrificios y el término donde se descalzaban para ir al templo. Las fuentes que tenían _____248
Capítulo XXIV. Del jardín de oro y otras riquezas del templo, a cuya semejanza había otros muchos en aquel imperio_____251
Capítulo XXV. Del famoso templo de Titicaca y de sus fábulas y alegorías_____253

Libro cuarto. De los Comentarios reales de los incas _____257

Capítulo I. La casa de las vírgenes dedicadas al Sol _____257
Capítulo II. Los estatutos y ejercicios de las vírgenes escogidas _____258
Capítulo III. La veneración en que tenían las cosas que hacían las escogidas, y la ley contra los que las violasen_____261
Capítulo IV. Que había otras muchas casas de escogidas. Compruébase la ley rigurosa _____262
Capítulo V. El servicio y ornamento de las escogidas y que no las daban por mujeres a nadie _____264
Capítulo VI. De cuales mujeres hacía merced el Inca_____266
Capítulo VII. De otras mujeres que guardaban virginidad y de las viudas _____266
Capítulo VIII. Cómo casaban en común y cómo asentaban la casa _____267
Capítulo IX. Casaban al príncipe heredero con su propia hermana, y las razones que para ello daban_____269
Capítulo X. Diferentes maneras de heredar los Estados _____270
Capítulo XI. El destetar, trasquilar y poner nombre a los niños _____272
Capítulo XII. Criaban los hijos sin regalo ninguno _____274
Capítulo XIII. Vida y ejercicio de las mujeres casadas _____276
Capítulo XIV. Cómo se visitaban las mujeres, cómo trataban su ropa, y que las había públicas _____277

Capítulo XV. Inca Roca, sexto rey, conquista muchas naciones y entre ellas los Changas y Hancohuallu _____279

Capítulo XVI. El príncipe Yahuar Huacac y la interpretación de su nombre _____282

Capítulo XVII. Los ídolos de los indios Antis y la conquista de los Charcas _____285

Capítulo XVIII. El razonamiento de los viejos y cómo reciben al Inca _____286

Capítulo XIX. De algunas leyes que el rey Inca Roca hizo y las escuelas que fundó en el Cuzco, y de algunos dichos que dijo _____289

Capítulo XX. El Inca llora sangre, séptimo rey, y sus miedos y conquistas, y el disfavor del príncipe _____290

Capítulo XXI. De un aviso que un fantasma dio al príncipe para que lo lleve a su padre _____292

Capítulo XXII. Las consultas de los Incas sobre el recado del fantasma_____294

Capítulo XXIII. La rebelión de los Chancas y sus antiguas hazañas _____296

Capítulo XXIV. El Inca desampara la ciudad y el príncipe la socorre_____297

Libro quinto de los Comentarios reales de los incas _____ 301

Capítulo I. Cómo acrecentaban y repartían las tierras a los vasallos_____301

Capítulo II. El orden que tenían en labrar las tierras; la fiesta con que labraban las del Inca y las del Sol _____303

Capítulo III. La cantidad de tierra que daban a cada indio, y cómo la beneficiaban __305

Capítulo IV. Cómo repartían el agua para regar. Castigaban a los flojos y descuidados 308

Capítulo V. El tributo que daban al Inca y la cuenta de los orones _____309

Capítulo VI. Hacían de vestir, armas y calzado para la gente de guerra _____311

Capítulo VII. El oro y plata y otras cosas de estima no eran de tributo, sino presentadas_____313

Capítulo VIII. La guarda y el gasto de los bastimentos_____315

Capítulo IX. Daban de vestir a los vasallos. No hubo pobres mendigantes_____317

Capítulo X. El orden y división del ganado, y de los animales extraños_____320

Capítulo XI. Leyes y ordenanzas de los incas para el beneficio de los vasallos_____322

Capítulo XII. Cómo conquistaban y domesticaban los nuevos vasallos_____325

Capítulo XIII. Cómo proveían los ministros para todos oficios _____327

Capítulo XIV. La razón y cuenta que había en los bienes comunes y particulares ___330

Capítulo XV. En que pagaban el tributo, la cantidad de él y las leyes acerca de él___333

Capítulo XVI. Orden y razón para cobrar los tributos. El Inca hacía merced a los curacas de las cosas preciadas que le presentaban _____335

Capítulo XVII. El Inca Viracocha tiene nueva de los enemigos y de un socorro que le viene_____337

Capítulo XVIII. Batalla muy sangrienta, y el ardid con que se venció_____340

Capítulo XIX. Generosidades del príncipe Inca Viracocha después de la victoria ___343

Capítulo XX. El príncipe sigue el alcance, vuelve al Cuzco, vese con su padre, desposeele del imperio _____345

Capítulo XXI. Del nombre Viracocha, y por qué se lo dieron a los españoles_____348

Capítulo XXII. El Inca Viracocha manda labrar un templo en memoria de su tío, el fantasma _____351

Capítulo XXIII. Pintura famosa y la gratificación a los del socorro_____354

Capítulo XXIV. Nuevas provincias que el Inca sujeta, y una acequia para regar los pastos _____356

Capítulo XXV. El Inca visita su imperio; vienen embajadores ofreciendo vasallaje ___359

Capítulo XXVI. La huida del bravo Hancohuallu del imperio de los Incas _____362

Capítulo XXVII. Colonias en las tierras de Hancohuallu; el valle de Yucay ilustrado__364

Capítulo XXVIII. Dio nombre al primogénito, hizo pronóstico de la ida de los españoles_____366

Capítulo XXIX. La muerte del inca Viracocha el autor vio su cuerpo _____368

Libros a la carta _____373

Prólogo

I. Años de formación

El Inca Garcilaso, como lo dice él mismo en varios pasajes de su obra, nació en el Cuzco el 12 de abril de 1539, hijo mestizo del capitán español de ilustre alcurnia Garcilaso de la Vega y de la Palla o Princesa incaica Chimpu Ocllo. El nombre que se le impuso no fue el del padre, con el que ha pasado a la historia y a la gloria, sino el de algunos de sus antepasados por la rama paterna: Gómez Suárez de Figueroa. Su padrino de bautismo fue Francisco de Almendras, «hombre principal y rico» pero violento y tempestuoso, que acabó ajusticiado durante la rebelión de Gonzalo Pizarro; y su padrino de confirmación lo fue el ostentoso encomendero o «vecino» del Cuzco Diego de Silva, a quien se atribuye la *Crónica rimada de la Conquista de la Nueva Castilla* y cuyo padre fue el famoso y ornamentado Feliciano de Silva, el autor de libros de caballerías citado y satirizado en el *Quijote* de Cervantes.

El capitán y la Palla

Esta doble vertiente del niño mestizo y la trascendencia de los años en que le tocó venir al mundo, con la violenta y destructiva, pero al mismo tiempo fecunda y creadora, incorporación del Imperio de los Incas a la cultura de Occidente, a través de las armas, las creencias, los sentimientos y las normas de España, fueron sin duda decisivos para su formación espiritual.

Su padre, el capitán Garcilaso de la Vega, nacido en Badajoz de Extremadura alrededor del año 1500, era una rama del árbol genealógico que ya había dado brillantes frutos en la literatura y las armas de Castilla. Por su madre, Blanca de Sotomayor, se hallaba entroncado con el ilustre marqués de Santillana, Iñigo López de Mendoza, una de las voces líricas más puras de las letras de España; era sobrino de su homónimo Garcilaso el poeta toledano, renovador con Juan Boscán de la literatura en verso castellano; y era deudo también, aunque menos cercano, de Fernán Pérez de Guzmán, del canciller Pero López de Ayala, de Gómez Manrique y del insigne Jorge Manrique, autor de las inmortales *Coplas a la muerte de su padre*. Como por el lado paterno tenía asimismo sangre del enamorado poeta y caballero Garcí Sánchez de Badajoz, quiere decir que en el capitán que pasó al Perú se unían los nombres más valiosos de la Edad Media y del Renacimiento en

España y que en su retoño americano no era extraño que volvieran a lucir el refinamiento señoril, la mesura, el gusto por la síntesis, la integración y la armonía.

En cuanto a Chimpu Ocllo, era hija de Huallpa Túpac y de la Palla Cusi Chimpu; y, por lo tanto, nieta del Emperador Túpac Inca Yupanqui, sobrina del insigne Huayna Cápac, bajo cuyo gobierno alcanzó el Imperio de los Incas su mayor extensión geográfica, y prima de los dos últimos Emperadores del Tahuantinsuyo, los medio hermanos y rivales Huáscar y Atahualpa.

Años de infancia

Los azares no solo de la Conquista (puesto que el capitán Garcilaso llegó al Perú cuando ya se había ganado la tierra y el gobernador don Francisco Pizarro había quebrantado la impetuosa reacción del Inca Manco), sino de las guerras civiles de los conquistadores y del conflicto de estos mismos con los propósitos crecientes de centralización de la Corona, marcaron su huella inevitable en la formación de los hijos mestizos. En cuanto a Gómez Suárez, se sabe por él mismo que la primera lengua que habló fue el quechua, o «runa simi», de su madre («la lengua que mamé en la leche»), y que desde sus primeros años aprendió a manejar los hilos trenzados y de colores de los «quipus», que era la manera de contar de los Incas. En el hogar cuzqueño (la vieja casona que aún se conserva restaurada y que correspondió al capitán Garcilaso, al parecer en 1542, después del ajusticiamiento del almagrista Pedro de Oñate en el torbellino de las guerras civiles), el niño cuzqueño se sentía entrañablemente vinculado a su madre y escuchaba con apasionada avidez los relatos de sus parientes de sangre imperial en esos años del trágico ocaso del Incario.

> De las grandezas y prosperidades pasadas venían a las cosas presentes, lloraban sus Reyes muertos, enajenado su Imperio y acabada su república. Estas y otras semejantes pláticas tenían los Incas y Pallas en sus visitas, y con la memoria del bien perdido siempre acababan su conversación en lágrimas y llanto, diciendo: Trocósenos el reinar en vasallaje.

A los relatos orales de ellos («después, en edad más crecida, me dieron larga noticia de sus leyes y gobierno») se unía la emocionada imagen de lo que él podía observar por sí mismo. Todavía, hasta los doce o trece años de su edad, se conservaban, aunque descaecidas, algunas costumbres y fiestas del Imperio: las ceremonias viriles del «huaracu», o iniciación militar de los jóvenes; las fiestas del «situa», o de la purificación, mientras los espectadores comían el «sancu», y esperaban que llegara la noche para ahuyentar a los malos espíritus con las antorchas llamadas «pancuncu»; el alegre barbecho en los bancales de Collcampata entre los gritos de «haylli», que es triunfo o victoria. Más tarde fue la solemne visita a su deudo el Inca Sayri Túpac, que entró en el Cuzco después de su concierto con el virrey Hurtado de Mendoza y quien le dio sus manos a besar y le hizo beber, como en un rito, un poco de «chicha» de maíz. Años después, y ya al salir del Cuzco, otra impresión profunda: las momias embalsamadas de los Incas que le hizo ver el licenciado Polo de Ondegardo como una sombra del poder imperial. Y en todo instante los paseos juveniles por el campo, el hallazgo de misteriosos tesoros escondidos, las correrías por entre las piedras gigantescas de la fortaleza de Sacsayhuaman, «cuyas grandezas son increíbles a quien no las ha visto, y al que las ha visto y mirado con atención le hacen imaginar, y aun creer, que son hechas por vía de encantamiento».

La vinculación sentimental con su madre y con el mundo de su madre, tan decisiva en sus años infantiles, no afectó sin embargo su incorporación irreversible al mundo social y cultural que representaba su padre el capitán. Es cierto que, como todos los conquistadores entonces, y más los que tenían figuración política e importancia económica, el capitán Garcilaso se hallaba frecuentemente ausente de su casa cuzqueña. Unas veces eran las contiendas civiles, que les llevaban a cabalgar constantemente, a guerrear o a escapar. En ocasiones más pacíficas era la visita de sus encomiendas, para recoger los frutos de sus tierras y vigilar el trabajo de sus indios. El pequeño mestizo vio así cómo su padre partía aceleradamente a Lima cuando la rebelión de Gonzalo Pizarro; cómo el desaforado Hernando Bachicao cañoneaba su casa desde la fronteriza Catedral; cómo Diego Centeno, con las tropas realistas, hacía su entrada en el Cuzco antes de su derrota de Huarina; con qué boato Gonzalo Pizarro lucía su pendón de rebeldía y Francisco de Carvajal iba y venía en su mula bermeja con su albornoz morado que le cubría a la morisca; y cómo solo unos meses después el Pacificador don Pedro de La Gasca celebraba desde el «corredorcillo largo y angosto» de la casa de Garcilaso las fiestas por la victoria sobre el mismo Gonzalo en Xaquixahuana.

En tales condiciones, era poco lo que se podía esperar de la educación de los niños mestizos. El mismo Gómez Suárez iba a contar más adelante que tuvo como ayo al siempre leal Juan de Alcahaza, que estudió las primeras letras castellanas en lo que se llamaba gráficamente el «beabá», que pasó luego con varios sobresaltos por cinco o seis preceptores de latinidad, hasta que a él y a otros hijos de «vecinos» les enseñó con más sosiego el canónigo Juan de Cuéllar, que soñaba con ver algunos de ellos en la Universidad de Salamanca. El hijo del capitán Garcilaso iba a decir después que no alcanzó sino «una poca gramática» y que lo escaso que aprendió de la lengua latina fue «en el mayor fuego de las guerras de mi tierra, entre armas y caballos, pólvora y arcabuces, de que supe más que de letras».

Años de mocedad
Si su infancia estuvo marcada esencialmente por las huellas indígenas, la mocedad de Gómez Suárez se halló más influida por la impronta española. El mayor reposo logrado después del triunfo del Pacificador sobre Gonzalo, la muerte violenta de los conquistadores de la tierra en el tumulto de las guerras civiles y el sofrenamiento de los encomenderos por la fuerza creciente de las autoridades y de las normas legales de la Corona, hicieron que la vida del Cuzco, y en general del Virreinato, fuera cada vez más una copia lejana pero firme de la vida de España. Todavía niño, Gómez Suárez tuvo una nueva muestra de esa separación entre dos mundos con los matrimonios casi simultáneos de sus padres. Atendiendo a sus propias conveniencias y a las recomendaciones de las Cédulas Reales, el capitán Garcilaso de la Vega contrajo enlace en 1549 con la dama española Luisa Martel de los Ríos. La abandonada Chimpu Ocllo, ya bautizada con el nombre cristiano de Isabel, casó poco después —o fue casada— con el modesto y desconocido Juan del Pedroche, posiblemente mercader o tratante y no soldado.

El hijo mestizo siguió viviendo en la casa paterna; y cuando de 1554 a 1556 el capitán Garcilaso fue Corregidor y Justicia Mayor del Cuzco, el mozo le sirvió de «escribiente de cartas» y pudo andar con desenfado entre los más prominentes encomenderos o «vecinos». La tranquilidad y la holgura económica le permitieron deleitarse con los halagos más pacíficos de la aclimatación de plantas y animales. Ya en 1551 se había evadido un día de la escuela para ver los primeros bueyes, que roturaban el terreno en la explanada cercana a su casa donde se levantó después la iglesia de San Francisco. Así vio también las primeras vacas; recibió el primer asno, comprado por Garcilaso para obtener mulas de sus yeguas; apreció las primeras aceitunas; contempló los primeros espárragos; repartió las primeras uvas que su padre le hizo llevar de casa en casa y de las que gozó buena parte en el camino.

Y para adiestrarse en los usos de España, jugó cañas en las fiestas del Apóstol Santiago y al jurarse por rey a Felipe II, y se le grabó para siempre en el recuerdo la celebración solemne de la fiesta del Corpus.

El viaje a España
En mayo de 1559, al cabo de una enfermedad que le duró más de dos años «con largos crecientes y menguantes», falleció en el Cuzco el capitán Garcilaso de la Vega. En su testamento, redactado dos meses antes, no solo proveyó al cuidado de su esposa española, de sus dos hijas habidas en ella (que murieron al poco tiempo) y de una hija natural que tenía en España, sino previno a las necesidades del mozo mestizo Gómez Suárez. Con el encargo de velar por él y por su renta, a su concuñado el leonés Antonio de Quiñones, Garcilaso asignó especialmente «cuatro mil pesos de oro y de plata ensayada y marcada» para que el mozo fuera a estudiar a España, «porque así es mi voluntad por el amor que le tengo, por ser como es mi hijo natural y por tal le nombro y declaro».

Unos meses después, el 20 de enero de 1560, se cumplió su propósito. Gómez Suárez salió del Cuzco, avanzó por la pampa de Anta, cruzó el río Apurimac, atravesó los Andes, llegó a la costa del Pacífico, pasó por el santuario tradicional de Pachacámac, se detuvo unos días en Lima, la ciudad de Los Reyes (cuyo hermoso trazo le agradó, pero que le decepcionó por encontrarla hecha de barro, con calor y mosquitos, a diferencia de las casas de piedra y el clima frío pero seco del Cuzco). En el puerto de Lima, el Callao, vendió el caballo que lo había llevado; se embarcó rumbo a Panamá; cruzó el istmo; volvió a embarcarse en Nombre de Dios, sobre el Caribe; tocó en Cartagena y posiblemente después en La Habana; y luego de un viaje tempestuoso por el Atlántico arribó a las Azores, para navegar días más tarde y llegar a Lisboa. De Portugal pasó enseguida a España; llegó por mar a Sevilla; al parecer fue a Extremadura a visitar a sus parientes; y a poco siguió a Montilla, en las cercanías de Córdoba, donde residía su tío paterno el capitán Alonso de Vargas, casado con doña Luisa Ponce de León, hermana del licenciado Francisco de Argote (que iba a ser padre del poeta Luis de Góngora y Argote). Don Alonso y su esposa lo recibieron cordialmente, y su estancia en Montilla, aunque no lo pensara, iba a dorarle por treinta años.

Pero lo que más le interesaba entonces era el reconocimiento oficial de los servicios prestados por el capitán Garcilaso en América y las mercedes que por ello y por la sangre imperial de su madre consideraba que le correspondían. Para intentarlo fue a Madrid, donde acababa de establecerse la Corte y donde pasó al parecer todo el año de 1562 y una parte de 1563 en el empeño, que iba a resultar vano, de conseguir la situación y las rentas que esperaba. Cuando creía que iba a lograrlo, el Consejo de Indias desbarató sus pretensiones alegando que el capitán Garcilaso había salvado al rebelde Gonzalo Pizarro al cederle su caballo en la batalla de Huarina. En vano el mozo pretendió aclarar y justificar la actitud de su padre en aquel día. Lope García de Castro, que formaba parte del Consejo (e iba a ser gobernador del Perú), le detuvo diciéndole —con frase que para el futuro historiador resultaba un sarcasmo— que lo que estaba escrito por los historiadores no podía negarse.

Decepcionado entonces, por un momento pretendió volver al Perú. Por esos mismos días, cuando vivía pobremente en Madrid, había entrado en relación con los Padres mercedarios que solicitaban permiso para que fueran veinte religiosos a reforzar sus conventos peruanos y ofrecían «información acá (es decir en Madrid) con gente de allá» (es decir del Perú). Uno de los testigos fue Gómez Suárez, quien no solo hizo una elogiosa información sino demostró por primera vez su precisa y cabal exactitud: lo que había visto y le constaba, lo que conocía con certeza, lo que escuchó decir «aunque de cierto no lo sabe» y lo demás «de que no tiene noticia».

De Gómez Suárez a Garcilaso de la Vega

A mediados del año, el 27 de junio de 1563, el mestizo cuzqueño obtuvo el permiso para el viaje. La parte pertinente de la Cédula que favorecía a varios solicitantes decía textualmente;

> y den (permiso) para que los oficiales de Sevilla dejen pasar al Perú a Gómez Suárez de Figueroa, hijo de Garcilaso de la Vega que sirvió en aquella tierra, dando información en forma.

Pero no se sabe aún por qué motivo, si porque a la postre se le denegó la licencia, si porque entre tanto zarpó la flota, si porque luego el que partió fue el propio García de Castro que había negado sus reclamos, o si decidió tentar suerte en otros campos, lo cierto es que el mozo se quedó y volvió a Montilla a cobijarse en el apoyo de Alonso de Vargas.

Poco tiempo después se produce otro cambio muy significativo. En una partida de bautismo, tal vez por una momentánea indecisión, el Gómez Suárez que actúa de padrino figura como «Gómez Suárez de la Vega». Cinco días más tarde, el 22 de noviembre, aparece el mestizo como «Garcilaso de la Vega»; o sea el nombre ilustre de su padre el capitán, del héroe del romance «Cercada está Santa Fe» y de su deudo el poeta toledano que, como en el ideal renacentista, vivió sus pocos años «tomando ora la espada ora la pluma».

Así pareció también que iba a ocurrir con el nuevo Garcilaso, «que por otro nombre se llamaba Gómez Suárez de Figueroa en el tiempo que estuvo y residió en el Nuevo Mundo, Indias y Tierra Firme del mar Océano». Efectivamente, la rebelión de los moriscos en las Alpujarras de Granada, encabezados por Aben Humeya y a la muerte violenta de éste por Aben Abó, determinó que los nobles andaluces formaran mesnadas señoriales para que apoyaran a las fuerzas del rey, puestas al mando del gallardo don Juan de Austria después de la renuncia del marqués de Mondéjar. Una de esas mesnadas fue la del marqués de Priego, señor de la villa de carácter feudal de Montilla, y en ella intervino de modo eficaz el mestizo Garcilaso. Su actuación no fue muy prolongada; solo duró unos meses, de marzo a diciembre de 1570. Pero obtuvo los cuatro despachos o «conductas» de capitán, como su padre (dos de Felipe II y dos de don Juan de Austria), de las que se iba a preciar toda su vida.

El cambio de mundo

En cambio, terminada la guerra y vuelto ya a Montilla, colgó la espada para tomar la pluma definitivamente.

Esta orientación ya invariable de su vida se debió, sin duda, a su propia vocación, pero a ella también contribuyeron circunstancias externas. En primer término, y en lo más cercano para él, el fallecimiento de su tío Alonso de Vargas, a quien acompañó en sus últimos instantes en uno de los paréntesis de su campaña contra los moriscos. Don Alonso dejó sus bienes por sus días a su viuda doña Luisa; pero a la muerte de ésta debían pasar a su hermana Isabel de Vargas y a su sobrino el joven Garcilaso. Este siguió viviendo en la casa familiar; y desde entonces su posición social y económica ascendió, pudo dedicarse a «hacer y criar caballos» y fue una figura cada vez más notoria y apreciada en la tranquila villa montillana.

Por otra parte, en su tierra nativa del Perú se realizaba también entonces una transformación fundamental: el paso definitivo de la etapa gallarda y de empresa individual de la Conquista a la organización centralizada y rigurosamente estatal del Virreinato. Las Ordenanzas del virrey Toledo, sus minuciosas y precisas medidas, su dura represión de los Incas que aún mantenían cierta sombra imperial en el refugio boscoso de Vilcabamba, la cruel ejecución de Túpac Amaru y la persecución y destierro de los Incas varones y los mestizos de sangre real, habían cancelado totalmente, de un lado, el mundo de la Conquista y, de otro, el del Tahuantinsuyo o del Incario. Como el mestizo Garcilaso pertenecía al mundo de la Conquista por su padre y al del Tahuantinsuyo por su madre, como no tenía encomiendas que heredar ni cargos oficiales que pudiera aspirar en el Perú, y como, por las medidas contra los mestizos reales, no hubiera podido entonces volver aunque quisiera, quedó retenido por completo en España.

Otra triste noticia le llegó, que acabó de cortarle los lazos familiares con su tierra peruana. A fines de noviembre de 1571 falleció en el Cuzco su madre Chimpu Ocllo, que en su disposición testamentaria aparece con el nombre cristiano y el apellido español de «Isabel Suárez». El joven Garcilaso debió de sentir con emoción que había terminado en el Perú la etapa que fue suya y se había iniciado otra en la que ya no iba a poder encajar.

En cierta manera, de otro lado, en Montilla se reproducían para él, a la distancia, ciertos aspectos de su vida en el Cuzco. El ambiente rural; la cría de caballos; los censos sobre las tierras, que eran como un reflejo de las cobranzas en las encomiendas; la casa señorial, que le recordaría la casona cuzqueña en la que su padre el capitán sentaba a veces sesenta invitados a su mesa; hasta la rebelión de los moriscos en la sierra, como un eco amainado de la rebelión de los Incas en los Andes; todo ello tenía cierta resonancia familiar. En todo caso, el reposo obligado, el amplio tiempo para la lectura y la comunicación con doctos religiosos, determinaron —como iba a decir años después— que fuera como «soldado que perdido por mala paga y tarde se ha hecho estudiante».

La traducción de los Diálogos de Amor

La primera obra literaria que emprendió fue la difícil versión al castellano de una obra de vasta figuración renacentista: los *Diálogos de Amor*, escritos en italiano por el neoplatónico judío portugués Judah Abarbanel, o León Hebreo. No se sabe cómo ni cuándo aprendió Garcilaso el italiano (solo cuenta que mejoró su latín el teólogo montillano Pedro Sánchez de Herrera). Pero lo cierto es que se deleitó con «la dulzura y suavidad» de los *Diálogos*, que, como Boscán con la traducción del *Cortesano* de Castiglione, lo que empezó por recreo y deleite terminó en trabajo de cuidado y de lima, y que por años y años, puliendo y corrigiendo sus tres o cuatro borradores, se dedicó a traducir la obra, que ofreció a Felipe II como una primicia del Perú.

La afirmación de lo peruano es constante en ésa y en una posterior dedicatoria al mismo rey. (Garcilaso es «de la familia y sangre de los Incas»; su padre fue «conquistador y poblador» en el Perú; las mercedes que se le otorguen serán recibidas por «universal favor» en el Cuzco.) Y si en la primera dedicatoria, fechada en Montilla el 19 de enero de 1586, aparece por primera vez con el título de «Inca», la traducción se imprimió en Madrid, por Pedro Madrigal, en 1590, con el muy expresivo título de *La traduzion del Indio de los tres Dialogos de Amor de León Hebreo*.

¿Qué es lo que pudo inducir a Garcilaso a un trabajo tan inesperado? ¿Por qué se aficionó y por qué tradujo a León Hebreo, que por lo demás ya había sido traducido al español en dos oportunidades: por Guedella Yahia (edición de Venecia, 1568) y por Micer Carlos Montesa (Zaragoza, 1584); aunque no consta que Garcilaso hubiera conocido esas versiones? ¿Qué afinidad pudo encontrar con el armonioso despliegue metafísico del neoplatónico judío? Cuando se lo preguntó un maestrescuela de la Catedral de Córdoba, él contestó sencillamente, con discreta ironía, que había sido solo «temeridad soldadesca». Pero puede decirse que en León Hebreo encontró Garcilaso una semejanza con su gusto nativo por la sutileza intelectual, la discriminación y los distingos. («Que no se confunda lo uno con lo otro», iba a decir más tarde en una de las frases más repetidas de sus *Comentarios*.) Y sobre todo pudo hallar, no solo un modelo intelectual, sino un afán de integración, un gusto por el equilibrio de neta raíz renacentista, la persecución de un ideal de «orden y concierto» que representaba, desde el punto de vista de la forma, la noble tendencia a integrar lo disímil, como desde el punto de vista de la raza en él reconocía «prendas de ambas naciones»: la de la sangre indígena y la sangre española.

Con las palabras de León Hebreo, el Inca podría haber dicho también que sabía ascender de lo particular al arquetipo y que distinguía las dos caras o rostros del alma.

> La primera cara, hacia el entendimiento, es la razón intelectiva, con la cual discurre con universal y espiritual conocimiento, sacando fuera las formas y esencias intelectuales de los particulares y sensibles cuerpos... ; la segunda cara, que tiene hacia el cuerpo, es el sentido, que es el conocimiento particular de las cosas corpóreas.

Quién sabe si muchos de los llamados errores de Garcilaso no son tales, sino deliberadas modificaciones de las cosas concretas, hechas con un espíritu de superior ordenación, con el empeño íntimo de «sacar fuera las esencias», aun sacrificando a veces el detalle de las cosas particulares.

El paso a Córdoba

En 1591, afianzada ya definitivamente su condición de escritor y establecida su modesta pero tranquila situación económica, el Inca Garcilaso dejó Montilla para trasladarse a vivir en la cercana y prestigiosa ciudad de Córdoba. Tenía algún dinero, porque había muerto su tía la viuda del capitán Alonso de Vargas, y por lo tanto le tocó recibir la herencia de éste; y con la venta de unas casas y unos censos impuestos sobre bienes de los marqueses de Priego disfrutaba de un seguro pasar, aunque acostumbraba quejarse de que le faltaban «haciendas de campo y casas de poblado». Por entonces, o poco antes, ha de haber nacido su hijo Diego de Vargas, tenido en su criada Beatriz de Vega o de la Vega y cuya existencia solo ha venido a descubrirse hace unos años. Por caminos menudos tuvo también entonces una vinculación económica con el prodigioso poeta Luis de Góngora. Córdoba le permitió además un más fácil acceso a los libros y un mayor contacto con doctos amigos.

Fue así como proyectó dos empresas literarias, una descartada al poco tiempo y la otra en cambio realizada. La primera fue la revisión de las *Lamentaciones de Job*, interpretadas artificialmente a lo amoroso por el galante y dramático poeta Garcí Sánchez de Badajoz, deudo lejano suyo. El jesuita Juan de Pineda solicitó a Garcilaso que devolviera las *Lamentaciones*, en prosa, a su sentido espiritual, en un empeño que al cabo se frustró por razones circunstanciales, o simplemente porque perdió interés en ello.

La segunda labor fue la historia de la expedición de Hernando de Soto a la Florida, que pensó dedicar a otro pariente, Garcí Pérez de Vargas; ya que los presuntos capítulos iniciales, desglosados, forman la Relación de la descendencia del famoso Garcí Pérez de Vargas con algunos pasos de historia dignos de memoria, información de carácter genealógico, fechada en Córdoba el 5 de mayo de 1596, que se conserva manuscrita en la Biblioteca Nacional de Madrid (ms. 18.109).

La Florida del Ynca

La idea de escribir la historia de la jornada a la Florida puede haberle venido desde sus meses de Madrid, cuando encontró allí al viejo soldado Gonzalo Silvestre, quien después de participar en la frustrada expedición pasó al Perú, donde fue compañero del capitán Garcilaso de la Vega. Vuelto a encontrar Silvestre en Córdoba, que tullido de bubas y de heridas se había retirado a la cercana villa de Las Posadas, Garcilaso acudió donde él para escuchar los copiosos relatos del hazañoso y malhumorado combatiente y servirle —como él mismo declara— de redactor o de escribiente. Consta que allí fue a verlo Garcilaso en 1587 y 1589. Fue en realidad una decisión muy oportuna, porque Gonzalo Silvestre, achacoso por las viejas heridas y la edad, falleció en el verano de 1592.

La información del veterano soldado era indispensable, porque Garcilaso no había estado en la Florida, ni había alcanzado a Hernando de Soto, muerto al borde del río Misisipi cuando el Inca no tenía sino tres años de edad. «Por lo cual, viéndome obligado de ambas naciones, porque soy hijo de un español y de una india —escribe el Inca—, importuné muchas veces a aquel caballero escribiésemos esta historia», con el temor constante de que «si alguno de los dos faltaba perecía nuestro intento, porque, muerto yo, no había de tener quien le incitase y sirviese de escribiente y faltándome él no sabía yo de quién podía haber la relación que él podía darme». Así a menudo inquiría y escuchaba, tomaba notas, cotejaba otras fuentes. Le estimulaba sin duda, además, su familiaridad por esos años con el ilustre Ambrosio de Morales, verdadero dechado para los historiadores españoles, que había vuelto a Córdoba a pasar sus últimos días y allí acogió al mestizo cuzqueño y «tomó por suyos sus trabajos». Llegaron también a sus manos dos relaciones manuscritas de dos testigos presenciales de la expedición de Soto a la Florida: las *Peregrinaciones* que le envió Alonso de Carmona y una *Relación* de Juan Coles que encontró donde un impresor de Córdoba, medio comida «de polilla y ratones». Garcilaso rehizo su historia, la dio por concluida al finalizar el año de 1592; pero solo pudo verla impresa trece años después, en 1605, y no en Madrid sino en Lisboa, la amena capital de Portugal, Reino no solo vecino sino incorporado entonces a España por Felipe II.

La obra apareció con el título expresivo de *La Florida del Ynca*. Obra que pertenece, desde luego, fundamentalmente a la historia, basada en el relato vivo y el recuerdo copioso de uno de los protagonistas de la brava jornada, robustecida con la confrontación de otras fuentes escritas, *La Florida del Ynca* tiene también mucho de labor literaria. La hay no solamente por el concepto clásico de la ejemplaridad y del fin de provecho, por la necesidad de salvar del olvido hechos y personajes, por la elocuencia de arengas y discursos, por las efigies de los «claros varones», sino porque, sin desnaturalizar lo esencial de la historia, Garcilaso anima su relato con expresivos adornos novelescos.

Son escenas de novela bizantina al principio, con pérdidas, encuentros, naufragios, reconciliaciones, desventuras. Por paisajes insólitos, por entre arcabucos y pantanos, bajo los rayos de un Sol agobiante, desfilan los bravos caballeros, triunfadores del sueño y la fatiga, para ganar un Reino, dominar a un cacique o complacerse en la arrogancia de arrancarle laureles a la gloria. En otras partes, lo que se manifiesta es el gusto de las narraciones al estilo de las novelas italianas. Por las aguas tranquilas navegan canoas y bajeles, mientras bate las velas un dulce y fresco viento; o en el reposo de las luchas hay escenas de fiestas, enaltecidas por «la lindeza de la gala». Pero lo que da mayor intriga y atracción al relato es el carácter de idealizaciones y aventuras que en él se desenvuelve como en los libros de caballerías. Allí están los ritos del combate, las promesas del señor a la dama (en pleno tremedal americano) la gallardía de los mozos (solo un soldado, Juan Mateas del Almendral, peina canas), los saludos corteses, las descripciones de templos y palacios, las «cosas de encantamiento», los desafíos, los regalos. Juan de Añasco y sus treinta seguidores parten en busca de la Señora Viuda; Diego de Guzmán pierde al juego a la hija del cacique de Naguate y luego decide no entregarla y se fuga con ella para seguir la vida de los indios; Pedro de Atienza enferma en el camino, pero no quiere desmontar sino fallecer sobre el caballo.

De este modo el Inca Garcilaso, criado entre armas y caballos en el Cuzco, pero forjado en el estudio en sus «rincones de soledad y pobreza» cordobeses, alcanza una admirable madurez literaria. Si la traducción de los *Diálogos de Amor* había sido un homenaje al espíritu de orden y armonía y al humanismo del Renacimiento, la composición de *La Florida* se puede considerar como un tributo a sus lecturas literarias y una manera de adiestrarse para estar pronto a más altas empresas. En su largo proceso de preparación, acendrado en más de sesenta años, Garcilaso necesitaba enseñorearse de los procedimientos de la historia y de los artificios literarios para componer su obra fundamental sobre la tierra en que él había nacido: el Perú.

II. Los Comentarios Reales

La obra estuvo anunciada por primera vez en la primera dedicatoria a Felipe II de la traducción de los *Diálogos de Amor* de León Hebreo:

> Y con el mismo favor pretendo pasar adelante a tratar sumariamente de la conquista de mi tierra, alargándome más en las costumbres, ritos y ceremonias de ellas y en sus antiguallas, las cuales, como propio hijo, podré decir mejor que otro que no lo sea.

En la epístola al Príncipe Maximiliano de Austria, del 18 de septiembre del mismo año (1586), pide también su apoyo para «acabar de tejer la historia de la Florida y urdir la del Perú». Tres años más tarde, el 7 de noviembre de 1589, al dirigirse nuevamente al rey desde su transitoria residencia en Las Posadas, afirma:

> Concluida esta relación (la de *La Florida*) entenderé en dar otra de las costumbres, ritos y ceremonias que en la gentilidad de los Incas, señores que fueron del Perú, se guardaban en sus Reinos; para que V. M. las vea desde su origen y principio, escritas con alguna más certidumbre y propiedad de lo que hasta ahora se han escrito.

Al desglosar de *La Florida*, en 1596, la *Relación de la descendencia de Garcí Pérez de Vargas*, dice «que ya voy más que en la mitad», en frase que se refiere indudablemente a su proyectada historia de los Incas. Pero como en algunos pasajes afirma que los escribió antes de leer los libros impresos de Gómara, de Zárate, de Cieza de León o del Padre Acosta, es posible pensar que, si no la redacción misma, la idea de escribir una obra de rectificación y comentarios sobre la historia del Perú pudo haberle venido desde los años iniciales de su residencia en la Península.

Las anotaciones en la Historia de Gómara

Hay una prueba muy significativa, que se relaciona con su frustrada solicitud de mercedes a la Corona y con la amistad entrañable que anudó con Gonzalo Silvestre: las anotaciones marginales que puso a un ejemplar de la *Historia de Gómara* (hoy en la Biblioteca Nacional de Lima), que había sido de un «conquistador viejo del Perú», que se ha supuesto que era el mismo Silvestre. Las anotaciones son por lo común simples apuntes, escritos al correr de la lectura, para que sirvieran de punto de apoyo o para un recuerdo que va después a ser elaborado. En unos casos es la precisión de fuentes; en otros la fijación de la cronología; en los más extensos una aclaración de carácter lingüístico: la explicación del nombre de Lima, la distinción entre las pronunciaciones y por lo tanto los significados de la palabra «huaca».

Otro de los temas, y el de más dramático eco personal, es el de la defensa del padre del Inca y la reivindicación del honor familiar ante la tacha de delito de lesa majestad del capitán Garcilaso de la Vega. En tres ocasiones son ligeras referencias a la importancia que su padre alcanzó en la conquista y en las guerras civiles del Perú. Pero cuando Gómara llega al episodio de la batalla de Huarina y dice que el rebelde Gonzalo Pizarro, en un momento difícil de la lucha, «corriera peligro si Garcilaso no le diera un caballo», el Inca se indigna y rectifica. Con el recuerdo de la réplica agriada que recibiera en el Consejo de Indias, que le desbarató sus ilusiones, el Inca Garcilaso escribe al margen: «Esta mentira me ha quitado el comer». Pero con resignada y serena mesura añade luego: «quizá por mejor».

Los «papeles rotos» de Blas Valera

Las anotaciones a la *Historia* de Gómara, escritas con su letra clara y redondeada y en las que se transparenta su emoción interior, pueden considerarse como el germen y un anticipo de los *Comentarios*. Es posible que hayan sido escritas en Montilla, o cuando iba a Las Posadas a escuchar los relatos de Silvestre, o cuando la lectura de las relaciones de Carmona y de Coles lo adiestró en manejar fuentes históricas. Años después, al terminar el siglo, cuando ya *La Florida* estaba terminada y podía dedicarse íntegramente a su historia peruana, tuvo otro apoyo decisivo con la entrega que le hicieron los Padres jesuitas de la incompleta Historia del Perú de su compatriota el Padre Blas Valera.

Blas Valera, mestizo como él, había nacido en Chachapoyas, en la sierra del norte del Perú, en 1545, hijo de Luis Valera (Garcilaso lo llama Alonso, tal vez por confusión con el «Aloysius» latino) y de Francisca Pérez, india. Estudiante de Gramática y Artes en Trujillo, con prestigio de «buen latino» y de «buena cordura», había recorrido el territorio peruano hasta la altiplanicie del Callao en el sur, conocía la lengua de los indios, era «diligentísimo escudriñador» de las cosas de los Incas y tenía el prestigio intelectual de pertenecer al docto equipo de la Compañía de Jesús. Al parecer en 1590 viajó a España; se hallaba en Cádiz cuando el saqueo de la ciudad por las tropas del conde de Essex en 1596; y falleció dos años después en Málaga, en la casa de su Orden. Sus borradores de historia peruana, escritos en latín como el resto de su obra, fueron salvados solo en parte en Cádiz y entregados al Inca Garcilaso por el Padre Maldonado de Saavedra. «Yo hube del saco las reliquias que de los papeles quedaron —dice el Inca—, para mayor dolor y lástima de los que se perdieron, que se saca por los que se hallaron; quedaron tan destrozados que falta lo más y mejor».

Los encomios constantes del Inca Garcilaso a Blas Valera y sus citas textuales en diversos pasajes de su obra han redundado, injustamente, en una acusación de plagio contra él. Es cierto que ya esa acusación ha sido definitivamente refutada; que se han precisado la limitación de las citas de Valera y su discrepancia en más de un aspecto con el Inca; que cuando recibió los papeles de Valera hacía ya por lo menos doce años que Garcilaso anunciaba su obra; que el paso del latín al castellano hace suponer en el texto original un estilo más amplio que el llano y directo del Inca Garcilaso. Pero sobre todo, no es a pesar de Garcilaso sino precisamente a favor de él, como se ha podido salvar del olvido una fuente histórica valiosa para la religión y las leyes de los Incas y el nombre de uno de los primeros representantes de la cultura del Perú.

Las fuentes escritas

A través del Padre Valera el Inca Garcilaso conoció otras relaciones manuscritas o impresas: las Décadas *De Orbe Novo* de Pedro Mártir de Anghiera; las informaciones de fray Bartolomé de Las Casas sobre los indios de México (Garcilaso leyó además directamente los nueve *Tratados* de Las Casas, de 1552), las *Relaciones* de Polo de Ondegardo, las *Informaciones* y *Ordenanzas* del virrey Francisco de Toledo. Los jesuitas de Córdoba le hicieron llegar también algunas Cartas Annuas con referencia a la guerra de Arauco. Pero los cronistas españoles de Indias más citados y comentados por Garcilaso son: en primer lugar Pedro de Cieza de León en su puntualísima *Crónica del Perú*; y luego Francisco López de Gómara en su *Historia general de la Indias*, Agustín de Zárate en su *Historia del descubrimiento y conquista del Perú* y el padre José de Acosta en su *Historia natural y moral de las Indias*. De Cieza pueden hallarse más de treinta citas expresas; de Acosta casi treinta; de Gómara quince; y de Zárate once. De menor monta son las referencias que hace el Inca a otras obras impresas: la *Historia del Perú* de Diego Fernández, la segunda parte de las *Repúblicas del mundo* del agustino Román y Zamora, *La Araucana* de Alonso de Ercilla, la obra de Antonio de Nebrija, «acreedor de toda la buena latinidad que hoy tiene España», la del doctor Monardes *Dos libros: el uno que trata de todas las cosas que traen de nuestras Indias Occidentales que sirven al uso de la medicina, y el otro que trata de la piedra bezoar*.

De autores extranjeros hay una cita de las *Relaciones universales del mundo* de Giovanni Botero; una elogiosa referencia al *Orlando* de Ariosto, a quien llama «divino» como lo había llamado en *La Florida*; y el pintoresco y liviano recuerdo de un cuento del *Decamerón* de Giovanni Boccaccio.

Fuentes directas o simples referencias, la multiplicidad de las obras citadas y la abundancia de los recuerdos y las informaciones que aprovecha, permiten esbozar el sistema histórico del Inca. Ante todo, la acotación del tema, su delimitación en el espacio y en el tiempo: «Escribo solamente del Imperio de los Incas —declara— sin entrar en otras monarquías, porque no tengo la noticia de ellas que de ésta». Y luego el conocimiento y el cotejo de las fuentes, y la calificación o el orden de prioridades de esas fuentes: ser el autor testigo, haber nacido en el lugar, ser por lo menos del país, haber conocido la tierra, hablar la lengua. Y como frío raciocinio, la «discreción» del historiador. Y como cálido consejo, estar transido del «amor natural de la patria».

Dentro de ese criterio, se pueden señalar los elementos a que recurre el Inca Garcilaso: a) los libros impresos sobre materias de Indias que, por lo que se ha visto, eran todos aquellos de que podía disponer en su tiempo; b) relaciones manuscritas (como la ya citada del Padre Valera); c) informaciones escritas, enviadas profusamente a su pedido por varios corresponsales, particularmente sus condiscípulos del Cuzco; d) informaciones generales, y no exclusivas de él, sobre temas concretos (como las Cartas Annuas); e) fuentes orales españolas; f) fuentes orales indígenas; y g) lo que vio por sí mismo, especialmente en los veinte años de su vida en el Perú.

Lo que vio y lo que oyó

Precisamente es la fuente directa y personal de Garcilaso, el recuerdo indeleble de lo que vio y oyó en sus años del Cuzco, lo que presta un relieve excepcional y una extraordinaria capacidad de animación a su obra histórica. Sistema aprendido en buena parte en los cronistas de Indias, que aportan ese criterio sensorial, esa importancia esencial del testigo a la evolución de la historiografía, en el Inca Garcilaso el interés se acentúa y se agranda, no solo por la coetaneidad de muchos sucesos sino porque la mitad de sí mismo forma parte del mundo, extraño a España, que describe en su obra.

> Diré de los Incas ... —había anunciado en *La Florida*— lo que a mi madre y a sus tíos y parientes ancianos y a toda la demás gente de la patria les oí lo que yo de aquella antigüedad alcancé a ver.

> Después de haber dado muchas trazas y tomado muchos caminos para entrar a dar cuenta del origen y principio de los Incas, Reyes naturales que fueron del Perú —reitera en los *Comentarios*—, me pareció que la mejor traza y el camino más fácil era contar lo que en mis niñeces oí muchas veces a mi madre, y a sus hermanos y tíos, y a otros sus mayores.

Después de habérmelo dicho los indios —añade poco después— alcancé y vi por mis ojos mucha parte de aquella idolatría, sus fiestas y supersticiones, que aun en mis tiempos, hasta los doce o trece años de mi edad, no se habían acabado del todo.

Esas noticias y visiones indígenas —que se le grabaron profundamente en el recuerdo por el triple camino de la emoción racial, de la impresión de lo percibido en la niñez y del colorido contraste con el mundo que durante más de medio siglo viviera en España— constituyen la atracción fundamental de la *Primera parte de los Comentarios Reales*. Allí están las fiestas rituales: el Intip Raymi, homenaje al Sol, del solsticio de junio; la iniciación de las cosechas en el andén de Collcampata; las piedras gigantescas de la fortaleza de Sacsayhuaman; el trotecillo inolvidable de las recuas de llamas; la dulce música de las flautas indígenas; los puentes bamboleantes y el paso arriesgado por «oroyas» sobre los ríos caudalosos; los indios que trepaban por los caminos de los Andes y que arrojaban al llegar a la cima su piedra ritual en la «apacheta». Más que las leyes y creencias, más que la historia externa de las conquistas de los Incas y del gobierno autoritario y centralizado que tenían, son muchas veces los aspectos menudos y la interpretación cabal de una costumbre los que dan un relieve más exacto a la relación de Garcilaso.

Interpretación también de las palabras, porque de ellas depende en buena manera para el Inca el conocimiento cabal de las ideas, los usos, los sentimientos del Imperio perdido; hasta el punto de que antecede su historia de los Incas de unas someras pero significativas «Advertencias acerca de la lengua general de los indios del Perú»; («lengua general», o sea el quechua extendido por los Incas a todo el territorio dominado por ellos). Es una anticipación verdaderamente extraordinaria, que supera sin duda a lo que se halla en los demás cronistas de las Indias. El conocimiento del lenguaje es para él una clave para la precisión del hecho histórico, para la determinación de las áreas geográficas, para descubrir los secretos del alma y la estructura social de los pueblos. La interpretación real o no de una palabra, o la pronunciación fiel o no de esa palabra, aclara o ensombrece desde una doctrina hasta un objeto. Y así como en sus anotaciones a la *Historia* de Gómara distinguía por ejemplo entre las dos pronunciaciones de la palabra «huaca», que significa «ídolo» o «llorar» según que la voz suene como la urraca o como el cuervo, así en los *Comentarios Reales* aclara letras, género, polisemia, perífrasis, sintaxis.

El comento y la glosa

En tales condiciones, y con su madura concepción del arte histórico, el Inca emprendió la relación de los hechos externos y la reconstrucción de la estructura del abatido Imperio de los Incas, que había sido también suyo por el lado materno. «Como propio hijo —anunciaba en 1586, en su primera dedicatoria de la traducción de León Hebreo— podré decir mejor que otro que no lo sea». De las cosas del Perú —iba a confirmar en el Proemio de los *Comentarios Reales*—, «como natural de la ciudad del Cuzco (el Inca escribe Cozco), que fue otra Roma en aquel Imperio, tengo más larga y clara noticia que la que hasta ahora los escritores han dado».

Declaración que revela además la comprensión exacta de que su historia, escrita tardíamente con relación a las primeras crónicas que descubrieron el Perú para el mundo, no podía ya tener el mérito de la información original, sino debía contar con lo ya escrito para completarlo, rectificarlo o apoyarlo.

> No escribiré novedades que no se hayan oído —afirma francamente en la «Protestación del autor sobre la historia»—, sino las mismas cosas que los historiadores españoles han escrito de aquella tierra y de los Reyes de ella, y alegaré las mismas palabras de ellos donde conviniere, para que se vea que no finjo ficciones en favor de mis parientes.
> Solo serviré de comento —añade— para declarar y ampliar muchas cosas que ellos asomaron a decir y las dejaron imperfectas, por haberles faltado relación entera; otras muchas se añadirán que faltan de sus historias y pasaron en hecho de verdad; y algunas se quitarán que sobran, por falsa relación que tuvieron, por no saberla pedir el español con distinción de tiempos y edades y división de provincias y naciones, o por no entender al indio que se la daba o por no entenderse el uno al otro por la dificultad del lenguaje.

De allí en gran parte el nombre de *Comentarios Reales* que le puso a su obra; con el que además podía rendir un homenaje a su formación renacentista, por el recuerdo del «muchas veces grande Julio César», a quien en 1596 se declaraba «aficionado», del que había alabado la «facundia historial» en *La Florida* y cuyos *Comentarios* poseía en su casa de Córdoba.

Composición y técnica

Pero sentadas esta veracidad fundamental y esta intención de cabal exactitud, hay también en la obra del Inca Garcilaso —como lo hubo en *La Florida*— un complicado y evidente proceso de composición y hermoseamiento. No es desde luego estrictamente una labor de historiador, pero con ello no hace sino acentuar las líneas esenciales de la historia, sin falsearla, sino sacando «fuera las esencias» como recomendaba León Hebreo. La crítica ha señalado como sus imperfecciones más saltantes su desconocimiento o su desdén de las civilizaciones preincaicas; la idealización del Imperio de los Incas, con el olvido o la supresión de lo dañino o desafortunado que ocurrió o ha de haber ocurrido en su historia; la ordenación, humanamente inverosímil, con que se suceden los hechos de los Incas o el avance invariable y paulatino con que cada uno ensancha las conquistas de sus antecesores.

Hay además una evidente técnica en la composición, que lo lleva a distribuir capítulos e intercalar explicaciones y relatos diversos. Como en *La Florida* uno de los Libros o partes se divide para que no aparezca desproporcionado con los demás y otro para que no se confundan las hazañas de Hernando de Soto con las de su sucesor Luis de Moscoso de Alvarado, así también hay una distribución en los *Comentarios Reales*. El Inca Garcilaso corta deliberadamente la línea de su historia, alterna la relación de las conquistas con el relato de usos y costumbres, matiza las leyes de los Incas con la descripción de los productos de los tres Reinos naturales.

En una curiosa y expresiva estadística, se ha señalado que de los 262 capítulos 58 se ocupan de economía, 38 de religión, 17 de política, 14 de organización social, 10 de arte, 7 de educación, 6 de ciencias, 4 de mito, 3 de derecho, 3 de lenguaje, 2 de técnica, 2 de magia, 1 de moral y 1 de filosofía. Y Garcilaso explica por qué tales capítulos no se suceden sino se entrecruzan.

Dicha ésta y otras algunas (leyes) seguiremos la conquista que cada Rey hizo, y entre sus hazañas y vidas iremos entremetiendo otras leyes y muchas de sus costumbres, maneras de sacrificios, los templos del Sol, las casas de las vírgenes, sus fiestas mayores, el armar caballeros, el servicio de su casa, la grandeza de su corte, para que con la variedad de los cuentos no canse tanto la lección.

Y porque la historia no canse tanto —confirma en otra parte— hablando siempre de una misma cosa, será bien entretejer las vidas de los Reyes, algunas de sus costumbres, que serán más agradables de oír que no las guerras y conquistas, hechas casi todas de una misma suerte.

Me pareció —repite en otro lugar— «variar los cuentos, porque no sean todos de un propósito».

La idealización del Imperio Incaico

Esos arreglos y modificaciones del Inca Garcilaso, y aun sus errores y supresiones innegables en algunas partes de su historia, son perfectamente explicables por lo demás y no menoscaban ni falsean su veracidad fundamental. De una parte es la propensión natural en Garcilaso a la idealización y el arquetipo y al embellecimiento de sus recuerdos infantiles. En su tranquilo retiro de Córdoba, con la suave y benévola tendencia de la ancianidad que se iniciaba, los *Comentarios* del Inca Garcilaso se hallan como impregnados por una honda nostalgia, doblemente avivada por la distancia en el tiempo y el espacio.

De otra parte son los errores inevitables en todo cronista, la imposibilidad de manejar más fuentes que las que pudieron estar a su alcance (sería notoria injusticia reprocharle no haber conocido lo entonces inédito, lo que estuvo guardado en archivos oficiales, o los documentos privados o anónimos). Y sobre todo el pro y el contra de que las informaciones de fuentes indígenas que llegaron al Inca Garcilaso procedían de la familia real y de la nobleza inca cuzqueña. La versión oficial, que conservaba lo favorable y relegaba en el olvido lo desafortunado o lo dañino, fue la única que alcanzó Garcilaso y es la que explica en buena parte su desconocimiento de las civilizaciones preincaicas, a las que se empeña en describir como un conjunto bárbaro y caótico sobre el que luego se extendió la acción proficua y civilizadora de los Incas.

En cambio, todos son elogios cuando en los *Comentarios Reales* se habla de la Segunda Edad, cuando los antiguos y rústicos gentiles reciben la «doctrina y enseñanza» de los Incas, que ponen «orden y concierto» donde antes solo había dispersión y desorden. Ascendiendo por riscos de los Andes, descendiendo a los valles y a los llanos, alcanzando hasta el mar y hasta la selva, los Incas se fueron extendiendo —según el cuadro del Inca Garcilaso—, enseñando su lengua, adoctrinando los pueblos vencidos, unificando las varias regiones con las sutiles riendas de sus hilos de nudos y colores, o «quipus». Desde la imperial ciudad del Cuzco (que para simbolizar su carácter de centro Garcilaso traduce como «ombligo») se difundieron las virtudes que Manco Cápac y Mama Oclio, los fundadores del Imperio, habían enseñado para triunfar en las artes de la guerra y avanzar en las artes de la paz. El Tahuantinsuyo, o «las Cuatro Regiones», no solo llegó a abarcar lo que ahora ocupan el Perú, Ecuador y Bolivia, sino llevó sus límites hasta Pasto en la actual Colombia, el río Maule en Chile y Tucumán en lo que es la República Argentina.

Pueblo guerrero y pacífico por ello, alternativamente riguroso y benévolo, dominador y patriarcal, amigo de luchas y conquistas y al mismo tiempo íntimamente vinculado a la tierra. Organización señorial y jerárquica, que transportaba poblaciones en masa y no dejaba libertad para transitar por los caminos; pero en la que no había mendigos, todos tenían su derecho al sustento, y las tierras de viudas, huérfanos y ancianos se cultivaban colectivamente antes que la labranza en las tierras del Inca. Imperio rudo y blando, que imponía sus normas por la fuerza y enseñaba a tejer con alegría, que castigaba simples hitas veniales con la muerte y luego barbechaba, en las escalas de sus andenerías, con el plácido ritmo de los cantos de sus poetas o «haravicus».

Tal es la versión dorada, con tonos a la vez de epopeya y de idilio, que del Imperio de sus antepasados por la sangre materna nos ofrece el Inca Garcilaso. Versión emocionada y deleitable, que hizo decir a Prescott que los escritos de Garcilaso son «una emanación del espíritu indio», e hizo exclamar a Menéndez Pelayo que los *Comentarios Reales* son «el libro más genuinamente americano que en tiempo alguno se ha escrito». Versión inconfundible e individualizada de un Imperio, que se parece a Egipto, a China, a Roma («el Cuzco en su Imperio fue otra Roma en el suyo»), pero que es también diferente de todos y cuya visión ha quedado grabada gracias en buena parte a las páginas del Inca Garcilaso.

El mestizaje y el paisaje peruano

Pero además de lo que Garcilaso nos cuenta de los Incas, hay otro aspecto cautivante en su historia: lo que nos dice o nos insinúa de sí mismo. A través del «comento y la glosa», a través de los vivos recuerdos infantiles y de las anécdotas oportuna y galanamente incorporadas, nos presenta su propio y puntualísimo retrato. «Pues soy indio», «yo como indio», «un indio nacido entre los indios», exclama varias veces; pero su indigenismo es parcial y relativo, porque por sus venas corre también sangre española que él reconoce caudalosa y brillante. Es decir, es mestizo, y por lo tanto habla de «los mestizos mis compatriotas» y, como los incas, son también sus «parientes» los mestizos.

> A los hijos de español y de india, o de indio y española —escribe con arrogancia—, nos llaman mestizos por decir que somos mezclados de ambas naciones; fue impuesto por los primeros españoles que tuvieron hijos en indias, y por ser nombre impuesto por nuestros padres, y por su significación, me lo llamo yo a boca llena y me honro con él.

Y así como a través de sí mismo reconoce la integración racial y la continuidad histórica de su patria, el Perú, tiene el mismo sentido integrador en el campo geográfico. Para él, el paisaje peruano es siempre suyo, aunque se encuentre en regiones disímiles. Con la elegancia admirable de su estilo y con la gracia de narración de su relato, en los *Comentarios Reales* se describen los anchos desiertos y los lagos, los pueblos que se derraman «a una mano y a otra» del camino, la desolación intensa y solemne de la «punas», el plácido regazo de los valles andinos, los escarpados y agrestes senderos en los que alternativamente «se ven puntas de sierras tan altas que parece que llegan al cielo, y por el contrario valles y quebradas tan hondas que parece que van a dar al centro de la tierra». Otras veces son los arcabucos de la vertiente oriental de los Andes, los ríos caudalosos que se cruzan por acrobáticos puentes de criznejas. Más a menudo las cumbres fragosas, el vuelo grave y sereno de los cóndores, el paso gracioso de las llamas, el escenario de riscos y vertientes limitado en el fondo por la alta cadena de montañas: «aquella nunca jamás pisada de hombres, ni de animales, ni de aves, inaccesible cordillera de nieves».

En otras ocasiones lo que describe el Inca Garcilaso es la costa, con poblaciones batidas por el viento que sopla siempre del sur, y al lado de un océano pacífico a lo lejos y agitado en las playas. Sobre las altas olas, que revientan sonoras y se engalanan y abrillantan de espuma, sesgan las frágiles balsas de totora, en que los indios se arrodillan y avanzan golpeando el agua con sus cañas. De pronto, en el cielo encandecido o hecho de oro por el Sol de los yungas, surge la oscura bandada interminable de las aves marinas. El Inca se deleita en describirlas, en una de las páginas más bellas y más citadas de los *Comentarios*.

A ciertas horas del día, por la mañana y por la tarde —relata con frase insuperable—, debe de ser a las horas que el pescado se levanta a sobreaguarse o cuando las aves tienen más hambre, ellas se ponen muchas juntas, como dos torres en alto, y de allí, como halcones de altanería, las alas cerradas, se dejan caer a coger el pescado, y se zambullen y entran debajo del agua hasta que lo pescan; algunas veces se detienen tanto debajo del agua que parece que se han ahogado, debe ser por huirles mucho el pescado; y cuando más se certifica la sospecha, las ven salir con el pez atravesado en la boca y volando en el aire lo engullen. Es gusto ver caer unas y oír los golpazos que dan en el agua, y al mismo tiempo ver salir otras con la presa hecha y ver otras que a medio caer se vuelven a levantar y subir en alto por desconfiar del lance. En suma, es ver doscientos halcones juntos en altanería que bajan y suben a veces, como los martillos del herrero.

La impresión de los Comentarios

Y así, con sus fuentes escritas, con su emoción y sus recuerdos, y algunas veces con su imaginación; el Inca Garcilaso llevó a cabo su obra fundamental sobre el Perú. En la *Relación de Garcí Pérez*, de 1596, decía que pasaría adelante en ella «luego que quitemos la mano de esta historia» (*La Florida*). En *La Florida* misma habla de que su historia de los Incas «está ya la mayor parte puesta en el telar». Con las cartas que le llegaron del Perú, con los «papeles rotos» del Padre Valera, con las tardanzas en la impresión de su obra sobre la jornada de Hernando de Soto, pudo avanzar, redactar de nuevo, revisar, corregir, aumentar. «Ya en aquella historia (la de los Incas), con el favor divino —dice en uno de los capítulos finales de *La Florida*—, este año de seiscientos y dos estamos en el postrer cuarto de ella y esperamos saldrá presto». «Muchos días después de haber dado fin a este Libro nono —escribe al concluir los *Comentarios*— recibí ciertos recaudos del Perú, de los cuales saqué el capítulo que se sigue»; con lo que se refiere al memorial que los indios de sangre real del Cuzco le enviaron en 1603. «Al principio de este año de seiscientos y cuatro», «ahora (que es fin de marro)», agrega casi en las últimas líneas.

Quiere decir que en 1604 el Inca Garcilaso tuvo dos obras de historia de las Indias completamente terminadas: *La Florida* y los *Comentarios Reales*. Frustrada la gestión que encomendó cinco años antes a Juan de Morales, portero de la Cámara del Rey en el Consejo de Indias, para que obtuviera en Madrid la impresión de la primera, el Inca envió a Lisboa los dos manuscritos. Fray Luis dos Anjos recibió el encargo de estudiar ambos libros: el 16 de noviembre de 1604 aprobó *La Florida* y diez días después los *Comentarios*. El 23 de noviembre y el 4 de diciembre, por su parte, Marcos Teixeira y Ruy Pirez da Veiga, del Consejo de la Inquisición, dieron licencia respectivamente a las dos obras. Como para que las historias siguieran hermanadas, Garcilaso dedicó *La Florida* a Teodosio de Portugal, duque de Braganza y de Barcelos, y los *Comentarios Reales* a doña Catalina, duquesa de Braganza. Pero si las licencias del Palacio fueron del 8 y el 15 de marzo, respectivamente, *La Florida* apareció ese mismo año, en tanto que los *Comentarios* tropezaron con más dificultades. Por fin, la impresión quedó terminada en 1608, según se indicó en el colofón. El 19 de junio del año siguiente el Inca Garcilaso envió poder al jesuita Jerónimo Ferraz para que lo representara en todo lo necesario; dos meses y medio más tarde, el 2 de septiembre, se obtuvo la licencia del Ordinario; y, concluidos los preliminares, se estampó la portada con la fecha: «Año de MDCIX».

El título largo y explicativo fue: *Primera parte de los Comentarios Reales, que tratan del origen de los Yncas, Reyes que fueron del Perú, de su idolatría, leyes y gouierno en paz y en guerra: de sus vidas y conquistas, y de todo lo que fue aquel Imperio y su Republica, antes que los Españoles passaran a el. Escritos por el Ynca Garcilaso de la Vega, natural del Cozco, y Capitan de su Magestad... En Lisboa. En la officina de Pedro Crasbeeck.*

Y como ornamento del volumen y afirmación de su doble ascendencia, Garcilaso («indio» en la traducción de León Hebreo e «Incit» en *La Florida*) hizo grabar un escudo partido, con las armas de sus antepasados paternos y maternos. A un lado las armas de los Vargas, los Figueroa, los Sotomayor, los de la Vega con el «Ave María»; y al otro las insignias imperiales de los Incas: el Sol, la Luna, el «llautu» trenzado y la «mascapaycha». Todo ceñido por la frase —nuevo homenaje a su deudo el poeta toledano—; «Con la espada y con la pluma».

III. Fin de una vida y final de una obra

La publicación de los *Comentarios Reales* de los Incas reforzó la consideración intelectual y la posición que en la vida de Córdoba y entre las gentes de letras y de ciencias había alcanzado el Inca Garcilaso. Cumplidos los setenta años, con rentas suficientes para asegurarse un tranquilo pasar, ya no era solamente el mestizo llegado de las Indias y acogido al amparo de sus parientes de Montilla, sino tenía un nombre y un renombre, su existencia era «quieta y pacífica, más envidiada de ricos que envidiosa de ellos» y su figura se había hecho familiar en las calles cordobesas, (Era «entremediado de cuerpo, moreno, muy sosegado en sus razones», iba a decir de él Iñigo Córdoba Pon ce de León). Por lo menos desde 1597, cuando aparece por primera vez como «clérigo» en una escritura, vestía el hábito eclesiástico; aunque fueron solo órdenes menores y por lo tanto no llegó a decir misa, En el verano de 1605, recién publicada *La Florida*, obtuvo el nombramiento de Mayordomo del Hospital de la Limpia Concepción, más conocido como de Antón Cabrera por el nombre de su generoso fundador, y allí pasó a vivir, dejando en subarriendo la residencia para él más constante en la calle del Deán o de los Deanes, frente a la estrecha calleja de Quera.

Anuncios de la fama

En realidad, antes de que sus libros sobre historia estuvieran impresos ya el Inca Garcilaso gozaba de un envidiable prestigio. A fines de 1602 llegó a España don Melchor Carlos Inca, bisnieto de Huayna Cápac, nieto del Inca Paullu e hijo de un condiscípulo de Garcilaso en los días lejanos del Cuzco, Carlos Yupanqui. Lo acompañaba un sobrino del propio Garcilaso, Alonso Márquez de Figueroa, hijo de su hermana materna Luisa de Herrera y de Pedro Márquez Galeote y, por lo tanto, nieto de la Palla Chimpu Ocllo. Llevaban un árbol genealógico de los Incas, «pintado en vara y media de tafetán blanco de la China», y el mencionado memorial con la probanza de los incas de sangre real que pedían mercedes y exenciones. Además de a ellos dos y al cuzqueño Alonso de Mesa, que se hallaba entonces en Toledo, designaban procurador a Garcilaso, a quien suponían vecino de la ciudad de Badajoz. Casi al mismo tiempo, otro condiscípulo, el Padre Diego de Alcahaza, le envió desde el Perú el *Confesionario para los curas de indios*, en español, quechua y aimara, que era el segundo libro impreso en Lima por las nacientes prensas de Antonio Ricardo.

Por otra parte, como el ilustre Ambrosio de Morales tuvo en sus manos, para darle consejos, la traducción de León Hebreo y los primeros manuscritos históricos del Inca, así éste a su vez facilitaba sus trabajos a sus amigos doctos para que pudieran ser aprovechados.

Así, al comenzar el siglo, su amigo el Padre Pineda le pidió informaciones acerca de la supuesta etimología del nombre Perú y el Inca le dio a conocer el capítulo que pensó en un momento incluir en *La Florida* y luego pasó a los *Comentarios*. En el segundo tomo de sus *Comentarios sobre Job*, publicado en latín en Colonia en 1601 y terminado por lo menos en 1600, el Padre Pineda cuenta el episodio:

Me acuerdo que alguna vez —escribe— traté de esto familiarmente con el noble Inca Garci Lasso que descendía por su madre de la sangre real de los Incas peruanos, varón sin duda dignísimo de toda alabanza, no solo por sus honestísimas costumbres sino por su brillante esfuerzo en la más elegante literatura, el que además ahora prepara una historia de las Indias Occidentales amenísima y veracísima, para sacarla a luz dentro de poco.

En 1605, el jesuita Francisco de Castro ofreció al Arzobispo de Granada (hijo del licenciado Vaca de Castro, gobernador del Perú después de la muerte de Pizarro) enviarle la parte correspondiente del manuscrito que el Inca preparaba, «que él intitula *Comentarios Reales del Pirú*».

En 1606, el eminente lingüista e investigador Bernardo de Aldrete cita por su parte a Garcilaso en su valioso libro *Del origen y principios de la lengua castellana o romance que oi se usa en España*, impreso en Roma. Obra verdaderamente admirable en su tiempo, por su información y por su espíritu, al referirse a las lenguas de América recoge también la imaginaria versión sobre el nombre del Perú y explica el de Tahuantinsuyo o «las cuatro partes del Reino». Y añade al margen esta nota verdaderamente significativa: «Así lo refiere Garcilaso Inca en sus *Comentarios*, que aún no están impresos, que por hacerme gracia me ha comunicado».

La Segunda Parte de los Comentarios

La historia de los Incas se había titulado expresamente *Primera Parte de los Comentarios Reales*. En el Proemio al lector se decía: «Otros dos libros se quedan escribiendo de los sucesos que entre los españoles de aquella tierra pasaron hasta el año de 1560 que yo salí de ella». El último capítulo del Libro nono y último terminaba con la frase: «Y con esto entraremos en el Libro décimo a tratar de las heroicas e increíbles hazañas de los españoles que ganaron aquel Imperio».

Era la culminación de su obra sobre las dos etapas fundamentales del Perú que era suyo (y no solamente sobre el Imperio de los Incas), que ya había anunciado por lo menos desde 1602, cuando terminó la redacción final de *La Florida*:

Diré de los Incas y de todo lo propuesto, lo que a mi madre y a sus tíos y parientes ancianos y a toda la demás gente común de la patria les oí y lo que yo de aquellas antigüedades alcancé a ver, que aún no eran consumidas en mis niñeces, que todavía vivían algunas sombras de ellas. Asimismo diré del descubrimiento y conquista del Perú lo que a mi padre y a sus contemporáneos que lo ganaron les oí, y de esta misma relación diré el levantamiento general de los indios contra los españoles y las guerras civiles que sobre la partija hubo entre Pizarros y Almagros, que así se nombraron aquellos bandos que para destrucción de todos ellos, y en castigo de sí propios, levantaron contra sí mismos. Y de las rebeliones que después en el Perú pasaron diré brevemente lo que oí a los que en ellas de la una parte y de la otra se hallaron, y lo que yo oí, que aunque muchacho conocí a Gonzalo Pizarro y a don Sebastián de Castilla y a Francisco Hernández Girón, y tengo noticia de las cosas más notables que los Visorreyes, después acá, han hecho en el gobierno de aquel Imperio.

A diferencia de la Primera parte, en la que es difícil fijar la redacción, precisar los avances, reconstruir el orden o el desorden en que se escribieron los capítulos, en la Segunda parte el Inca Garcilaso parece haber seguido un sistema más estricto. Hay referencias a los años 1603 y 1604; pero sobre todo, y varias veces, a 1611, que es cuando ha de haber compuesto o revisado la mayor parte de la obra. El 13 de diciembre de 1612 escribió al obispo Mardones que «tiene ya acabada» la historia; pero hay dos anotaciones sobre retoques de 1613 («hoy, que es ya entrado el año de mil y seiscientos y trece»). El 23 de enero de este año el jesuita Francisco de Castro firmó su laudatoria aprobación; en marzo se otorgó la licencia del obispo; y en enero de 1614, en Madrid, el Consejo dio su aprobación y el rey concedió su licencia. El 23 de octubre Garcilaso firmó un contrato con el impresor cordobés Francisco Romero; pero las tardanzas habituales se agravaron con la enfermedad y la muerte del Inca y el libro solo apareció póstumamente.

Diferencias entre las dos partes
Aun cuando fuera una continuación, la diversidad de los temas tratados, la diferencia de los tiempos, la disimilitud de los problemas tenían que refle-

jarse en la manera también distinta de tratar ambas partes. En la Primera, lo esencial era reconstruir el cuadro histórico, totalizador, de un Imperio perdido, y de un Imperio que no tuvo letras. En la Segunda, se trataba de acontecimientos más cercanos, con documentos públicos, testigos oficiales y banderías que afectaban, a través de su padre, a Garcilaso. En la descripción del Imperio de los Incas lo que se necesitaba era completar lo sabido, ordenarlo por lugares y edades, interpretar vocablos, acompañarlo de comento y de glosa, con la condición excepcional que para ello tenía Garcilaso. En la relación del descubrimiento y la conquista, copiosamente ya contada por los historiadores españoles, lo que se requería no era tanto la nueva información sino, en el torbellino de luchas e intereses, la rectificación y la polémica.

En cuanto a la utilización de las fuentes escritas, Garcilaso vuelve a basarse desde luego en los mismos autores; pero cambia el orden de interés, y mientras unos son relegados a un segundo plano, otros llenan capítulos íntegros con los datos que ofrecen o las refutaciones que provocan. El que más pierde, sin duda alguna, es Cieza; tan estimado en la Primera parte, pero que casi puede decirse que desaparece en la Segunda. Lo mismo ocurre con el chachapoyano Blas Valera, en quien solo se apoya Garcilaso para los trascendentales episodios de la prisión y la muerte de Atahualpa, que son por lo demás de relieve menor en su obra. En cambio, las referencias a Zárate y a Gómara se acrecientan en número, a pesar de que solo alcanzan hasta el regreso a España de La Gasca (o sea los dos tercios del libro); y entre ellos la inclinación va más a Zárate, porque, dentro de la valoración de Garcilaso, tuvo la ventaja de estar en el Perú, de conocer la tierra y de participar como testigo en muchos sucesos de la historia. Pero sobre todo, y no para confirmarla sino al contrario para censurarla, Garcilaso cita la *Historia* de Diego Fernández, el Palentino; hasta el punto de que la mayor parte de los tres Libros últimos está basada en lo que el Palentino dice, en lo que calla, en lo que acierta o en lo que se equivoca. Particularmente en lo que yerra, porque «escribió y compuso de relación ajena», porque confunde «vecinos» con soldados, porque se dejó llevar de «algún malintencionado u ofendido» y «hay más motines en su historia que columnas de ella». «Me espanta que se escriban cosas tan ajenas de lo que pasó» —expresa el Inca en una parte—, con lo que refleja su rencor por la versión del Palentino sobre la actuación del capitán Garcilaso el día de la batalla de Huarina.

En la segunda parte de los *Comentarios*, además, por el mismo tema de la historia, son pocas las visiones indígenas y las informaciones recibidas de sus parientes por la rama materna; ya que no se trata del reflejo del Imperio dominador sino de un Imperio dominado. En cambio, las versiones orales de los soldados españoles y los testimonios directos del propio Inca Garcilaso son los que dan una animación extraordinaria, que acrecienta su fuerza conforme van avanzando los capítulos y son más cercanos en el tiempo los sucesos que narra. Entre las confidencias y los datos, la amena anécdota o el adagio imprevisto, es imposible olvidar las estampas de Gonzalo Pizarro, «lindo jinete de ambas sillas»; del donairoso Pedro Luis de Cabrera, «que era el más grueso hombre que allá ni acá he visto»; de Pero Martín de Don Benito, que era «un vejazo seco, duro y avellanado»; de los «pasadores y tejedores», llamados así por Carvajal porque se pasaban de un bando a otro «como lanzaderas en un telar»; del rebelde Hernández Girón, a quien el día de su alzamiento en el Cuzco vio «más suspenso e imaginativo que la misma melancolía».

Los episodios se suceden; y si en la Primera parte, para evitar la monotonía, Garcilaso alternaba la narración de las conquistas con la descripción de instituciones sociales y costumbres, en la Segunda parte la abundancia y la movilidad de lo ocurrido hacían que la dificultad estuviera en cambio en ordenarlo, saltar de un hecho a otro, «acudir aquí, allá y acullá». Y la clave la encuentra en la culminación dramática de los protagonistas de la historia. «Porque en todo sea tragedia», dice el Inca; y por eso cierra cada uno de los Libros con la muerte violenta de Atahualpa (Libro I), de Diego de Almagro (Libro II), de Francisco Pizarro y de Almagro el Mozo (Libro III), del virrey Núñez Vela (Libro IV), de Gonzalo Pizarro y Francisco de Carvajal (Libro V), de Sebastián de Castilla y Vasco Godínez (Libro VI), de Hernández Girón (Libro VII) y de Túpac Amaru y la represión del rey al virrey Francisco de Toledo (Libro VIII).

Y como para enlazar del todo a las dos partes, una y otra terminan casi con las mismas palabras y con el mismo drama: el final de los Incas y de la descendencia de los Incas.

El punto de vista personal

En la Primera parte de los *Comentarios Reales*, de otro lado, los protagonistas son los incas; en tanto que en la Segunda parte lo son los españoles, Hasta el escenario físico peruano, la «inaccesible cordillera de nieves» que daba un marco tan solemne a las hazañas en la paz y en la guerra de los Emperadores del Tahuantinsuyo, se difumina o pierde fuerza. Garcilaso mantiene siempre su profundo amor a la sangre materna, su apología de las virtudes de los Incas y su cordial afinidad con los dolores de la raza vencida. Pero los problemas que en la Segunda parte presenta son distintos. Son los problemas derivados de la introducción en el Perú, por las armas de España, de las ideas, los intereses, las costumbres, las tensiones vitales de la cultura de Occidente. Garcilaso no rechaza, sino justifica, la Conquista, por lo que representa de introducción de esa cultura y sobre todo por la cristianización de los infieles en la pagana tierra de los Hijos del Sol. Los Incas fueron vencidos por España, pero resultaron también «con favor del cielo vencedores del demonio, pecado e infierno, recibiendo un Dios, una Fe y un Bautismo». Por eso, si *La Florida* y la *Primera parte de los Comentarios Reales* fueron dedicadas a los Príncipes, la segunda parte la dedicó a la Virgen María, «Suprema princesa de las criaturas».

Podría decirse en cierto modo que así como Garcilaso distingue entre lo que él llama la Primera y la Segunda Edad, o sea entre las primitivas poblaciones preincaicas y el posterior y regulador Imperio incaico, así también considera una Edad nueva, la de la conquista por España y la evangelización cristiana. Los indios de la Primera Edad no sabían levantar su pensamiento a lo invisible (es decir, a lo abstracto) y solo adoraban lo concreto y visible: árboles, piedras, lagos, ríos. En cambio los Incas, dominadores de la Segunda Edad, pensaban también en lo invisible, y junto al Sol, dios imponente y rotundo ante los ojos, tenían a Pachacámac, el dios que se comprende pero que no se puede ver. Pero si los Incas llegaron a pensar en lo invisible, admirando y analizando sus efectos, no llegaron a preocuparse por las causas; con sus consecuencias en todos los órdenes. Aunque Garcilaso no llega a expresarlo en estos términos, el desarrollo de su pensamiento lleva a considerar, con esta concepción providencialista de la historia, que esta última etapa iba a ser lograda en una Tercera Edad: la de la introducción de la cultura cristiana de Occidente.

Es importante resaltar la influencia de este punto de vista personal. Sin menoscabo de su información y de la veracidad objetiva de su historia, hay inevitablemente un factor subjetivo, determinado por su reacción espiritual, por la gravitación de los sucesos que personalmente le conciernen y las circunstancias de tiempo, de ambiente, de creencias y de sensibilidad que le rodeaban. Por eso afirma su carácter de indio, y particularmente de indio inca; reclama los derechos y la valoración que al Imperio incaico corresponden; pero al mismo tiempo justifica y aprecia la Conquista, y aunque no trepida en condenar la codicia ávida, la crueldad sin motivo, la incomprensión cotidiana y funesta, no vacila tampoco en proclamar las razones históricas de los conquistadores.

Se le recortaría mezquinamente, sin embargo, si se pensara que elogiaba a los Incas porque su madre era Palla imperial y que defendía a los conquistadores porque su padre había sido uno de ellos. La concepción de Garcilaso era más profunda y es secundario que se piense que estuvo o no estuvo equivocada. El Inca Garcilaso no presenta en el cuadro americano la contraposición habitual entre la bondad del religioso y la rudeza del encomendero, o entre las virtudes de las Cédulas Reales y los vicios o engaños en su ejecución. Para él, por lo contrario, los encomenderos constituían, o debían haber constituido, el núcleo regulador y constructivo que, a despecho de los recelos y la incomprensión de la Corona, podía haber servido para la integración del Nuevo Mundo. A diferencia de los soldados con mucha frecuencia revoltosos, de los mercaderes casi siempre egoístas y de los funcionarios de frialdad burocrática, los encomenderos o «vecinos» representaban para él el afianzamiento en la tierra, la vinculación biológica y sentimental con los indígenas, la comprensión de la naturaleza y de lo que debía traerse de fuera o lo que podía aprovecharse de dentro; y en suma, en lugar de combatirlos, debió habérseles impulsado a que hundieran raíces en América y no se consideraran simples ocupantes transitorios.

Por eso, con significativo afán de integración, en vez de enfrentar a indios y españoles, quiere vincular a unos y a otros y dirige su Prólogo «a los indios, mestizos y criollos» del Perú, «el Inca Garcilaso de la Vega, su hermano, compatriota y paisano: salud y felicidad».

Compatriotas peruanos y humanistas de Córdoba

La afortunada culminación de su obra histórica («la Divina Majestad, Padre, Hijo y Espíritu Santo —escribe en el último capítulo—... sea loada por todos los siglos de los siglos, que tanta merced me ha hecho en querer que llegase a este punto») acrecentó los lazos que anudaron al Inca Garcilaso no solo con sus compatriotas del Perú sino con el docto coro de los humanistas andaluces.

En 1611, su amigo el jesuita Francisco de Castro, aprobador con vivo encomio de la Segunda parte de los *Comentarios Reales*, había dedicado su *De Arte Rhetorica*, en latín, al «Principi Viro D. Garsiae Lasso de la Vega Yncae Peruano Clarissim Duciq Regio». El año siguiente lo visitó en Córdoba un ilustre compatriota, el franciscano fray Luis Jerónimo de Oré, natural de Huamanga en el Perú, autor del *Rituale seu Manuale Peruanum*, impreso en Nápoles en 1607 en latín, castellano, quechua, aimara, mochica, puquina, guaraní y lengua brasílica y que iba a escribir después la *Relación de los mártires que ha habido en la Florida*, con tema tan vinculado al Inca Garcilaso. «Yo le serví con siete libros —escribe el Inca—, los tres fueron de la *Florida* y los cuatro de nuestros *Comentarios*, de que su Paternidad se dio por muy servido».

En 1614, el esclarecido Bernardo de Aldrete, que ya había mencionado a Garcilaso en *Del origen y principios de la lengua castellana*, volvió a citarlo en sus *Varias antigüedades de España, Africa y otras provincias*, al referirse al nombre del supuesto piloto que llegó a América antes que Colón.

En 1615, otro diligentísimo escudriñador de papeles y libros, Francisco Fernández de Córdoba, abad de Rute y apasionado defensor de Luis de Góngora en su *Examen del Antídoto* de Jáuregui o *Apología de las Soledades*, cita en tres ocasiones al Inca en su *Didascalia multiple*, aparecida en Lyon de Francia.

Por esos mismos años, el Inca Garcilaso tomó a su cargo una publicación que se ha supuesto un tanto interesada: la del *Sermón que predicó el Reverendo P. F. Alonso Bernardino... en la fiesta del Bienaventurado san Ilefonso*, que apareció en Córdoba en 1612. Como se hallaba dedicado al marqués de Priego y por entonces apresuró éste el pago de los censos, se ha pensado que con el dinero que así obtuvo compró Garcilaso un arco y su capilla en la Mezquita-Catedral, a la parte del patio de los Naranjos. La venta comprendía el derecho a dos sepulturas terrizas en la nave; y, según el convenio, la capilla serviría de enterramiento a «Garcilaso Inga de la Vega», quien debería costear el piso de ladrillo, hacer labrar una reja de hierro y colocar un retablo. Para ello, Garcilaso contrató con el escultor Felipe Vásquez de Ureta la hechura de un Crucifijo en madera de pino, y al parecer con el pintor Melchor de los Reyes la pintura, con una vista de Jerusalén, que sirviera de fondo al retablo. Con el cerrajero Gaspar Martínez convino en la forja de la reja.

La muerte del Inca

Enfermo y decaído, con la constante idea de la muerte que le había perseguido desde los años mismos de redacción de *La Florida*, el Inca Garcilaso otorgó en agosto de 1615 una carta de pago y finiquito, que no pudo firmar «por temblarle la mano». El 12 de abril de 1616 alcanzó a cumplir setenta y siete años de edad; pero solo seis días más tarde, «estando enfermo del cuerpo e sano de la voluntad», ante el escribano Gonzalo Fernández de Córdoba (como el Gran capitán), dictó su disposición testamentaria, que también quiso firmar pero no pudo. Era un testamento minucioso que señalaba como principal disposición que se le enterrara sin pompa en la capilla edificada por él en la Catedral bajo la advocación de las Ánimas del Purgatorio; pero a pesar de la prolijidad de los encargos y del recuerdo de criados y amigos (a su hijo Diego de Vargas, que fue después modesto sacristán de la capilla, no lo menciona como a tal sino dice, con deliberada ambigüedad, que lo «ha criado»), la multitud de imágenes que se le agolpó en ese supremo instante de partida del mundo, le obligó a agregar hasta cinco codicilos y un memorial privado.

Al cabo, el 22 de abril (según las lápidas de mármol que se colocaron seis años después en su capilla), con más probabilidad el 23 (de acuerdo con el inventario de sus bienes), o el 24 (según la partida de defunción que se conserva en el archivo de la Catedral de Córdoba), el Inca Garcilaso falleció. En la modesta casa, oscurecida por la ausencia del Inca, ya no quedó sino el trámite frío de escribanos, testigos y albaceas. El 26 de abril se inició el inventario que, con algunas suspensiones, se continuó por tres semanas. Allí constaron varios objetos de plata, una sortija de oro esmaltado con un diamante, un crucifijo con su pedestal, una cruz grande y negra, sillas granadinas, arcones, sábanas de Ruán y de lienzo, una pala, una azada, un azadón, tinajas con aceitunas, tocino de Córdoba, treinta arrobas de vino, cinco canarios con sus jaulas, un escritorio grande, escrituras de censos, manuscritos, apuntes. De la afición por armas y caballos que había forjado en su niñez quedaron como muestras dos arcabuces de rueda, una ballesta de bodoques y otra de virotes con sus gafas, una corneta grande de montero, unas espuelas, un alfanje pequeño, una celada grabada, un hacha de armas.

El inventario de los libros

Pero lo que tuvo singular importancia, como refrendación de la cultura humanística del Inca, fue el inventario de sus libros. Por un lado, figuraron las obras religiosas: Biblias, breviarios, *Inquiridor de Salmos*, *Meditaciones de la vida del Salvador*, *Vidas de Santos*, las *Exposiciones morales* de San Gregorio, el *Valerio de las historias de la Sagrada Escritura*, la *Imitación de Cristo*; y junto a ellas la *Reprobación de las hechicerías* de Pedro Ciruelo y dos *Catálogos de los libros prohibidos* (entre los cuales su traducción de León Hebreo). Entre las obras de autores griegos y romanos, en castellano y en latín, aparecían libros de Aristóteles, las *Vidas paralelas* de Plutarco, la *Historia de la guerra del Peloponeso* de Tucídides, un libro de Ovidio, la *Eneida* de Virgilio, dos *Comentarios* de Julio César, las *Tragedias* de Séneca, la *Farsalia* de Lucano, *Epigramas* de Terencio, *Sentencias* de Cicerón, las *Vidas de los doce Emperadores* de Suetonio, la *Historia de Roma* de Polibio, historias de Salustio y de Flavio Josefo.

La bien formada colección de libros de autores italianos comprendía: obras de Dante y de Petrarca, la *Caída de Príncipes*, el Filocolo, el *Laberinto de amor* y, al parecer, el *Decamerón* de Boccaccio; *El Cortesano* de Castiglione, los *Razonamientos* de Aretino, obras de Bembo, de Savonarola, de Torcuato Tasso, de Alejandro Piccolomini, el *Orlando furioso* de Ariosto, el

Orlando enamorado de Boiardo, los *Diálogos de Amor* de León Hebreo, los comentarios a Platón de Marsilio Ficino, la *Antigüedad de Roma* de Andrea Fulvio, las *Historias del Reino de Nápoles* de Collenuccio, la *Historia de Italia* de Francisco Guicciardini.

En cuanto a obras de autores españoles, el conjunto era menos representativo y menos vasto: al parecer la *Historia de los godos* de San Isidoro de Sevilla, obras de Fray Luis de Granada, el *De ars dicendi* de Luis Vives, el *De rege et regis institutione* de Mariana, las *Súmulas* de Soto, las *Epístolas familiares* de Guevara, la *Silva de varia lección* y el libro *De los Césares* de Pedro Mexía, la *Retórica* de Francisco de Castro, las obras de su amigo Bernardo de Aldrete, unos *Barones ilustres de España* que pudieron ser de Fernando del Pulgar o de su deudo Fernán Pérez de Guzmán, el *Examen de ingenios* de Huarte de San Juan, la *Crónica de las tres Ordenes militares* de Rades Andrada, *De la naturaleza del caballo* de Fernández de Andrada. Pero aparte de la *Celestina* de Fernando de Rojas, de una *Compilación* de Juan de Mena y de la primera parte del *Guzmán de Alfarache* de Alemán, sorprende la escasez de obras de recreación o de vuelo imaginativo y creador, si es que no se habían extraviado con el tiempo o habían quedado en su casa de Montilla. No hay una sola novela de Cervantes, ni una comedia de Lope de Vega, ni un ejemplar de las obras poéticas de su otro deudo insigne, Garcilaso de la Vega el toledano.

En cambio, son varios los libros de historia del Nuevo Mundo o de las Indias que se consignan en el inventario. Con la extraña excepción de la *Historia* de Agustín de Zárate (tan a menudo citada por el Inca), aparecen allí el *Diario de navegación* de Cristóbal Colón, la *Historia general y natural de las Indias* de Gonzalo Fernández de Oviedo, la *Crónica del Perú* de Cieza de León, la *Historia general de las Indias* de Gómara, la *Historia del Perú* del Palentino, la *Historia natural y moral del Nuevo Mundo* del padre José de Acosta, las *Elegías de varones ilustres de Indias* de Juan de Castellanos.

Y como obras del propio Garcilaso, cuatro libros de *La Florida* y quinientos libros, «poco más o menos», de la *Primera parte de los Comentarios Reales*; cifra elevada y sorprendente que hace suponer las taxativas y las dificultades para su difusión en España y América.

La Historia general del Perú

En poder del impresor en Córdoba quedaba además la *Segunda parte de los Comentarios Reales*. Fallecido ya el Inca, y por gestiones del Cabildo catedralicio, el licenciado Murcia de la Llana confrontó en Madrid el original y el texto impreso y asentó las erratas el 12 de noviembre de 1616. Se presentaron sin embargo, al parecer, nuevas dificultades y discrepancias en el pago y la venta de la obra; porque, aun cuando se conocen algunos ejemplares que llevan la fecha de 1616, la edición definitiva vio la luz en Córdoba en 1617, y no con el nombre de Francisco Romero, sino con la leyenda explicativa: «En Córdoba, por la viuda de Andrés Barrera, y a su costa».

Mayor importancia tuvo otra variación: la del título. En todos los documentos del Inca Garcilaso: en el contrato con Francisco Romero, en la solicitud al obispo Mardones, y luego en las aprobaciones religiosa y civil, en la tasación y en los encabezamientos de todas las páginas, se dice, sin excepción: *Segunda parte de los Comentarios Reales*. Pero tal vez por evitar una confusión, o por conveniencia editorial o por otras razones, el título con que se publicó al fin el volumen (y que solo aparece también en la fe de erratas) fue el de *Historia general de Perú. Trata el descubrimiento dél; y como lo ganaron los Españoles. Las guerras ciuiles que huuo entre Piçarros y Almagros, sobre la partija de la tierra. Castigo y leuantamiento de tiranos: y otros sucessos particulares que en la Historia se contienen*.

Quedó así concluida la obra, casi al mismo tiempo que terminó la vida del Inca Garcilaso. Con un esfuerzo amoroso y constante había llegado a completar lo propuesto; la reconstrucción histórica de la organización incaica, que era suya por la sangre materna, y la presentación de la nueva cultura, que españoles como su padre habían implantado en su tierra peruana. Era una relación de hechos, pero en el fondo una historia de ideas; la descripción de un cuadro externo y al mismo tiempo su propio retrato; y con el suyo, el primer retrato espiritual de la vida peruana hecho por un mestizo de español y de india.

La obra, como se ha visto, alcanzó desde el primer instante una justicadísima y extraordinaria resonancia; fue elogiada antes de aparecer; se tradujo en el mismo siglo XVII al francés y al inglés y poco después al holandés; y la limpia elegancia de su estilo fue considerada un modelo literario. Al finalizar el siglo XVIII, cuando se anunciaba ya la terminación del Imperio español en América, lo que la enalteció más fue la exaltación del Imperio de los Incas y, con él, de las poblaciones indígenas americanas. Con la rebelión de José Gabriel Condorcanqui en el Perú (el gallardo descendiente de los Incas que asumió el nombre de Túpac Amaru), los *Comentarios Reales* fueron de una parte buscados y de otra parte perseguidos. «Si los Comentarios del Inca Garcilaso no hubieran sido toda la lectura del insurgente José Gabriel Tupa Amaru» —se lamentaba el obispo Moscoso, cuando quería que los mandaran a la hoguera—, no se habría encendido la llama de la Independencia en el Perú. Y si las Reales Ordenes de 1781 y 1782 mandaron recoger los ejemplares para que los naturales no aprendieran en ellos «muchas cosas perjudiciales», al comenzar el siglo XIX el generalísimo José de San Martín quiso reeditar la obra en un impulso de emoción nativista, y el Libertador Simón Bolívar la leyó, la citó, la anotó.

Epílogo

El peruanismo del Inca Garcilaso, sin embargo, no es restringido ni excluyente, sino de integración y de fusión. El mestizo cuzqueño sabía perfectamente que a mediados del siglo XVI ya no se podía revivir el Tahuantinsuyo, porque los conquistadores españoles habían arrojado una semilla de la que estaban brotando nuevos frutos en los campos de América. («Fruta nueva del Perú», llamó precisamente Felipe II a la traducción de León Hebreo). Y sabía también que, a pesar de todas las leyes españolas y más allá de los actos forzados o de las imitaciones voluntarias, tampoco se podía implantar una artificial Nueva Castilla, si no había surgido algo distinto que, simbólicamente, no tenía un nombre castellano ni quechua, sino se llamaba con un vocablo espontáneo y criollo: el Perú. Extendiéndolo a América, así habrá que entender la singularidad del mundo americano, al que —con la frase del Inca Garcilaso— «con razón lo llaman Nuevo Mundo, porque lo es en toda cosa».

Aurelio Miró Quesada

Criterio de esta edición

Esta edición reproduce la edición «princeps» de Lisboa, 1609, modernizándola de acuerdo con las normas usuales en la transcripción de textos literarios de la época.

Con este criterio se han resuelto abreviaturas («que» por «q», «Santo» por «S.», etc.); se han eliminado contracciones («de ellos», «de esto», «esta otra» y no «dellos», «desto», «estotra»); se han seguido las reglas actuales en acentuación, puntuación, empleo de mayúsculas y minúsculas, separación y unión de palabras («en pos» y no «empos», «también» y no «tan bien», etc.). Aunque las metátesis frecuentes («Grahiel», «catredal», «perlado» y otras), los cambios vocálicos («cudicia», «(«cubijas», «mesmo», «tresquilar») y ciertas formas arcaicas («priesa», «ternia», «ñiebla», etc.) o latinizantes («fricto», «delicto», «proprio», «scriptura», entre otras) tienen interés para los lingüistas, se ha preferido evitarlos para comodidad de los lectores. Los arcaísmos en vocabulario se mantienen; pero, por excepción, se ha preferido «exequias» por «obsequias», como se indica en una nota.

En la ortografía se han seguido las normas actuales; pero parece conveniente hacer algunas advertencias:

u. v. b. El texto original usa alternativamente *u* y *v* en consonante («auia», «huuo», etc.); pero hemos corregido y uniformado con criterio moderno; *u* para la vocal, *v. b.* según el caso para las consonantes.

s. ss. ç. z. El texto de 1609 usa con frecuentes vacilaciones estas letras, que correspondían a sonidos diferentes pero que empezaban a confundirse a fines del siglo XVI. (Y posiblemente más en Andalucía y por un americano como el Inca Garcilaso.) A falta de una precisión fonética difícil, hemos optado por las normas actuales; aun cuando en algunas palabras indígenas («Cochacassa», «Hatuncapassa») la *ss* tiene un sonido más sordo.

x, j. La *x* (en «traxeron», «dixo», «abaxo») se cambia en *j*, salvo en casos de nombres como México, a pesar del sonido de *sh* que entonces tenía.

i. y. El Inca Garcilaso usa siempre y en los nombres indígenas («Huayna», «Mayta», «ayllu») y así se acostumbra escribir hoy, por tradición, en el Perú. Sin embargo, y no sin vacilación, hemos preferido el criterio moderno. No ha habido en cambio duda en sustituir la *y* por la *i* en «yndios» o «yglesia», por ejemplo, y en diptongos como «traydor», «heroyco», etc.

g. f. («lenguage», «linage», «trage»); *q. c.* («qual», «quando», «quatro»); *rr. r.* («honrra», «visorey»); *ch. qu.* («Puchina»). Seguimos siempre el criterio moderno.

El texto original no usa comillas; pero ha sido menester ponerlas en citas, en diálogos y en algún discurso. Tampoco usa las cursivas; pero las utilizamos en títulos de obras y para señalar las palabras indígenas. En ocasiones se han efectuado cortes en párrafos muy extensos.

La edición de 1609 tiene numerosas erratas, que solo en parte se salvaron en la Fe respectiva. Se han corregido las que no admiten duda. Alguna vez se ha aprovechado también un ejemplar con correcciones marginales en letra de principios del siglo XVII, como se hace constar en una nota.

Aurelio Miró Quesada

Comentarios reales de los incas
a la serenísima princesa doña Catalina de Portugal, duquesa de Braganza, etc.

La común costumbre *de los antiguos y modernos escritores, que siempre se esfuerzan a dedicar sus obras, primicias de sus ingenios, a generosos monarcas y poderosos reyes y Príncipes, para que con el amparo y protección de ellos vivan más favorecidos de los virtuosos y más libres de las calumnias de los maldicientes, me dio ánimo, Serenísima princesa, a que yo, imitando el ejemplo de ellos, me atreviese a dedicar estos* Comentarios *a vuestra Alteza, por ser quien es en sí y por quien es para todos los que de su real protección se amparan. Quien sea Vuestra Alteza en sí por el ser natural sábenlo todos, no solo en Europa, sino aun en las más remotas partes del Oriente, Poniente, Septentrión y Mediodía, donde los gloriosos Príncipes progenitores de Vuestra Alteza han fijado el estandarte de nuestra salud y el de su gloria tan a costa; le su sangre y vidas como es notorio. Cuán alta sea la generosidad de Vuestra Alteza consta a todos, pues es hija y descendiente de los esclarecidos reyes y Príncipes de Portugal, que, aunque no es esto de lo que Vuestra Alteza hace mucho caso, cuando sobre el oro de tanta alteza cae el esmalte de tan heroicas virtudes se debe estimar mucho. Pues ya si miramos el ser de la gracia con que Dios Nuestro Señor ha enriquecido el alma de Vuestra Alteza, hallaremos ser mejor que el de la naturaleza (aunque Vuestra Alteza más se encubra), de cuya santidad y virtud todo el mundo habla con admiración, y yo dijera algo de lo mucho que hay, sin nota de lisonjero, si Vuestra Alteza no aborreciera tanto sus alabanzas como apetece el silencio de ellas. Quien haya sido y sea Vuestra Alteza para todos los que de ese reino y de los extraños se quieren favorecer de su real amparo, tantas lenguas lo publican que ni hay número en ellas ni en los favorecidos de vuestra real mano, de cuya experiencia figurado lo espero recibir mayor en estos mis libros, tanto más necesitados de amparo y favor cuanto ellos por sí y yo por mí menos merecemos. Confieso que mi atrevimiento es grande y el servicio en todo muy pequeño, si no es en la voluntad; la cual juntamente ofrezco, prontísimo para servir, si mereciese servir a Vuestra Alteza, cuya real persona y casa Nuestro Señor guarde, aumente, amén, amén.*

El Inca Garcilaso de la Vega

Proemio

Al lector

Aunque ha habido españoles curiosos que han escrito las repúblicas del Nuevo Mundo, como la de México y la del Perú[1] y las de otros reinos de aquella gentilidad, no ha sido con la relación entera que de ellos se pudiera dar, que lo he notado particularmente en las cosas que del Perú he visto escritas, de las cuales, como natural de la ciudad del Cuzco, que fue otra Roma en aquel Imperio, tengo más larga y clara noticia que la que hasta ahora los escritores han dado. Verdad es que tocan muchas cosas de las muy grandes que aquella república tuvo, pero escríbenlas tan cortamente que aun las muy notorias para mí (de la manera que las dicen) las entiendo mal. Por lo cual, forzado del amor natural de la patria, me ofrecí al trabajo de escribir estos *Comentarios,* donde clara y distintamente se verán las cosas que en aquella república había antes de los españoles, así en los ritos de su vana religión como en el gobierno que en paz y en guerra sus reyes tuvieron, y todo lo demás que de aquellos indios se puede decir, desde lo más ínfimo del ejercicio de los vasallos hasta lo más alto de la corona real. Escribimos solamente del Imperio de los Incas, sin entrar en otras monarquías, porque no tengo la noticia de ellas que de ésta. En el discurso de la historia protestamos la verdad de ella, y que no diremos cosa grande que no sea autorizándola con los mismos historiadores españoles que la tocaron en parte o en todo; que mi intención no es contradecirles, sino servirles de comento y glosa y de intérprete en muchos vocablos indios, que, como extranjeros

---

1   En su traducción de los *Diálogos de Amor* de León Hebreo, Garcilaso: escribe «Pirú» e «Inga», como era común en los cronistas de Indias a fines del siglo XVI. Pero al redactar *La Florida,* y sobre todo al preocuparse en los *Comentarios Reales* por transcribir con la mayor fidelidad los nombres quechuas, optó decididamente por las formas «Perú» e «Inca». Cuando aparecen las otras formas es solo en la cita textual de otros autores, a quienes trata de «repulidos» *(Com.* Libro 1, cap. 4). Vid. José Durand, *Dos notas sobre el Inca Garcilaso, II «Perú» y «Pirú» en el Inca,* en *Nueva Revista de Filología Hispánica,* año III, n.º 3, julio-septiembre 1949, págs. 284-290.
En cambio, no ha prosperado otra corrección que intentó: la de la forma «Cozco», en vez de «Cuzco» como había escrito también en la traducción de León Hebreo. En *La Florida* y en los *Comentarios Reales* escribe, invariablemente, «Cozco». Sin embargo, en esta edición modernizada usaremos siempre «Cuzco», que es lo que ha perdido y es el nombre oficial en el Perú, ya sea que se le escriba con «z» o con «s».

en aquella lengua, interpretaron fuera de la propiedad de ella, según que largamente se verá en el discurso de la historia, la cual ofrezco a la piedad del que la leyere, no con pretensión de otro interés más que de servir a la república cristiana, para que se den gracias a Nuestro Señor Jesucristo y a la Virgen María su madre, por cuyos méritos e intercesión se dignó la Eterna Majestad de sacar del abismo de la idolatría tantas y tan grandes naciones y reducirlas al gremio de su Iglesia Católica Romana, madre y señora nuestra. Espero que se recibirá con la misma intención que yo la ofrezco, porque es la correspondencia que mi voluntad merece, aunque la obra no la merezca.

Otros dos libros se quedan escribiendo de los sucesos que entre los españoles, en aquella mi tierra, pasaron hasta el año de 1560 que yo salí de ella. Deseamos verlos ya acabados para hacer de ellos la misma ofrenda que de éstos. Nuestro Señor, etc.

Advertencias

Acerca de la lengua general de los indios del Perú

Para que se entienda mejor lo que con el favor divino hubiéremos de escribir en esta historia, porque en ella hemos de decir muchos nombres de la lengua general de los indios del Perú, será bien dar algunas advertencias acerca de ella.

La primera sea que tiene tres maneras diversas para pronunciar algunas sílabas, muy diferentes de como las pronuncia la lengua española, en las cuales pronunciaciones consisten las diferentes significaciones de un mismo vocablo: que unas sílabas se pronuncian en los labios, otras en el paladar, otras en lo interior de la garganta, como adelante daremos los ejemplos donde se ofrecieren. Para acentuar las dicciones se advierta que tienen sus acentos casi siempre en la sílaba penúltima y pocas veces en la antepenúltima y nunca jamás en la última; esto es no contradiciendo a los que dicen que las dicciones bárbaras se han de acentuar en la última, que lo dicen por no saber el lenguaje.

También es de advertir que en aquella lengua general del Cuzco (de quien es mi intención hablar, y no de las particulares de cada provincia, que son innumerables) faltan las letras siguientes: *b, d, f, g, j jota; l* sencilla no la hay, sino *ll* duplicada, y al contrario no hay pronunciación de *rr* duplicada en principio de parte ni en medio de la dicción, sino que siempre se ha de pronunciar sencilla. Tampoco hay *x*, de manera que del todo faltan seis letras del a.b.c. español o castellano y podremos decir que faltan ocho con la *l* sencilla y con la *rr* duplicada. Los españoles añaden estas letras en perjuicio y corrupción del lenguaje, y, como los indios no las tienen, comúnmente pronuncian mal las dicciones españolas que las tienen. Para atajar esta corrupción me sea lícito, pues soy indio, que en esta historia yo escriba como indio con las mismas letras que aquellas tales dicciones se deben escribir. Y no se les haga de mal a los que las leyeren ver la novedad presente en contra del mal uso introducido que antes debe dar gusto leer aquellos nombres en su propiedad y pureza. Y porque me conviene alegar muchas cosas de las que dicen los historiadores españoles para comprobar las que yo fuere diciendo, y porque las he de sacar a la letra con su corrupción, como ellos las escriben, quiero advertir que no parezca que me contradigo escribiendo las letras (que he dicho) que no tiene aquel lenguaje, que no lo hago sino por sacar fielmente lo que el español escribe.

También se debe advertir que no hay número plural en este general lenguaje, aunque hay partículas que significan pluralidad; sírvense del singular en ambos números. Si algún nombre indio pusiere yo en plural, será por la corrupción española o por el buen adjetivar las dicciones, que sonaría mal si escribiésemos las dicciones indias en singular y los adjetivos o relativos castellanos en plural. Otras muchas cosas tiene aquella lengua diferentísimas de la castellana, italiana y latina; las cuales notarán los mestizos y criollos curiosos, pues son de su lenguaje, que yo harto hago en señalarles con el dedo desde España los principios de su lengua para que la sustenten en su pureza, que cierto es lástima que se pierda o corrompa, siendo una lengua tan galana, en la cual han trabajado mucho los padres de la Santa Compañía de Jesús (como las demás religiones) para saberla bien hablar, y con su buen ejemplo (que es lo que más importa) han aprovechado mucho en la doctrina de los indios.

También se advierta que este nombre *vecino* se entendía en el Perú por los españoles que tenían repartimiento de indios, y en ese sentido lo pondremos siempre que se ofrezca. Asimismo es de advertir que en mis tiempos, que fueron hasta el año de 1560, ni veinte años después, no hubo en mi tierra moneda labrada. En lugar de ella se entendían los españoles en el comprar y vender pesando la plata y el oro por marcos y onzas, y como en España dicen ducados decían en el Perú pesos o castellanos. Cada peso de plata o de oro, reducido a buena ley, valía cuatrocientos y cincuenta maravedís; de manera que reducidos los pesos a ducados de Castilla, cada cinco pesos son seis ducados. Decimos esto porque no cause confusión el contar en esta historia por pesos y ducados. De la cantidad del peso de la plata al peso del oro había mucha diferencia, como en España la hay, mas el valor todo era uno. Al trocar del oro por plata daban su interés de tanto por ciento. También había interés al trocar de la plata ensayada por la plata que llaman corriente, que era la por ensayar.

Este nombre *galpón* no es de la lengua general del Perú; debe ser de las islas de Barlovento; los españoles lo han introducido en su lenguaje con otros muchos que se notarán en la historia. Quiere decir sala grande; los reyes Incas las tuvieron tan grandes que servían de plaza para hacer sus fiestas en ellas cuando el tiempo era lluvioso y no daba lugar a que se hiciesen en las plazas. Y baste esto de advertencias.

Libro primero

de los Comentarios Reales de los Incas, *donde se trata el descubrimiento del Nuevo Mundo, la deducción del nombre Perú, la idolatría y manera de vivir antes de los reyes Incas, el origen de ellos, la vida del primer Inca y lo que hizo con sus vasallos, y la significación de los nombres reales.*
Contiene veintiséis capítulos

Capítulo I. Si hay muchos mundos. Trata de las cinco zonas

Habiendo de tratar del Nuevo Mundo o de la mejor y más principal parte suya, que son los reinos y provincias del Imperio llamado Perú, de cuyas antiguallas y origen de sus reyes pretendemos escribir, parece que fuera justo, conforme a la común costumbre de los escritores, tratar aquí al principio si el mundo es uno solo o si hay muchos mundos; si es llano o redondo, y si también lo es el cielo redondo o llano; si es habitable toda la tierra o no más de las zonas templadas; si hay paso de una templada a la otra; si hay antípodas y cuáles son de cuáles, y otras cosas semejantes que los antiguos filósofos muy larga y curiosamente trataron y los modernos no dejan de platicar y escribir, siguiendo cada cual opinión que más le agrada.

Mas porque no es aqueste mi principal intento ni las fuerzas de un indio pueden presumir tanto, y también porque la experiencia, después que se descubrió lo que llaman Nuevo Mundo, nos ha desengañado de la mayor parte de estas dudas, pasaremos brevemente por ellas, por ir a otra parte, a cuyos términos finales temo no llegar. Mas confiado en la infinita misericordia, digo que a lo primero se podrá afirmar que no hay más que un mundo, y aunque llamamos Mundo Viejo y Mundo Nuevo, es por haberse descubierto aquél nuevamente para nosotros, y no porque sean dos, sino todo uno. Y a los que todavía imaginaren que hay muchos mundos, no hay para qué responderles, sino que se estén en sus heréticas imaginaciones hasta que en el infierno se desengañen de ellas. Y a los que dudan, si hay alguno que lo dude, si es llano o redondo, se podrá satisfacer con el testimonio de los que han dado vuelta a todo él o a la mayor parte, como los de la nao Victoria y otros que después acá le han rodeado. Y a lo del cielo, si también es llano o redondo, se podrá responder con las palabras del Real Profeta: *Extendens carelum sicut pellem*, en las cuales nos quiso mostrar la forma y hechura de la obra, dando la una por ejemplo de la otra, diciendo: que extendiste el cielo así como la piel, esto es, cubriendo con el cielo este gran cuerpo de los cuatro elementos en redondo, así como cubriste con la piel en redondo el cuerpo del animal, no solamente lo principal de él, mas también todas sus partes, por pequeñas que sean.

 A los que afirman que de las cinco partes del mundo que llaman zonas no son habitables más de las dos templadas, y que la del medio por su excesivo calor y las dos de los cabos por el demasiado frío son inhabitables, y que de la una zona habitable no se puede pasar a la otra habitable por el calor demasiado que hay en medio, puedo afirmar, demás de lo que todos saben, que yo nací en la tórrida zona, que es en el Cuzco, y me crié en ella hasta los veinte años, y he estado en la otra zona templada de la otra parte del Trópico de Capricornio, a la parte del sur, en los últimos términos de los Charcas, que son los Chichas, y, para venir a esta otra templada de la parte del norte, donde escribo esto, pasé por la tórrida zona y la atravesé toda y estuve tres días naturales debajo de la línea equinoccial, donde dicen que pasa perpendicularmente, que es en el cabo de Pasau, por todo lo cual digo que es habitable la tórrida también como las templadas. De las zonas frías quisiera poder decir por vista de ojos como de las otras tres. Remítome a los que saben de ellas más que yo. A los que dicen que por su mucha frialdad son inhabitables, osaré decir, con los que tienen lo contrario, que también son habitables como las demás, porque en buena consideración no es de imaginar, cuanto más de creer, que partes tan grandes del mundo las hiciese Dios inútiles, habiéndolo criado todo para que lo habitasen los hombres, y que se engañan los antiguos en lo que dicen de las zonas frías, también como se engañaron en lo que dijeron de la tórrida, que era inhabitable por su mucho calor. Antes se debe creer que el Señor, como padre sabio y poderoso, y la naturaleza, como madre universal y piadosa, hubiesen remediado los inconvenientes de la frialdad con templanza de calor, como remediaron el demasiado calor de la tórrida zona con tantas nieves, fuentes, ríos y lagos como en el Perú se hallan, que la hacen templada de tanta variedad de temples, unas que declinan a calor y a más calor, hasta llegar a regiones tan bajas, y por ende tan calientes, que, por su mucho calor, son casi inhabitables, como dijeron los antiguos de ella. Otras regiones, que declinan a frío y más frío, hasta subir a partes tan altas que también llegan a ser inhabitables por la mucha frialdad de la nieve perpetua que sobre sí tienen, en contra de lo que de esta tórrida zona los filósofos dijeron, que no imaginaron jamás que en ella pudiese haber nieve, habiéndola perpetua debajo de la misma línea equinoccial, sin menguar jamás ni mucho ni poco, a lo menos en la cordillera grande, si no es en las faldas o puertos de ella. Y es de saber que en la tórrida zona, en lo que de ella alcanza el Perú, no consiste el calor ni el frío en distancia de regiones, ni en estar más lejos ni más cerca de la equinoccial, sino en estar más alto o más bajo de una misma región y en muy poca distancia de tierra, como adelante se dirá más largo. Digo, pues, que a esta semejanza se puede creer que también las zonas frías estén templadas y sean habitables, como lo tienen muchos graves autores, aunque no por vista y experiencia; pero basta haberlo dado a entender así el mismo Dios, cuando crió al hombre y le dijo: «creced y multiplicad y henchid la tierra y sojuzgadla». Por donde se ve que es habitable, porque si no lo fuera ni se podía sojuzgar ni llenar de habitaciones. Yo espero en su omnipotencia que a su tiempo descubriera estos secretos (como descubrió el Nuevo Mundo) para mayor confusión y afrenta de los atrevidos, que con sus filosofías naturales y entendimientos humanos quieren tasar la potencia y la sabiduría de Dios, que no pueda hacer sus obras más de como ellos las imaginan, habiendo tanta disparidad del un saber al otro cuanta hay de lo finito a lo infinito. Etc.

Capítulo II. Si hay antípodas

A lo que se dice si hay antípodas o no, se podrá decir que, siendo el mundo redondo (como es notorio), cierto es que las hay. Empero tengo para mí que por no estar este mundo inferior descubierto del todo, no se puede saber de cierto cuáles provincias sean antípodas de cuáles, como algunos lo afirman, lo cual se podrá certificar más aína respecto del cielo que no de la tierra, como los polos el uno del otro y el oriente del poniente, dondequiera que lo es por la equinoccial. Por dónde hayan pasado aquellas gentes tantas y de tan diversas lenguas y costumbres como las que en el Nuevo Mundo se han hallado, tampoco se sabe de cierto, porque si dicen por la mar, en navíos, nacen inconvenientes acerca de los animales que allá se hallan, sobre decir cómo o para qué los embarcaron, siendo algunos de ellos antes dañosos que provechosos. Pues decir que pudieron ir por tierra, también nacen otros inconvenientes mayores, como es decir que si llevaron los animales que allá tenían domésticos, ¿por qué no llevaron de los que acá quedaron, que se han llevado después de acá? Y si fue por no poder llevar tantos ¿cómo no quedaron acá de los que llevaron? Y lo mismo se puede decir de las mieses, legumbres y frutas, tan diferentes de las de acá, que con razón le llamaron Nuevo Mundo, porque lo es en toda cosa, así en los animales mansos y bravos como en las comidas, como en los hombres, que generalmente son lampiños, sin barbas. Y porque en cosas tan inciertas es perdido el trabajo que se gasta en quererlas saber, las dejaré, porque tengo menos suficiencia que otro para inquirirlas. Solamente trataré del origen de los reyes Incas y de la sucesión de ellos, sus conquistas, leyes y gobierno en paz y en guerra. Y antes que tratemos de ellos será bien digamos cómo se descubrió este Nuevo Mundo, y luego trataremos del Perú en particular.

Capítulo III. Cómo se descubrió el Nuevo mundo
Cerca del año de 1484, uno más o menos, un piloto natural de la villa de Huelva, en el Condado de Niebla, llamado Alonso Sánchez de Huelva, tenía un navío pequeño, con el cual contrataba por la mar, y llevaba de España a las Canarias algunas mercaderías que allí se le vendían bien, y de las Canarias cargaba de los frutos de aquellas islas y las llevaba a la isla de la Madera, y de allí se volvía a España cargado de azúcar y conservas. Andando en esta su triangular contratación, atravesando de las Canarias a la isla de la Madera, le dio un temporal tan recio y tempestuoso que no pudiendo resistirle, se dejó llevar de la tormenta y corrió veintiocho o veintinueve días sin saber por dónde ni adónde, porque en todo este tiempo no pudo tomar el altura por el Sol ni por el Norte.

Padecieron los del navío grandísimo trabajo en la tormenta, porque ni les dejaba comer ni dormir. Al cabo de este largo tiempo se aplacó el viento y se hallaron cerca de una isla; no se sabe de cierto cuál fue, mas de que se sospecha que fue la que ahora llaman Santo Domingo; y es de mucha consideración que el viento que con tanta violencia y tormenta llevó aquel navío no pudo ser otro sino el solano, que llaman leste, porque la isla de Santo

Domingo está al poniente de las Canarias, el cual viento, en aquel viaje, antes aplaca las tormentas que las levanta. Mas el Señor Todopoderoso, cuando quiere hacer misericordias, saca las más misteriosas y necesarias de causas contrarias, como sacó el agua del pedernal y la vista del ciego del lodo que le puso en los ojos, para que notoriamente se muestren ser obras de la miseración y bondad divina, que también usó de esta su piedad para enviar su Evangelio y luz verdadera a todo el Nuevo Mundo, que tanta necesidad tenía de ella, pues vivían, o, por mejor decir, perecían en las tinieblas de la gentilidad e idolatría tan bárbara y bestial como en el discurso de la historia veremos.

El piloto saltó en tierra, tomó el altura y escribió por menudo todo lo que vio y lo que le sucedió por la mar a ida y a vuelta, y, habiendo tomado agua y leña, se volvió a tiento, sin saber el viaje tampoco a la venida como a la ida, por lo cual gastó más tiempo del que le convenía. Y por la dilación del camino les faltó el agua y el bastimento, de cuya causa, y por el mucho trabajo que a ida y venida habían padecido, empezaron a enfermar y morir de tal manera que de diecisiete hombres que salieron de España no llegaron a la Tercera más de cinco, y entre ellos el piloto Alonso Sánchez de Huelva. Fueron a parar a casa del famoso Cristóbal Colón, genovés, porque supieron que era gran piloto y cosmógrafo y que hacía cartas de marear, el cual los recibió con mucho amor y les hizo todo regalo por saber cosas acaecidas en tan extraño y largo naufragio como el que decían haber padecido. Y como llegaron tan descaecidos del trabajo pasado, por mucho que Cristóbal Colón les regaló no pudieron volver en sí y murieron todos en su casa, dejándole en herencia los trabajos que les causaron la muerte, los cuales aceptó el gran Colón con tanto ánimo y esfuerzo que, habiendo sufrido otros tan grandes y aun mayores (pues duraron más tiempo), salió con la empresa de dar el Nuevo Mundo y sus riquezas a España, como lo puso por blasón en sus armas diciendo: «A Castilla y a León, Nuevo Mundo dio Colón».

Quien quisiere ver las grandes hazañas de este varón, vea la Historia general de las Indias que Francisco López de Gómara escribió, que allí las hallará, aunque abreviadas, pero lo que más loa y engrandece a este famoso sobre los famosos es la misma obra de esta conquista y descubrimiento. Yo quise añadir esto poco que faltó de la relación de aquel antiguo historiador, que, como escribió lejos de donde acaecieron estas cosas y la relación se la daban yentes y vinientes, le dijeron muchas cosas de las que pasaron, pero imperfectas, y yo las oí en mi tierra a mi padre y a sus contemporáneos, que en aquellos tiempos la mayor y más ordinaria conversación que tenían era repetir las cosas más hazañosas y notables que en sus conquistas habían acaecido, donde contaban la que hemos dicho y otras que adelante diremos, que, como alcanzaron a muchos de los primeros descubridores y conquistadores del Nuevo Mundo, hubieron de ellos la entera relación de semejantes cosas, y yo, como digo, las oí a mis mayores, aunque (como muchacho) con poca atención, que si entonces la tuviera pudiera ahora escribir otras muchas cosas de grande admiración, necesarias en esta historia. Diré las que hubiere guardado la memoria, con dolor de las que ha perdido.

El muy reverendo padre Joseph de Acosta toca también esta historia del descubrimiento del Nuevo Mundo con pena de no poderla dar entera, que también faltó a Su Paternidad parte de la relación en este paso, como en otros más modernos, porque se habían acabado ya los conquistadores antiguos cuando su Paternidad pasó a aquellas partes, sobre lo cual dice estas palabras, Libro primero, capítulo diecinueve: «Habiendo mostrado que no lleva camino pensar que los primeros moradores de Indias hayan venido a ellas con navegación hecha para ese fin, bien se sigue que si vinieron por mar haya sido acaso y por fuerza de tormentas el haber llegado a Indias, lo cual, por inmenso que sea el Mar Océano, no es cosa increíble. Porque pues así sucedió en el descubrimiento de nuestros tiempos cuando aquel marinero (cuyo nombre aún no sabemos, para que negocio tan grande no se atribuya a otro autor sino a Dios), habiendo por un terrible e importuno temporal reconocido el Nuevo Mundo, dejó por paga del buen hospedaje a Cristóbal Colón la noticia de cosa tan grande. Así puso ser», etc. Hasta aquí es del padre Maestro Acosta, sacado a la letra, donde muestra haber hallado Su Paternidad en el Perú parte de nuestra relación, y aunque no toda, pero lo más esencial de ella.

Este fue el primer principio y origen del descubrimiento del Nuevo Mundo, de la cual grandeza podía loarse la pequeña villa de Huelva, que tal hijo crió, de cuya relación, certificado Cristóbal Colón, insistió tanto en su demanda, prometiendo cosas nunca vistas ni oídas, guardando como hombre prudente el secreto de ellas, aunque debajo de confianza dio cuenta de ellas a algunas personas de mucha autoridad cerca de los reyes Católicos, que le ayudaron a salir con su empresa, que si no fuera por esta noticia que Alonso Sánchez de Huelva le dio, no pudiera de sola su imaginación de cosmografía prometer tanto y tan certificado como prometió ni salir tan presto con la empresa del descubrimiento, pues, según aquel autor, no tardó Colón más de sesenta y ocho días en el viaje hasta la isla de Guanatianico, con detenerse algunos días en la Gomera a tomar refresco que, si no supiera por la relación de Alonso Sánchez qué rumbos había de tomar en un mar tan grande, era casi milagro haber ido allá en tan breve tiempo.

Capítulo IV. La deducción del nombre Perú
Pues hemos de tratar del Perú, será bien digamos aquí como se dedujo este nombre, no lo teniendo los indios en su lenguaje; para lo cual es de saber que, habiendo descubierto la Mar del Sur Vasco Núñez de Balboa, caballero natural de Jerez de Badajoz, año de 1513, que fue el primer español que la descubrió y vio, y habiéndole dado los reyes Católicos título de Adelantado de aquella mar con la conquista y gobierno de los reinos que por ella descubriese, en los pocos años que después de esta merced vivió (hasta que su propio suegro, el gobernador Pedro Arias de Ávila, en lugar de muchas mercedes que había merecido y se le debían por sus hazañas, le cortó la cabeza), tuvo este caballero cuidado de descubrir y saber qué tierra era y cómo se llamaba la que corre de Panamá adelante hacia el sur. Para este efecto hizo tres o cuatro navíos, los cuales, mientras él aderezaba las cosas necesarias para su descubrimiento y conquista, enviaba cada uno de por sí en diversos tiempos del año a descubrir aquella costa. Los navíos, habiendo hecho las diligencias que podían, volvían con la relación de muchas tierras que hay por aquella ribera.

Un navío de éstos subió más que los otros y pasó la línea equinoccial a la parte del sur, y cerca de ella, navegando costa a costa, como se navegaba entonces por aquel viaje, vio un indio que a la boca de un río, de muchos que por toda aquella tierra entran en la mar, estaba pescando. Los españoles del navío, con todo el recato posible, echaron en tierra, lejos de donde el indio estaba, cuatro españoles, grandes corredores y nadadores, para que no se les fuese por tierra ni por agua. Hecha esta diligencia, pasaron con el navío por delante del indio, para que pusiese ojos en él y se descuidase de la celada que le dejaban armada. El indio, viendo en la mar una cosa tan extraña, nunca jamás vista en aquella costa, como era navegar un navío a todas velas, se admiró grandemente y quedó pasmado y abobado, imaginando qué pudiese ser aquello que en la mar veía delante de sí. Y tanto se embebeció y enajenó en este pensamiento, que primero lo tuvieron abrazado los que le iban a prender que él los sintiese llegar, y así lo llevaron al navío con mucha fiesta y regocijo de todos ellos.

Los españoles, habiéndole acariciado porque perdiese el miedo que de verlos con barbas y en diferente traje que el suyo había cobrado, le preguntaron por señas y por palabras qué tierra era aquélla y cómo se llamaba. El indio, por los ademanes y meneos que con manos y rostro le hacían (como a un mudo), entendía que le preguntaban mas no entendía lo que le preguntaban y a lo que entendió qué era el preguntarle, respondió a prisa (antes que le hiciesen algún mal) y nombró su propio nombre, diciendo Berú, y añadió otro y dijo Pelú. Quiso decir: «Si me preguntáis cómo me llamo, yo me digo Berú, y si me preguntáis dónde estaba, digo que estaba en el río». Porque es de saber que el nombre Pelú en el lenguaje de aquella provincia es nombre apelativo y significa río en común, como luego veremos en un autor grave. A otra semejante pregunta respondió el indio de nuestra historia de la Florida con el nombre de su amo, diciendo Brezos y Bredos (Libro sexto, capítulo quince), donde yo había puesto este paso a propósito del otro; de allí lo quité por ponerlo ahora en su lugar.

Los cristianos entendieron conforme a su deseo, imaginando que el indio les había entendido y respondido a propósito, como si él y ellos hubieran hablado en castellano, y desde aquel tiempo, que fue el año de 1515 o 16, llamaron Perú aquel riquísimo y grande Imperio, corrompiendo ambos nombres, como corrompen los españoles casi todos los vocablos que toman del lenguaje de los indios de aquella tierra, por que si tomaron el nombre del indio, *Berú,* trocaron la *b* por la *p,* y si el nombre *Pelú,* que significa río, trocaron la *l* por la *r,* y de la una manera o de la otra dijeron Perú. Otros, que presumen de más repulidos y son los más modernos, corrompen dos letras y en sus historias dicen Pirú. Los historiadores más antiguos, como son Pedro de Cieza de León y el contador Agustín de Zárate y Francisco López de Gómara y Diego Fernández, natural de Palencia, y aun el muy reverendo padre fray Jerónimo Román, con ser de los modernos, todos le llaman Perú y no Pirú. Y como aquel paraje donde esto sucedió acertase a ser término de la tierra que los reyes Incas tenían por aquella parte conquistada y sujeta a su Imperio, llamaron después Perú a todo lo que hay desde allí, que es el paraje de Quito hasta los Charcas, que fue lo más principal que ellos señorearon, y son más de setecientas leguas de largo, aunque su Imperio pasaba hasta Chile, que son otras quinientas leguas más adelante y es otro muy rico y fertilísimo reino.

Capítulo V. Autoridades en confirmación del nombre Perú
Este es el principio y origen del nombre Perú, tan famoso en el mundo, y con razón famoso, pues a todo él ha llenado de oro y plata, de perlas y piedras preciosas. Y por haber sido así impuesto acaso, los indios naturales del Perú, aunque ha setenta y dos años que se conquistó, no toman este nombre en la boca, como nombre nunca por ellos impuesto, y aunque por la comunicación de los españoles entienden ya lo que quiere decir, ellos no usan de él porque en su lenguaje no tuvieron nombre genérico para nombrar en junto los reinos y provincias que sus reyes naturales señorearon, como decir España, Italia o Francia, que contienen en sí muchas provincias. Supieron nombrar cada provincia por su propio nombre, como se verá largamente en el discurso de la historia, empero nombre propio que significase todo el reino junto no lo tuvieron. Llamábanle Tauantinsuyo, que quiere decir: las cuatro partes del mundo.

El nombre Berú, como se ha visto, fue nombre propio de un indio y es nombre de los que usaban entre los indios yuncas de los llanos y costa de la mar, y no en los de la sierra ni del general lenguaje, que, como en España hay nombres y apellidos que ellos mismo dicen de qué provincia son, así los había entre los indios del Perú. Que haya sido nombre impuesto por los españoles y que no lo tenían los indios en su lenguaje común, lo da a entender Pedro de Cieza de León en tres partes. En el capítulo tercero, hablando de la isla llamada Gorgona dice: «Aquí estuvo el marqués don Francisco Pizarro con trece cristianos españoles, compañeros suyos, que fueron los descubridores de esta tierra que llamamos Perú», etc. En el capítulo trece dice: «Por lo cual será necesario que desde el Quito, que es donde verdaderamente comienza lo que llamamos Perú», etc. Capítulo dieciocho dice: «Por las relaciones que los indios del Cuzco nos dan, se colige que había antiguamente gran desorden en todas las provincias de este reino que nosotros llamamos Perú», etc. Decirlo tantas veces por este mismo término *llamamos* es dar a entender que los españoles se lo llaman, porque lo dice hablando con ellos, y que los indios no tenían tal dicción en su general lenguaje, de lo cual yo, como indio Inca, doy fe de ello.

Lo mismo y mucho más dice el padre Maestro Acosta en el Libro primero de la *Historia Natural de las Indias,* capítulo trece, donde, hablando en el mismo propósito, dice: «Ha sido costumbre muy ordinaria en estos descubrimientos del Nuevo Mundo poner nombres a las tierras y puertos de la ocasión que se les ofrecía, y así se entiende haber pasado en nombrar a este reino Pirú. Acá es opinión que de un río en que a los principios dieron los españoles, llamado por los naturales Pirú, intitularon toda esta tierra Perú; y es argumento de esto, que los indios naturales del Pirú ni usan ni saben tal nombre de su tierra», etc. Bastará la autoridad de tal varón para confundir las novedades que después acá se han inventado sobre este nombre, que adelante tocaremos algunas. Y porque el río que los españoles llaman Perú está en el mismo paraje y muy cerca de la equinoccial, osada afirmar que el hecho de prender al indio hubiese sido en él, y que también el río como la tierra hubiese participado del nombre propio del indio Berú, o que el nombre Peló apelativo, que era común de todos los ríos, se le convirtiese en nombre propio particular con el cual le nombran después acá los españoles, dándoselo en particular a él solo, diciendo el río Perú.

Francisco López de Gómara, en su *Historia General de las Indias,* hablando del descubrimiento de Yucatán, capítulo cincuenta y dos, pone dos deducciones de nombres muy semejantes a la que hemos dicho del Perú, y por serie tanto los saqué aquí como él lo dice, que es lo que sigue: «Partióse, pues, Francisco Hernández de Córdoba, y, con tiempo que no le dejó ir a otro cabo o con voluntad que llevaba a descubrir, fue a dar consigo en tierra no sabida ni hollada de los nuestros, do hay unas salinas en una punta que llamó de las Mujeres, por haber allí torres de piedras con gradas y capillas cubiertas de madera y paja, en que por gentil orden estaban puestos muchos ídolos que parecían mujeres. Maravilláronse los españoles de ver edificio de piedra, que hasta entonces no se había visto, y que la gente vistiese tan rica y lucidamente, que tenían camisetas y mantas de algodón blancas y de colores, plumajes, zarcillos, bronchas y joyas de oro y plata, y las mujeres cubiertas pecho y cabeza. No paró allí, sino fuese a otra punta que llamó de Cotoche, donde andaban unos pescadores que de miedo o espanto se retiraron en tierra y que respondían *cotohe, cotohe,* que quiere decir casa, pensando que les preguntaban por el lugar para ir allá. De aquí se le quedó este nombre al cabo de aquella tierra. Un poco más adelante hallaron ciertos hombres que, preguntados cómo se llamaba un gran pueblo cerca, dijeron *tectetán, tectetán,* que vale "no te entiendo". Pensaron los españoles que se llamaba así, y corrompiendo el vocablo llamaron siempre Yucatán, y nunca se le caerá tal nombradía».

Hasta aquí es de Francisco López de Gómara, sacado a la letra, de manera que en otras muchas partes de las Indias ha acaecido lo que en el Perú, que han dado por nombres a las tierras que descubrían los primeros vocablos que oían a los indios cuando les hablaban y preguntaban por los nombres de las tales tierras, no entendiendo la significación de los vocablos, sino imaginando que el indio respondía a propósito de lo que le preguntaban, como si todos hablaran un mismo lenguaje. Y este yerro hubo en otras muchas cosas de aquel Nuevo Mundo, y en particular en nuestro Imperio del Perú, como se podrá notar en muchos pasos de la historia.

Capítulo VI. Lo que dice un autor acerca del nombre Perú

Sin lo que Pedro de Cieza y el padre Joseph de Acosta y Gómara dicen acerca del nombre Perú, se me ofrece la autoridad de otro insigne varón, religioso de la Santa Compañía de Jesús, llamado el padre Blas Valera, que escribía la historia de aquel Imperio en elegantísimo latín, y pudiera escribirla en muchas lenguas, porque tuvo don de ellas; mas por la desdicha de aquella mi tierra, que no mereció que su república quedara escrita de tal mano, se perdieron sus papeles en la ruina y saco de Cádiz, que los ingleses hicieron año de 1596, y él murió poco después. Yo hube del saco las reliquias que de sus papeles quedaron, para mayor dolor y lástima de los que se perdieron, que se sacan por los que se hallaron: quedaron tan destrozados que falta lo más y mejor.[2] Hízome merced de ellos el padre Maestro Pedro Maldonado de Saavedra, natural de Sevilla, de la misma religión, que en este año de 1600 lee Escritura en esta ciudad de Córdoba. El padre Valera, en la denominación del nombre Perú, dice en su galano latín lo que se sigue, que yo como indio traduje en mi tosco romance: «El Reino del Perú, ilustre y famoso y muy grande, donde hay mucha cantidad de oro y plata y otros metales ricos, de cuya abundancia nació el refrán que, para decir que un hombre es rico, dicen; posee el Perú; este nombre fue nuevamente impuesto por los españoles a aquel Imperio de los Incas, nombre puesto acaso y no propio, y por tanto de los indios no conocido, antes, por ser bárbaro, tan aborrecido que ninguno de ellos lo quiere usar; solamente lo usan los españoles. La nueva imposición de él no significa riquezas ni otra cosa grande, y como la imposición del vocablo fue nueva, así también lo fue la significación de las riquezas, porque procedieron de la felicidad de los sucesos. Este nombre Pelú, entre los indios bárbaros que habitan entre Panamá y Huayaquil es nombre apelativo que significa río; también es nombre propio de cierta isla que se llama Pelua o Pelu. Pues como los primeros conquistadores españoles, navegando desde Panamá, llegasen a aquellos lugares primero que a otros, les agradó tanto aquel nombre Perú o Pelua, que, como si significara alguna cosa grande y señalada, lo abrazaron para nombrar con cualquiera otra cosa que hallasen, como lo hicieron en llamar Perú a todo el Imperio de los Incas. Muchos hubo que no se agradaron del nombre Perú, y por ende le llamaron la Nueva Castilla.

Estos dos nombres impusieron a aquel gran reino, y los usan de ordinario los escribanos reales y notarios eclesiásticos, aunque en Europa y en otros reinos anteponen el nombre Perú al otro. También afirman muchos que se dedujo de este nombre *pirua,* que es vocablo del Cuzco, de los quechuas: significa orón en que encierran los frutos. La sentencia de éstos apruebo de muy buena gana, porque en aquel reino tienen los indios gran número de orones para guardar sus cosechas. Por esta causa fue a los españoles fácil usar de aquel nombre ajeno y decir Pirú, quitándole la última vocal y pasando

---

2 (...) Datos importantes de Blas Valera en Antonio de Egaña, S. I. ed. *Monumenta Peruana,* vol. 1, Roma 1954, págs. 283-284, 446, 512. Para la polémica sobre Valera, José de la Riva Agüero, *La Historia en el Perú,* Lima 1910, págs. 13-32.

el acento a la última sílaba. Este nombre, dos veces apelativo, pusieron los primeros conquistadores por nombre propio al Imperio que conquistaron; yo usaré de él sin ninguna diferencia, diciendo Perú y Pirú. La introducción de este vocablo nuevo no se debe repudiar, por decir que lo usaron falsamente y sin acuerdo, que los españoles no hallaron otro nombre genérico y propio que imponer a toda aquella región, porque antes del reinado de los Incas cada provincia tenía su propio nombre, como Charca, Colla, Cozco, Rímac, Quitu y otras muchas, sin atención ni respeto a las otras regiones; mas después que los Incas sojuzgaron todo aquel reino a su Imperio, le fueron llamando conforme al orden de las conquistas y al sujetarse y rendirse los vasallos, y al cabo le llamaron Tahuantinsuyu, esto es, las cuatro partes del Reino, o *Incap rúnam* que es vasallos del Inca. Los españoles, advirtiendo la variedad y confusión de estos nombres, le llamaron prudente y discretamente Perú o la Nueva Castilla. Etc. Hasta aquí es del padre Blas Valera, el cual también, como el padre Acosta, dice haber sido nombre impuesto por los españoles y que no lo tenían los indios en su lenguaje.

Declarando yo lo que el padre Blas Valera dice, digo que es más verosímil que la imposición del nombre Perú naciese del nombre propio Berú o del apelativo Pelú, que en el lenguaje de aquella provincia significa río, que no del nombre Pirua, que significa orón, porque, como se ha dicho, lo impusieron los de Vasco Núñez de Balboa, que no entraron la tierra adentro para tener noticia del nombre Pirua, y no los conquistadores del Perú, porque quince años antes que ellos fueran a la conquista llamaban Perú los españoles que vivían en Panamá a toda aquella tierra que corre desde la equinoccial al mediodía, lo cual también lo certifica Francisco López de Gómara en la *Historia de las Indias,* capítulo ciento y diez, donde dice estas palabras: «Algunos dicen que Balboa tuvo relación de cómo aquella tierra del Perú tenía oro y esmeraldas; sea así o no sea, es cierto que había en Panamá gran fama del Perú cuando Pizarro y Almagro armaron para ir allá». Etc. Hasta aquí es de Gómara, de donde consta claro que la imposición del nombre Perú fue mucho antes que la ida de los conquistadores que ganaron aquel Imperio.

Capítulo VII. De otras deducciones de nombres nuevos

Porque la deducción del nombre Perú no quede sola, digamos de otras semejantes que se hicieron antes y después de ésta, que, aunque las anticipemos, no estará mal que estén dichas para cuando lleguemos a sus lugares. Y sea la primera la de Puerto Viejo, porque fue cerca de donde se hizo la del Perú. Para lo cual es de saber que desde Panamá a la Ciudad de los reyes se navegaba con grande trabajo, por las muchas corrientes de la mar y por el viento Sur que corre siempre en aquella costa, por lo cual los navíos, en aquel viaje, eran forzados a salir del puerto con un bordo de treinta o cuarenta leguas a la mar y volver con otro a tierra, y de esta manera iban subiendo la costa arriba, navegando siempre a la bolina. Y acaecía muchas veces, cuando el navío no era buen velero de la bolina, caer más atrás de donde había salido, hasta que Francisco Drac, inglés, entrando por el Estrecho de Magallanes, año de 1579, enseñó mejor manera de navegar, alargándose con los bordos doscientas y trescientas leguas la mar adentro, lo cual antes no osaban hacer los pilotos, porque sin saber de qué ni de quién, sino de sus imaginaciones, estaban persuadidos y temerosos que, apartados de tierras cien leguas, había en la mar grandísimas calmas, y por no caer en ellas no osaban engolfarse mar adentro, por el cual miedo se hubiera de perder nuestro navío cuando yo vine a España, porque con una brisa decayó hasta la isla llamada Gorgona, donde temimos perecer sin poder salir de aquel mal seno. Navegando, pues, un navío, de la manera que hemos dicho, a los principios de la conquista del Perú, y habiendo salido de aquel puerto a la mar con los bordos seis o siete veces, y volviendo siempre al mismo puerto porque no podía arribar en su navegación, uno de los que en él iban, enfadado de que no pasasen adelante, dijo: «Ya este puerto es viejo para nosotros», y de aquí se llamó Puerto Viejo. Y la Punta de Santa Elena que está cerca de aquel puerto se nombró así porque la vieron en su día.

Otra imposición de nombre pasó mucho antes que las que hemos dicho, semejante a ellas. Y fue que el año de 1500, navegando un navío que no se sabe cúyo era, si de Vicente Yáñez Pinzón o de Juan de Solís, dos capitanes venturosos en descubrir nuevas tierras, yendo el navío en demanda de nuevas regiones (que entonces no entendían los españoles en otra cosa), y deseando hallar tierra firme, porque la que hasta allí habían descubierto eran todas islas que hoy llaman de Barlovento, un marinero que iba en la gavia, habiendo visto el cerro alto llamado Capira, que está sobre la ciudad del Nombre de Dios, dijo (pidiendo albricias a los del navío): «En nombre de Dios sea, compañeros, que veo tierra firme», y así se llamó después Nombre de Dios la ciudad que allí se fundó, y Tierra Firme su costa, y no llaman Tierra Firme a otra alguna, aunque lo sea, sino a aquel sitio del Nombre de Dios, y se le ha quedado por nombre propio. Diez años después llamaron Castilla de Oro a aquella provincia, por el mucho oro que en ella hallaron y por un castillo que en ella hizo Diego de Nicuesa, año de 1510.

La isla que ha por nombre la Trinidad, que está en el Mar Dulce, se llamó así porque la descubrieron día de la Santísima Trinidad. La ciudad de Cartagena llamaron así por su buen puerto, que, por semejarse mucho al de Cartagena de España, dijeron los que primero lo vieron: «Este puerto es tan bueno como el de Cartagena». La isla Serrana, que está en el viaje de Cartagena a La Habana, se llamó así por un español llamado Pedro Serrano, cuyo navío se perdió cerca de ella, y él solo escapó nadando, que era grandísimo nadador, y llegó a aquella isla, que es despoblada, inhabitable, sin agua ni leña, donde vivió siete: años con industria y buena maña que tuvo para tener leña y agua y sacar fuego (es un caso historial de grande admiración, quizá lo diremos en otra parte), de cuyo nombre llamaron la Serrana aquella isla y Serranilla a otra que está cerca de ella, por diferenciar la una de la otra.

La ciudad de Santo Domingo, por quien toda la isla se llamó del mismo nombre, se fundó y nombró como lo dice Gómara, capítulo treinta y cinco, por estas palabras que son sacadas a la letra: «El pueblo más ennoblecido es Santo Domingo, que fundó Bartolomé Colón a la ribera del río Ozama. Púsole aquel nombre porque llegó allí un domingo, fiesta de Santo Domingo, y porque su padre se llamaba Domingo. Así que concurrieron tres causas para llamarlo así», etc. Hasta aquí es de Gómara. Semejantemente son impuestos todos los más nombres de puertos famosos y dos grandes y provincias y reinos que en el Nuevo Mundo se han descubierto, poniéndoles el nombre del santo o santa en cuyo día se descubrieron o el nombre del capitán, soldado, piloto o marinero que lo descubrió, como dijimos algo de esto en la historia de la Florida, cuando tratamos de la descripción de ella y de los que a ella han ido; y en el Libro sexto, después del capítulo quince, a propósito de lo que allí se cuenta, había puesto estas deducciones de nombres juntamente con la del nombre Perú, temiendo me faltara la vida antes de llegar aquí. Mas pues Dios por su misericordia la ha alargado, me pareció quitarlas de allí y ponerlas en su lugar. Lo que ahora temo es no me las haya hurtado algún historiador, porque aquel libro, por mi ocupación, fue sin mí a pedir su calificación, y sé que anduvo por muchas manos. Y sin esto me han preguntado muchos si sabía la deducción del nombre Perú, y, aunque he querido guardarla, no me ha sido posible negarla a algunos señores míos.[3]

Capítulo VIII. La descripción del Perú

Los cuatro términos que el Imperio de los Incas tenía cuando los españoles entraron en él son los siguientes. Al norte llegaba hasta el de Ancasmayu, que corre entre los confines de Quito y Pasto; quiere decir, en la lengua general del Pirú, río azul; está debajo de la linea equinoccial, casi perpendicularmente. Al mediodía tenía por término al río llamado Maulli, que corre leste hueste pasado el reino de Chile, antes de llegar a los araucos, el cual está más de cuarenta grados de la equinoccial al sur.

Entre estos dos ríos ponen poco menos de mil y trescientas leguas de largo por tierra. Lo que llaman Perú tiene setecientas y cincuenta leguas de largo por tierra desde el río Ancasmayu hasta los Chichas, que es la última provincia de los Charcas, norte sur; y lo que llaman reino de Chile contiene cerca de quinientas y cincuenta leguas, también norte sur, contando desde lo último de la provincia de los Chichas hasta el río Maulli.

Al levante tiene por término aquella nunca jamás pisada de hombres ni de animales ni de aves, inaccesible cordillera de nieves que corte desde Santa Marta hasta el Estrecho de Magallanes, que los indios llaman Ritisuyu, que es banda de nieves.[4] Al poniente confina con la Mar del Sur, que corre por toda su costa de largo a largo; empieza el término del Imperio por la costa

---

3   Dos de esos «señores» fueron el padre Juan de Pineda y el filólogo Bernardo de Aldrete.
4   En el Libro III, caps. 7 y 14, el Inca Garcilaso vuelve a hablar de la cordillera como «la gran cordillera y sierra nevada de los Antis». En el Libro 11, cap. 11, al hablar de Antisuyu como una de las cuatro regiones del Imperio de los Incas, dice: «por la cual llaman también Anti a toda aquella gran cordillera de sierra nevada que pasa al oriente del Perú, por dar a entender que está al oriente». Es su explicación para el nombre de «Andes» de la gran cadena de montañas de América del Sur.

desde el cabo de Pasau, por do pasa la linea equinoccial, hasta el dicho río Maulli, que también entra en la Mar del Sur. Del levante al poniente es angosto todo aquel reino. Por lo más ancho, que es atravesando desde la provincia de Muyupampa por los Chachapuyas hasta b ciudad de Trujillo, que está a la costa de la mar, tiene ciento y veinte leguas de ancho, y por lo más angosto, que es desde el puerto de Arica a la provincia llamada Llaricasa, tiene setenta leguas de ancho. Estos son los cuatro términos de lo que señorearon los reyes Incas, cuya historia pretendemos escribir mediante el favor divino.

Será bien, antes que pasemos adelante, digamos aquí el suceso de Pedro Serrano que atrás propusimos, porque no esté lejos de su lugar y también porque este capítulo no sea tan corto. Pedro Serrano salió a nado a aquella isla desierta que antes de él no tenía nombre, la cual, como él decía, tenía dos leguas en contorno; casi lo mismo dice la carta de marear, porque pinta tres islas muy pequeñas, con muchos bajíos a la redonda, y la misma figura le da a la que llaman Serranilla, que son cinco isletas pequeñas con muchos más bajíos que la Serrana, y en todo aquel paraje los hay, por lo cual huyen los navíos de ellos, por caer en peligro.

A Pedro Serrano le cupo en suerte perderse en ellos y llegar nadando a la isla, donde se halló desconsoladísimo, porque no halló en ella agua ni leña ni aun yerba que poder pacer, ni otra cosa alguna con que entretener la vida mientras pasase algún navío que de allí lo sacase, para que no pereciese de hambre y de sed, que le parecían muerte más cruel que haber muerto abogado, porque es más breve. Así pasó la primera noche llorando su desventura, tan afligido como se puede imaginar que estaría un hombre puesto en tal extremo. Luego que amaneció, volvió a pasear la isla; halló algún marisco que salía de la mar, como son cangrejos, camarones y otras sabandijas, de las cuales cogió las que pudo y se las comió crudas porque no había candela donde asarlas o cocerlas. Así se entretuvo hasta que vio salir tortugas; viéndolas lejos de la mar, arremetió con una de ellas y la volvió de espaldas; lo mismo hizo de todas las que pudo, que para volverse a enderezar son torpes, y sacando un cuchillo que de ordinario solía traer en la cinta, que fue el medio para escapar de la muerte, degolló y bebió la sangre en lugar de agua; lo mismo hizo de las demás; la carne puso al Sol para comerla hecha tasajos y para desembarazar las conchas, para coger agua en ellas de la llovediza, porque toda aquella región, como es notorio, es muy lluviosa. De esta manera se sustentó los primeros días con matar todas las tortugas que podía, y algunas había tan grandes y mayores que las mayores adargas, y otras como rodelas y como broqueles, de manera que las había de todos tamaños. Con las muy grandes no se podía valer para volverlas de espaldas porque le vencían de fuerzas, y aunque subía sobre ellas para cansadas y sujetarlas, no le aprovechaba nada, porque con él a cuestas se iban a la mar, de manera que la experiencia le decía a cuáles tortugas había de asometer y a cuáles se había de rendir. En las conchas recogió mucha agua, porque algunas había que cabían a dos arrobas y de allí abajo.

Viéndose Pedro Serrano con bastante recaudo para comer y beber, le pareció que si pudiese sacar fuego para siquiera asar la comida, y para hacer ahumadas cuando viese pasar algún navío, que no le faltaría nada. Con esta imaginación, como hombre que había andado por la mar, que cierto los tales en cualquier trabajo hacen mucha ventaja a los demás, dio en buscar un par de guijarros que le sirviesen de pedernal, porque del cuchillo pensaba hacer eslabón, para lo cual, no hallándolos en la isla porque toda ella estaba cubierta de arena muerta, entraba en la mar nadando y se zambullía y en el suelo, con gran diligencia, buscaba ya en unas partes, ya en otra lo que pretendía, y tanto porfió en su trabajo que halló guijarros y sacó los que pudo, y de ellos escogió los mejores, y quebrando los unos con los otros, para que tuviesen esquinas donde dar con el cuchillo, tentó su artificio y, viendo que sacaba fuego, hizo hilas de un pedazo de la camisa, muy desmenuzadas, que parecían algodón carmenado, que le sirvieron de yesca, y, con su industria y buena maña, habiéndolo porfiado muchas veces, sacó fuego. Cuando se vio con él, se dio por bienandante, y, para sustentarlo, recogió las horruras que la mar echaba en tierra, y por horas las recogía, donde hallaba mucha yerba que llaman ovas marinas y madera de navíos que por la mar se perdían y conchas y huesos de pescados y otras cosas con que alimentaba el fuego. Y para que los aguaceros no se lo apagasen, hizo una choza de las mayores conchas que tenía de las tortugas que había muerto, y con grandísima vigilancia cebaba el fuego por que no se le fuese de las manos.

Dentro de dos meses, y aun antes, se vio como nació, porque con las muchas aguas, calor y humedad de la región, se le pudrió la poca ropa que tenía. El Sol, con su gran calor, le fatigaba mucho, porque ni tenía ropa con que defenderse ni había sombra a que ponerse; cuando se veía muy fatigado se entraba en el agua para cubrirse con ella. Con este trabajo y cuidado vivió tres años, y en este tiempo vio pasar algunos navíos, mas aunque él hacía su ahumada, que en la mar es señal de gente perdida, no echaban de ver en ella, o por el temor de los bajíos no osaban llegar donde él estaba y se pasaban de largo, de lo cual Pedro Serrano quedaba tan desconsolado que tomara por partido el morirse y acabar ya. Con las inclemencias del cielo le creció el vello de todo el cuerpo tan excesivamente que parecía pellejo de animal, y no cualquiera, sino el de un jabalí; el cabello y la barba le pasaba de la cinta.

Al cabo de los tres años, una tarde, sin pensarlo, vio Pedro ·Serrano un hombre en su isla, que la noche antes se había perdido en los bajíos de ella y se había sustentado en una tabla del navío y, como luego que amaneció viese el humo del fuego de Pedro Serrano, sospechando lo que fue, se había ido a él, ayudado de la tabla y de su buen nadar. Cuando se vieron ambos, no se puede certificar cuál quedó más asombrado de cuál. Serrano imaginó que era el demonio que venía en figura de hombre para tentarle en alguna desesperación. El huésped entendió que Serrano era el demonio en su propia figura, según lo vio cubierto de cabellos, barbas y pelaje. Cada uno huyó del otro, y Pedro Serrano fue diciendo: «¡Jesús, Jesús, líbrame, Señor, del demonio!». Oyendo esto se aseguró el otro, y volviendo a él, le dijo:

«No huyáis hermano de mí, que soy cristiano como vos», y para que se certificase, porque todavía huía, dijo a voces el Credo, lo cual oído por Pedro Serrano, volvió a él, y se abrazaron con grandísima ternura y muchas lágrimas y gemidos, viéndose ambos en una misma desventura, sin esperanza de salir de ella.

Cada uno de ellos brevemente contó al otro su vida pasada. Pedro Serrano, sospechando la necesidad del huésped, le dio de comer y de beber de lo que tenía, con que quedó algún tanto consolado, y hablaron de nuevo en su desventura. Acomodaron su vida como mejor supieron, repartiendo las horas del día y de la noche en sus menesteres de buscar mariscos para comer y ovas de leña y huesos de pescado y cualquiera otra cosa que la mar echase para sustentar el fuego, y sobre todo la perpetua vigilia que sobre él habían de tener, velando por horas, por que no se les apagase. Así vivieron algunos días, mas no pasaron muchos que no riñeron, y de manera que apartaron rancho, que no faltó sino llegar a las manos (por que se vea cuán grande es la miseria de nuestras pasiones). La causa de la pendencia fue decir el uno al otro que no cuidaba como convenía de lo que era menester; y este enojo y las palabras que con él se dijeron los descompusieron y apartaron. Mas ellos mismos, cayendo en su disparate, se pidieron perdón y se hicieron amigos y volvieron a su compañía, y en ella vivieron otros cuatro años. En este tiempo vieron pasar algunos navíos y hacían sus ahumadas, mas no les aprovechaba, de que ellos quedaban tan desconsolados que no les faltaba sino morir.

Al cabo de este largo tiempo, acertó a pasar un navío tan cerca de ellos que vio la ahumada y les echó el batel para recogerlos. Pedro Serrano y su compañero, que se había puesto de su mismo pelaje, viendo el batel cerca, por que los marineros que iban por ellos no entendiesen que eran demonios y huyesen de ellos, dieron en decir el Credo y llamar el nombre de Nuestro Redentor a voces, y valióles el aviso, que de otra manera sin duda huyeran los marineros, porque no tenían figura de hombres humanos. Así los llevaron al navío, donde admiraron a cuantos los vieron y oyeron sus trabajos pasados. El compañero murió en la mar viniendo a España. Pedro Serrano llegó acá y pasó a Alemania, donde el emperador estaba entonces: llevó su pelaje como lo traía, para que fuese prueba de su naufragio y de lo que en él había pasado. Por todos los pueblos que pasaba a la ida (si quisiera mostrarse) ganara muchos dineros. Algunos señores y caballeros principales, que gustaron de ver su figura, le dieron ayudas de costa para el camino, y la Majestad Imperial, habiéndolo visto y oído, le hizo merced de cuatro mil pesos de renta, que son cuatro mil y ochocientos ducados en el Perú. Yendo a gozarlos, murió en Panamá, que no llegó a verlos.

Todo este cuento, como se ha dicho, contaba un caballero que se decía Garci Sánchez de Figueroa, a quien yo se lo oí, que conoció a Pedro Serrano y certificaba que se lo había oído a él mismo, y que después de haber visto al emperador se había quitado el cabello y la barba y dejádola poco más corta que hasta la cinta, y para dormir de noche se la entrenzaba, porque, no entrenzándola, se tendía por toda la cama y le estorbaba el sueño.

Capítulo IX. La idolatría y los dioses que adoraban antes de los Incas

Para que se entienda mejor la idolatría, vida y costumbres de los indios del Perú, será necesario dividamos aquellos siglos en dos edades: diremos cómo vivían antes de los Incas y luego diremos cómo gobernaron aquellos reyes, para que no se confunda lo uno con lo otro ni se atribuyan las costumbres ni los dioses de los unos a los otros. Para lo cual es de saber que en aquella primera edad y antigua gentilidad unos indios había pocos: mejores que bestias mansas y otros mucho peores que fieras bravas. Y principiando de sus dioses, decimos que los tuvieron conforme a las demás simplicidades y torpezas que usaron, así en la muchedumbre de ellos como en la vileza y bajeza de las cosas que adoraban, porque es así que cada provincia, cada nación, cada pueblo, cada barrio, cada linaje y cada casa tenía dioses diferentes unos de otros, porque les parecía que el dios ajeno, ocupado con otro, no podía ayudarles, sino el suyo propio. Y así vinieron a tener tanta variedad de dioses y tantos que fueron sin número, y porque no supieron, como los gentiles romanos, hacer dioses imaginados como la Esperanza, la Victoria, la Paz y otros semejantes, porque no levantaron los pensamientos a cosas invisibles, adoraban lo que veían, unos a diferencia de otros, sin consideración de las cosas que adoraban, si merecían ser adoradas, ni respeto de sí propios, para no adorar cosas inferiores a ellos; solo atendían a diferenciarse éstos de aquéllos y cada uno de todos.

Y así adoraban yerbas, plantas, flores, árboles de todas suertes, cerros altos, grandes peñas y los resquicios de ellas, cuevas hondas, guijarros y piedrecitas, las que en los ríos y arroyos hallaban, de diversos colores, como el jaspe. Adoraban la piedra esmeralda, particularmente en una provincia que hoy llaman Puerto Viejo; no adoraban diamantes ni rubíes porque no los hubo en aquella tierra. En lugar de ellos adoraron diversos animales, a unos por su fiereza, como al tigre, león y oso, y, por esta causa, teniéndolos por dioses, si acaso los topaban, no huían de ellos, sino que se echaban en el suelo a adorarles y se dejaban matar y comer sin huir ni hacer defensa alguna. También adoraban a otros animales por su astucia, como a la zorra y a las monas. Adoraban al perro por su lealtad y nobleza, y al gato cerval por su ligereza. Al ave que ellos llaman cúntur por su grandeza, y a las águilas adoraban ciertas naciones porque se precian descender de ellas y también del cúntur. Otras naciones adoraban los halcones, por su ligereza y buena industria de haber por sus manos lo que han de comer; adoraban al búho por la hermosura de sus ojos y cabeza, y al murciélago por la sutileza de su vista, que les causaba mucha admiración que viese de noche. Y otras muchas aves adoraban como se les antojaba. A las culebras grandes por su monstruosidad y fiereza, que las hay en los Antis de a veinticinco y de treinta pies y más y menos de largo y gruesas muchas más que el muslo. También tenían por dioses a otras culebras menores, donde no las había tan grandes como en los Antis; a las lagartijas, sapos y escuerzos adoraban.

En fin, no había animal tan vil ni sucio que no lo tuviesen por dios, solo por diferenciarse unos de otros en sus dioses, sin acatar en ellos deidad alguna ni provecho que de ellos pudiesen esperar. Estos fueron simplicísimos en toda cosa, a semejanza de ovejas sin pastor. Mas no hay que admirarnos que gente tan sin letras ni enseñanza alguna cayesen en tan grandes simplezas, pues es notorio que los griegos y los romanos, que tanto presumían de sus ciencias, tuvieron, cuando más florecían en su Imperio, treinta mil dioses.

Capítulo X. De otra gran variedad de dioses que tuvieron
Otros muchos indios hubo de diversas naciones, en aquella primera edad, que escogieron sus dioses con alguna más consideración que los pasados, porque adoraban algunas cosas de las cuales recibían algún provecho, como los que adoraban las fuentes caudalosas y ríos grandes, por decir que les daban agua para regar sus sementeras.

Otros adoraban la tierra y le llamaban Madre, porque les daba sus frutos; otros al aire por el respirar, porque decían que mediante él vivían los hombres; otros al fuego porque los calentaba y porque guisaban de comer con él, otros adoraban a un carnero por el mucho ganado que en sus tierras se criaba; otros a la cordillera grande de la Sierra Nevada, por su altura y admirable grandeza y por los muchos ríos que salen de ella para los riegos;

otros al maíz o *zara*,[5] como ellos le llaman, porque era el pan común de ellos; otros a otras mieses y legumbres, según que más abundantemente se daban en sus provincias.

Los de la costa de la mar, demás de otra infinidad de dioses que tuvieron, o quizá los mismos que hemos dicho, adoraban en común a la mar y le llamaban Mamacocha, que quiere decir Madre Mar, dando a entender que con ellos hacía oficio de madre en sustentarles con su pescado. Adoraban también generalmente a la ballena por su grandeza y monstruosidad. Sin esta común adoración que hacían en toda la costa, adoraban en diversas provincias y regiones al pescado que en más abundancia mataban en aquella tal región, porque decían que el primer pescado que estaba en el mundo alto (que así llaman al cielo), del cual procedía todo el demás pescado de aquella especie de que se sustentaban, tenía cuidado de enviarles a sus tiempos abundancia de sus hijos para sustento de aquella tal nación; y por esta razón en unas provincias adoraban la sardina, porque mataban más cantidad de ella que de otro pescado, en otras la liza, en otras al tollo, en otras por su hermosura al dorado, en otras al cangrejo y al demás marisco, por la falta de otro mejor pescado, porque no lo había en aquella mar o porque no lo sabían pescar y matar. En suma, adoraban y tenían por dios cualquiera otro pescado que les era de más provecho que los otros.

De manera que tenían por dioses no solamente los cuatro elementos, cada uno de por sí, mas también todos los compuestos y formados de ellos, por viles e inmundos que fuesen. Otras naciones hubo, como son los chirihuanas y los del cabo de Passau (que de septentrión a mediodía son estas dos provincias los términos del Perú), que no tuvieron ni tienen inclinación de adorar cosa alguna baja ni alta, ni por el interés ni por miedo, sino que en todo vivían y viven hoy como bestias y peores, porque no llegó a ellos la doctrina y enseñanza de los reyes Incas.

---

5   El Inca Garcilaso usa siempre la «ç» en «çara», «Çapa», «Çúpay», «çúmac», «çancu» y otras voces indígenas semejantes. Aunque en el siglo XVI había alguna diferencia en la pronunciación de «ç» y de «z», transcribimos en esta edición todas aquellas palabras con «z». Sobre el idioma del Inca Garcilaso véanse las certeras anotaciones de Ángel Rosenblat en su edición de los *Comentarios Reales,* tomo 11, Buenos Aires 1943, págs. 300-302.

Capítulo XI. Maneras de sacrificios que hacían

Conforme a la vileza y bajeza de sus dioses eran también la crueldad y barbaridad de los sacrificios de aquella antigua idolatría, pues sin las demás cosas comunes, como animales y mieses, sacrificaban hombres y mujeres de todas edades, de los que cautivaban en las guerras que unos a otros se hacían. Y en algunas naciones fue tan inhumana esta crueldad, que excedió a la de las fieras, porque llegó a no contentarse con sacrificar los enemigos cautivos, sino sus propios hijos en tales o tales necesidades. La manera de este sacrificio de hombres y mujeres, muchachos y niños, era que vivos les abrían por los pechos y sacaban el corazón con los pulmones, y con la sangre de ellos, antes que se enfriase, rociaban el ídolo que tal sacrificio mandaba hacer, y luego, en los mismos pulmones y corazón, miraban sus agüeros para ver si el sacrificio había sido acepto o no, y, que lo hubiese sido o no, quemaban, en ofrenda para el ídolo, el corazón y los pulmones hasta consumirlos, y comían al indio sacrificado con grandísimo gusto y sabor y no menos fiesta y regocijo, aunque fuese su propio hijo.

El padre Blas Valera, según que en muchas partes de sus papeles rotos parece, llevaba la misma intención que nosotros en muchas cosas de las que escribía, que era dividir los tiempos, las edades y las provincias para que se entendieran mejor las costumbres que cada nación tenía, y así, en uno de sus cuadernos destrozados dice lo que sigue, y habla de presente, porque entre aquellas gentes se usa hoy aquella inhumanidad: «Los que viven en los Antis comen carne humana, son más fieros que tigres, no tienen dios ni ley, ni saben qué cosa es virtud; tampoco tienen ídolos ni semejanza de ellos; adoran al demonio cuando se les representa en figura de algún animal o de alguna serpiente y les habla. Si cautivan alguno en la guerra o de cualquiera otra suerte, sabiendo que es hombre plebeyo y bajo lo hacen cuartos y se los dan a sus amigos y criados para que se los coman o los vendan en la carnicería. Pero si es hombre noble, se juntan los más principales con sus mujeres e hijos, y como ministros de diablo le desnudan, y vivo le atan a un palo, y, con cuchillos y navajas de pedernal le cortan a pedazos, no desmembrándole, sino quitándole la carne de las partes donde hay más cantidad de ella, de las pantorrillas, muslos y asentaderas y molledos de los brazos, y con la sangre se rocían los varones y las mujeres e hijos, y entre todos comen la carne muy aprisa sin dejarla bien cocer ni asar ni aun mascar; trágansela a bocados, de manera que el pobre paciente se ve vivo comido de otros y enterrado en sus vientres. Las mujeres (más crueles que los varones) untan los pezones de sus pechos con la sangre del desdichado para que sus hijuelos la mamen y beban en la leche. Todo esto hacen en lugar de sacrificio con gran regocijo y alegría, hasta que el hombre acaba de morir. Entonces acaban de comer sus carnes con todo lo de dentro, ya no por vía de fiesta ni deleite, como hasta allí, sino por cosa de grandísima deidad, porque de allí adelante las tienen en suma veneración, y así las comen por cosa sagrada. Si al tiempo que atormentaban al triste hizo alguna señal de sentimiento con el rostro o con el cuerpo o dio algún gemido o suspiro, hacen pedazos sus huesos después de haberle comido las carnes, asadura y tripas, y con mucho menosprecio los echan en el campo o en el do. Pero *si* en los tormentos se mostró fuerte, constante y feroz, habiéndole comido las carnes con todo lo interior, secan los huesos con sus nervios al Sol y los ponen en lo alto de los cerros y los tienen y adoran por dioses y les ofrecen sacrificios. Estos son los ídolos de aquellas fieras, porque no llegó el Imperio de los Incas a ellos ni hasta ahora ha llegado el de los españoles, y así están hoy día. Esta generación de hombres tan terribles y crueles salió de la región mexicana y pobló la de Panamá y la del Darién y todas aquellas grandes montañas que van hasta el Nuevo Reino de Granada, y por la otra parte hasta Santa Marta». Todo esto es del padre Blas Valera, el cual, contando diabluras y con mayor encarecimiento, nos ayuda a decir lo que entonces había en aquella primera edad y al presente hay.

Otros indios hubo no tan crueles en sus sacrificios, que aunque en ellos mezclaban sangre humana no era con muerte de alguno, sino sacada por sangría de brazos o piernas, según la solemnidad del sacrificio, y para los más solemnes la sacaban del nacimiento de las narices a la junta de las cejas, y esta sangría fue ordinaria entre los indios del Perú, aun después de los Incas, así para sus sacrificios (particularmente uno, como adelante diremos) como para sus enfermedades cuando eran con mucho dolor de cabeza. Otros sacrificios tuvieron los indios todos en común, que los que arriba hemos dicho se usaban en unas provincias y naciones y en otras no, mas los que usaron en general fueron de animales, como carneros, ovejas, corderos, conejos, perdices y otras aves, sebo y la yerba que tanto estiman llamada *coca,* el maíz y otras semillas y legumbres y madera olorosa y cosas semejantes, según las tenían de cosecha y según que cada nación entendía que sería sacrificio más agradable a sus dioses conforme a la naturaleza de ellos, principalmente si sus dioses eran aves o animales, carniceros o no, que a cada uno de ellos ofrecían lo que les vetan comer más ordinario y lo que parecía les era más sabroso al gusto. Y esto baste para lo que en materia de sacrificios se puede decir de aquella antigua gentilidad.

Capítulo XII. La vivienda y gobierno de los antiguos, y las cosas que comían

En la manera de sus habitaciones y pueblos tenían aquellos gentiles la misma barbaridad que en sus dioses y sacrificios. Los más políticos tenían sus pueblos poblados sin plaza ni orden de calles ni de casas, sino como un recogedero de bestias. Otros, por causa de las guerras que unos a otros se hacían, poblaban en riscos y peñas altas, a manera de fortaleza, donde fuesen menos ofendidos de sus enemigos. Otros en chozas derramadas por los campos, valles y quebradas, cada uno como acertaba a tener la comodidad de su comida y morada. Otros vivían en cuevas debajo de tierra, en resquicios de peñas, en huecos de árboles, cada uno como acertaba a hallar hecha la casa, porque ellos no fueron para hacerla. Y de éstos hay todavía algunos, como son los del cabo de Pasau y los chirihuanas y otras naciones que no conquistaron los reyes Incas, los cuales se están hoy en aquella rusticidad antigua, y estos tales son los peores de reducir, así al servicio de los españoles como a la religión cristiana, que como jamás tuvieron doctrina son irracionales y apenas tienen lengua para entenderse unos con otros dentro en su misma nación, y así viven como animales de diferentes especies, sin juntarse ni comunicarse; ni tratarse sino a sus solas.

En aquellos pueblos y habitaciones gobernaba el que se atrevía y tenía ánimo para mandar a los demás, y luego que señoreaba trataba los vasallos con tiranía y crueldad, sirviéndose de ellos como de esclavos, usando de sus mujeres e hijas a toda su voluntad, haciéndose guerra unos a otros. En unas provincias desollaban los cautivos, y con los pellejos cubrían sus cajas de tambor para amedrentar sus enemigos, porque decían que, en oyendo los pellejos de sus parientes, luego huían. Vivían en latrocinios, robos, muertes, incendios de pueblos, y de esta manera se fueron haciendo muchos señores y reyecillos, entre los cuales hubo algunos buenos que trataban bien a los suyos y los mantenían en paz y justicia. A estos tales, por su bondad y nobleza, los indios con simplicidad los adoraron por dioses, viendo que eran diferentes y contrarios de la otra multitud de tiranos. En otras partes vivían sin señores que los mandasen ni gobernasen, ni ellos supieron hacer república de suyo para dar orden y concierto en su vivir: vivían como ovejas en toda simplicidad, sin hacerse mal ni bien, y esto era más por su ignorancia y falta de malicia que por sobra de virtud.

En la manera de vestirse y cubrir sus carnes fueron en muchas provincias los indios tan simples y torpes que causa risa el traje de ellos. En otras fueron en su comer y manjares tan fieros y bárbaros que pone admiración tanta fiereza, y en otras muchas regiones muy largas tuvieron lo uno y lo otro juntamente. En las tierras calientes, por ser más fértiles, sembraban poco o nada, manteníanse de yerbas y raíces y fruta silvestre y otras legumbres que la tierra daba de suyo o con poco beneficio de los naturales, que, como todos ellos no pretendían más que el sustento de la vida natural, se contentaban con poco. En muchas provincias fueron amicísimos de carne humana y tan golosos que antes que acabase de morir el indio que mataban le bebían la sangre por la herida que le habían dado, y lo mismo hacían cuando lo iban descuartizando, que chupaban la sangre y se lamían las manos por que no se perdiese gota de ella. Tuvieron carnicerías públicas de carne humana; de las tripas hacían morcillas y longanizas, hinchándolas de carne por no perderlas. Pedro de Cieza, capítulo veintiséis, dice lo mismo y lo vio por sus ojos. Creció tanto esta pasión que llegó a no perdonar los hijos propios habido en mujeres extranjeras, de las que cautivaban y prendían en las guerras, las cuales tomaban por mancebas, y los hijos que en ellas habían los criaban con mucho regalo hasta los doce o trece años, y luego se los comían, y a las madres tras ellos cuando ya no eran para parir. Hacían más, que a muchos indios de los que cautivaban les reservaban la vida y les daban mujeres de su nación, quiero decir de la nación de los vencedores, y los hijos que habían los criaban como a los suyos y, viéndolos ya mozuelos, se los comían, de manera que hacían seminario de muchachos para comérselos, y no los perdonaban ni por el parentesco ni por la crianza, que aun en diversos y contrarios animales suelen causar amor, como podríamos decir de algunos que hemos visto y de otros que hemos oído. Pues en aquellos bárbaros no bastaba lo uno ni lo otro, sino que mataban los hijos que habían engendrado y los parientes que habían creado a trueque de comérselos, y lo mismo hacían de los padres, cuando ya no estaban para engendrar, que tampoco les valía el parentesco de afinidad. Hubo nación tan extraña en esta golosina de comer carne humana, que enterraban sus difuntos en sus estómagos, que luego que expiraba el difunto se juntaba la parentela y se lo comían cocido o asado, según le habían quedado las carnes, muchas o pocas: si pocas, cocido, si muchas, asado. Y después juntaban los huesos por sus coyunturas y les hacían las exequias[6] con gran llanto; enterrábanlos en resquicios de peñas y en huecos de árboles. No tuvieron dioses ni supieron qué cosa era adorar, y hoy se están en lo mismo. Esto de comer carne humana más lo usaron los indios de tierras calientes que los de tierras frías.

En las tierras estériles y frías, donde no daba la tierra de suyo frutas, raíces y yerbas, sembraban el maíz y otras legumbres, forzados de la necesidad, y esto hacían sin tiempo ni sazón. Aprovechábanse de la caza y de la pesca con la misma rusticidad que en las demás cosas tenían.

Capítulo XIII. Cómo se vestían en aquella antigüedad

El vestir, por su indecencia, era más para callar y encubrir que para lo decir y mostrar pintado, mas porque la historia me fuerza a que la saque entera y con verdad, suplicaré a los oídos honestos se cierren por no oírme en esta parte y me castiguen con este disfavor, que yo lo doy por bien empleado. Vestíanse los indios en aquella primera edad como animales, porque no traían más ropa que la piel que la naturaleza les dio. Muchos de ellos, por curiosidad o gala, traían ceñido al cuerpo un hilo grueso, y les parecía que bastaba para vestidura. Y no pasemos adelante, que no es lícito. El año de 1560, viniendo a España, topé en una calle, de las de Cartagena, cinco indios sin ropa alguna, y no iban todos juntos, sino uno en pos de otro como grullas, con haber tantos años que trataban con españoles.

---

6   El Inca Garcilaso usa siempre el hoy anticuado «obsequias» por «exequias».

Las mujeres andaban al mismo traje, en cueros; las casadas traían un hilo ceñido al cuerpo, del cual traían colgando, como delantal, un trapillo de algodón de una vara en cuadro, y donde no sabían o no querían tejer ni hilar, lo traían de corteza de árboles o de sus hojas, el cual servía de cobertura por la honestidad. Las doncellas traían también por la pretina ceñido un hilo sobre sus carnes, y en lugar de delantal y en señal de que eran doncellas traían otra cosa diferente. Y porque es razón guardar el respeto que se debe a los oyentes, será bien que callemos lo que aquí había de decir; baste que éste era el traje y vestidos en las tierras calientes, de manera que en la honestidad semejaban a las bestias irracionales, de donde por sola esta bestialidad que en el ornato de sus personas usaban se puede colegir cuán brutales serían en todo lo demás los indios de aquella gentilidad antes del Imperio de los Incas.

En las tierras frías andaban más honestamente cubiertos, no por guardar honestidad, sino por la necesidad que el frío les causaba; cubríanse con pieles de animales y maneras de cobijas que hacían del cáñamo silvestre y de una paja blanda, larga y suave, que se cría en los campos. Con estas invenciones cubrían sus carnes como mejor podían. En otras naciones hubo alguna más policía, que traían mantas mal hechas, mal hiladas, y peor tejidas, de lana o del cáñamo silvestre que llaman *cháhuar,* traíanlas prendidas al cuello y ceñidas al cuerpo, con las cuales andaban cubiertos bastantemente. Estos trajes *se* usaban en aquella primera edad, y los *que* dijimos que usaban en las tierras calientes, que era andar en cueros, digo que los españoles los hallaron en muy anchas provincias que los reyes Incas aún no habían conquistado, y hoy *se* usan en muchas tierras ya conquistadas por los españoles, donde los indios son tan brutos que no quieren vestirse, sino los que tratan muy familiarmente con los españoles dentro en sus casas, y se visten más por importunidad de ellos que por gusto y honestidad propia, y tanto lo rehusan las mujeres como los hombres, a las cuales, motejándolas de malas hilanderas y de muy deshonestas, les preguntan los españoles si por no vestirse no querían hilar o si por no hilar no querían vestirse.

Capítulo XIV. Diferentes casamientos y diversas lenguas. Usaban de veneno y de hechizos

En las demás costumbres, como el casar y el juntarse, no fueron mejores los indios de aquella gentilidad que en su vestir y comer, porque muchas naciones se juntaban al coito como bestias, sin conocer mujer propia, sino como acertaban a toparse, y otras se casaban como se les antojaba, sin exceptuar hermanas, hijas ni madres. En otras guardaban las madres y no más; en otras provincias era lícito y aun loable ser las mozas cuan deshonestas y perdidas quisiesen, y las más disolutas tenían cierto su casamiento, que el haberlo Sido se tenía entre ellos por mayor calidad; a los menos las mozas de aquella suene eran tenidas por hacendosas, y de las honestas decían que por flojas no las había querido nadie. En otras provincias usaban lo contrario, que las madres guardaban las hijas con gran recato, y cuando concertaban de las casar las sacaban en público, y en presencia de los parientes que se habían hallado al otorgo, con sus propias manos las desfloraban mostrando a todos el testimonio de su buena guarda.

En otras provincias corrompían la virgen que se había de casar los parientes más cercanos del novio y sus mayores amigos, y con esta condición concertaban el casamiento y así la recibía después el marido. Pedro de Cieza, capítulo veinticuatro, dice lo mismo. Hubo sodomitas en algunas provincias, aunque no muy al descubierto ni toda la nación en común, sino algunos particulares y en secreto. En algunas partes los tuvieron en sus templos porque les persuadía el demonio que sus dioses recibían mucho contento con ellos, y haríalo el traidor por quitar el velo de la vergüenza que aquellos gentiles tenían del delito y por que lo usaran todos en público y en común. También hubo hombres y mujeres que daban ponzoña, así para matar con ella de presto o de espacio como para sacar de juicio y atontar a los que querían y para los afear en sus rostros y cuerpos, que los dejaban remendados de blanco y negro y albarazados y tullidos de sus miembros.

Cada provincia, cada nación, y en muchas partes cada pueblo, tenía su lengua por sí, diferente de sus vecinos. Los que se entendían en un lenguaje se tenían por parientes, y así eran amigos y confederados. Los que no se entendían, por la variedad de las lenguas, se tenían por enemigos y contrarios, y se hacían cruel guerra, hasta comerse unos a otros como si fueran brutos de diversas especies. Hubo también hechiceros y hechiceras, y este oficio más ordinario lo usaban las indias que los indios: muchos lo ejercitaban solamente para tratar con el demonio en particular, para ganar reputación con la gente, dando y tomando respuestas de las cosas por venir, haciéndose grandes sacerdotes y sacerdotisas.

Otras mujeres lo usaron para enhechizar más a hombres que a mujeres, o por envidia o por otra malquerencia, y hacían con los hechizos los mismos efectos que con el veneno. Y esto baste para lo que por ahora se puede decir de los indios de aquella edad primera y gentilidad antigua, remitiéndome, en lo que no se ha dicho tan cumplidamente como ello fue, a lo que cada uno quisiere imaginar y añadir a las cosas dichas, que, por mucho que alargue su imaginación, no llegará a imaginar cuán grandes fueron las torpezas de aquella gentilidad, en fin, como de gente que no tuvo otra guía ni maestro sino al demonio. Y así unos fueron en su vida, costumbres, dioses y sacrificios, barbarísimos fuera de todo encarecimiento. Otros hubo simplicísimos en toda cosa, como animales mansos y aún más simples. Otros participaron del un extremo y del otro, como los veremos adelante en el discurso de nuestra historia, donde en particular diremos lo que en cada provincia y en cada nación había de las bestialidades arriba dichas.

Capítulo XV. El origen de los Incas reyes del Perú

Viviendo o muriendo aquellas gentes de la manera que hemos visto, permitió Dios Nuestro Señor que de ellos mismos saliese un lucero del alba que en aquellas oscurísimas tinieblas les diese alguna noticia de la ley natural y de la urbanidad y respetos que los hombres debían tenerse unos a otros, y que los descendientes de aquél, procediendo de bien en mejor cultivasen aquellas fieras y las convirtiesen en hombres, haciéndoles capaces de razón y de cualquiera buena doctrina, para que cuando ese mismo Dios, Sol de justicia, tuviese por bien de enviar la luz de sus divinos rayos a aquellos idólatras, los hallase, no tan salvajes, sino más dóciles para recibir la fe católica y la enseñanza y doctrina de nuestra Santa Madre Iglesia Romana, como después acá lo han recibido, según se verá lo uno y lo otro en el discurso de esta historia; que por experiencia muy clara se ha notado cuánto más prontos y ágiles estaban para recibir el Evangelio los indios que los reyes Incas sujetaron, gobernaron y enseñaron, que no las demás naciones comarcanas donde aún no había llegado la enseñanza de los Incas, muchas de las cuales se están hoy tan bárbaras y brutas como antes se estaban, con haber setenta y un años que los españoles entraron en el Perú. Y pues estamos a la puerta de este gran laberinto, será bien pasemos adelante a dar noticia de lo que en él había.

Después de haber dado muchas trazas y tomado muchos caminos para entrar a dar cuenta del origen y principio de los Incas reyes naturales que fueron del Perú, me pareció que la mejor traza y el camino más fácil y llano era contar lo que en mis niñeces oí muchas veces a mi madre y a sus hermanos y tíos y a otros sus mayores acerca de este origen y principio, porque todo lo que por otras vías se dice de él viene a reducirse en lo mismo que nosotros diremos, y será mejor que se sepa por las propias palabras que los Incas lo cuentan que no por las de otros autores extraños. Es así que, residiendo mi madre en el Cuzco, su patria, venían a visitarla casi cada semana los pocos parientes y parientas que de las crueldades y tiranías de Atahuallpa (como en su vida contaremos) escaparon, en las cuales visitas siempre sus más ordinarias pláticas eran tratar del origen de sus reyes, de la majestad de ellos, de la grandeza de su Imperio, de sus conquistas y hazañas, del gobierno que en paz y en guerra tenían, de las leyes que tan en provecho y favor de sus vasallos ordenaban. En suma, no dejaban cosa de las prósperas que entre ellos hubiese acaecido que no la trajesen a cuenta.

De las grandezas y prosperidades pasadas venían a las cosas presentes, lloraban sus reyes muertos, enajenado su Imperio y acabada su república, etc. Estas y otras semejantes pláticas tenían los Incas y Pallas en sus visitas, y con la memoria del bien perdido siempre acababan su conversación en lágrimas y llanto, diciendo: «Trocósenos el reinar en vasallaje», etc. En estas pláticas yo, como muchacho, entraba y salía muchas veces donde ellos estaban, y me holgaba de las oír, como huelgan los tales de oír fábulas. Pasando pues días, meses y años, siendo ya yo de dieciséis o diecisiete años, acaeció que, estando mis parientes un día en esta su conversación hablando de sus reyes y antiguallas, al más anciano de ellos, que era el que daba cuenta de ellas, le dije:

—Inca, tío, pues no hay escritura entre vosotros, que es lo que guarda la memoria de las cosas pasadas, ¿qué noticia tenéis del origen y principio de nuestros reyes? Porque allá los españoles y las otras naciones, sus comarcanas, como tienen historias divinas y humanas, saben por ellas cuándo empezaron a reinar sus reyes y los ajenos y al trocarse unos imperios en otros, hasta saber cuántos mil años ha que Dios crió el cielo y la tierra, que todo esto y mucho más saben por sus libros. Empero vosotros, que carecéis de ellos, ¿qué memoria tenéis de vuestras antiguallas?, ¿quién fue el primero de nuestros Incas?, ¿cómo se llamó?, ¿qué origen tuvo su linaje?, ¿de qué manera empezó a reinar?, ¿con qué gente y armas conquistó este grande Imperio?, ¿qué origen tuvieron nuestras hazañas?

El Inca, como holgándose de haber oído las preguntas, por el gusto que recibía de dar cuenta de ellas, se volvió a mí (que ya otras muchas veces le había oído, mas ninguna con la atención que entonces) y me dijo:

—Sobrino, yo te la diré de muy buena gana; a ti te conviene oírlas y guardarlas en el corazón (es frase de ellos por decir en la memoria). Sabrás que en los siglos antiguos toda esta región de tierra que ves eran unos grandes montes y breñales, y las gentes en aquellos tiempos vivían como fieras y animales brutos, sin religión ni policía, sin pueblo ni casa, sin cultivar ni sembrar la tierra, sin vestir ni cubrir sus carnes, porque no sabían labrar algodón ni lana para hacer de vestir; vivían de dos en dos y de tres en tres, como acertaban a juntarse en las cuevas y resquicios de peñas y cavernas de la tierra. Comían, como bestias, yerbas del campo y raíces de árboles y la fruta inculta que ellos daban de suyo y carne humana. Cubrían sus carnes con hojas y cortezas de árboles y pieles de animales; otros andaban en cueros. En suma, vivían como venados y salvajinas, y aun en las mujeres se habían como los brutos, porque no supieron tenerlas propias y conocidas.

Adviértase, porque no enfade el repetir tantas veces estas palabras: «Nuestro padre el Sol», que era lenguaje de los Incas y manera de veneración y acatamiento decirlas siempre que nombraban al Sol, porque se preciaban descender de él, y al que no era Inca no le era lícito tomarlas en la boca, que fuera blasfemia y lo apedrearan. Dijo el Inca:

—Nuestro padre el Sol, viendo los hombres tales como te he dicho, se apiadó y hubo lástima de ellos y envió del cielo a la tierra un hijo y una

hija de los suyos para que los doctrinasen en el conocimiento de Nuestro padre el Sol, para que lo adorasen y tuviesen por su Dios y para que les diesen preceptos y leyes en que viviesen como hombres en razón y urbanidad, para que habitasen en casas y pueblos poblados, supiesen labrar las tierras, cultivar las plantas y mieses, criar los ganados y gozar de ellos y de los frutos de la tierra como hombres racionales y no como bestias. Con esta orden y mandato puso Nuestro padre el Sol estos dos hijos suyos en la laguna Titicaca, que está ochenta leguas de aquí, y les dijo que fuesen por do quisiesen y, doquiera que parasen a comer o a dormir, procurasen hincar en el suelo una barrilla de oro de media vara en largo y dos dedos en grueso que les dio para señal y muestra, que, donde aquella barra se les hundiese con solo un golpe que con ella diesen en tierra, allí quería el Sol Nuestro padre que parasen e hiciesen su asiento y corte. A lo último les dijo: «Cuando hayáis reducido esas gentes a nuestro servicio, los mantendréis en arzón y justicia, con piedad, clemencia y mansedumbre, haciendo en todo oficio de padre piadoso para con sus hijos tiernos y amados, a imitación y semejanza mía, que a todo el mundo hago bien, que les doy mi luz y claridad para que vean y hagan sus haciendas y les caliento cuando han frío y crío sus pastos y sementeras, hago fructificar sus árboles y multiplico sus ganados, lluevo y sereno a sus tiempos y tengo cuidado de dar una vuelta cada día al mundo por ver las necesidades que en la tierra se ofrecen, para las proveer y socorrer como sustentador y bienhechor de las gentes. Quiero que vosotros imitéis este ejemplo como hijos míos, enviados a la tierra solo para la doctrina y beneficio de esos hombres, que viven como bestias. Y desde luego os constituyo y nombro por reyes y señores de todas las gentes que así doctrináredes con vuestras buenas razones, obras y gobierno». Habiendo declarado su voluntad Nuestro padre el Sol a sus dos hijos, los despidió de sí. Ellos salieron de Titicaca y caminaron al septentrión, y por todo el camino, doquiera que paraban, tentaban hincar la barra de oro y nunca se les hundió. Así entraron en una venta o dormitorio pequeño, que está siete u ocho leguas al mediodía de esta ciudad, que hoy llaman Pacárec Tampu, que quiere decir venta o dormida que amanece. Púsole este nombre el Inca porque salió de aquella dormida al tiempo que amanecía. Es uno de los pueblos que este príncipe mandó poblar después, y sus moradores se jactan hoy grandemente del nombre, porque lo impuso nuestro Inca. De allí llegaron él y su mujer, nuestra reina, a este valle del Cuzco, que entonces todo él estaba hecho montaña brava.

Capítulo XVI. La fundación del Cuzco, ciudad imperial

La primera parada que en este valle hicieron —dijo el Inca— fue en el cerro llamado Huanacauri, al mediodía de esta ciudad. Allí procuró hincar en tierra la barra de oro, la cual con mucha facilidad se les hundió al primer golpe que dieron con ella, que no la vieron más. Entonces dijo nuestro Inca a su hermana y mujer:

«En este valle manda Nuestro padre el Sol que paremos y hagamos nuestro asiento y morada para cumplir su voluntad. Por tanto, reina y hermana, conviene que cada uno por su parte vamos a convocar y atraer esta gente, para los doctrinar y hacer el bien que Nuestro padre el Sol nos manda.»

Del cerro Huanacauri salieron nuestros primeros reyes, cada uno por su parte, a convocar las gentes, y por ser aquel lugar el primero de que tenemos noticia que hubiesen hollado con sus pies por haber salido de allí a bien hacer a los hombres, teníamos hecho en él, como es notorio, un templo para adorar a Nuestro padre el Sol, en memoria de esta merced y beneficio que hizo al mundo. El príncipe fue al septentrión y la princesa al mediodía. A todos los hombres y mujeres que hallaban por aquellos breñales les hablaban y decían cómo su padre el Sol los había enviado del cielo para que fuesen maestros y bienhechores de los moradores de toda aquella tierra, sacándoles de la vida ferina que tenían y mostrándoles a vivir como hombres, y que en cumplimiento de lo que el Sol, su padre, les había mandado, iban a los convocar y sacar de aquellos montes y malezas y reducirlos a morar en pueblos poblados y a darles para comer manjares de hombres y no de bestias. Estas cosas y otras semejantes dijeron nuestros reyes a los primeros salvajes que por estas tierras y montes hallaron, los cuales, viendo aquella dos personas vestidas y adornadas con los ornamentos que Nuestro padre el Sol les había dado (hábito muy diferente del que ellos traían) y las orejas horadadas y tan abiertas como sus descendientes las traemos, y que en sus palabras y rostro mostraban ser hijos del Sol y que venían a los hombres para darles pueblos en que viviesen y mantenimientos que comiesen, maravillados por una parte de lo que veían y por otra aficionados de las promesas que les hacían, les dieron entero crédito a todo lo que les dijeron y los adoraron y reverenciaron como a hijos del Sol y obedecieron como a reyes. Y convocándose los mismos salvajes, unos a otros y refiriendo las maravillas que habían visto y oído, se juntaron en gran número hombres y mujeres y salieron con nuestros reyes para los seguir donde ellos quisiesen llevarlos.

«Nuestros príncipes, viendo la mucha gente que se les allegaba, dieron orden que unos se ocupasen en proveer de su comida campestre para todos, porque la hambre no los volviese a derramar por los montes; mandó que otros trabajasen en hacer chozas y casas, dando el Inca la traza cómo las habían de hacer. De esta manera se principió a poblar esta nuestra imperial ciudad, dividida en dos medios que llamaron Hanan Cozco, que, como sabes, quiere decir Cuzco el alto, y Hurin Cozco, que es Cuzco el bajo. Los que atrajo el rey quiso que poblasen a Hanan Cozco, y por esto le llaman el alto, y los que convocó la reina que poblasen a Hurin Cozco, y por eso le llamaron el bajo. Esta división de ciudad no fue para que los de la una mirad se aventajasen de la otra mitad en exenciones y preeminencias, sino que todos fuesen iguales como hermanos, hijos de un padre y de una madre. Solo quiso el Inca que hubiese esta división de pueblo y diferencia de nombres alto y bajo para que quedase perpetua memoria de que a los unos había convocado el rey y a los otros la reina. Y mandó que entre ellos hubiese sola una diferencia y reconocimiento de superioridad: que los del Cuzco alto fuesen respetados y tenidos como primogénitos, hermanos mayores, y los del bajo fuesen como hijos segundos; y en suma, fuesen como el brazo derecho y el izquierdo en cualquiera preeminencia de lugar y oficio, por haber sido los del alto atraídos por el varón y los del bajo por la hembra. A semejanza de esto hubo después esta misma división en todos los pueblos grandes o chicos de nuestro Imperio, que los dividieron por barrios o por linajes, diciendo Hanan aillu y Hurin aillu, que es el linaje alto y el bajo; Hanan suyu y Hurin suyu, que es el distrito alto y bajo.

«Juntamente, poblando la ciudad, enseñaba nuestro Inca a los indios varones los oficios pertenecientes a varón, como romper y cultivar la tierra y sembrar las mieses, semillas y legumbres que les mostró que eran de comer y provechosas, para lo cual les enseñó a hacer arados y los demás instrumentos necesarios y les dio orden y manera como sacasen acequias de los arroyos que corren por este valle del Cuzco, hasta enseñarles a hacer el calzado que traemos. Por otra parte la reina industriaba a las indias en los oficios mujeriles, a hilar y tejer algodón y lana y hacer de vestir para sí y para sus maridos e hijos: dedales cómo habían de hacer los demás oficios del servicio de casa. En suma, ninguna cosa de las que pertenecen a la vida humana dejaron nuestros príncipes de enseñar a sus primeros vasallos, haciéndose el Inca rey maestro de los varones y la Coya reina maestra de las mujeres.»

Capítulo XVII. Lo que redujo el primer Inca Manco Cápac
Los mismos indios nuevamente así reducidos, viéndose ya otras y reconociendo los beneficios que habían recibido, con gran contento y regocijo entraban por las sierras, montes y breñales a buscar los indios y les daban nuevas de aquellos hijos del Sol y les decían que para bien de todos ellos se habían aparecido en su tierra, y les contaban los muchos beneficios que les habían hecho. Y para ser creídos les mostraban los nuevos vestidos y las nuevas comidas que comían y vestían, y que vivían en casas y pueblos. Las cuales cosas oídas por los hombres silvestres, acudían en gran número a ver las maravillas que de nuestros primeros padres, reyes y Señores, se decían y publicaban. Y habiéndose certificado de ellas por vista de ojos, se quedaban a los servir y obedecer. Y de esta manera, llamándose unos a otros y pasando la palabra de éstos a aquéllos, se juntó en pocos años mucha gente, tanta que, pasados los primeros seis o siete años, el Inca tenía gente de guerra armada e industriada para se defender de quien quisiese ofenderle, y aun para traer por fuerza los que no quisiesen venir de grado. Enseñóles a hacer armas ofensivas, como arcos y flechas, lanzas y porras y otras que se usan ahora.

«Y para abreviar las hazañas de nuestro primer Inca, te digo que hacia el levante redujo hasta el río llamado Paucartampu y al poniente conquistó ocho leguas hasta el gran río llamado Apurímac y al mediodía atrajo nueve leguas hasta Quequesana. En este distrito mandó poblar nuestro Inca más de cien pueblos, los mayores de a cien casas y otros de a menos, según la capacidad de los sitios. Estos fueron los primeros principios que esta nuestra ciudad tuvo para haberse fundado y poblado como la ves. Estos mismos fueron los que tuvo este nuestro grande, rico y famoso Imperio que tu padre y sus compañeros nos quitaron. Estos fueron nuestros primeros Incas y reyes, que vinieron en los primeros siglos del mundo, de los cuales descienden los demás reyes que hemos tenido, y de estos mismos descendemos todos nosotros. Cuántos años ha que el Sol Nuestro padre envió estos sus primeros hijos, no te lo sabré decir precisamente, que son tantos que no los ha podido guardar la memoria; tenemos que son más de cuatrocientos. Nuestro Inca se llamó Manco Cápac y nuestra Coya Mama Ocllo Huaco. Fueron, como te he dicho, hermanos, hijos del Sol y de la Luna, nuestros padres. Creo que te he dado larga cuenta de lo que me la pediste y respondido a tus preguntas, y por no hacerte llorar no he recitado esta historia con lágrimas de sangre, derramadas por los ojos, como las derramo en el corazón, del dolor que siento de ver nuestros Incas acabados y nuestro Imperio perdido.»

Esta larga relación del origen de sus reyes me dio aquel Inca, tío de mi madre, a quien yo se la pedí, la cual yo he procurado traducir fielmente de mi lengua materna, que es la del Inca, en la ajena, que es la castellana, aunque no la he escrito con la majestad de palabras que el Inca habló ni con toda la significación de las de aquel lenguaje tienen, que, por ser tan significativo, pudiera haberse entendido mucho más de lo que se ha hecho. Antes la he acortado, quitando algunas cosas que pudieran hacerla odiosa. Empero, bastará haber sacado el verdadero sentido de ellas, que es lo que conviene a nuestra historia. Otras cosas semejantes, aunque pocas, me dijo este Inca en las visitas y pláticas que en casa de mi madre se hacían, las cuales pondré adelante en sus lugares, citando el autor, y pésame de no haberle preguntado otras muchas para tener ahora la noticia de ellas, sacadas de tan buen archivo, para escribirlas aquí.

Capítulo XVIII. De fábulas historiales del origen de los Incas

Otra fábula cuenta la gente común del Perú del origen de sus reyes Incas, y son los indios que caen al mediodía del Cuzco, que llaman Collasuyu, y los del poniente, que llaman Cutinsuyu. Dicen que pasado el diluvio, del cual no saben dar más razón de decir que lo hubo, ni se entiende si fue el general del tiempo de Noé o alguno otro particular, por lo cual dejaremos de decir lo que cuentan de él y de otras cosas semejantes que de la manera que las dicen más parecen sueños o fábulas mal ordenadas que sucesos historiales; dicen, pues, que cesadas las aguas se apareció un hombre en Tiahuanacu, que está al mediodía del Cuzco, que fue tan poderoso que repartió el mundo en cuatro partes y las dio a cuatro hombres que llamó reyes: el primero se llamó Manco Cápac y el segundo Colla y el tercero Tócay y el cuarto Pinahua. Dicen que a Manco Cápac dio la parte septentrional y al Colla la parte meridional (de cuyo nombre se llamó después Colla aquella gran provincia); al tercero, llamado Tócay, dio la parte del levante, y al cuarto, que llaman Pinahua, la del poniente; y que les mandó fuese cada uno a su distrito y conquistase y gobernase la gente que hallase. Y no advierten a decir si el diluvio los había ahogado o si los indios habían resucitado para ser conquistados y doctrinados, y así es todo cuanto dicen de aquellos tiempos.

Dicen que de este repartimiento del mundo nació después el que hicieron los Incas de su reino, llamado Tahuantinsuyo. Dicen que el Manco Cápac fue hacia el norte y llegó al valle del Cuzco y fundó aquella ciudad y sujetó los circunvecinos y los doctrinó. Y con estos principios dicen de Manco Cápac casi lo mismo que hemos dicho de él, y que los reyes Incas descienden de él, y de los otros tres reyes no saben decir qué fueron de ellos. Y de esta manera son todas las historias de aquella antigüedad, y no hay que espantarnos de que gente que no tuvo letras con que conservar la memoria de sus antiguallas trate de aquellos principios tan confusamente, pues los de la gentilidad del mundo viejo, con tener letras y ser tan curiosos en ellas, inventaron fábulas tan dignas de risa y más que estotras, pues una de ellas es la de Pirra y Deucalión y otras que pudiéramos traer a cuenta. Y también se pueden cotejar las de la una gentilidad con las de la otra, que en muchos pedazos se remedan. Y asimismo tienen algo semejante a la historia de Noé, como algunos españoles han querido decir, según veremos luego. Lo que yo siento de este origen de los Incas diré al fin.

Otra manera del origen de los Incas cuentan semejante a la pasada, y éstos son los indios que viven al levante y al norte de la Ciudad del Cuzco. Dicen que al principio del mundo salieron por unas ventanas de unas peñas que están cerca de la ciudad, en un puesto que llaman Paucartampu, cuatro hombres y cuatro mujeres, todos hermanos, y que salieron por la ventana de en medio, que ellas son tres, la cual llamaron ventana real. Por esta fábula aferraron aquella ventana por todas partes con grandes planchas de oro y muchas piedras preciosas. Las ventanas de los lados guarnecieron solamente con oro mas no con pedrería. Al primer hermano llaman Manco Cápac y a su mujer Mama Ocllo. Dicen que éste fundó la ciudad y que la llamó Cuzco, que en la lengua particular de los Incas quiere decir ombligo, y que sujetó aquellas naciones y les enseñó a ser hombres, y que de éste descienden todos los Incas. Al segundo hermano llaman Ayar Cachi y al tercero Ayar Uchu y al cuarto Ayar Sauca. La dicción *Ayar* no tiene significado en la lengua general del Perú; en la particular de los Incas la debía de tener. Las otras dicciones son de la lengua general: *cachi* quiere decir sal, la que comemos, y *uchu* es el condimento que echan en sus guisados, que los españoles llaman pimiento; no tuvieron los indios del Perú otras especias. La otra dicción, *sauca,* quiere decir regocijo, contento y alegría. Apretando a los indios sobre qué se hicieron aquellos tres hermanos y hermanas de sus primeros reyes, dicen mil disparates, y no hallando mejor salida, alegorizan la fábula, diciendo que por la sal, que es uno de los hombres, entienden la enseñanza que el Inca les hizo de la vida natural; por el pimiento, el gusto que de ella recibieron; y por el nombre regocijo entienden el contento y alegría con que después vivieron. Y aun esto lo dicen por tantos rodeos, tan sin orden y concierto, que más se saca por conjeturas de lo que querrán decir que por el discurso y orden de sus palabras. Solo se afirman en que Manco Cápac fue el primer rey y que de él descienden los demás reyes.

De manera que por todas tres vías hacen principio y origen de los Incas a Manco Cápac, y de los otros tres hermanos no hacen mención, antes por la vía alegórica los deshacen y se quedan con solo Manco Cápac, y parece ser así porque nunca después rey alguno ni hombre de su linaje se llamó de aquellos nombres, ni ha habido nación que se preciase descender de ellos. Algunos españoles curiosos quieren decir, oyendo estos cuentos, que aquellos indios tuvieron noticia de la historia de Noé, de sus tres hijos, mujer y nueras, que fueron cuatro hombres y cuatro mujeres que Dios reservó del diluvio, que son los que dicen en la fábula, y que por la ventana del Arca de

Noé dijeron los indios la de Paucartampu, y que el hombre poderoso que la primera fábula dice que se apareció en Tiahuanacu, que dicen repartió el mundo en aquellos cuatro hombres, quieren los curiosos que sea Dios, que mandó a Noé y a sus tres hijos que poblasen el mundo. Otros pasos de la una fábula y de la otra quieren semejar a los de la Santa Historia, que les parece que se semejan. Yo no me entremeto en cosas tan hondas; digo llanamente las fábulas historiales que en mis niñeces oí a los míos; témelas cada uno como quisiere y déles el alegoría que más le cuadrare.

A semejanza de las fábulas que hemos dicho de los Incas, inventan las demás naciones del Perú otra infinidad de ellas, del origen y principio de sus primeros padres, diferenciándose unos de otros, como las veremos en el discurso de la historia. Que no se tiene por honrado el indio que no desciende de fuente, río o lago, aunque sea de la mar o de animales fieros, como el oso, león o tigre, o de águila o del ave que llaman *cúntur,* o de otras aves de rapiña, o de sierras, montes, riscos o cavernas, cada uno como se le antoja, para su mayor loa y blasón. Y para fábulas baste lo que se ha dicho.

Capítulo XIX. Protestación del autor sobre la historia
Ya que hemos puesto la primera piedra de nuestro edificio, aunque fabuloso en el origen de los Incas reyes del Perú, será razón pasemos adelante en la conquista y reducción de los indios, extendiendo algo más la relación sumaria que me dio aquel Inca con la relación de otros muchos Incas e indios naturales de los pueblos que este primer Inca Manco Cápac mandó poblar y redujo a su Imperio, con los cuales me crié y comuniqué hasta los veinte años. En este tiempo tuve noticia de todo lo que vamos escribiendo porque en mis niñeces me contaban sus historias como se cuentan las fábulas a los niños. Después, en edad más crecida, me dieron larga noticia de sus leyes y gobierno, cotejando el nuevo gobierno de los españoles con el de los Incas, dividiendo en particular los delitos y las penas y el rigor de ellas. Decíanme cómo procedían sus reyes en paz y en guerra, de qué manera trataban a sus vasallos y cómo eran servidos de ellos. Demás de esto me contaban, como a propio hijo, toda su idolatría, sus ritos, ceremonias y sacrificios, sus fiestas principales y no principales, y cómo las celebraban. Decíanme sus abusos y supersticiones, sus agüeros malos y buenos, así los que miraban en sus

sacrificios como fuera de ellos. En suma, digo que me dieron noticia de todo lo que tuvieran en su república, que, si entonces lo escribiera, fuera más copiosa esta historia.

Demás de habérmelo dicho los indios, alcancé y vi por mis ojos mucha parte de aquella idolatría, sus fiestas y supersticiones, que aun en mis tiempos, hasta los doce o trece años de mi edad, no se habían acabado del todo. Yo nací ocho años después que los españoles ganaron mi tierra y, como lo he dicho, me crié en ella hasta los veinte años, y así vi muchas cosas de las que hacían los indios en aquella su gentilidad, las cuales contaré diciendo que las vi. Sin la relación que mis parientes me dieron de las cosas dichas y sin lo que yo vi, he habido otras muchas relaciones de las conquistas y hechos de aquellos reyes. Porque luego que propuse escribir esta historia, escribí a los condiscípulos de escuela y gramática, encargándoles que cada uno me ayudase con la relación que pudiese haber de las particulares conquistas que los Incas hicieron de las provincias de sus madres, porque cada provincia tiene sus cuentas y nudos con sus historias anales y la tradición de ellas, y por esto retiene mejor lo que en ella pasó que lo que pasó en la ajena. Los condiscípulos, tomando de veras lo que les pedí, cada cual de ellos dio cuenta de mi intención a su madre y parientes, los cuales, sabiendo que un indio, hijo de su tierra, quería escribir los sucesos de ella, sacaron de sus archivos las relaciones que tenían de sus historias y me las enviaron, y así tuve la noticia de los hechos y conquistas de cada Inca, que es la misma que los historiadores españoles tuvieron, sino que ésta será más larga, como lo advertiremos en muchas partes de ella.

Y porque todos los hechos de este primer Inca son principios y fundamento de la historia que hemos de escribir, nos valdrá mucho decirlos aquí, a lo menos los más importantes, porque no los repitamos adelante en las vidas y hechos de cada uno de los Incas, sus descendientes, porque todos ellos generalmente, así los reyes como los no reyes, se preciaron de imitar en todo y por todo la condición, obras y costumbres de este primer príncipe Manco Cápac. Y dichas sus cosas habremos dicho las de todos ellos. Iremos con atención de decir las hazañas más historiales, dejando otras muchas por impertinentes y prolijas, y aunque algunas cosas de las dichas y otras que se dirán parezcan fabulosas, me pareció no dejar de escribirlas por no quitar los fundamentos sobre que los indios se fundan para las cosas mayores y mejores que de su Imperio cuentan. Porque, en fin, de estos principios fabulosos procedieron las grandezas que en realidad de verdad posee hoy España, por lo cual se me permitirá decir lo que conviene para la mejor noticia que se pueda dar de los principios, medios y fines de aquella monarquía, que yo protesto decir llanamente la relación que mamé en la leche y la que después acá he habido, pedida a los propios míos, y prometo que la afición de ellos no sea parte para dejar de decir la verdad del hecho, sin quitar de lo malo ni añadir a lo bueno que tuvieron, que bien sé que la gentilidad es un mar de errores, y no escribiré novedades que no se hayan oído, sino las mismas cosas que los historiadores españoles han escrito de aquella tierra y de los reyes de ella y alegaré las mismas palabras de ellos donde conviniere, para que se vea que no finjo ficciones en favor de mis parientes, sino que digo lo mismo que los españoles dijeron. Solo serviré de comento para declarar y ampliar muchas cosas que ellos asomaron a decir y las dejaron imperfectas por haberles faltado relación entera. Otras muchas se añadirán que faltan de sus historias y pasaron en hecho de verdad, y algunas se quitarán que sobran, por falsa relación que tuvieron, por no saberla pedir el español con distinción de tiempos y edades y división de provincias y naciones, o por no entender al indio que se la daba o por no entenderse el uno al otro, por la dificultad del lenguaje. Que el español que piensa que sabe más de él, ignora de diez partes las nueve por las muchas cosas que un mismo vocablo significa y por las diferentes pronunciaciones que una misma dicción tiene para muy diferentes significaciones, como se verá adelante en algunos vocablos, que será forzoso traerlos a cuenta.

    Demás de esto, en todo lo que de esta república, antes destruida que conocida, dijere, será contando llanamente lo que en su antigüedad tuvo de su idolatría, ritos, sacrificios y ceremonias, y en su gobierno, leyes y costumbres, en paz y en guerra, sin comparar cosa alguna de éstas a otras semejantes que en las historias divinas y humanas se hallan, ni al gobierno de nuestros tiempos, porque toda comparación es odiosa. El que las leyere podrá cotejarlas a su gusto, que muchas hallará semejantes a las antiguas, así de la Santa Escritura como de las profanas y fábulas de la gentilidad antigua. Muchas leyes y costumbres verá que parecen a las de nuestro siglo, otras muchas oirá en todo contrarias. De mi parte he hecho lo que he podido, no habiendo podido lo que he deseado. Al discreto lector suplico reciba mi ánimo, que es de darle gusto y contento, aunque las fuerzas ni el habilidad de un indio nacido entre los indios y criado entre armas y caballos no puedan llegar allá.

Capítulo XX. Los pueblos que mandó poblar el primer Inca

Volviendo al Inca Manco Cápac, decimos que después de haber fundado la dudad del Cuzco, en las dos parcialidades que atrás quedan dichas, mandó fundar otros muchos pueblos. Y es así que al oriente de la ciudad, de la gente que por aquella banda atrajo, en el espacio que hay hasta el río llamado Paucartampu, mandó poblar, a una y a otra banda del camino real de Antisuyu, trece pueblos, y no los nombramos por excusar prolijidad: casi todos o todos son de la nación llamada Peques. Al poniente de la ciudad, en espacio de ocho leguas de largo y nueve o diez de ancho, mandó poblar treinta pueblos que se derraman a una mano y otra del camino real de Cuntisuyu. Fueron estos pueblos de tres naciones de diferentes apellidos, conviene a saber: Masca, Chillqui, Papri. Al norte de la ciudad se poblaron veinte pueblos, de cuatro apellidos, que son: Mayu, Zancu, Chinchapucyu, Rimactampu. Los más de estos pueblos están en el hermoso valle de Sacsahuana, donde fue la batalla y prisión de Gonzalo Pizarro. El pueblo más alejado de éstos está a siete leguas de la ciudad, y los demás se derraman a una mano y a otra del camino real de Chinchasuyu. Al mediodía de la ciudad se poblaron treinta y ocho o cuarenta pueblos, los dieciocho de la nación Ayarmaca, los cuales se derramaban a una mano y a otra del camino real de Collasuyu por espacio de tres leguas de largo, empezando del paraje de las Salinas, que están una legua pequeña de la ciudad, donde fue la batalla lamentable de don Diego de Almagro el Viejo y Hernando Pizarro. Los demás pueblos son de gentes de cinco o seis apellidos, que son: Quespicancha, Muina, Urcas, Quéhuar, Huáruc, Cauiña. Esta nación Cauiña se preciaba, en su vana creencia, que sus primeros padres habían salido de una laguna, adonde decían que volvían las ánimas de los que morían, y que de allí volvían a salir y entraban en los cuerpos de los que nacían. Tuvieron un ídolo de espantable figura a quien hacían sacrificios muy bárbaros. El Inca Manco

Cápac les quitó los sacrificios y el ídolo, y les mandó adorar al Sol, como a los demás sus vasallos.

Estos pueblos, que fueron más de ciento, en aquellos principios fueron pequeños, que los mayores no pasaban de cien casas y los menores eran de a veinticinco y treinta. Después, por los favores y privilegios que el mismo Manco Cápac les dio, como luego diremos, crecieron en gran número, que muchos de ellos llegaron a tener mil vecinos y los menores a trescientos y a cuatrocientos. Después, mucho más adelante, por los mismos privilegios y favores que el primer Inca y sus descendientes les habían hecho, los destruyó el gran tirano Atahuallpa, a unos más y a otros menos, y a muchos de ellos asoló del todo. Ahora, en nuestros tiempos, de poco más de veinte años a esta parte, aquellos pueblos que el Inca Manco Cápac mandó poblar, y casi todos los demás que en el Perú había, no están en sus sitios antiguos, sino en otros muy diferentes, porque un Visorrey, como se dirá en su lugar, los hizo reducir a pueblos grandes, juntando cinco y seis en uno y siete y ocho en otro, y más y menos, como acertaban a ser los poblezuelos que se reducían, de lo cual resultaron muchos inconvenientes, que por ser odiosos se dejan de decir.

Capítulo XXI. La enseñanza que el Inca hacía de sus vasallos
El Inca Manco Cápac, yendo poblando sus pueblos juntamente con enseñar a cultivar la tierra a sus vasallos y labrar las casas y sacar acequias y hacer las demás cosas necesarias para la vida humana, les iba instruyendo en la urbanidad, compañía y hermandad que unos a otros se habían de hacer, conforme a lo que la razón y ley natural les enseñaba, persuadiéndoles con mucha eficacia que, para que entre ellos hubiese perpetua paz y concordia y no naciesen enojos y pasiones, hiciesen con todos lo que quisieran que todos hicieran con ellos, porque no se permitía querer una ley para sí y otra para los otros. Particularmente les mandó que se respetasen unos a otros en las mujeres e hijas, porque esto de las mujeres andaba entre ellos más bárbaro que otro vicio alguno. Puso pena de muerte a los adúlteros y a los homicidas y ladrones. Mandóles que no tuviesen más de una mujer y que se casasen dentro en su parentela porque no se confundiesen los linajes, y que se casasen de veinte años arriba, porque pudiesen gobernar sus casas

y trabajar en sus haciendas. Mandó recoger el ganado manso que andaba por el campo sin dueño, de cuya lana los vistió a todos mediante la industria y enseñanza que la reina Mama Ocllo Huaco había dado a las indias en hilar y tejer. Enseñóles a hacer el calzado que hoy traen, llamado *usuta*. Para cada pueblo o nación de las que redujo eligió un *curaca*, que es lo mismo que *cacique* en la lengua de Cuba y Santo Domingo, que quiere decir señor de vasallos. Eligiólos por sus méritos, los que habían trabajado más en la reducción de los indios, mostrándose más afables, mansos y piadosos, más amigos del bien común, a los cuales constituyó por señores de los demás, para que los doctrinasen como padres a hijos. A los indios mandó que los obedeciesen como hijos a padres.

Mandó que los frutos que en cada pueblo se cogían se guardasen en junto para dar a cada uno los que hubiese menester, hasta que hubiese disposición de dar tierras a cada indio en particular. Juntamente con estos preceptos y ordenanzas, les enseñaba el culto divino de su idolatría. Señaló sitio para hacer templo al Sol, donde le sacrificasen, persuadiéndoles que lo tuviesen por principal Dios, a quien adorasen y rindiesen las gracias de los beneficios naturales que les hacía con su luz y calor, pues veían que les producía sus campos y multiplicaba sus ganados, con las demás mercedes que cada día recibían. Y que particularmente debían adoración y servicio al Sol y a la Luna, por haberles enviado dos hijos suyos, que, sacándolos de la vida ferina que hasta entonces habían tenido, los hubiesen reducido a la humana que al presente tenían. Mandó que hiciesen casa de mujeres para el Sol, cuando hubiese bastante número de mujeres de la sangre real para poblar la casa. Todo lo cual les mandó que guardasen y cumpliesen como gente agradecida a los beneficios que habían recibido, pues no los podían negar. Y que de parte de su padre el Sol les prometía otros muchos bienes si así lo hiciesen y que tuviesen por muy cierto que no decía él aquellas cosas de suyo, sino que el Sol se las revelaba y mandaba que de su parte las dijese a los indios, el cual, como padre, le guiaba y adiestraba en todos sus hechos y dichos. Los indios, con la simplicidad que entonces y siempre tuvieron hasta nuestros tiempos, creyeron todo lo que el Inca les dijo, principalmente el decirles que era hijo del Sol, porque también entre ellos hay naciones que se jactan descender de semejantes fábulas, como adelante diremos, aunque no supieron escoger tan bien como el Inca porque se precian de animales y cosas bajas y terrestres. Cotejando los indios entonces y después sus descendencias con la del Inca, y viendo que los beneficios que había hecho lo testificaban, creyeron firmísimamente que era hijo del Sol, y le prometieron guardar y cumplir lo que les mandaba, y en suma le adoraron por hijo del Sol, confesando que ningún hombre humano pudiera haber hecho con ellos lo que él, y que así creían que era hombre divino, venido del cielo.

Capítulo XXII. Las insignias favorables que el Inca dio a los suyos
En las cosas dichas y otras semejantes se ocupó muchos años el Inca Manco Cápac, en el beneficio de sus vasallos, y habiendo experimentado la fidelidad de ellos, el amor y respeto con que le servían, la adoración que le hacían, quiso, por obligarles más, ennoblecerlos con nombres e insignias de las que el Inca traía en su cabeza, y esto fue después de haberles persuadido que era hijo del Sol, para que las tuviesen en más. Para lo cual es de saber que el Inca Manco Cápac, y después sus descendientes, a imitación suya, andaban trasquilados y no traían más de un dedo de cabello. Trasquilábanse con navajas de pedernal, rozando el cabello hacia abajo, y lo dejaban del alto que se ha dicho. Usaban de las navajas de pedernal porque no hallaron la invención de las tijeras. Trasquilábanse con mucho trabajo, como cada uno puede imaginar, por lo cual, viendo después la facilidad y suavidad del cortar de las tijeras, dijo un Inca a un condiscípulo nuestro de leer y escribir: «Si los españoles, vuestros padres, no hubieran hecho más de traernos tijeras, espejos y peines, les hubiéramos dado cuanto oro y plata teníamos en nuestra tierra». Demás de andar trasquilados, traían las orejas horadadas, por donde comúnmente las horadan las mujeres para los zarcillos, empero hacían crecer el horado con artificio (como más largo en su lugar diremos) en extraña grandeza, increíble a quien no la hubiere visto, porque parece imposible que tan poca carne como la que hay debajo de la oreja venga a crecer tanto que sea capaz de recibir una orejera del tamaño y forma de una rodaja de cántaro, que semejantes a rodajas eran las orejeras que ponían en aquellos lazos que de sus orejas hacían, los cuales lazos, si acertaban romperlos, quedaban de una gran cuarta de vara de medir en largo, y de grueso como la mitad de un dedo. Y porque los indios las traían de la manera

que hemos dicho, les llamaron Orejones los españoles. Traían los Incas en la cabeza, por tocado, una trenza que llaman *llautu*. Hacíanla de muchos colores y del ancho de un dedo, y poco menos gruesa. Esta trenza rodeaban a la cabeza y daban cuatro o cinco vueltas y quedaba como una guirnalda. Estas tres divisas, que son el *llautu* y el trasquilarse y traer las orejas horadadas, eran las principales que el Inca Manco Cápac traía, sin otras que adelante diremos, que eran insignias de la persona real, y no las podía traer otro. El primer privilegio que el Inca dio a sus vasallos fue mandarles que a imitación suya trajesen todos en común la trenza en la cabeza, empero que no fuese de todos colores, como la que el Inca traía, sino de un color solo y que fuese negro.

    Habiendo pasado algún tiempo en medio, les hizo gracia de la otra divisa, que ellos tuvieron por más favorable, y fue mandarles que anduviesen trasquilados, empero con diferencia de unos vasallos a otros y de todos ellos al Inca, por que no hubiese confusión en la división que mandaba hacer de cada provincia y de cada nación, ni se semejasen tanto al Inca que no hubiese mucha disparidad de él a ellos, y así mandó que unos trajesen una coleta de la manera de un bonete de orejas, esto es, abierta por la frente hasta las sienes, y que por los lados llegase el cabello hasta lo último de las orejas. A otros mandó que trajesen la coleta a media oreja y a otros más corta, empero que nadie llegase a traer el cabello tan corto como el Inca. Y es de advertir que todos estos indios, principalmente los Incas, tenían cuidado de no dejar crecer el cabello, sino que lo traían siempre en un largo, por no parecer unos días de una divisa y otros días de otra. Tan nivelado como esto andaban todos ellos en lo que tocaba a las divisas y diferencias de las Cabezas, porque cada nación se preciaba de la suya, y más de éstas que fueron dadas por la mano del Inca.

Capítulo XXIII. Otras insignias más favorables, con el nombre Inca

Pasados algunos meses y años, les hizo otra merced, más favorable que las pasadas, y fue mandarles que se horadasen las orejas. Mar también fue con limitación del tamaño del horado de la oreja, que no llegase a la mitad de como los traía el Inca, sino de medio atrás, y que trajesen cosas diferentes por orejeras, según la diferencia de los apellidos y provincias. A unos dio que trajesen por divisa un palillo del grueso del dedo merguerite, como fue a la nación llamada Mayu y Zancu. A otros mandó que trajesen una vedijita de lana blanca, que por una parte y otra de la oreja asomase tanto como la cabeza del dedo pulgar; y éstos fueron la nación llamada Peques. A las naciones Muina, Huáruc, Chilliqui mandó que trajesen orejeras hechas del junco común que los indios llaman *tutura*. A la nación Rimactampu y a sus circunvecinas mandó que las trajesen de un palo que en las islas de Barlovento llaman *maguey* y en la lengua general del Perú se llama *chuchau*, que, quitada la corteza, el meollo es fofo, blando y muy liviano.

A los tres apellidos, Ureas, Yúcay, Tampu, que todas son el río abajo de Yúcay, mandó por particular favor y merced que trajesen las orejas más abiertas que todas las otras naciones, mas que no llegasen a la mitad del tamaño que el Inca las traía, para lo cual les dio medida del tamaño del horado, como lo había hecho a todos los demás apellidos, para que no excediesen en el grandor de los horados. Las orejeras mandó que fuesen del junco *tutura*, porque asemejaban más a las del Inca. Llamaban orejeras y no zarcillos, porque no pendían de las orejas, sino que andaban encajadas en el horado de ellas, como rodaja en la boca del cántaro.

Las diferencias que el Inca mandó que hubiese en las insignias, demás de que eran señales para que no se confundiesen las naciones y apellidos, dicen los mismos vasallos que tenían otra significación, y era que las que más semejaban a las del rey, ésas eran de mayor favor y de más aceptación. Empero, que no las dio por su libre voluntad, aficionándose más a unos vasallos que a otros, sino conformándose con la razón y justicia. Que a los que había visto más dóciles a su doctrina y que habían trabajado más en la reducción de los demás indios, a ésos había semejado más a su persona en las insignias y hécholes mayores favores, dándoles siempre a entender que todo cuanto hacía con ellos era por orden y revelación de su padre el Sol. Y los indios lo creían así, y por eso mostraban tanto contento de cualquiera cosa que el Inca les mandase y de cualquiera manera que los tratase, porque demás de tenerlo por revelación del Sol, veían por experiencia el beneficio que se les seguía de obedecerle.

A lo último, viéndose ya el Inca viejo, mandó que los más principales de sus vasallos se juntasen en la ciudad del Cuzco, y en una plática solemne les dijo que él entendía volverse presto al cielo a descansar con su padre el Sol, que le llamaba (fueron palabras que todos los reyes sus descendientes las usaron cuando sentían morirse), y que habiéndoles de dejar, quería dejarles el colmo de sus favores y mercedes, que era el apellido de su nombre real, para que ellos y sus descendientes viviesen honrados y estimados de todo el mundo. Y así, para que viesen el amor que como a hijos les tenía, mandó que ellos y sus descendientes para siempre se llamasen Incas, sin alguna distinción ni diferencia de unos a otros, como habían sido los demás favores y mercedes pasadas, sino que llanamente y generalmente gozasen todos de la alteza de este nombre, que, por ser los primeros vasallos que tuvo y porque ellos se habían reducido de su voluntad, los amaba como a hijos y gustaba de darles sus insignias y nombre real y llamarles hijos, porque esperaba de ellos y de sus descendientes que como tales hijos servirían a su rey presente y a los que de él sucediesen en las conquistas y reducción de los demás indios para aumento de su Imperio, todo lo cual les mandaba guardasen en el corazón y en la memoria, para corresponder con el servicio como leales vasallos, y que no quería que sus mujeres e hijas se llamasen Pallas, como las de la sangre real, porque no siendo las mujeres como los hombres capaces de las armas para servir en la guerra, tampoco lo eran de aquel nombre y apellido real.

De estos Incas, hechos por privilegio, son los que hay ahora en el Perú que se llaman Incas, y sus mujeres se llaman Pallas y Coyas, por gozar del barato que a ellos y a las otras naciones en esto y en otras muchas cosas semejantes les han hecho los españoles. Que de los Incas de la sangre real hay pocos, y por su pobreza y necesidad no conocidos sino cuál y cuál, porque la tiranía y crueldad de Atahuallpa los destruyó. Y los pocos que de ella escaparon, a lo menos los más principales y notorios, acabaron en otras calamidades como adelante diremos en sus lugares. De las insignias que el Inca Manco Cápac traía en la cabeza reservó sola una para sí y para los reyes sus descendientes, la cual era una borla colorada, a manera de rapacejo, que se tendía por la frente de una sien a otra. El príncipe heredero la traía amarilla y menor que la del padre. Las ceremonias con que se la daban cuando le juraban por príncipe sucesor, y de otras insignias que después trajeron los reyes Incas, diremos adelante en su lugar, cuando tratemos del armar caballeros a los Incas.

El favor de las insignias que su rey les dio estimaron los indios en mucho porque eran de la persona real. Y aunque fueron con las diferencias que dijimos, las aceptaron con grande aplauso, porque el Inca les hizo creer que las había dado, como se ha dicho, por mandado del Sol, justificados según los méritos precedidos de cada nación. Y por tanto se preciaron de ellas en sumo grado. Mas cuando vieron la grandeza de la última merced, que fue la del renombre Inca, y que no solo había sido para ellos, sino también para sus descendientes, quedaron tan admirados del ánimo real de su príncipe, de su liberalidad y magnificencia, que no sabían cómo la encarecer. Entre sí unos con otros decían que el Inca, no contento de haberlos sacado de fieras y trocádolos en hombres, ni satisfecho de los muchos beneficios que les había hecho en enseñarles las cosas necesarias para la vida humana y las leyes naturales para la vida moral y el conocimiento de su Dios el Sol, que bastaba para que fueran esclavos perpetuos, se había humanado a darles sus insignias reales, y últimamente, en lugar de imponerles pechos y tributos, les había comunicado la majestad de su nombre, tal y tan alto que entre ellos era tenido por sagrado y divino, que nadie osaba tomarlo en la boca sino con grandísima veneración, solamente para nombrar al rey; y que ahora, por darles ser y calidad, lo hubiese hecho tan común que pudiesen todos ellos llamárselo a boca llena, hechos hijos adoptivos, contentándose ellos con ser vasallos ordinarios del hijo del Sol.

Capítulo XXIV. Nombres y renombres que los indios pusieron a su rey

Considerando bien los indios la grandeza de las mercedes y el amor con que el Inca se las había hecho, echaban grandes bendiciones y loores a su príncipe y le buscaban títulos y renombres que igualasen con la alteza de su ánimo y significasen en junto sus heroicas virtudes. Y así, entre otros que le inventaron, fueron dos. El uno fue *Cápac,* que quiere decir rico, no de hacienda, que, como los indios dicen, no trajo este príncipe bienes de fortuna, sino riqueza de ánimo, de mansedumbre, piedad, clemencia, liberalidad, justicia y magnanimidad y deseo y obras para hacer bien a los pobres, y por haberlas tenido este Inca tan grandes como sus vasallos las cuentan, dicen que dignamente le llamaron Cápac; también quiere decir rico y poderoso en armas. El otro nombre fue llamarle *Huacchacúyac,* que quiere decir amador y bienhechor de pobres, para que, como el primero significaba las grandezas de su ánimo, el segundo significase los beneficios que a los suyos había hecho, y desde entonces se llamó este príncipe Manco Cápac, habiéndose llamado hasta allí Manco Inca. Manco es nombre propio: no sabemos qué signifique en la lengua general del Perú, aunque en la particular que los Incas tenían para hablar unos con otros (la cual me escriben del Perú se ha perdido ya totalmente) debía de tener alguna significación, porque por la mayor parte todos los nombres de los reyes la tenían, como adelante veremos cuando declaremos otros nombres. El nombre *Inca,* en el príncipe, quiere decir señor o rey o emperador, y en los demás quiere decir señor, y para interpretarle en toda su significación, quiere decir hombre de sangre real, que a los curacas, por grandes señores que fuesen, no les llaman Incas; *Palla* quiere decir mujer de la sangre real, y para distinguir al rey de los demás Incas, le llaman *Zapa Inca,* que quiere decir Solo Señor, de la manera que los suyos llaman al Turco gran señor. Adelante declararemos todos los nombres regios masculinos y femeninos, para los curiosos que gustaran saberlos. También llamaban los indios a este su primer rey y a sus descendientes *Intip churin,* que quiere decir hijo del Sol, pero este nombre más se lo daban por naturaleza, como falsamente lo creían, que por imposición.

Capítulo XXV. Testamento y muerte del Inca Manco Cápac
Manco Cápac reinó muchos años, mas no saben decir de cierto cuántos; dicen que más de treinta, y otros que más de cuarenta, ocupado siempre en las cosas que hemos dicho, y cuando se vio cercano a la muerte llamó a sus hijos, que eran muchos, así de su mujer, la reina Mama Ocllo Huaco, como de las concubinas que había tomado diciendo que era bien que hubiese muchos hijos del Sol. Llamó asimismo los más principales de sus vasallos, y por vía de testamento les hizo una larga plática, encomendando al príncipe heredero y a los demás sus hijos el amor y beneficio de los vasallos, y a los vasallos la fidelidad y servicio de su rey y la guarda de las leyes que les dejaba, afirmando que todas las había ordenado su padre el Sol. Con esto despi-

dió los vasallos, y a los hijos hizo en secreto otra plática, que fue la última, en que les mandó siempre tuviesen en la memoria que eran hijos del Sol, para le respetar y adorar como a Dios y como a padre. Díjoles que a imitación suya hiciesen guardar sus leyes y mandamientos y que ellos fuesen los primeros en guardarles, para dar ejemplo a los vasallos, y que fuesen mansos y piadosos, que redujesen los indios por amor, atrayéndolos con beneficios y no por fuerza, que los forzados nunca les serían buenos vasallos, que los mantuviesen en justicia sin consentir agravio entre ellos. Y, en suma, les dijo que en sus virtudes mostrasen que eran hijos del Sol, confirmando con las obras lo que certificaban con las palabras para que os indios les creyesen; donde no, que harían burla de ellos si les viesen decir uno y hacer otro. Mandóles que todo lo que les dejaba encomendado lo encomendasen ellos a sus hijos y descendientes de generación en generación para que cumpliesen y guardasen lo que su padre el Sol mandaba, afirmando que todas eran palabras suyas, y que así las dejaban por vía de testamento y última voluntad. Díjoles que le llamaba el Sol y que se iba a descansar con él; que se quedasen en paz, que desde el cielo tendría cuidado de ellos y les favorecería y socorrería en todas sus necesidades. Diciendo estas cosas y otras semejantes, murió el Inca Manco Cápac. Dejó por príncipe heredero a Sinchi Roca, su hijo primogénito y de la Coya Mama Ocllo Huaco, su mujer y hermana. Demás del príncipe dejaron estos reyes otros hijos e hijas, los cuales casaron entre sí unos con otros, por guardar limpia la sangre que fabulosamente decían descender del Sol, porque es verdad que tenía en suma veneración la que descendía limpia de estos reyes, sin mezcla de otra sangre, porque la tuvieron por divina y toda la demás por humana, aunque fuese de grandes señores de vasallos, que llaman *curacas*.

El Inca Sinchi Roca casó con Mama Ocllo o Mama Cota (como otros quieren), su hermana mayor, por imitar el ejemplo del padre y el de los abuelos Sol y Luna, porque en su gentilidad tenían que la Luna era hermana y mujer del Sol. Hicieron este casamiento por conservar la sangre limpia y porque al hijo heredero le perteneciese el reino tanto por su madre como por su padre, y por otras razones que adelante diremos más largo. Los demás hermanos legítimos y no legítimos también casaron unos con otros, por conservar y aumentar la sucesión de los Incas. Dijeron que el casar de estos hermanos unos con otros lo había ordenado el Sol y que el Inca Manco Cápac lo había mandado porque no tenían sus hijos con quién casar, para que la sangre se conservase limpia, pero que después no pudiese nadie casar con la hermana, sino solo el Inca heredero, lo cual guardaron ellos, como lo veremos en el proceso de la historia.

Al Inca Manco Cápac lloraron sus vasallos con mucho sentimiento. Duró el llanto y las exequias muchos meses; embalsamaron su cuerpo para tenerlo consigo y no perderlo de vista; adoráronle por Dios, hijo del Sol; ofreciéronle muchos sacrificios de carneros, corderos y ovejas y conejos caseros, de aves, de mieses y legumbres, confesándole por señor de todas aquellas cosas que les había dejado.

Lo que yo, conforme a lo que vi de la condición y naturaleza de aquellas gentes, puedo conjeturar del origen de este príncipe Manco Inca, que sus vasallos, por sus grandezas, llamaron Manco Cápac, es que debió ser algún indio de buen entendimiento, prudencia y consejo, y que alcanzó bien la mucha simplicidad de aquellas naciones y vio la necesidad que tenían de doctrina y enseñanza para la vida natural, y con astucia y sagacidad, para ser estimado, fingió aquella fábula, diciendo que él y su mujer eran hijos del Sol, que venían del cielo y que su padre los enviaba para que doctrinasen y hiciesen bien a aquellas gentes. Y para hacerse creer debió de ponerse en la figura y hábito que trajo, particularmente las orejas tan grandes como los Incas las traían, que cierto eran increíbles a quien no las hubiera visto como yo, y al que las viera ahora (si las usan) se le hará extraño imaginar cómo pudieron agrandarlas tanto. Y como con los beneficios y honras que a sus vasallos hizo confirmase la fábula de su genealogía, creyeron firmemente los indios que era hijo del Sol venido del cielo, y lo adoraron por tal, como hicieron los gentiles antiguos, con ser menos brutos, a otros que les hicieron semejantes beneficios. Porque es así que aquella gente a ninguna cosa atiende tanto como a mirar si lo que hacen los maestros conforma con lo que dicen, y, hallando conformidad en la vida y en la doctrina, no han menester argumentos para convencerlos a lo que quisieren hacer de ellos. He dicho esto porque ni los Incas de la sangre real ni la gente común no dan otro origen a sus reyes sino el que se ha visto en sus fábulas historiales, las cuales se semejan unas a otras, y todas concuerdan en hacer a Manco Cápac primer Inca.

Capítulo XXVI. Los nombres reales y la significación de ellos

Será bien digamos brevemente la significación de los nombres reales apelativos, así de los varones como de las mujeres, y a quién y cómo se los daban y cómo usaban de ellos, para que se vea la curiosidad que los Incas tuvieron en poner sus nombres y renombres, que en su tanto no deja de ser cosa notable. Y principiando del nombre *Inca,* es de saber que en la persona real significa rey o emperador, y en los de su linaje quiere decir hombre de la sangre real, que el nombre Inca pertenecía a todos ellos con la diferencia dicha, pero habían de ser descendientes por la línea masculina y no por la femenina. Llamaban a sus reyes *Zapa Inca* que es Solo rey o Solo emperador o Solo Señor, porque *zapa* quiere decir solo, y este nombre no lo daban a otro alguno de la parentela, ni aun al príncipe heredero hasta que había heredado, porque siendo el rey solo, no podían dar su apellido a otro, que fuera ya hacer muchos reyes. Asimismo les llamaban *Huacchacúyac,* que es amador y bienhechor de pobres, y este renombre tampoco lo daban a otro alguno, sino al rey, por el particular cuidado que todos ellos, desde el primero hasta el último, tuvieron de hacer bien a sus vasallos. Ya atrás queda dicho la significación del renombre *Cápac,* que es rico de magnanimidades y de realezas para con los suyos: dábanselo al rey solo, y no a otro, porque era el principal bienhechor de ellos. También le llamaban *Intip churin,* que es hijo del Sol, y este apellido se lo daban a todos los varones de la sangre real, porque, según su fábula, descendían del Sol, y no se lo daban a las hembras. A los hijos del rey y a todos los de su parentela por línea de varón llamaban *Auqui,* que es infante, como en España a los hijos segundos de los reyes. Retenían este apellido hasta que se casaban, y en casándose les llamaban Inca. Estos eran los nombres y renombres que daban al rey y a los varones de su sangre real, sin otros que adelante se verán, que, siendo nombres propios, se hicieron apellidos en los descendientes.

Viniendo a los nombres y apellidos de las mujeres de la sangre real, es así que a la reina, mujer legítima del rey, llaman *Coya:* quiere decir reina o Emperatriz. También le daban este apellido *Mamánchic,* que quiere decir

Nuestra Madre, porque, a imitación de su marido, hacía oficio de madre con todos sus parientes y vasallos. A sus hijas llamaban Coya por participación de la madre, y no por apellido natural, porque este nombre Coya pertenecía solamente a la reina. A las concubinas del rey que eran de su parentela, y a todas las demás mujeres de la sangre real, llamaban *Palla:* quiere decir mujer de la sangre real. A las demás concubinas del rey que eran de las extranjeras y no de su sangre llamaban *Mamacona,* que bastaría decir matrona, mas en toda su significación quiere decir mujer que tiene obligación de hacer oficio de madre. A las infantas hijas del rey y a todas las demás hijas de la parentela y sangre real llamaban *Ñusta:* quiere decir doncella de sangre real, pero era con esta diferencia, que a las legítimas en la sangre real decían llanamente Ñusta, dando a entender que eran las legítimas en sangre; a las no legítimas en sangre llamaban con el nombre de la provincia de donde era natural su madre, como decir Colla Ñusta, Huanca Ñusta, Yunca Ñusta, Quitu Ñusta, y así de las demás provincias, y este nombre Ñusta lo retenían hasta que se casaban, y, casadas, se llamaban Palla.

Estos nombres y renombres daban a la descendencia de la sangre real por línea de varón, y, en faltando esta línea, aunque la madre fuese parienta del rey, que muchas veces daban los reyes parientas suyas de las bastardas por mujeres a grandes señores, mas sus hijos e hijas no tomaban de los apellidos de la sangre real ni se llamaban Incas ni Pallas, sino del apellido de sus padres, porque de la descendencia femenina no hacían caso los Incas por no bajar su sangre real de la alteza en que se tenía, que aun la descendencia masculina perdía mucho de su ser real por mezclarse con sangre de mujer extranjera y no del mismo linaje, cuanto más la femenina. Cotejando ahora los unos nombres con los otros, veremos que el nombre Coya, que es reina, corresponde al nombre Zapa Inca, que es Solo Señor. Y el nombre Mamánchic, que es madre nuestra, responde al nombre Huacchacúyac, que es amador y bienhechor de pobres, y el nombre Ñusta, que es Infanta, responde al nombre Auqui, y el nombre Palla, que es mujer de la sangre real, responde al nombre Inca. Estos eran los nombres reales, los cuales yo alcancé y vi llamarse por ellos a los Incas y a las Pallas, porque mi mayor conversación en mis niñeces fue con ellos. No podían los curacas, por grandes señores que fuesen, ni sus mujeres ni hijos, tomar estos nombres, porque solamente pertenecían a los de la sangre real, descendientes de varón en varón. Aunque don Alonso de Ercilla y Zúñiga, en la declaración que hace de los vocablos indianos que en sus galanos versos escribe, declarando el nombre Palla dice que significa señora de muchos vasallos y hacienda, dícelo porque cuando este caballero pasó allá, ya estos nombres Inca y Palla en muchas personas andaban impuestos impropiamente. Porque los apellidos ilustres y heroicos son apetecidos de todas las gentes, por bárbaras y bajas que sean, y así, no habiendo quien lo estorbe, luego usurpan los mejores apellidos, como ha acaecido en mi tierra.

FIN DEL LIBRO PRIMERO

Libro segundo

de *los* Comentarios Reales de los Incas, *en el cual se da cuenta de la idolatría de los Incas y que rastrearon a nuestro Dios verdadero, que tuvieron la inmortalidad del ánima y la resurrección universal.*

Dice sus sacrificios y ceremonias, y que para su gobierno registraban los vasallos por decurias; el oficio de los decuriones, la vida y conquista de Sinchi Roca, rey segundo, y las de Lloque Yupanqui, rey tercero, y las ciencias que los Incas alcanzaron Contiene veintiocho capítulos

Capítulo I. La idolatría de la segunda edad y su origen

La que llamamos segunda edad y la idolatría que en ella se usó tuvo principio de Manco Cápac Inca. Fue el primero que levantó la monarquía de los Incas reyes del Perú, que reinaron por espacio de más de cuatrocientos años, aunque el padre Blas Valera dice que fueron más de quinientos y cerca de seiscientos. De Manco Cápac hemos dicho ya quién fue y de dónde vino, cómo dio principio a su imperio y la reducción que hizo de aquellos indios, sus primeros vasallos; cómo les enseñó a sembrar y criar y hacer sus casas y pueblos y las demás cosas necesarias para el sustento de la vida natural, y cómo su hermana y mujer, la reina Mama Ocllo Huaco, enseñó a las indias a hilar y tejer y criar sus hijos y a servir sus maridos con amor y regalo y todo lo demás que una buena mujer debe hacer en su casa. Asimismo dijimos que les enseñaron la ley natural y les dieron leyes y preceptos para la vida moral en provecho común de todos ellos, para que no se ofendiesen en sus honras y haciendas, y que juntamente les enseñaron su idolatría y mandaron que tuviesen y adorasen por principal dios al Sol, persuadiéndoles a ello con su hermosura y resplandor. Dedales que no en balde el Pachacámac (que es el sustentador del mundo) le había aventajado tanto sobre todas las estrellas del cielo, dándoselas por criadas, sino para que lo adorasen y tuviesen por su dios. Representábales los muchos beneficios que cada día les hacía y el que últimamente les había hecho en haberles enviado sus hijos, para que, sacándolos de ser brutos, los hiciesen hombres, como lo habían visto por experiencia, y adelante verían mucho más andando el tiempo. Por otra parte los desengañaba de la bajeza y vileza de sus muchos dioses, diciéndoles qué esperanza podían tener de cosas tan viles para ser socorridos en sus

necesidades o qué mercedes habían recibido de aquellos animales como los recibían cada día de su padre el Sol. Mirasen, pues la vista los desengañaba, que las yerbas y plantas y árboles y las demás cosas que adoraban las criaba el Sol para servido de los hombres y sustento de las bestias. Advirtiesen la diferencia que había del resplandor y hermosura del Sol a la suciedad y fealdad del sapo, lagartija y escuerzo y las demás sabandijas que tenían por dioses. Sin esto mandaba que las cazasen y se las trajesen delante, dedales que aquellas sabandijas más eran para haberles asco y horror que para estimarlas y hacer caso de ellas. Con estas razones y otras tan rústicas persuadió el Inca Manco Cápac a sus primeros vasallos a que adorasen al Sol y lo tuviesen por su Dios.

Los indios, convencidos por las razones del Inca, y mucho más con los beneficios que les había hecho, y desengañados con su propia vista, recibieron al Sol por su Dios, solo, sin compañía de padre ni hermano. A sus reyes tuvieron por hijos del Sol, porque creyeron simplicísimamente que aquel hombre y aquella mujer, que tanto habían hecho por ellos, eran hijos suyos venidos del cielo. Y así entonces los adoraron por divinos, y después a todos sus descendientes, con mucha mayor veneración interior y exterior que los gentiles antiguos, griegos y romanos, adoraron a Júpiter, Venus y Marte, etc. Digo que hoy los adoran como entonces, que para nombrar alguno de sus reyes Incas hacen primero grandes ostentaciones de adoración, y si les reprenden que por qué lo hacen, pues saben que fueron hombres como ellos y no dioses, dicen que ya están desengañados de su idolatría, pero que los adoran por los muchos y grandes beneficios que de ellos recibieron, que se hubieron con sus vasallos como Incas hijos del Sol, y no menos, que les muestren ahora otros hombres semejantes, que también los adorarán por divinos.

Esta fue la principal idolatría de los Incas y la que enseñaron a sus vasallos, y aunque tuvieron muchos sacrificios, como adelante diremos, y muchas supersticiones, como creer en sueños, mirar en agüeros y otras cosas de tanta burlería como otras muchas que ellos vedaron, en fin no tuvieron más dioses que al Sol, al cual adoraron por sus excelencias y beneficios naturales, como gente más considerada y más política que sus antecesores, los de la primera edad, y le hicieron templos de increíble riqueza, y aunque tuvieron a la Luna por hermana y mujer del Sol y madre de los Incas, no la adoraron por diosa ni le ofrecieron sacrificios ni le edificaron templos: tuviéronla en gran veneración por madre universal, mas no pasaron adelante en su idolatría. Al relámpago, trueno y rayo tuvieron por criados del Sol, como adelante veremos en el aposento que les tenían hecho en la casa del Sol en el Cuzco, mas no los tuvieron por dioses, como quiere alguno de los españoles historiadores, antes abominaron y abominan la casa o cualquier otro lugar del campo donde acierta a caer algún rayo: la puerta de la casa cerraban a piedra y lodo para que jamás entrase nadie en ella, y el lugar del campo señalaban con mojones para que ninguno lo hollase; tenían aquellos lugares por malhadados, desdichados y malditos; decían que el Sol los había señalado por tales con su criado el rayo.

Todo lo cual vi yo en Cuzco, que en la casa real que fue del Inca Huaina Cápac, en la parte que de ella cupo a Antonio Altamirano cuando repartieron aquella ciudad entre los conquistadores, en un cuarto de ella había caído un rayo en tiempo de Huaina Cápac. Los indios le cerraron las puertas a piedra y lodo, tomáronlo por mal agüero para su rey, dijeron que se había de perder parte de su Imperio o acaecerle otra desgracia semejante, pues su padre el Sol señalaba su casa por lugar desdichado. Yo alcancé el cuarto cerrado; después lo reedificaron los españoles, y dentro en tres años cayó otro rayo y dio en el mismo cuarto y lo quemó todo. Los indios, entre otras cosas, decían que ya el Sol había señalado aquel lugar por maldito, que para qué volvían los españoles a edificarlo, sino dejarlo desamparado como se estaba sin hacer caso de él. Pues si como dice aquel historiador los tuvieron por dioses, claro está que adoraran aquellos sitios por sagrados y en ellos hicieran sus más famosos templos, diciendo que sus dioses, el rayo, trueno y relámpago, querían habitar en aquellos lugares, pues los señalaban y consagraban ellos propios. A todos tres juntos llaman *Illapa,* y por la semejanza tan propia dieron este nombre al arcabuz. Los demás nombres que atribuyen al trueno y al Sol en Trinidad son nuevamente compuestos por los españoles, y en este particular y en otros semejantes no tuvieron cierta relación para lo que dicen, porque no hubo tales nombres en el general lenguaje de los indios del Perú, y aun en la nueva compostura (como nombres no tan bien compuestos) ni tienen significación alguna de lo que quieren o querrían que significasen.

Capítulo II. Rastrearon los Incas al verdadero Dios Nuestro Señor

Además de adorar al Sol por Dios visible, a quien ofrecieron sacrificios e hicieron grandes fiestas (como en otro lugar diremos), los reyes Incas y sus amautas, que eran los filósofos, rastrearon con lumbre natural al verdadero sumo Dios y Señor Nuestro, que crió el cielo y la tierra, como adelante veremos en los argumentos y sentencias que algunos de ellos dijeron de la Divina Majestad, al cual llamaron Pachacámac: es nombre compuesto de *Pacha,* que es mundo universo, y de *Cámac,* participio de presente del verbo *cama,* que es animar, el cual verbo se deduce del nombre *cama,* que es ánima. Pachacámac quiere decir el que da ánima al mundo universo, y en toda su propia y entera significación quiere decir el que hace con el universo lo que el ánima con el cuerpo. Pedro de Cieza, capítulo setenta y dos, dice así: «El nombre de este demonio quería decir hacedor del mundo, porque Cama quiere decir hacedor y Facha, mundo», etc. Por ser español no sabía la lengua tan bien como yo, que soy indio Inca. Teniendo este nombre en tan gran veneración que no le osaban tomar en la boca, y, cuando les era forzoso tomarlo, era haciendo afectos y muestras de mucho acatamiento, encogiendo los hombros, inclinando la cabeza y todo el cuerpo, alzando los ojos al cielo y bajándolos al suelo, levantando las manos abiertas en derecho de los hombros, dando besos al aire, que entre los Incas y sus vasallos eran ostentaciones de suma adoración y reverencia, con las cuales demostraciones nombraban al Pachacámac y adoraban al Sol y reverenciaban al rey, y no más. Pero esto también era por sus grados más y menos: a los de la sangre real acataban con parte de estas ceremonias, y a los otros superiores, como eran los caciques, con otras muy diferentes e inferiores.

Tuvieron al Pachacámac en mayor veneración interior que al Sol, que, como he dicho, no osaban tomar su nombre en la boca, y al Sol le nombran a cada paso. Preguntado quién era el Pachacámac, decían que era el que daba vida al universo y le sustentaba, pero que no le conocían porque no le habían visto, y que por esto no le hacían templos ni le ofrecían sacrificios, mas que lo adoraban en su corazón (esto es mentalmente) y le tenían por

Dios no conocido. Agustín de Zárate, libro segundo, capítulo quinto, escribiendo lo que el padre fray Vicente de Valverde dijo al rey Atahuallpa, que Cristo Nuestro Señor había criado el mundo, dice que respondió el Inca que él no sabía nada de aquello, ni que nadie criase nada sino el Sol, a quien ellos tenían por Dios y a la tierra por madre y a sus huacas; y que Pachacámac lo había criado todo lo que allí había, etc. De donde consta claro que aquellos indios le tenían por hacedor de todas las cosas.

Esta verdad que voy diciendo, que los indios rastrearon con este nombre y se lo dieron al verdadero Dios nuestro, la testificó el demonio, mal que le pesó, aunque en su favor como padre de mentiras, diciendo verdad disfrazada con mentira o mentira disfrazada con verdad. Que luego que vio predicar nuestro Santo Evangelio y vio que se bautizaban los indios, dijo a algunos familiares suyos, en el valle que hoy llaman Pachacámac (por el famoso templo que allí edificaron a este Dios no conocido), que el Dios que los españoles predicaban y él era todo uno, como lo escribe Pedro de Cieza de León en la *Demarcación del Perú,* capítulo setenta y dos. Y el reverendo padre fray Jerónimo Román, en la *República de las Indias Occidentales,* libro primero, capítulo quinto, dice lo mismo, hablando ambos de este mismo Pachacámac, aunque por no saber la propia significación del vocablo se lo atribuyeron al demonio. El cual, en decir que el Dios de los cristianos y el Pachacámac era todo uno, dijo verdad, porque la intención de aquellos indios fue dar este nombre al sumo Dios, que da vida y ser al universo, como lo significa el mismo nombre. Y en decir que él era el Pachacámac mintió, porque la intención de los indios nunca fue dar este nombre al demonio, que no le llamaron sino Zúpay, que quiere decir diablo, y para nombrarle escupían primero en señal de maldición y abominación, y al Pachacámac nombraban con la adoración y demostraciones que hemos dicho. Empero, como este enemigo tenía tanto poder entre aquellos infieles, hacíase Dios, entrándose en todo aquello que los indios veneraban y acataban por cosa sagrada. Hablaba en sus oráculos y templos y en los rincones de sus casas y en otras partes, diciéndoles que era el Pachacámac y que era todas las demás cosas a que los indios atribuían deidad, y por este engaño adoraban aquellas cosas en que el demonio les hablaba, pensando que era la deidad que ellos imaginaban, que si entendieran que era el demonio las quemaran entonces como ahora lo hacen por la misericordia del Señor, que quiso comunicarlas.

Los indios no saben de suyo o no osan dar la relación de estas cosas con la propia significación y declaración de los vocablos, viendo que los cristianos españoles las abominan todas por cosas del demonio, y los españoles tampoco advierten en pedir la noticia de ellas con llaneza, antes las confirman por cosas diabólicas como las imaginan. Y también lo causa el no saber de fundamento la lengua general de los Incas para ver y entender la deducción y composición y propia significación de las semejantes dicciones. Y por esto en sus historias dan otro nombre a Dios, que es Tici Viracocha, que yo no sé qué signifique ni ellos tampoco. Este es el nombre Pachacámac que los historiadores españoles tanto abominan por no entender la significación del vocablo. Y por otra parte tienen razón porque el demonio hablaba en aquel riquísimo templo haciéndose Dios debajo de este nombre, tomándolo para sí. Pero si a mí, que soy indio cristiano católico, por la infinita misericordia, me preguntasen ahora «¿cómo se llama Dios en tu lengua?», diría «Pachacámac», porque en aquel general lenguaje del Perú no hay otro nombre para nombrar a Dios sino éste, y todos los demás que los historiadores dicen son generalmente impropios, porque o no son de general lenguaje o son corruptos con el lenguaje de algunas provincias particulares o nuevamente compuestos por los españoles, y aunque algunos de los nuevamente compuestos pueden pasar conforme a la significación española, como el Pachayacháchic, que quieren que diga hacedor del cielo, significando enseñador del mundo —que para decir hacedor habla de decir Pacharúrac, porque *rura* quiere decir hacer—, aquel general lenguaje los admite mal porque no son suyos naturales, sino advenedizos, y también porque en realidad de verdad en parte bajan a Dios de la alteza y majestad donde le sube y encumbra este nombre Pachacámac, que es el suyo propio, y para que se entienda lo que vamos diciendo es de saber que el verbo *yacha* significa aprender, y añadiéndole esta sílaba *chi* significa enseñar; y el verbo *rura* significa hacer y con la *chi* quiere decir hacer que hagan o mandar que hagan, y lo mismo es de todos los demás verbos que quieran imaginar. Y así como aquellos indios no tuvieron atención a cosas especulativas, sino a cosas materiales, así estos sus verbos no significan enseñar cosas espirituales ni hacer obras grandiosas y divinas, como hacer el mundo, etc., sino que significan hacer y enseñar artes y oficios bajos y mecánicos, obras que pertenecen a los hombres y no a la divinidad. De toda la cual materialidad está muy ajena la significación del nombre Pachacámac, que, como se ha dicho, quiere decir el que hace con el mundo universo lo que el alma con el cuerpo, que es darle ser, vida, aumento y sustento, etc. Por lo cual consta claro la impropiedad de los nombres nuevamente compuestos para dárselos a Dios (si han de hablar en la propia significación de aquel lenguaje) por la bajeza de sus significaciones; pero puédese esperar que con el uso se vayan cultivando y recibiéndose mejor. Y adviertan los componedores a no trocar la significación del nombre o verbo en la composición, que importa mucho para que los indios los admitan bien y no hagan burla de ellos, principalmente en la enseñanza de la doctrina cristiana, para lo cual se deben componer, pero con mucha atención.

Capítulo III. Tenían los Incas una T en lugar sagrado

Tuvieron los reyes Incas en el Cuzco una cruz de mármol fino, de color blanco y encarnado, que llaman jaspe cristalino: no saben decir desde qué tiempo la tenían. Yo la dejé el año de 1560 en la sacristía de la iglesia Catedral de aquella ciudad, que la tenían colgada de un clavo, asida con un cordel que entraba por un agujero que tenían hecho en lo alto de la cabeza. Acuérdome que el cordel era un orillo de terciopelo negro; quizá en poder de los indios tenía alguna asa de plata o de oro, y quien la sacó de donde estaba la trocó por la de seda. La cruz era cuadrada, tan ancha como larga; tendida de largo tres cuartas de vara, antes menos que más, y tres dedos de ancho y casi otro tanto de grueso; era enteriza, toda de una pieza, muy bien labrada, con sus esquinas muy bien saca das, toda pareja, labrada de cuadrado, la piedra muy bruñida y lustrosa.

Teníanla en una de sus casas reales, en un apartado de los que llaman *huaca,* que es lugar sagrado. No adoraban en ella, mas de que la tenían en veneración; debía ser por su hermosa figura o por algún otro respeto que no saben decir. Así la tuvieron hasta que el marqués don Francisco Pizarro entró en el valle de Túmpiz, y por lo que allí le sucedió a Pedro de Candía la adoraron y tuvieron en mayor veneración, como en su lugar diremos.

Los españoles, cuando ganaron aquella imperial ciudad e hicieron templo a nuestro sumo Dios, la pusieron en el lugar que he dicho, no con más ornato del que se ha referido, que fuera muy justo la pusieran en el altar mayor muy adornada de oro y piedras preciosas, pues hallaron tanto de todo, y aficionaran a los indios a nuestra santa religión, con sus propias cosas, comparándolas con las nuestras, como fue esta cruz y otras que tuvieron en sus leyes y ordenanzas muy allegadas a la ley natural, que se pudieran cotejar con los mandamientos de nuestra santa ley y con las obras de misericordia, que las hubo en aquella gentilidad muy semejantes, como adelante veremos. Y porque es a propósito de la cruz, decimos que, como es notorio, por acá se usa jurar a Dios y a la cruz para afirmar lo que dicen, así en juicio como fuera de él, y muchos lo hacen sin necesidad de jurar, sino del mal hábito hecho. Decimos para confusión de los que así lo hacen que los Incas y todas las naciones de su Imperio no supieron jamás qué cosa era jurar. Los nombres del Pachacámac y del Sol ya se ha dicho la veneración y acatamiento con que los tomaban en la boca, que no los nombraban sino para adorarlos. Cuando examinaban algún testigo, por muy grave que fuese el caso, le decía el juez (en lugar de juramento): «¿Prometes decir verdad al Inca?». Decía el testigo: «Sí, prometo». Volvía a decirle:

«Mira que la has de decir sin mezcla de mentira ni callar parte alguna de lo que pasó, sino que digas llanamente lo que sabes en este caso.» Volvía el testigo a rectificarse, diciendo: «Así lo prometo de veras». Entonces, debajo de su promesa le dejaban decir todo lo que sabía del hecho, sin atajarle ni decirle «no os preguntamos eso sino estotro», ni otra cosa alguna. Y si era averiguación de pendencia, aunque hubiese habido muerte, le decían:

«Di claramente lo que pasó en esta pendencia, sin encubrir nada de lo que hizo o dijo cualquiera de los dos que riñeron.» Y así lo decía el testigo, de manera que por ambas las partes decía lo que sabía en favor o en contra. El testigo no osaba mentir, porque demás de ser aquella gente timidísima y muy religiosa en su idolatría, sabía que le habían de averiguar la mentira y castigarle rigurosísimamente, que muchas veces era con muerte, si el caso era grave, no tanto por el daño que había hecho con su dicho como por haber mentido al Inca y quebrantado su real mandato, que les mandaba que no mintiesen. Sabía el testigo que hablar con cualquiera juez era hablar con el mismo Inca que adoraban por Dios, y éste era el principal respeto que tenían, sin los demás, para no mentir en sus dichos.

Después que los españoles ganaron aquel Imperio sucedió un caso grave de muertes en una provincia de los Quechuas. El corregidor del Cuzco envió allá un juez que hiciese la averiguación, el cual, para tomar el dicho a un *curaca*, que es señor de vasallos, le puso delante la cruz de su vara y le dijo que jurase a Dios y a la cruz de decir verdad. Dijo el indio: «Aún no me han bautizado, para jurar como juran los cristianos». Replicó el juez diciendo que jurase por sus dioses, el Sol y la Luna y sus Incas. Respondió el curaca: «Nosotros no tomamos esos nombres sino para adorarlos, y así no me es lícito jurar por ellos». Dijo el juez: «¿Qué satisfacción tendremos de la verdad de tu dicho si no nos das alguna prenda?». «Bastará mi promesa –dijo el india–, y entender yo que hablo personalmente delante de tu rey, pues vienes a hacer justicia en su nombre, que así lo hacíamos con nuestros Incas. Mas, por acudir a la satisfacción que pides, juraré por la tierra, diciendo que se abra y me trague vivo como estoy si yo mintiera.» El juez tomó el juramento, viendo que no podía más, y le hizo las preguntas que convenían acerca de los matadores, para averiguar quiénes eran. El curaca fue respondiendo, y cuando vio que no le preguntaban nada acerca de los muertos, que habían sido agresores de la pendencia, dijo que le dejase decir todo lo que sabía de aquel caso, porque, diciendo una parte y callando otra, entendía que mentía y que no había dicho entera verdad, como la había prometido. Y aunque el juez le dijo que bastaba que respondiese a lo que le preguntaban, dijo que no quedaba satisfecho, ni cumplía su promesa, si no decía por entero lo que unos y los otros hicieron. El juez hizo su averiguación como mejor pudo y se volvió al Cuzco, donde causó admiración el coloquio que contó haber tenido con el curaca.

Capítulo IV. De muchos dioses que los historiadores españoles impropiamente aplican a los indios

Volviendo a la idolatría de los Incas, decimos más largamente que atrás se dijo que no tuvieron más dioses que al Sol, al cual adoraron exteriormente. Hiciéronle templos, las paredes de alto abajo forradas con planchas de oro; ofreciéronle sacrificios de muchas cosas; presentáronle grandes dádivas de mucho oro y de todas las cosas más preciosas que tenían, en agradecimiento de que él se las había dado; adjudicáronle por hacienda la tercia parte de todas las tierras de labor de los reinos y provincias que conquistaron y la cosecha de ellas e innumerable ganado; hiciéronle casas de gran clausura y recogimiento para mujeres dedicadas a él, las cuales guardaban perpetua virginidad.

Demás del Sol adoraron al Pachacámac (como se ha dicho) interiormente, por dios no conocido: tuviéronle en mayor veneración que al Sol; no le ofrecieron sacrificios ni le hicieron templos, porque decían que no le conocían, porque no se había dejado ver; empero, que creían que lo había. Y en su lugar diremos del templo famoso y riquísimo que hubo en el valle llamado Pachacámac, dedicado a este dios no conocido. De manera que los Incas no adoraron más dioses que los dos que hemos dicho, visible e invisible. Porque aquellos príncipes y sus amautas, que eran los filósofos y doctores de su república (con ser gente tan sin enseñanza de letras, que nunca las tuvieron), alcanzaron que era cosa indigna y de mucha afrenta y deshonra aplicar honra, poderío, nombre y fama o virtud divina a las cosas inferiores, del cielo abajo. Y así establecieron ley y mandaron pregonarla para que en todo el Imperio supiesen que no habían de adorar más de al Pachacámac por supremo Dios y señor, y al Sol, por el bien que hacía a todos, y a la Luna venerasen y honrasen, porque era su mujer y hermana, y a las estrellas por damas y criadas de su casa y corte.

Adelante, en su lugar, trataremos del Dios Viracocha, que fue una fantasma que se apareció a un príncipe heredero de los Incas diciendo que era hijo del Sol. Los españoles aplican otros muchos dioses a los Incas por no saber dividir los tiempos y las idolatrías de aquella primera edad y las de la segunda. Y también por no saber la propiedad del lenguaje para saber pedir y recibir la relación de los indios, de cuya ignorancia ha nacido dar a los Incas muchos dioses o todos los que ellos quitaron a los indios que sujetaron a su Imperio, que los tuvieron tantos y tan extraños como arriba se ha dicho. Particularmente nació este engaño de no saber los españoles las muchas y diversas significaciones que tiene este nombre *huaca,* el cual, pronunciada la última sílaba en lo alto del paladar, quiere decir ídolo,[7] como Júpiter, Marte, Venus, y es nombre que no permite que de él se deduzca verbo para decir idolatrar. Demás de esta primera y principal significación tiene otras muchas, cuyos ejemplos iremos poniendo para que se entiendan mejor. Quiere decir cosa sagrada, como eran todas aquellas en que el demonio les hablaba, esto es, los ídolos, las peñas, piedras grandes o árboles en que el enemigo entraba para hacerles creer que era dios. Asimismo llaman *huaca* a las cosas que habían ofrecido al Sol, como figuras de hombres, aves y animales, hechas de oro o de plata o de palo, y cualesquiera otras ofrendas, las cuales tenían por sagradas, porque las había recibido el Sol en ofrenda y eran suyas, y, porque lo eran, las tenían en gran veneración. También llaman *huaca* a cualquiera templo grande o chico y a los sepulcros que tenían en los campos y a los rincones de las casas, de donde el demonio hablaba a los sacerdotes y a otros particulares que trataban con él familiarmente, los cuales rincones tenían por lugares santos, y así los respetaban como a un oratorio o santuario. También dan el mismo nombre a todas aquellas cosas que en hermosura o excelencia se aventajan de las otras de su especie, como una rosa, manzana o camuesa o cualquiera otra fruta que sea mayor y más hermosa que todas las de su árbol; y a los árboles que hacen la misma ventaja a los de su especie les dan el mismo nombre. Por el contrario llaman *huaca* a las cosas muy feas y monstruosas, que causan horror y asombro, y así daban este nombre a las culebras grandes de los Antis, que son de a veinticinco y de a treinta pies de largo. También llaman *huaca* a todas las cosas que salen de su curso natural, como a la mujer que pare dos de un vientre; a la madre y a los mellizos daban este nombre por la extrañeza del parto y nacimiento; a la parida sacaban por las calles con gran fiesta y

---

7   En las anotaciones manuscritas del Inca Garcilaso a su ejemplar de la *Historia General de las Indias* de Francisco López de Gómara (valioso ejemplar que hoy se conserva en la Biblioteca Nacional de Lima), anticipa esta explicación sobre las diferentes significaciones de la palabra «huaca». Particularmente aclara la diferencia en las pronunciaciones. «Me parecio compararlas a las (que) hazen la urraca y el cuervo en sus graznidos: q' la urraca pronuncia afuera en el paladar: y el cuervo dentro en las fau(ces): pues pronunciando como la urraca sin(ific)a ydolo, y nunciando como el cuervo significa (llo)rar» (folio LVI).
Por lo demás, en sus anotaciones a Gómara el Inca escribe «aca» y «gua-cha» (grafía latinizante), pero en los *Comentarios* siempre «huaca», puesto que explica que en la lengua general de los Incas faltaba la letra «g».

regocijo y le ponían guirnaldas de flores con grandes bailes y cantares por su mucha fecundidad; otras naciones lo tomaban en contrario, que lloraban, teniendo por mal agüero los tales partos. El mismo nombre dan a las ovejas que paren dos de un vientre, digo al ganado de aquella tierra, que, por ser grande, su ordinario parir no es más de uno, como vacas o yeguas, y en sus sacrificios ofrecían más aína de los corderos mellizos, si los había, que de los otros, porque los tenían por de mayor deidad, por lo cual les llaman *huaca*. Y por el semejante llaman *huaca* al huevo de dos yemas, y el mismo nombre dan a los niños que nacen de pies o doblados o con seis dedos en pies o manos o nace corcobado o con cualquiera defecto mayor o menor en el cuerpo o en el rostro, como sacar partido alguno de los labios, que de éstos había muchos, o bisojo, que llaman señalado de naturaleza. Asimismo dan este nombre a las fuentes muy caudalosas que salen hechas ríos, porque se aventajan de las comunes, y a las piedrecitas y guijarros que hallan en los ríos o arroyos, con extrañas labores o de diversos colores, que se diferencian de las ordinarias.

    Llamaron *huaca* a la gran cordillera de la Sierra Nevada que corre por todo el Perú a lo largo hasta el Estrecho de Magallanes, por su largura y eminencia, que cierto es admirabilísima a quien la mira con atención. Dan el mismo nombre a los cerros muy altos, que se aventajan de los otros cerros, como las torres altas de las casas comunes, y a las cuestas grandes que se hallan por los caminos, que las hay de tres, cuatro, cinco y seis leguas de alto, casi tan derechas como una pared, a las cuales los españoles, corrompiendo el nombre, dicen *Apachitas*, y que los indios adoraban y les ofrecían ofrendas. De las cuestas diremos luego, y qué manera de adoración era la que hacían y a quién. A todas estas cosas y otras semejantes llamaron *huaca*, no por tenerlas por dioses ni adorarlas, sino por la particular ventaja que hacían a las comunes; por esta causa las miraban y trataban con veneración y respeto. Por las cuales significaciones tan diferentes los españoles, no entendiendo más de la primera y principal significación, que quiere decir ídolo, entienden que tenían por dioses todas aquellas cosas que llaman *huaca*, y que las adoraban los Incas como lo hacían los de la primera edad.

    Declarando el nombre *Apachitas* que los españoles dan a las cumbres de las cuestas muy altas y las hacen dioses de los indios, es de saber que ha de decir *Apachecta;* es dativo, y el genitivo es *Apachecpa,* de este participio de presente *apáchec,* que es el nominativo, y con la sílaba *ta* se hace dativo: quiere decir al que hace llevar, sin decir quién es ni declarar qué es lo que hace llevar. Pero conforme al frasis de la lengua, como atrás hemos dicho, y adelante diremos de la mucha significación que los indios encierran en sola una palabra, quiere decir demos gracias y ofrezcamos algo al que hace llevar estas cargas, dándonos fuerzas y vigor para subir por cuestas tan ásperas como ésta, y nunca lo decían sino cuando estaban ya en lo alto de la cuesta, y por esto dicen los historiadores españoles que llamaban Apachitas a las cumbres de las cuestas, entendiendo que hablaban con ellas, porque allí le oían decir esta palabra *Apachecta,* y, como no entienden lo que quiere decir, dánselo por nombre a las cuestas. Entendían los indios, con lumbre natural, que se debían dar gracias y hacer alguna ofrenda al Pachacámac, Dios no conocido que ellos adoraban mentalmente, por haberles ayudado en aquel trabajo. Y así, luego que habían subido la cuesta, se descargaban, alzando los ojos al cielo y bajándolos al suelo y haciendo las mismas ostentaciones de adoración que atrás dijimos para nombrar al Pachacámac, repetían dos, tres veces el dativo *Apachecta,* y en ofrenda se tiraban de las cejas y, que arrancasen algún pelo o no, lo soplaban hacia el cielo y echaban la yerba llamada *coca,* que llevaban en la boca, que ellos tanto precian, como diciendo que le ofrecían lo más preciado que llevaban. Y a más no poder ni tener otra cosa mejor, ofrecían algún palillo o algunas pajuelas, si las hallaban, por allí cerca, y, no las hallando, ofrecían un guijarro, y, donde no lo había, echaban un puñado de tierra. Y de estas ofrendas había grandes montones en las cumbres de las cuestas. No miraban al Sol cuando hacían aquellas ceremonias, porque no era la adoración a él, sino al Pachacámac. Y las ofrendas, más eran señales de sus afectos que no ofrendas; porque bien entendían que cosas tan viles no eran para ofrecer. De todo lo cual soy testigo, que lo vi caminando con ellos muchas veces. Y más digo, que no lo hacían los indios que iban descargados, sino los que llevaban carga. Ahora, en estos tiempos, por la misericordia de Dios en lo alto de aquellas cuestas tienen puestas cruces, que adoran en hacimiento de gracias de habérseles comunicado Cristo Nuestro Señor.

Capítulo V. De otras muchas cosas que el nombre Huaca significa

Esta misma dicción *huaca,* pronunciada la última sílaba en lo más interior de la garganta, se hace verbo: quiere decir llorar. Por lo cual dos historiadores españoles, que no supieron esta diferencia, dijeron: los indios entran llorando y guayando en sus templos a sus sacrificios, que *huaca* eso quiere decir. Habiendo tanta diferencia de este significado llorar a los otros, y siendo el uno verbo y el otro nombre, verdad es que la diferente significación consiste solamente en la diferente pronunciación, sin mudar letra ni acento, que la última sílaba de la una dicción se pronuncia en lo alto del paladar y la de la otra en lo interior de la garganta. De la cual pronunciación y de todas las demás que aquel lenguaje tiene, no hacen caso alguno los españoles, por curiosos que sean (con importarles tanto el saberlas), porque no las tiene el lenguaje español. Veráse el descuido de ellos por lo que me pasó con un religioso dominico que en el Perú había sido cuatro años catedrático de la lengua general de aquel Imperio, el cual, por saber que yo era natural de aquella tierra, me comunicó y yo le visité muchas veces en San Pablo de Córdoba. Acaeció que un día, hablando de aquel lenguaje y de las muchas y diferentes significaciones que unos mismos vocablos tienen, di por ejemplo este nombre *Pacha,* que, pronunciado llanamente, como suenan las letras españolas, quiere decir mundo universo, y también significa el cielo y la tierra y el infierno y cualquiera suelo. Dijo entonces el fraile: «Pues también significa ropa de vestir y de ajuar y muebles de casa». Yo dije: «Es verdad, pero dígame Vuestra Paternidad ¿qué diferencia hay en la pronunciación para que signifique eso?». Díjome: «No la sé». Respondíle: «¿Habiendo sido maestro en la lengua ignora esto? Pues sepa que para que signifique ajuar o ropa de vestir han de pronunciar la primera sílaba apretando los labios y rompiéndolos con el aire de la voz, de manera que suene el romperlos». Y le mostré la pronunciación de este nombre y de otros *viva voce,* que de otra manera no se puede enseñar. De lo cual el catedrático y los demás religiosos que se hallaron a la plática se admiraron mucho.[8] En lo que se ha dicho se ve largamente cuánto ignoren los españoles los secretos de aquella lengua, pues

---

8   Se ha pensado que podría tratarse del ilustre dominico Domingo de Santo Tomás, autor del primer *Lexicon* y la primera *Grammatica o Arte de la lengua general de los Indios de los reynos del Perú* (Valladolid, 1560), que solo consiga «pacha» como «hábito, vestidura».

este religioso, con haber sido maestro de ella, no los sabía, por do vienen a escribir muchos yerros, interpretándola mal, como decir que los Incas y sus vasallos adoraban por dioses todas aquellas cosas que llaman *huaca,* no sabiendo las diversas significaciones que tiene. Y esto baste de la idolatría y dioses de los Incas. En la cual idolatría y en la que antes de ellos hubo, son mucho de estimar aquellos indios, así los de la segunda edad como los de la primera, que en tanta diversidad y tanta burlería de dioses como tuvieron no adoraron los deleites ni los vicios, como los de la antigua gentilidad del mundo viejo, que adoraban a los que ellos confesaban por adúlteros, homicidas, borrachos, y sobre todo al Príapo, con ser gente que presumía tanto de sus letras y saber, y esta otra tan ajena de toda buena enseñanza.

El ídolo Tangatanga, que un autor dice que adoraban en Chuquisaca y que los indios decían que en uno eran tres y en tres uno, yo no tuve noticia de tal ídolo, ni en el general lenguaje del Perú hay tal dicción. Quizá es del particular lenguaje de aquella provincia, la cual está ciento y ochenta leguas del Cuzco. Sospecho que el nombre está corrupto porque los españoles corrompen todos los más que toman en la boca, y que ha de decir *Acatanca:* quiere decir escarabajo, nombre con mucha propiedad compuesto de este nombre *aca,* que es estiércol, y de este verbo *tanca* (pronunciada la última sílaba en lo interior de la garganta), que es empujar. *Acatanca* quiere decir el que empuja el estiércol.

Que en Chuquisaca, en aquella primera edad y antigua gentilidad, antes del Imperio de los reyes Incas, lo adorasen por dios, no me espantaría, porque, como queda dicho, entonces adoraban otras cosas tan viles; mas no después de los Incas, que las prohibieron todas. Que digan los indios que en uno eran tres y en tres uno, es invención nueva de ellos, que la han hecho después que han oído la Trinidad y unidad del verdadero Dios Nuestro Señor, para adular a los españoles con decirles que también ellos tenían algunas cosas semejantes a las de nuestra santa religión, como ésta y la Trinidad que el mismo autor dice que daban al Sol y al rayo, y que tenían confesores y que confesaban sus pecados como los cristianos. Todo lo cual es inventado por los indios con pretensión de que siquiera por semejanza se les haga alguna cortesía. Esto afirmo como indio, que conozco la natural condición de los indios. Y digo que no tuvieron ídolos con nombre de Trinidad, y aunque el general lenguaje del Perú, por ser tan corto de vocablos, comprende en junto con solo un vocablo tres y cuatro cosas diferentes, como el nombre *illapa,* que comprende el relámpago, trueno y rayo, y este nombre *maqui,* que es mano, comprende la mano y la tabla del brazo y el molledo —lo mismo es del nombre *chaqui,* que, pronunciado llanamente, como letras castellanas, quiere decir pie, comprende el pie y la pierna y el muslo, y por el semejante otros muchos nombres que pudiéramos traer a cuenta—, mas no por eso adoraron ídolos con nombre de Trinidad, ni tuvieron tal nombre en su lenguaje, como adelante veremos. Si el demonio pretendía hacerse adorar debajo de tal nombre, no me espantaré, que todo lo podía con aquellos infieles idólatras, tan alejados de la cristiana verdad. Yo cuento llanamente lo que entonces tuvieron aquellos gentiles en su vana religión. Decimos también que el mismo nombre *chaqui,* pronunciada la primera sílaba en lo alto del paladar, se hace verbo y significa haber sed o estar seco o enjugarse cualquiera cosa mojada, que también son tres significaciones en una palabra.

Capítulo VI. Lo que un autor dice de los dioses que tenían
En los papeles del padre Maestro Blas Valera hallé lo que se sigue, que, por ser a propósito de lo que hemos dicho y por valerme de su autoridad, holgué de tomar el trabajo de traducirlo y sacarlo aquí. Dícelo hablando de los sacrificios que los indios de México y de otras regiones hacían y de los dioses que adoraban. Dice así: «No se puede explicar con palabras ni imaginar sin horror y espanto cuán contrarios a religión, cuán terribles, crueles e inhumanos eran los géneros de sacrificios que los indios acostumbraban hacer en su antigüedad, ni la multitud de los dioses que tenían, que solo en la dudad de México y sus arrabales había más de dos mil. A sus ídolos y dioses llaman en común Téutl. En particular, tuvieron diversos nombres. Empero, lo que Pedro Mártir y el obispo de Chiapa y otros afirman, que los indios de las islas de Cuzumela, sujetos a la provincia de Yucatán, tenían por Dios la señal de la cruz y que la adoraron, y que los de la jurisdicción de Chiapa tuvieron noticia de la Santísima Trinidad y de la encarnación de Nuestro Señor, fue interpretación que aquellos autores y otros españoles imaginaron y aplicaron a estos misterios, también como

aplicaron en las historias del Cuzco a la Trinidad las tres estatuas del Sol que dicen que había en su templo y las del trueno y rayo. Si el día de hoy, con haber habido tanta enseñanza de sacerdotes y obispos, apenas saben si hay Espíritu Santo, ¿cómo pudieron aquellos bárbaros, en tinieblas tan oscuras, tener tan clara noticia del misterio de la encarnación y de la Trinidad? La manera que nuestros españoles tenían para escribir sus historias era que preguntaban a los indios en lengua castellana las cosas que de dios querían saber: los farautes, por no tener entera noticia de las cosas antiguas y por no saberlas de memoria, las decían faltas y menoscabadas o mezcladas con fábulas poéticas o historias fabulosas. Y lo peor que en ello había era la poca noticia y mucha falta que cada uno de ellos tenía del lenguaje del otro, para entenderse al preguntar y responder. Y esto era por la mucha dificultad que la lengua indiana tiene y por la poca enseñanza que entonces tenían los indios de la lengua castellana, lo cual era causa que el indio entendiese mal lo que el español le preguntaba y el español entendiese peor lo que el indio le respondía. De manera que muchas veces entendía el uno y el otro en contra de las cosas que hablaban, otras muchas veces entendían las cosas semejantes y no las propias y pocas veces entendían las propias y verdaderas. En esta confusión tan grande el sacerdote o seglar que las preguntaba tomaba a su gusto y elección lo que le parecía más semejante y más allegado a lo que deseaba saber, y lo que imaginaba que podría haber respondido el indio. Y así, interpretándolas a su imaginación y antojo, escribieron por verdades cosas que los indios no soñaron, porque de las historias verdaderas de ellos no se puede sacar misterio alguno de nuestra religión cristiana. Aunque no hay duda sino que el demonio, como tan soberbio, haya procurado siempre ser tenido y honrado como dios, no solamente en los ritos y ceremonias de la gentilidad, mas también en algunas costumbres de la religión cristiana, los cuales (como mona envidiosa) ha introducido en muchas regiones de las Indias, para ser por esta vía honrado y estimado de estos hombres miserables. Y de aquí es que en una región se usaba la confesión vocal para limpiarse de los delitos; en otra el lavar la cabeza a los niños; en otras provincias ayunar ayunos asperísimos. Y en otras que de su voluntad se ofrecían a la muerte por su falsa religión, para que, como en el mundo viejo los fieles cristianos se ofrecían al martirio por la fe católica, así también en el Nuevo Mundo los gentiles se ofreciesen a la muerte por el malvado demonio. Pero lo que dicen que Icona es Dios padre y Bacab Dios hijo, Estruac Dios Espíritu Santo y que Chiripia es la Santísima Virgen María y Ischén la bienaventurada Santa Ana, y que Bacab, muerto por Eopuco, es Cristo Nuestro Señor, crucificado por Pilato, todo esto y otras cosas semejantes son todas invenciones y ficciones de algunos españoles que los naturales totalmente las ignoran. Lo cierto es que éstos fueron hombres y mujeres que los naturales de aquella tierra honraron entre sus dioses, cuyos nombres eran éstos que se han dicho, porque los mexicanos tuvieron dioses y diosas que adoraron, entre los cuales hubo algunos muy sucios, los cuales entendían aquellos indios que eran dioses de los vicios, como fue Tlazolteutl, dios de la lujuria, Ometochtli, dios de la embriaguez, Uitcilopuchtli, dios de la malicia o del homicidio. Icona era el padre de todos sus dioses: decían que los engendró en diversas mujeres y concubinas; teníanle por dios de los padres de familias. Bacab era dios de los hijos de familia. Estruac, dios del aire. Chiripia era madre de los dioses, y la tierra misma. Ischén era madrastra de sus dioses, Tláloc, dios de las aguas. Otros dioses honraban por autores de las virtudes morales, como fue Quezalcóathl, dios aéreo, reformador de las costumbres. Otros por patrones de la vida humana, por sus edades. Tuvieron innumerables imágenes y figuras de dioses inventados para diversos oficios y diversas cosas. Muchos de ellos eran muy sudos. Unos dioses tuvieron en común, otros en particular. Eran anales, que cada año y cada uno los mudaba y trocaba conforme a su antojo. Y desechados los dioses viejos por infames o porque no habían sido de provecho, elegían otros dioses o demonios caseros. Otros dioses tuvieron imaginados para presidir y dominar en las edades de los niños, mozos y viejos. Los hijos podían en sus herencias aceptar o repudiar los dioses de sus padres, porque contra la voluntad de ellos no les permitían reinar. Los viejos honraban otros dioses mayores y también los desechaban, y en lugar de ellos criaban otros en pasando el año o la edad del mundo que los indios decían. Tales eran los dioses que todos los naturales de México y de Chiapa y los de Guatemala y los de la Vera Paz y otros muchos indios tuvieron, creyendo que los que ellos escogían eran los mayores, más altos y soberanos de todos los dioses. Los dioses que adoraban cuando pasaron los españoles a aquella tierra, todos eran nacidos, hechos y elegidos después de la renovación del Sol en la última edad, que, según lo dice Gómara, cada Sol de aquéllos contenía ochocientos y sesenta afias, aunque según la cuenta de los mismos mexicanos eran mucho menos. Esta manera de contar por soles la edad del mundo fue cosa común y usada entre los de México y del Perú. Y según la cuenta de ellos, los años del último Sol se cuentan desde el año del Señor de mil y cuarenta y tres. Conforme a esto no hay duda sino que los dioses antiguos, que (en el Sol o en la edad antes de la última) adoraron los naturales del Imperio de México, quiero decir, los que pasaron seiscientos o setecientos años antes, todos (según ellos mismos lo dicen) perecieron ahogados en el mar, y en lugar de ellos inventaron otros muchos dioses. De donde manifiestamente se descubre ser falsa aquella interpretación de leona, Bacab y Estruac, que dice que eran el padre y el Hijo y el Espíritu Santo.

»Toda la demás gente que habita en las partes septentrionales, que corresponden a las regiones septentrionales del mundo viejo, que son las provincias de la gran Florida y todas las islas, no tuvieron ídolos ni dioses hechizos. Solamente adoraban a los que Varrón llama naturales, esto es, los elementos, la mar, los lagos, ríos, fuentes, montes, animales fieros, serpientes, las mieses y otras cosas de este jaez, la cual costumbre tuvo principio y origen de los caldeos y se derramó por muchas diversas naciones.

»Los que comían carne humana, que ocuparon todo el Imperio de México y todas las islas y mucha parte de los términos del Perú, guardaron bestialísimamente esta mala costumbre hasta que reinaron los Incas y los españoles». Todo esto es del padre Blas Valera. En otra parte dice que los Incas no adoraban sino al Sol y a los planetas y que en esto imitaron a los caldeos.

Capítulo VII. Alcanzaron la inmortalidad del ánima y la resurrección universal

Tuvieron los Incas amautas que el hombre era compuesto de cuerpo y ánima, y que el ánima era espíritu inmortal y que el cuerpo era hecho de tierra, porque le veían convertirse en ella, y así le llamaban Allpacamasca, que quiere decir tierra animada. Y para diferenciarle de los brutos le llaman *runa,* que es hombre de entendimiento y razón, y a los brutos en común dicen *llama,* que quiere decir bestia. Diéronles lo que llaman ánima vegetativa y sensitiva, porque les veían crecer y sentir, pero no la racional. Creían que había otra vida después de ésta, con pena para los malos y descanso para los buenos. Dividían el universo en tres mundos: llaman al cielo Hanan Pacha, que quiere decir mundo alto, donde decían que iban los buenos a ser premiados de sus virtudes; llamaban Hurin Pacha a este mundo de la generación y corrupción, que quiere decir mundo bajo; llamaban Ucu Pacha al centro de la tierra, que quiere decir mundo inferior de allá abajo, donde decían que iban a parar los malos, y para declararlo más le daban otro nombre, que es Zupaipa Huacin, que quiere decir Casa del Demonio. No entendían que la otra vida era espiritual, sino corporal, como esta misma. Decían que el descanso del mundo alto era vivir una vida quieta, libre de los trabajos y pesadumbres que en ésta se pasan. Y por el contrario tenían que la vida del mundo inferior, que llamamos infierno, era llena de todas las enfermedades y dolores, pesadumbres y trabajos que acá se padecen sin descanso ni contento alguno. De manera que esta misma vida presente dividían en dos partes: daban todo el regalo, descanso y contento de ella a los que habían sido buenos, y las penas y trabajos a los que habían sido malos. No nombraban los deleites carnales ni otros vicios entre los gozos de la otra vida, sino la quietud del ánimo sin cuidados y el descanso del cuerpo sin los trabajos corporales.

    Tuvieron asimismo los Incas la resurrección universal, no para gloria ni pena, sino para la misma vida temporal, que no levantaron el entendimiento a más que esta vida presente. Tenían grandísimo cuidado de poner en cobro los cabellos y uñas que se cortaban y trasquilaban o arrancaban con el peine: poníanlos en los agujeros o resquicios de las paredes, y si por tiempo se caían, cualquiera otro indio que los veía los alzaba y ponía a recaudo. Muchas veces (por ver lo que decían) pregunté a diversos indios y en diversos tiempos para qué hacían aquello, y todos me respondían unas mismas palabras, diciendo: «Sábete que todos los que hemos nacido hemos de volver a vivir en el mundo (no tuvieron verbo para decir resucitar) y las ánimas se han de levantar de las sepulturas con todo lo que fue de sus cuerpos. Y porque las nuestras no se detengan buscando sus cabellos y uñas (que ha de haber aquel día gran bullido y mucha prisa), se las ponemos aquí juntas para que se levanten más aína, y aun si fuera posible habíamos de escupir siempre en un lugar». Francisco López de Gómara, capítulo ciento y veinticinco, hablando de los entierros que a los reyes y a los grandes señores hacían en el Perú, dice estas palabras, que son sacadas a la letra: «Cuando españoles abrían estas sepulturas y desparcían los huesos, les rogaban los indios que no lo hiciesen, porque juntos estuviesen al resucitar, ca bien creen la resurrección de los cuerpos y la inmortalidad de las almas», etc. Pruébase claro lo que vamos diciendo, pues este autor, con escribir en España, sin haber ido a Indias, alcanzó la misma relación. El contador Agustín de Zárate, Libro primero, capítulo doce, dice en esto casi las mismas palabras de Gómara; y Pedro de Cieza, capítulo sesenta y dos, dice que aquellos indios tuvieron la inmortalidad del ánima y la resurrección de los cuerpos.

 Estas autoridades y la de Gómara hallé leyendo estos autores después de haber escrito yo lo que en este particular tuvieron mis parientes en su gentilidad. Holgué muy mucho con ellas, porque cosa tan ajena de gentiles como la resurrección parecía invención mía, no habiéndola escrito algún español. Y certifico que las hallé después de haberlo yo escrito por que se crea que en ninguna cosa de éstas sigo a los españoles, sino que, cuando los hallo, huelgo de alegados en confirmación de lo que oí a los míos de su antigua tradición. Lo mismo me acaeció en la ley que había contra los sacrílegos y adúlteros con las mujeres del Inca o del Sol (que adelante veremos), que, después de haberla yo escrito, la hallé acaso leyendo la historia del contador general Agustín de Zárate, con que recibí mucho contento, por alegar un caso tan grave un historiador español. Cómo o por cuál tradición tuviesen los Incas la resurrección de los cuerpos, siendo artículo de fe no lo sé, ni es de un soldado como yo inquirirlo, ni creo que se pueda averiguar con certidumbre, hasta que el Sumo Dios sea servido manifestarlo. Solo puedo afirmar con verdad que lo tenían. Todo este cuento escribí en nuestra historia de la Florida, sacándola de su lugar por obedecer a los venerables padres maestros de la Santa Compañía de Jesús, Miguel Vásquez de Padilla, natural de Sevilla, y Jerónimo de Prado, natural de Ubeda, que me lo mandaron así, y de allí lo quité, aunque tarde, por ciertas causas tiránicas; ahora lo vuelvo a poner en su puesto por que no falte del edificio piedra tan principal. Y así iremos poniendo otras como se fueren ofreciendo, que no es posible contar de una vez las niñerías o burlerías que aquellos indios tuvieron, que una de ellas fue tener que el alma salía del cuerpo mientras él dormía, porque decían que ella no podía dormir, y que lo que veía por el mundo eran las cosas que decimos haber soñado. Por esta vana creencia miraban tanto en los sueños y los interpretaban diciendo que eran agüeros y pronósticos para, conforme a ellos, temer mucho mal o esperar mucho bien.

Capítulo VIII. Las cosas que sacrificaban al Sol

Los sacrificios que los Incas ofrecieron al Sol fueron de muchas y diversas cosas, como animales domésticos grandes y chicos. El sacrificio principal y el más estimado era el de los corderos, y luego el de los carneros, luego el de las ovejas machorras. Sacrificaban conejos caseros y todas las aves que eran de comer y sebo a solas, y todas las mieses y legumbres, hasta la yerba coca, y ropa de vestir de la muy fina, todo lo cual quemaban en lugar de incienso y lo ofrecían en hacimiento de gracias de que lo hubiese criado el Sol para sustento de los hombres. También ofrecían en sacrificio mucho brebaje de lo que bebían, hecho de agua y maíz, y en las comidas ordinarias, cuando les traían de beber, después que habían comido (que mientras comían nunca bebían), a los primeros vasos mojaban la punta del dedo de en medio, y, mirando al cielo con acatamiento, despedían del dedo (como quien da papirotes) la gota del brebaje que en él se les había pegado, ofreciéndola al Sol en hacimiento de gracias porque les daba de beber, y con la boca daban dos o tres besos al aire, que, como hemos dicho, era entre aquellos indios señal de adoración. Hecha esta ofrenda en los primeros vasos bebían lo que se les antojaba sin más ceremonias.

Esta última ceremonia o idolatría yo la vi hacer a los indios no bautizados, que en mi tiempo aún había muchos viejos por bautizar, y a necesidad yo bauticé algunos. De manera que en los sacrificios fueron los Incas casi o del todo semejantes a los indios de la primera edad. Solo se diferenciaron en que no sacrificaron carne ni sangre humana con muerte, antes lo abominaron y prohibieron como el comerla, y si algunos historiadores lo han escrito, fue porque los relatores los engañaron, por no dividir las edades y las provincias, dónde y cuándo se hacían los semejantes sacrificios de hombres, mujeres y niños. Y así un historiador dice, hablando de los Incas, que sacrificaban hombres, y nombra dos provincias donde dice que se hacían los sacrificios: li una está pocas menos de cien leguas del Cuzco (que aquella ciudad era donde los Incas hacían sus sacrificios) y la otra es una de dos provincias de un mismo nombre, la una de las cuales está doscientas leguas al sur del Cuzco y la otra más de cuatrocientos al norte, de donde consta claro que por no dividir los tiempos y los lugares atribuyen muchas veces a los Incas muchas cosas de las que ellos prohibieron a los que sujetaron a su Imperio, que las usaban en aquella primera edad, antes de los reyes Incas.

Yo soy testigo de haber oído vez y veces a mi padre y sus contemporáneos; cotejando las dos repúblicas, México y Perú, hablando en este particular de los sacrificios de hombres y del comer carne humana, que loaban tanto a los Incas del Perú porque no los tuvieron ni consintieron, cuanto abominaban a los de México, porque lo uno y lo otro se hizo dentro y fuera de aquella ciudad tan diabólicamente como lo cuenta la historia de su conquista, la cual es fama cierta aunque secreta que la escribió el mismo que la conquistó y ganó dos veces, lo cual yo creo para mí, porque en mi tierra y en España lo he oído a caballeros fidedignos que lo han hablado con mucha certificación. Y la misma obra lo muestra a quien la mira con atención, y fue lástima que no se publicase en su nombre para que la obra tuviera más autoridad y el autor imitara en todo al gran Julio César.

Volviendo a los sacrificios, decimos que los Incas no los tuvieron ni los consintieron hacer de hombres o niños, aunque fuese de enfermedades de sus reyes (como lo dice otro historiador) porque no las tenían por enfermedades como las de la gente común, teníanlas por mensajeros, como ellos decían, de su padre el Sol, que venían a llamar a su hijo para que fuese a descansar con él al cielo, y así eran palabras ordinarias que las decían aquellos reyes Incas cuando se querían morir: «Mi padre me llama que me vaya a descansar con él». Y por esta vanidad que predicaban, porque los indios no dudasen de ella y de las demás cosas que a esta semejanza decían del Sol, haciéndose hijos suyos, no consentían contradecir su voluntad con sacrificios por su salud, pues ellos mismos confesaban que los llamaba para que descansasen con él. Y esto baste para que se crea que no sacrificaban hombres, niños ni mujeres, y adelante contaremos más largamente los sacrificios comunes y particulares que ofrecían y las fiestas solemnes que hacían al Sol.

Al entrar de los templos o estando ya dentro, el más principal de los que entraban echaba mano de sus cejas, como arrancando los pelos de ellas, y, que los arrancase o no, los soplaba hacia el ídolo en señal de adoración y ofrenda. Y esta adoración no la hacían al rey, sino a los ídolos o árboles o otras cosas donde entraba el demonio a hablarles. También hacían lo mismo los sacerdotes y las hechiceras cuando entraban en los rincones y lugares secretos a hablar con el diablo, como obligando aquella deidad que ellos imaginaban a que los oyese y respondiese, pues en aquella demostración le ofrecían sus personas. Digo que también les vi yo hacer esta idolatría.

Capítulo IX. Los sacerdotes, ritos y ceremonias y sus leyes atribuyen al primer Inca

Tuvieron sacerdotes para ofrecer los sacrificios. Los sacerdotes de la casa del Sol, en el Cuzco, todos eran Incas de la sangre real; para el demás servicio del templo eran Incas de los del privilegio. Tenían Sumo Sacerdote, el cual había de ser tío o hermano del rey, y por lo menos de los legítimos en sangre. No tuvieron los sacerdotes vestimenta particular, sino el común. En las demás provincias donde había templos del Sol, que fueron muchos, eran sacerdotes los naturales de ellas, parientes de los señores de las tales provincias. Empero, el sacerdote principal (como obispo) había de ser Inca, para que los sacrificios y ceremonias se conformasen con las del metropolitano, que en todos los oficios preeminentes de paz o de guerra ponían Incas por superiores, sin quitar los naturales por no los desdeñar y por tiranizar. Tuvieron asimismo muchas casas de vírgenes, que unas guardaban perpetua virginidad sin salir de casa y otras eran concubinas del rey, de las cuales diremos adelante más largamente de su calidad, clausura, oficios y ejercidos.

Es de saber que los reyes Incas, habiendo de establecer cualesquiera leyes o sacrificios, así en lo sagrado de su vana religión como en lo profano de su gobierno temporal, siempre lo atribuyeron al primer Inca Manco Cápac, diciendo que él las había ordenado todas, unas que había dejado hechas y puestas en uso y otras en dibujo, para que adelante sus descendientes las perfeccionasen a sus tiempos. Porque como certificaban que era hijo del Sol, venido del cielo para gobernar y dar leyes a aquellos indios, decían que su padre le había dicho y enseñado las leyes que había de hacer para el beneficio común de los hombres y los sacrificios que le habían de ofrecer en sus templos. Afirmaban esta fábula por dar con ella autoridad a todo lo que mandaban y ordenaban. Y por esta causa no se puede decir con certidumbre cuál de los Incas hizo tal o tal ley, porque, como carecieron de escritura, carecieron también de muchas cosas que ella guarda para los venideros. Lo cierto es que ellos hicieron las leyes y ordenanzas que tuvieron sacando unas de nuevo y reformando otras viejas y antiguas, según que los tiempos y las necesidades las pedían. A uno de sus reyes, como en su vida veremos, hacen gran legislador, que dicen que dio muchas leyes de nuevo y enmendó y amplió todas las que halló hechas, y que fue gran sacerdote porque ordenó muchos ritos y ceremonas en sus sacrificios e ilustró muchos templos con grandes riquezas, y que fue gran capitán que ganó muchos reinos y provincias. Empero, no dicen precisamente qué leyes dio ni cuáles sacrificios ordenó, y, por no hallar mejor salida, se lo atribuyeron todo al primer Inca, así las leyes como el principio de su Imperio. Siguiendo esta orden confusa, diremos aquí la primera ley, sobre la cual fundaban todo el gobierno de su república. Dicha ésta y otras algunas, seguiremos la conquista que cada rey hizo, y entre sus hazañas y vidas iremos entremetiendo otras leyes y muchas de sus costumbres, maneras de sacrificios, los templos del Sol, las casas de las vírgenes, sus fiestas mayores, el armar caballeros, el servicio de su casa, la grandeza de su corte, para que con la variedad de los cuentos, no canse tanto la lección. Mas primero me conviene comprobar lo que he dicho con lo que los historiadores españoles dicen en el mismo propósito.

Capítulo X. Comprueba el autor lo que ha dicho con los historiadores españoles

Porque se vea que lo que atrás hemos dicho del origen y principio de los Incas y de lo que antes de ellos hubo no es invención mía, sino común relación que los indios han hecho a los historiadores españoles, me pareció poner un capítulo de los que Pedro de Cieza de León, natural de Sevilla, escribe en la primera parte de la *Crónica del Perú, que trata de la demarcación de sus provincias, la descripción de ellas, las fundaciones de las nuevas ciudades, los ritos y costumbres de los incas y otras cosas*, etc., las cuales palabras da el autor por título a su obra. Escribióla en el Perú, y para escribirla con mayor certificación anduvo, como él dice, mil y doscientas leguas de largo que hay por tierra desde el puerto de Uraba hasta la Villa de Plata, que hoy llaman Ciudad de Plata. Escribió en cada provincia la relación que le daban de las costumbres de ella, bárbaras o políticas; escribióla con división de los tiempos y edades. Dice lo que cada nación tenía antes que los Incas la sujetaran y lo que tuvieron después que ellos imperaron. Tardó nueve años en recoger y escribir las relaciones que le dieron, desde el año de 41 hasta el de 50, y habiendo escrito lo que halló desde Urabá hasta Pasto, luego que entra en el término que fue de los Incas hace capítulo aparte, que es treinta y ocho de su historia, donde dice lo siguiente:

«Porque en esta primera parte tengo muchas veces de tratar de los Incas y dar noticia de muchos aposentos suyos y otras cosas memorables, me pareció cosa justa decir algo de ellos en este lugar, para que los lectores sepan lo que estos señores fueron y no ignoren su valor ni entiendan uno por otro, no embargante que yo tengo hecho libro particular de ellos y de sus hechos, bien copioso. Por las relaciones que los indios del Cuzco nos dan, se colige que había antiguamente gran desorden en todas las provincias de este reino que nosotros llamamos Perú, y que los naturales eran de tan poca razón y entendimiento que es de no creer, porque dicen que eran muy bestiales y que muchos comían carne humana, y otros tomaban a sus hijas y madres por mujeres, cometiendo, sin éstos, otros pecados mayores y más graves, teniendo gran cuenta con el demonio, al cual todos ellos servían y tenían en grande estimación.

»Sin esto, por los cerros y collados altos tenían castillos y fortalezas, desde donde, por causas muy livianas, salían a darse guerra unos a otros y se mataban y cautivaban todos los más que podían. Y no embargante que anduviesen metidos en estos pecados y cometiesen estas maldades, dicen también que algunos de ellos eran dados a la religión, que fue causa que en muchas partes de este reino se hicieron grandes templos en donde hacían sus oraciones y era visto el demonio y por ellos adorado, haciendo delante de los ídolos grandes sacrificios y supersticiones. Y viendo de esta manera las gentes de este reino, se levantaron grandes tiranos en las provincias del Callao y en otras partes, los cuales unos a otros se daban grandes guerras, y se cometían muchas muertes y robos. Y pasaron por unos y por otros grandes calamidades, tanto que se destruyeron muchos castillos y fortalezas, y siempre duraba entre ellos la porfía, de que no poco se holgaba el demonio, enemigo de natura humana, porque tantas ánimas se perdiesen.

»Estando de esta suerte todas las provincias del Perú, se levantaron dos hermanos, que el uno de ellos había por nombre Manco Cápac, de los cuales cuentan grandes maravillas los indios y fábulas muy donosas. En el libro por mí alegado las podrá ver quien quisiere cuando salga a luz. Este Manco Cápac fundó la ciudad del Cuzco y estableció leyes a su usanza, y él y sus descendientes se llamaron Ingas, cuyo nombre quiere decir o significar reyes o grandes señores. Pudieron tanto que conquistaron y señorearon desde el Pasto hasta Chile. Y sus banderas vieron por la parte del sur al río de Maule y por la del norte al río Angasmayo, y estos ríos fueron términos de su Imperio, que fue tan grande que hay de una parte a otra más de mil y trescientas leguas. Y edificaron grandes fortalezas y aposentos fuertes, y en todas las provincias tenían puestos capitanes y gobernadores. Hicieron tan grandes cosas y tuvieron tan buena gobernación, que pocos en el mundo les hicieron ventaja. Eran muy vivos de ingenio y tenían gran cuenta sin letras, porque éstas no se han hallado en estas partes de las Indias.

»Pusieron en buenas costumbres a todos sus súbditos y diéronles orden para que vistiesen y trajesen ojotas en lugar de zapatos, que son como albarcas. Tenían gran cuenta con la inmortalidad del ánima y con otros secretos de naturaleza. Creían que había hacedor de las cosas, y al Sol tenían por Dios soberano, al cual hicieron grandes templos. Y engañados del demonio, adoraban en árboles y en piedras, como los gentiles. En los templos principales tenían gran cantidad de vírgenes muy hermosas, conforme a las que hubo en Roma en el templo de Vesta, y casi guardaban los mismos estatutos que ellas. En los ejércitos escogían capitanes valerosos y los más fieles que podían. Tuvieron grandes mañas para, sin guerra, hacer de los enemigos amigos. Y a los que se levantaban castigaban con gran severidad y no poca crueldad. Y pues (como digo) tengo hecho libro de estos Ingas, basta lo dicho para que los que leyeren este libro entiendan lo que fueron estos reyes y lo mucho que valieron, y con todo volveré a mi camino.»

Todo esto contiene el capítulo treinta y ocho, donde parece que en suma dice lo que nosotros hemos dicho y diremos muy a la larga de la idolatría, conquista y gobierno, en paz y en guerra, de estos reyes Incas, y lo mismo va refiriendo adelante por espacio de ochenta y tres capítulos que escribe del Perú, y siempre habla en loor de los Incas. Y en las provincias donde cuenta que sacrificaban hombres y comían carne humana y andaban desnudos y no sabían cultivar la tierra y tenían otros abusos, como adorar cosas viles y sucias, siempre dice que con el señorío de los Incas perdieron aquellas malas costumbres y aprendieron las de los Incas. Y hablando de otras muchas provincias que tenían las mismas cosas, dice que aún no había llegado allí el gobierno de los Incas. Y tratando de las provincias donde no había tan bárbaras costumbres, sino que vivían con alguna policía dice:

«Estos indios se mejoraron con el Imperio de los Incas.» De manera que siempre les da la honra de haber quitado los malos abusos y mejorado las buenas costumbres, como lo alegaremos en sus lugares, repitiendo sus mismas palabras. Quien las quisiere ver a la larga lea aquella su obra y verá diabluras en costumbres de indios, que, aunque se las quisieran levantar, no hallara la imaginación humana tan grandes torpezas. Pero mirando que el demonio era el autor de ellas, no hay que espantarnos, pues las mismas enseñaba a la gentilidad antigua y hoy enseña a la que no ha alcanzado a ver la luz de la fe católica.

En toda aquella su historia, con decir en muchas partes que los Incas o sus sacerdotes hablaban con el demonio y tenían otras grandes supersticiones, nunca dice que sacrificaron hombres o niños. Solamente hablando de un templo cerca del Cuzco, dice que allí sacrificaban sangre humana, que es la que echaban en cierta masa de pan, sacándola por sangría de entre las cejas, como en su lugar diremos, pero no con muerte de niños ni de hombres. Alcanzó, como él dice, muchos curacas que conocieron a Huaina Cápac, el último de los reyes, de los cuales hubo muchas relaciones de las que escribió, y las de entonces (que ha cincuenta y tantos años) eran diferentes de las de estos tiempos porque eran más frescas y más allegadas a aquella edad. Hase dicho todo esto por ir contra la opinión de los que dicen que los Incas sacrificaban hombres y niños, que cierto no hicieron tal. Pero téngala quien quisiere, que poco importa, que en la idolatría todo cabe, mas un caso tan inhumano no se debía decir si no es sabiéndolo muy sabido. El padre Blas Valera, hablando de las antigüedades del Perú y de los sacrificios que los Incas hacían al Sol reconociéndole por padre, dice estas palabras, que son sacadas a la letra: «En cuya reverencia hacían los sucesores grandes sacrificios al Sol, de ovejas y de otros animales y nunca de hombres, como falsamente afirmaron Polo y los que le siguieron», etc.

Lo que decimos que salieron los primeros Incas de la laguna Titicaca lo dice también Francisco López de Gómara en la *General Historia de las Indias,* capítulo ciento y veinte, donde habla del linaje de Atahuallpa, que los españoles prendieron y mataron. También lo dice Agustín de Zárate, contador general que fue de la hacienda de Su Majestad en la historia que escribió del Perú, Libro primero, capítulo trece, y el muy venerable padre Joseph de Acosta, de la Santa Compañía de Jesús, lo dice asimismo en el libro famoso que compuso de la *Filosofía natural y moral del Nuevo Orbe,* Libro primero, capítulo veinticinco, en la cual obra habla muy muchas veces en loor de los Incas, de manera que no decimos cosas nuevas, sino que, como indio natural de aquella tierra, ampliamos y extendemos con la propia relación la que los historiadores españoles, como extranjeros, acortaron por no saber la propiedad de la lengua ni haber mamado en la leche aquestas fábulas y verdades como yo las mamé; y con esto pasemos adelante a dar noticias del orden que los Incas tenían en el gobierno de sus reinos.

Capítulo XI. Dividieron el imperio en cuatro distritos registraban los vasallos

Los reyes incas dividieron su Imperio en cuatro partes, que llamaron Tahuantinsuyu, que quiere decir las cuatro partes del mundo, conforme a las cuatro partes principales del cielo: oriente, poniente, septentrión y mediodía.[9] Pusieron por punto o centro la ciudad del Cuzco, que en la lengua particular de los Incas quiere decir ombligo de la tierra: llamáronla con buena semejanza ombligo, porque todo el Perú es largo y angosto como un cuerpo humano, y aquella ciudad está casi en medio. Llamaron a la parte del oriente Antisuyu, por una provincia llamada Anti que está al oriente, por la cual también llaman Ami a toda aquella gran cordillera de sierra nevada que pasa al oriente del Perú, por dar a entender que está al oriente. Llamaron Cuntisuyu a la parte

---

9   Más que «las cuatro partes del mundo», se puede traducir como «las cuatro regiones». No se les puede identificar tampoco exactamente con los cuatro puntos cardinales, sino hay que tener en cuenta la orientación N.O. del Perú.

de poniente, por otra provincia muy pequeña llamada Cunti. A la parte del norte llamaron Chinchasuyu, por una gran provincia llamada Chincha, que está al norte de la ciudad. Y al distrito del mediodía llamaron Collasuyu, por otra grandísima provincia llamada Colla, que está al sur. Por estas cuatro provincias entendían toda la tierra que había hacia aquellas cuatro partes, aunque saliesen de los términos de las provincias muchas leguas adelante, como el reino de Chile, que, con estar más de seiscientas leguas al sur de la provincia de Colla, era del partido Collasuyu y el reino de Quito era del distrito Chinchasuyu, con estar más de cuatrocientas leguas de Chincha al norte. De manera que nombrar aquellos partidos era lo mismo que decir al oriente, al poniente, etc. Y a los ·cuatro caminos principales que salen de aquella ciudad también los llaman así, porque van a aquellas cuatro partes del reino.

Para principio y fundamento de su gobierno inventaron los Incas una ley, con la cual les pareció podrían prevenir y atajar los males que en sus reinos pudiesen nacer. Para lo cual mandaron que en todos los pueblos grandes o chicos de su Imperio se registrasen los vecinos por decurias de diez en diez, y que uno de ellos, que nombraban por decurión, tuviese cargo de los nueve. Cinco decurias de éstas de a diez tenían otro decurión superior, el cual tenía cargo de los cincuenta. Dos decurias de a cincuenta tenían otro superior, que miraba por los ciento. Cinco decurias de a ciento estaban sujetas a otro capitán decurión, que cuidaba de los quinientos. Dos compañías de a quinientos reconocían un general, que tenía dominio sobre los mil; y no pasaban las decurias de mil vecinos, porque decían que para que uno diese buena cuenta bastaba encomendarle mil hombres. De manera que había decurias de a diez, de a cincuenta, de a ciento, de a quinientos, de a mil, con sus decuriones o cabos de escuadra subordinados unos a otros, de menores a mayores, hasta el último y más principal decurión que llamamos general.

Capítulo XII. Dos oficios que los decuriones tenían

Los decuriones de a diez tenían obligación de hacer dos oficios con los de su decuria o escuadra: el uno era ser procurador para socorrerles con su diligencia y solicitud en las necesidades que se les ofreciesen, dando cuenta de ellas al gobernador, o a cualquiera otro nuestro a cuyo cargo estuviese el proveerlas, como pedir semilla si les faltaba para sembrar o para comer, o lana para vestir, o rehacer la casa si se le caía o quemaba, o cualquiera otra necesidad mayor o menor; el otro oficio era ser fiscal y acusador de cualquiera delito que cualquiera de los de su escuadra hiciese, por pequeño que fuese, que estaba obligado a dar cuenta al decurión superior, a quien tocaba castigo de tal delito, o a otro más superior, porque conforme a la gravedad del pecado así eran los jueces unos superiores a otros y otros a otros, porque no faltase quien lo castigase con brevedad y no fuese menester ir con cada delito a los jueces superiores con apelaciones una y más veces, y de ellos a los jueces supremos de la corte. Decían que por la dilación del castigo se atrevían muchos a delinquir, y que los pleitos civiles, por las muchas apelaciones, pruebas y tachas se hacían inmortales, y que los pobres, por no pasar tantas molestias y dilaciones, eran forzados a desamparar su justicia y perder su hacienda, porque para cobrar diez se gastaban treinta. Por ende tenían proveído que en cada pueblo hubiese juez que definitivamente sentenciase los pleitos que entre los vecinos se levantasen, salvo los que se ofrecían entre una provincia y otra sobre los pastos o sobre los términos, para los cuales enviaba el Inca juez particular, como adelante diremos.

 Cualquiera de los caporales inferiores o superiores que se descuidaba en hacer bien el oficio de procurador incurría en pena y era castigado por ello más o menos rigurosamente, conforme a la necesidad que con su negligencia había dejado de socorrer. Y el que dejaba de acusar el delito del súbdito, aunque fuese holgar un día solo sin bastante causa, hacía suyo el delito ajeno, y se castigaba por dos culpas, una por no haber hecho bien su oficio y otra por el pecado ajeno, que por haberlo callado lo había hecho suyo. Y como cada uno, hecho caporal, como súbdito tenía fiscal que velaba sobre él, procuraba con todo cuidado y diligencia hacer bien su oficio y cumplir con su obligación. Y de aquí nada que no había vagamundos ni holgazanes, ni nadie osaba hacer cosa que no debiese, porque tenía el acusador cerca y el castigo era riguroso, que, por la mayor parte era de muerte, por liviano que fuese el delito, porque decían que no los castigaban por el delito que habían hecho ni por la ofensa ajena, sino por haber quebrantado el mandamiento y rompido la palabra del Inca, que lo respetaban como a Dios. Y aunque el ofendido se apartare de la querella o no la hubiese dado, sino que procediese la justicia de oficio o por la vía ordinaria de los fiscales o caporales, le daban la pena entera que la ley mandaba dar a cada delito, conforme a su calidad, o de muerte o de azotes o destierro u otros semejantes.

Al hijo de familias castigaban por el delito que cometía, como a todos los demás, conforme a la gravedad de su culpa, aunque no fuese sino la que llaman travesuras de muchachos. Respetaban la edad que tenía para quitar o añadir de la pena, conforme a su inocencia; y al padre castigaban ásperamente por no haber doctrinado y corregido su hijo desde la niñez para que no saliera travieso y de malas costumbres. Estaba a cargo del decurión acusar al hijo, de cualquier delito, también como el padre, por lo cual criaban los hijos con tanto cuidado de que no anduviesen haciendo travesuras ni desvergüenzas por las calles ni por los campos, que, además de la natural condición blanda que los indios tienen, salían los muchachos, por la doctrina de los padres, tan domésticos que de ellos a unos corderos mansos no había diferencia.

Capítulo XIII. De algunas leyes que los Incas tuvieron en su gobierno

Nunca tuvieron pena pecuniaria ni confiscación de bienes, porque decían que castigar en la hacienda y dejar vivos los delincuentes no era desear quitar los malos de la república, sino la hacienda a los malhechores y dejarlos con más libertad para que hiciesen mayores males. Si algún curaca se rebelaba (que era lo que más rigurosamente castigaban los Incas) o hacía otro delito que mereciese pena de muerte, aunque se la diesen no quitaban *el* estado al sucesor, sino que se lo daban representándole la culpa y la pena de su padre, para que se guardase de otro tanto. Pedro de Cieza de León[10] dice de los Incas a este propósito lo que sigue, capítulo veintiuno: «Y tuvieron otro aviso para no ser aborrecidos de los naturales, que nunca quitaron el señorío de ser caciques a los que le venían de herencia y eran naturales. Y si por ventura alguno cometía delito o se hallaba culpado en tal manera que mereciese ser desprivado del señorío que tenía, daban y encomendaban el cacicazgo a sus hijos o hermanos y mandaban que fuesen obedecidos por

---

10 Véase la edición de Linkgua. (N. del E.)

todos», etc. Hasta aquí es de Pedro de Cieza. Lo mismo guardaban en la guerra, que nunca descomponían los capitanes naturales de las provincias de donde era la gente que traían para la guerra: dejábanles con los oficios, aunque fuesen maeses de campo, y dábanles otros de la sangre real por superiores, y los capitanes holgaban mucho de servir como tenientes de los Incas, cuyos miembros decían que eran, siendo ministros y soldados suyos, lo cual tomaban los vasallos por grandísimo favor. No podía el juez arbitrar sobre la pena que la ley mandaba dar, sino que la había de ejecutar por entero, so pena de muerte por quebrantador del mandamiento real. Decían que dando licencia al juez para poder arbitrar, disminuían la majestad de la ley, hecha por el rey de acuerdo y parecer de hombres tan graves y experimentados como los había en el Consejo, la cual experiencia y gravedad faltaba en los jueces particulares, y que era hacer venales los jueces y abrirles puerta para que, o por cohechos o por ruegos, pudiesen comprarles la justicia, de donde nacería grandísima confusión en la república, porque cada juez haría lo que quisiese y que no era razón que nadie se hiciese legislador sino ejecutor de lo que mandaba la ley, por rigurosa que fuese. Cierto, mirado el rigor que aquellas leyes tenían, que por la mayor parte (por liviano que fuese el delito, como hemos dicho) era la pena de muerte, se puede decir que eran leyes de bárbaros; empero, considerado bien el provecho que de aquel mismo rigor se le seguía a la república, se podría decir que eran leyes de gente prudente que deseaba extirpar los males de su república, porque de ejecutarse la pena de la ley con tanta severidad y de amar los hombres naturalmente la vida y aborrecer la muerte, venían a aborrecer el delito que la causaba, y de aquí nada que apenas se ofrecía en todo el año delito que castigar en todo el Imperio del Inca, porque todo él, con ser mil y trescientas leguas de largo y haber tanta variedad de naciones y lenguas, se gobernaba por unas mismas leyes y ordenanzas, como si no fuera más de una sola casa. Valía también mucho, para que aquellas leyes las guardasen con amor y respeto, que las tenían por divinas, porque, como en su vana creencia tenían a sus reyes por hijos del Sol y al Sol por su Dios, tenían por mandamiento divino cualquiera común mandato del rey, cuanto más las leyes particulares que hacía para el bien común. Y así decían ellos que el Sol las mandaba hacer y las revelaba a su hijo el Inca, y de aquí nacía tenerse por sacrílego y anatema el quebrantador de la ley, aunque no se supiese su delito. Y acaeció muchas veces que los tales delincuentes, acusados de su propia conciencia, venían a publicar ante la justicia sus ocultos pecados, porque demás de creer que su ánima se condenaba, creían por muy averiguado que por su causa y por su pecado venían los males a la república, como enfermedades, muertes y malos años y otra cualquiera desgracia común o particular, y decían que quedan aplacar a su Dios con su muerte para que por su pecado no enviase más males al mundo. Y de estas confesiones públicas entiendo que ha nacido el querer afirmar los españoles historiadores que confesaban los indios del Perú en secreto, como hacemos los cristianos, y que tenían confesores diputados, lo cual es relación falsa de los indios, que lo dicen por adular los españoles y congraciarse con ellos respondiendo a las preguntas que les hacen conforme al gusto que sienten en el que les pregunta, y no conforme a la verdad. Que cierto no hubo confesiones secretas en los indios (hablo de los del Perú y no me entremeto en otras naciones, reinos o provincias que no conozco) sino las confesiones públicas que hemos dicho, pidiendo castigo ejemplar.

No tuvieron apelaciones de un tribunal para otro en cualquier pleito que hubiese, civil o criminal, porque, no pudiendo arbitrar el juez, se ejecutaba llanamente en la primera sentencia la ley que trataba de aquel caso, y se fenecía el pleito, aunque, según el gobierno de aquellos reyes y la vivienda de sus vasallos, pocos casos civiles se les ofrecían sobre qué pleitear.

En cada pueblo había juez para los casos que allí se ofreciesen, el cual era obligado a ejecutar la ley en oyendo las partes, dentro de cinco días. Si se ofrecía algún caso de más calidad o atrocidad que los ordinarios, que requiriese juez superior, iban al pueblo metrópoli de la tal provincia y allí sentenciaban, que en cada cabeza de provincia había gobernador superior para todo lo que se ofreciese, porque ningún pleiteante saliese de su pueblo o de su provincia a pedir justicia. Porque los reyes Incas entendieron bien que a los pobres, por su pobreza, no les estaba bien seguir su justicia fuera de su tierra ni en muchos tribunales, por los gastos que se hacen y molestias que se padecen, que muchas veces monta más esto que lo que van a pedir, por lo cual dejan perecer su justicia, principalmente si pleitean contra ricos y poderosos, los cuales, con su pujanza, ahogan la justicia de los pobres. Pues queriendo aquellos Príncipes remediar estos inconvenientes, no dieron lugar a que los jueces arbitrasen ni hubiese muchos tribunales ni los pleiteantes saliesen de sus provincias. De las sentencias que los jueces ordinarios daban en los pleitos hacían relación cada Luna a otros jueces superiores y aquéllos a otros más superiores, que los había en la corte de muchos grados, conforme a la calidad y gravedad de los negocios, porque en todos los ministerios de la república había orden de menores a mayores hasta los supremos, que eran los presidentes o visorreyes de las cuatro partes del Imperio. La relación era para que viesen si se había administrado recta justicia, porque los jueces inferiores no se descuidasen de hacerla, y, no la habiendo hecho, eran castigados rigurosamente. Esto era como residencia secreta que les tomaban cada mes. La manera de dar estos avisos al Inca y a los de su Consejo Supremo era por nudos dados en cordoncillos de diversos colores, que por ellos se entendían como por cifras. Porque los nudos de tales y tales colores decían los delitos que se habían castigado, y ciertos hilillos de diferentes colores que iban asidos a los cordones más gruesos decían la pena que se había dado y la ley que se había ejecutado. Y de esta manera se entendían, porque no tuvieron letras, y adelante haremos capítulo aparte donde se dará más larga relación de la manera del contar que tuvieron por estos nudos, que, cierto, muchas veces ha causado admiración a los españoles ver que los mayores contadores de ellos yerren en su aritmética y que los indios estén tan ciertos en las suyas de particiones y compañías, que, cuanto más dificultosas, tanto más fáciles se muestran, porque los que las manejan no entienden en otra cosa de día y de noche y así están diestrísimos en ellas.

Si se levantaba alguna disensión entre dos reinos y provincias sobre los términos o sobre los pastos, enviaba el Inca un juez de los de sangre real, que, habiéndose informado y visto por sus ojos lo que a ambas panes convenía, procurase concertarlas, y el concierto que se hiciese diese por sentencia en nombre del Inca, que quedase por ley inviolable, como pronunciada por el mismo rey. Cuando el juez no podía concertar las partes, daba relación al Inca de lo que había hecho, con aviso de lo que convenía a cada una de las partes y de lo que ellas dificultaban, con lo cual daba el Inca la sentencia hecha ley, y cuando no le satisfacía la relación del juez, mandaba se suspendiese el pleito hasta la primera vista que hiciese de aquel distrito, para que, habiéndolo visto por sus ojos, lo sentenciase él mismo. Esto tenían los vasallos por grandísima merced y favor del Inca.

Capítulo XIV. Los recursos daban cuenta de los que nacían y morían

Volviendo a los caporales o decuriones, decimos que, demás de los dos oficios que hacían de protector y fiscal, tenían cuidado de dar cuenta a sus superiores, de grado en grado, de los que morían y nadan cada mes de ambos sexos, y por consiguiente, al fin de cada año, se la daba al rey de los que habían muerto y nacido en aquel año y de los que habían ido a la guerra y muerto en ella. La misma ley y orden había en la guerra, de los cabos de escuadra, alférez, capitanes y maeses de campo y el general, subiendo de grado en grado: hacían los mismos oficios de acusador y protector con sus soldados, y de aquí nacía andar tan ajustados en la mayor furia de la guerra como en la tranquilidad de la paz y en medio de la corte. Nunca permitieron saquear los pueblos que ganaban, aunque los ganasen por fuerza de armas. Decían los indios que por el mucho cuidado que había de castigar los primeros delitos, se excusaban los segundos y terceros y los infinitos que en cada república se hacían donde no había diligencia de arrancar la mala yerba en asomando a nacer, y que no era buen gobierno ni deseo de atajar males aguardar que hubiese quejosos para castigar los malhechores, que muchos ofendidos no querían quejar por no publicar sus infamias y que aguardaban a vengarse por sus manos, de lo cual nacían grandes escándalos en la república, los cuales se excusaban con velar la justicia sobre cada vecino y castigar los delitos de oficio, sin guardar parte quejosa.

Llamaban a estos decuriones por el número de sus decurias: a los primeros llamaban Chunca Camayu, que quiere decir el que tiene cargo de diez, nombre compuesto de *chunca,* que es diez, y de *camayu,* el que tiene cargo, y por el semejante con los demás números, que por excusar prolijidad no los decimos todos en la misma lengua, que para los curiosos fuera cosa agradable ver dos y tres números puestos en multiplicación, compuestos con el nombre *camayu,* el cual nombre sirve también en otras muchas significaciones, recibiendo composición con otro nombre o verbo que signifique de qué es el cargo, y el mismo nombre *chunca camayu,* en otra significación, quiere decir perpetuo tahúr, el que trae los naipes en la capilla de la capa, como dice el refrán, porque llaman *chunca* a cualquier juego, porque todos se cuentan por números·, y porque los números van a parar al deceno, tomaron el número diez por el juego, y para decir juguemos dicen *chuncásum,* que en rigor de propia significación se sirven aquellos indios de un mismo vocablo, por lo cual es muy dificultoso alcanzar de raíz las propiedades de aquel lenguaje.

 Por la vía de estos decuriones sabía el Inca y sus virreyes y gobernadores de cada provincia y reino cuántos vasallos había en cada pueblo, para repartir sin agravio las contribuciones de las obras públicas que en común estaban obligados a hacer por sus provincias, como puentes, caminos, calzadas y los edificios reales y otros servicios semejantes, y también para enviar gente a la guerra, así soldados como bagajeros. Si alguno se volvía de la guerra sin licencia, lo acusaba su capitán o su alférez o su cabo de escuadra, y en su pueblo su decurión, y era castigado con pena de muerte por la traición y alevosía de haber desamparado en la guerra a sus compañeros y parientes y a su capitán, y últimamente al Inca o al general que representaba su persona. Para otro efecto, sin el de las contribuciones y el repartimiento de la gente de guerra, mandaba el Inca que se supiese cada año el número de los vasallos que de todas edades había en cada provincia y en cada pueblo, y que también se supiese la esterilidad o abundancia de la tal provincia, lo cual era para que estuviese sabida y prevenida la cantidad de bastimento que era menester para socorrerlos en años estériles y faltos de cosecha, y también para saber la cantidad de lana y de algodón necesaria para darles de vestir a sus tiempos, como en otra parte diremos. Todo lo cual mandaba el Inca que estuviese sabido y prevenido para cuando fuese menester, porque no hubiese dilación en el socorro de los vasallos cuando tuviesen necesidad. Por este cuidado tan anticipado que los Incas en el beneficio de sus vasallos tenían, dice muchas veces el padre Blas Valera que en ninguna manera los debían llamar reyes, sino muy prudentes y diligentes tutores de pupilos. Y los indios, por decirlo todo en una palabra, les llamaban amador de pobres.

 Para que los gobernadores y jueces no se descuidasen en sus oficios, ni cualesquiera otros ministros menores, ni los de la hacienda del Sol o del

Inca en los suyos, había veedores y pesquisidores que de secreto andaban en sus distritos viendo o pesquisando lo que mal hacían los tales oficiales, y daban cuenta de ello a los superiores a quien tocaba el castigo de sus inferiores para que lo castigasen: Llamábanse *Túcuy ricoc,* que quiere decir el que lo mira todo. Estos oficiales y cualesquiera otros que tocaban al gobierno de la república o al ministerio de la hacienda real o cualquiera otro ministerio, todos eran subordinados de mayores a menores porque nadie se descuidase de su oficio. Cualquiera juez o gobernador u otro ministro inferior que se hallase no haber guardado justicia en su judicatura o que hubiese hecho cualquiera otro delito, era castigado más rigurosamente que cualquiera otro común en igual delito, y tanto más rigurosamente cuanto más superior era su ministerio, porque decían que no se podía sufrir que el que había sido escogido para hacer justicia hiciese maldad, ni que hiciese delitos el que estaba puesto para castigarlos, que era ofender al Sol y al Inca que le había elegido para que fuese mejor que todos sus súbditos.

Capítulo XV. Niegan los indios haber hecho delito ningún Inca de la sangre real

No se halla, o ellos lo niegan, que hayan castigado ninguno de los Incas de la sangre real, a lo menos en público: decían los indios que nunca hicieron delito que mereciese castigo público ni ejemplar, porque la doctrina de sus padres y el ejemplo de sus mayores y la voz común que eran hijos del Sol, nacidos para enseñar y hacer bien a los demás, los tenían tan refrenados y ajustados, que más eran dechado de la república que escándalo de ella; decían con esto que también les faltaban las ocasiones que suelen ser causa de delitos, como pasión de mujeres o codicia de hacienda o deseo de venganza, porque si deseaban mujeres hermosas les era lícito tener todas las que quisiesen, y cualquiera moza hermosa que apeteciesen y enviasen a pedirla a su padre sabía el Inca que no solamente no se la había de negar, mas que se la habían de dar con grandísimo hacimiento de gracias de que hubiese querido abajarse a tomarla por manceba o criada. Lo mismo era en la hacienda, que nunca tuvieron falta de ella para tomar la ajena ni dejarse cohechar por necesidad, porque dondequiera que se hallaban, con cargo de gobierno o sin él, tenían a su mandar toda la hacienda del Sol y del Inca como gobernadores de ellos. Y si no lo eran, estaban obligados los gobernadores y las justicias a darle de la una o de la otra todo lo que habían menester, porque decían que, por ser hijos del Sol y hermanos del Inca, tenían en aquella hacienda la parte que hubiesen menester. También les faltaba ocasión para matar o herir a nadie por vía de venganza o enojo, porque nadie les podía ofender, antes eran adorados en segundo lugar después de la persona real, y si alguno, por gran señor que fuese, enojase algún Inca, era hacer sacrilegio y ofender la misma persona real, por lo cual era castigado muy gravemente.

Pero también *se* puede afirmar que nunca se vio indio castigado por haber ofendido en la persona, honra ni hacienda a algún Inca, porque no se halló tal, porque los tenían por dioses; como tampoco se halló haber sido castigado Inca alguno por sus delitos, *que* lo uno cotejan con lo otro, que no quieren confesar los indios haber hecho ofensa a los Incas ni que los Incas tuviesen hecho grave delito, antes se escandalizan de que se lo pregunten los españoles. Y de aquí ha nacido entre los españoles historiadores decir uno de ellos que tenían hecha ley que por ningún crimen muriese Inca alguno. Fuera escándalo para los indios tal ley, que dijeran les daban licencia para que hicieran cuantos males quisieran, y que hacían una ley para sí y otra para los otros. Antes lo degraduaran y relajaran de la sangre real y castigaran con más severidad y rigor, porque siendo Inca se había hecho Auca, que es tirano, traidor, fementido.

Hablando Pedro de Cieza de León de la justicia de los Incas, capítulo cuarenta y cuatro, acerca de la milicia, dice: «Y si hacían en la comarca de la tierra algunos insultos y latrocinios, eran luego con gran rigor castigados, mostrándose en esto tan justicieros los señores Incas, que no dejaban de mandar ejecutar el castigo, aunque fuese en sus propios hijos», etc. Y en el capítulo sesenta, hablando de la misma justicia, dice: «Y por el consiguiente, si alguno de los que con él iban de una parte a otra era osado de entrar en las sementeras o casas de los indios, aunque el daño que hiciesen no fuese mucho, mandaba que fuese muerto», etc. Lo cual dice aquel autor sin hacer distinción de Incas a no Incas, porque sus leyes eran generales para todos. Preciarse de ser hijos del Sol era lo que más los obligaba a ser buenos, por aventajarse a los demás, así en la bondad como en la sangre, para que creyesen los indios que lo uno y lo otro les venía de herencia. Y así lo creyeron, y con tanta certidumbre, según la opinión de ellos, que cuando algún español hablaba loando alguna cosa de las que los reyes o algún pariente de ellos hubiese hecho, respondían los indios: «No te espantes, que eran Incas». Y si por el contrario vituperaba alguna cosa mal hecha, decían: «No creas que Inca alguno hizo tal, y si la hizo, no era Inca, sino algún bastardo echadizo», como dijeron de Atahuallpa por la traición que hizo a su hermano Huáscar Inca, legítimo heredero, como diremos en su lugar más largamente.

Para cada distrito de los cuatro en que dividieron su Imperio tenía el Inca consejos de guerra, de justicia, de hacienda. Estos consejos tenían para cada ministerio sus ministros, subordinados de mayores a menores, hasta los últimos, que eran los decuriones de a diez, los cuales de grado en grado daban cuenta de todo lo que en el Imperio había, hasta llegar a los consejos supremos. Había cuatro visorreyes, de cada distrito el suyo: eran presidentes de los consejos de su distrito; recibían en suma la razón de todo lo que pasaba en el reino, para dar cuenta de ello al Inca; eran inmediatos a él y supremos gobernadores de sus distritos. Habían de ser Incas legítimos en sangre, experimentados en paz y en guerra. Estos cuatro, y no más, eran del consejo de estado, a los cuales daba el Inca orden de lo que se había de hacer en paz o en guerra, y ellos a sus ministros de grado en grado, hasta los últimos. Y esto baste por ahora de las leyes y gobiernos de los Incas. Adelante, en el discurso de sus vidas y hechos, iremos entretejiendo las cosas que hubiese más notables.

Capítulo XVI. La vida y hechos de Sinchi Roca, segundo rey de los Incas

A Manco Cápac Inca sucedió su hijo Sinchi Roca: el nombre propio fue Roca (con la pronunciación de *r* sencilla); en la lengua general del Perú no tiene significación de cosa alguna; en la particular de los Incas la tendrá, aunque yo no la sé. El padre Blas Valera dice que Roca significa príncipe prudente y maduro, mas no dice en qué lengua; advierte la pronunciación blanda de la *r*, también como nosotros. Dícelo contando las excelencias de Inca Roca, que adelante veremos, Sinchi es adjetivo: quiere decir valiente, porque dicen que fue de valeroso ánimo y de muchas fuerzas, aunque no las ejercitó en la guerra, que no la tuvo con nadie. Mas en luchar, correr y saltar, tirar una piedra y una lanza, y en cualquiera otro ejercicio de fuerzas, hacía ventaja a todos los de su tiempo.

Este príncipe, habiendo cumplido con la solemnidad de las exequias de su padre y tomado la corona de su reino, que era la borla colorada, propuso de aumentar su señorío, para lo cual hizo llamamiento de los más principales curacas que su padre le dejó, y a todos juntos les hizo una plática larga y solemne, y entre otras cosas les dijo que en cumplimiento de lo que su padre, cuando se quiso volver al cielo, le dejó mandado, que era la conversión de los indios al conocimiento y adoración del Sol, tenía propuesto de salir a convocar las naciones comarcanas; que les mandaba y encargaba tomasen el mismo cuidado, pues teniendo el nombre Inca como su propio rey, tenían la misma obligación de acudir al servicio del Sol, padre·común de todos ellos, y al provecho y beneficio de sus comarcanos, que tanta necesidad tenían de que los sacasen de las bestialidades y torpezas en que vivían, y pues en sí propios podían mostrar las ventajas y mejora que al presente tenían, diferente de la vida pasada, antes de la venida del Inca, su padre, le ayudasen a reducir aquellos bárbaros, para que, viendo los beneficios que en ellos se había hecho, acudiesen con más facilidad a recibir otros semejantes.

Los curacas respondieron que estaban prestos y apercibidos para obedecer a su rey hasta entrar en el fuego por su amor y servido. Con esto acabaron su plática y señalaron el día para salir. Llegado el tiempo, salió el Inca, bien acompañado de los suyos, y fue hacia Collasuyu, que es al mediodía de la dudad del Cuzco. Convocaron a los indios, persuadiéndoles con buenas palabras, con el ejemplo, a que se sometiesen al vasallaje y señorío del Inca y a la adoración del Sol. Los indios de las naciones Puquina[11] y Canchi, que confinan por aquellos términos, simplicísimos de su natural condición y facilísimos a creer cualquiera novedad, como lo son todos los indios, viendo el ejemplo de los reducidos, que es lo que más les convence en toda cosa, fueron fáciles de obedecer al Inca y someterse a su Imperio. Y en espacio de los años que vivió, poco a poco, de la manera que se ha dicho, sin armas ni otro suceso que sea de contar, ensanchó sus términos por aquella banda

---

11   El Inca Garcilaso escribe aquí «Puchina», forma latinizante.

hasta el pueblo que llaman Chuncara, que son veinte leguas adelante de lo que su padre dejó ganado, con muchos pueblos que hay a una mano y a otra del camino. En todos ellos hizo lo que su padre en los que redujo, que fue cultivarles las tierras y los ánimos para la vida moral y natural, persuadiéndoles que dejasen sus ídolos y las malas costumbres que tenían, y que adorasen al Sol, guardasen sus leyes y preceptos, que eran los que había revelado y declarado al Inca Manco Cápac. Los indios le obedecieron, y cumplieron todo lo que se les mandó y vinieron muy contentos con el nuevo gobierno del Inca Sinchi Roca, el cual, a imitación de su padre, hizo todo lo que pudo en beneficio de ellos, con mucho regalo y amor.

Algunos indios quieren decir que este Inca no ganó más de hasta Chuncara, y parece que bastaba para la poca posibilidad que entonces los Incas tenían. Empero otros dicen que pasó mucho más adelante, y ganó otros muchos pueblos y naciones que van por el camino de Umasuyu, que son Cancalla, Cacha, Rurucachi, Asillu, Asáncaru, Huancani, hasta el pueblo llamado Pucara de Umasuyu, a diferencia de otro que hay en Orcosuyu. Nombrar las provincias tan en particular es para los del Perú, que para los de otros reinos fuera impertinencia: perdóneseme, que deseo servir a todos. *Pucara* quiere decir fortaleza; dicen que aquélla mandó labrar este príncipe para que quedase por frontera de lo que había ganado, y que a la parte de los Antis ganó hasta el río llamado Callahuaya (donde se cría el oro finísimo que pretende pasar de los veinticuatro quilates de su ley) y que ganó los demás pueblos que hay entre Callahuaya y el camino real de Umasuyu, donde están los pueblos arriba nombrados. Que sea como dicen los primeros o como afirman los segundos hace poco el caso, que lo ganase el segundo Inca o el tercero, lo cierto es que ellos los ganaron, y no con pujanza de armas, sino con persuasiones y promesas y demostraciones de lo que prometían. Y por haberse ganado sin guerra, no se ofrece qué decir de aquella conquista más de que duró muchos años, aunque no se sabe precisamente cuántos, ni los que reinó el Inca Sinchi Roca: quieren decir que fueron treinta años. Gastólos a semejanza de un buen hortelano, que habiendo puesto una planta, la cultiva de todas las maneras que le son necesarias para que lleve el fruto deseado. Así lo hizo este Inca con todo cuidado y diligencia, y vio y gozó en mucha paz y quietud la cosecha de su trabajo, que los vasallos le salieron muy leales y agradecidos de los beneficios que con sus leyes y ordenanzas les hizo, las cuales abrazaron con mucho amor y guardaron con mucha veneración, como mandamientos de su Dios el Sol, que así les hacía entender que lo eran.

Habiendo vivido el Inca Sinchi Roca muchos años en la quietud y bonanza que se ha dicho, falleció diciendo que se iba a descansar con su padre el Sol de los trabajos que había pasado en reducir los hombres a su conocimiento. Dejó por sucesor a Lloque Yupanqui, su hijo legítimo y de su legítima mujer y hermana Mama Cara, o Mama Ocllo, según otros. Sin el príncipe heredero, dejó otros hijos en su mujer y en las concubinas de su sangre, sobrinas suyas, cuyos hijos llamaremos legítimos en sangre. Dejó asimismo otro gran número de hijos bastardos en las concubinas alienígenas, de las cuales tuvo muchas, por que quedasen muchos hijos e hijas para que creciese la generación y casta del Sol, como ellos decían.

Capítulo XVII. Lloque Yupanqui, rey tercero, y la significación de su nombre

El Inca Llague Yupanqui fue el tercero de los reyes del Perú; su nombre propio fue Llague: quiere decir izquierdo; la falta que sus ayos tuvieron en criarle, por do salió zurdo, le dieron por nombre propio. El nombre Yupanqui fue nombre impuesto por sus virtudes y hazañas. Y para que se vean algunas maneras de hablar que los indios del Perú en su lengua general tuvieron, es de saber que esta dicción Yupanqui es verbo, y habla de la segunda persona del futuro imperfecto del indicativo modo, número singular, y quiere decir contarás, y con solo el verbo, dicho así absolutamente, encierran y cifran todo lo que de un príncipe se puede contar en buena parte, como decir contarás sus grandes hazañas, sus excelentes virtudes, su clemencia, piedad y mansedumbre, etc., que es frasis y elegancia de la lengua decirlo así. La cual, como se ha dicho, es muy corta en vocablos, empero muy significativa en ellos mismos, y decir así los indios un nombre o verbo impuesto a sus reyes era para comprender todo lo que debajo de tal verbo o nombre se puede decir, como dijimos del nombre Cápac que quiere decir rico, no de hacienda, sino de todas las virtudes que un rey bueno puede tener. Y no usaban de esta manera de hablar con otros, por grandes señores que fuesen, sino con sus reyes, por no hacer común lo que aplicaban a sus Incas, que lo tenían por sacrilegio, y parece que semejan estos nombres al nombre Augusto, que los romanos dieron a Octaviano César por sus virtudes, que, dichoselo a otro que no sea emperador o gran rey, pierde toda la majestad que en sí tiene.

A quien dijere que también significara contar maldades, pues el verbo contar se puede aplicar a ambas significaciones de bueno y de malo, digo que en aquel lenguaje, hablando en estas sus elegancias, no toman un mismo verbo para significar por él lo bueno y lo malo, sino sola una parte, y para la contraria toman otro verbo, de contraria significación, apropiado a las maldades del príncipe, como (en el propósito que hablamos) decir Huacanqui, que, hablando del mismo modo, tiempo, número y persona, quiere decir llorarás sus crueldades hechas en público y secreto, con veneno y con cuchillo, su insaciable avaricia, su general tiranía, sin distinguir sagrado de profano, y todo lo demás que se puede llorar de un mal príncipe. Y porque dicen que no tuvieron que llorar de sus Incas, usaron del verbo *huacanqui* hablando de los enamorados en el mismo frasis, dando a entender que llorarán las pasiones y tormentos que el amor suele causar en los amantes. Estos dos nombres, Cápac y Yupanqui, en las significaciones que de ellos hemos dicho, se los dieron los indios a otros tres de sus reyes por merecerlos, como adelante veremos. También los han tomado muchos de la sangre real, haciendo sobrenombre el nombre propio que a los Incas dieron, como han hecho en España los del apellido Manuel, que, habiendo sido nombre propio de un Infante de Castilla, se ha hecho sobrenombre en sus descendientes.

Capítulo XVIII. dos conquistas que hizo el Inca Lloque Yupanqui

Habiendo tomado el Inca Lloque Yupanqui la posesión de su reino y visitádolo por su persona, propuso extender sus límites, para lo cual mandó levantar seis o siete mil ·hombres de guerra para ir a su reducción con más poder y autoridad que sus pasados, porque había más de sesenta años que eran reyes, y le pareció no remitirlo todo al ruego y a la persuasión, sino que las armas y la potencia hiciesen su parte, a lo menos con los duros y pertinaces. Nombró dos tíos suyos que fuesen por maeses de campo y eligió otros parientes que fueron por capitanes y consejeros, y dejando el camino de

Umasuyu, que su padre había llevado en su conquista, tomó el de Orcosuyu. Estos dos caminos se apartan en Chuncara y van por el distrito llamado Collasuyu y abrazan la gran laguna Titicaca.

Luego que el Inca salió de su distrito, entró en una gran provincia llamada Cana, envió mensajeros a los naturales con requerimiento que se redujesen a la obediencia y servicio del hijo del Sol, dejando sus vanos y malos sacrificios y bestiales costumbres. Los Canas quisieron informarse de espacio de todo lo que el Inca les enviaba a mandar, y qué leyes habían de tomar y cuáles dioses habían de adorar. Y después de haberlo sabido, respondieron que eran contentos de adorar al Sol y obedecer al Inca y guardar sus leyes y costumbres, porque les parecían mejores que las suyas. Y así salieron a recibir al rey y se entregaron por vasallos obedientes. El Inca, dejando ministros, así para que los instruyesen en su idolatría como para el cultivar y repartir las tierras, pasó adelante hasta la nación y pueblo llamado Ayauiri. Los naturales estuvieron tan duros y rebeldes que ni aprovecharon persuasiones ni promesas ni el ejemplo de los demás indios reducidos, sino que obstinadamente quisieron morir todos defendiendo su libertad, bien en contra de lo que hasta entonces había sucedido a los Incas. Y así salieron a pelear con ellos sin querer oír razones, y obligaron a los Incas a tomar las armas, para defenderse, más que para ofenderles. Pelearon mucho espacio y hubo muertos de ambas partes, y, sin reconocerse la victoria, se recogieron en su pueblo, donde se fortalecieron lo mejor que pudieron y cada día salían a pelear con los del Inca. El cual, por usar de lo que sus pasados le dejaron mandado, se excusaba todo lo que podía por no venir a las manos con los enemigos; antes, como si él fuera cercado y no cercador, sufría las desvergüenzas de los bárbaros y mandaba a los suyos que atendiesen a apretarlos en el cerco (si fuese posible), sin llegar a las manos. Mas los de Ayauiri, tomando ánimo de la benignidad del Inca y atribuyéndola a cobardía, se mostraban de día en día más duros en reducirse y más feroces en la pelea, y llegaban hasta entrarse por los reales del Inca. En estas escaramuzas y reencuentros siempre llevaban los cercados lo peor.

El Inca, porque las demás naciones no tomasen el mal ejemplo y se desvergonzasen a tomar las armas, quiso castigar aquellos pertinaces. Envió por más gente, más para mostrar su poder que por necesidad que tuviese de ella, y entre tanto apretó a los enemigos por todas partes, que no los dejaban salir por cosa alguna que hubiesen menester, de que ellos se afligieron mucho, y mucho más de que les iba faltando la comida. Tentaron la ventura a ver si la hallaban en sus brazos; pelearon un día ferocísimamente. Los del Inca resistieron con mucho valor; hubo muchos muertos y heridos de ambas partes. Los de Ayauiri escaparon tan mal parados de esta batalla, que no osaron salir más a pelear. Los Incas no quisieron degollarlos, que bien pudieran; empero, con el cerco los apretaron por que se rindiesen de suyo.

Entre tanto llegó la gente que el Inca había pedido, con la cual acabaron de desmayar los enemigos y tuvieron por bien de rendirse. El Inca los recibió a discreción, sin partido alguno, y, después de haberles mandado dar una grave represión de que hubiesen desacatado al hijo del Sol, los perdonó, y mandó que los tratasen bien, sin atender a la pertinacia que habían tenido. Y dejando ministros que los doctrinasen y mirasen por la hacienda que se había de aplicar para el Sol y para el Inca, pasó adelante al pueblo que hoy llaman Pucara, que es fortaleza, la cual mandó hacer para defensa y frontera de lo que había ganado, y también porque se defendió este pueblo y fue menester ganarlo a fuerza de armas, por lo cual hizo la fortaleza, porque el sitio era dispuesto para ella, donde dejó buena guarnición de gente. Hecho esto se fue al Cuzco, donde fue recibido con gran fiesta y regocijo.

Capítulo XIX. La conquista de Hatun Colla y los blasones de los collas

Pasados algunos años, aunque pocos, volvió el Inca Lloque Yupanqui a la conquista y reducción de los indios, que estos Incas, como desde sus principios hubiesen echado fama que el Sol los había enviado a la tierra para que sacasen los hombres de la vida ferina que tenían y les enseñasen la política, sustentando esta opinión tomaron por principal blasón el reducir los indios a su Imperio, encubriendo su ambición con decir que lo mandaba el Sol. Con este achaque mandó el Inca aprestar ocho o nueve mil hombres de guerra, y, habiendo elegido consejeros y oficiales para el ejército, salió por el distrito de Collasuyu y caminó hasta su fortaleza llamada Pucara, donde fue después el desbarate de Francisco Hernández Girón en la batalla que llamaron de Pucara. De allí envió sus mensajeros a Paucarcolla y a Hatuncolla, por quien tomó nombre el distrito llamado Collasuyu (es una provincia grandísima que contiene en sí muchas provincias y naciones debajo de este nombre Colla). Requirióles como a los pasados y que no resistiesen como los de Ayauiri, que los había castigado el Sol con mortandad y hambre porque habían osado tomar las armas contra sus hijos, que lo mismo haría de ellos si cayesen en el propio error. Los Collas tomaron su acuerdo juntándose los más principales en Hatun Colla, que quiere decir Colla la Grande, y pareciéndoles que la plaga pasada de Ayauiri y Pucara había sido castigo del cielo, queriendo escarmentar en cabeza ajena respondieron al Inca que eran muy contentos de ser sus vasallos y adorar al Sol y abrazar sus leyes y ordenanzas y guardarlas. Dada esta respuesta, salieron a recibirle con mucha fiesta y solemnidad, con cantares y aclamaciones inventadas nuevamente para mostrar sus ánimos.

    El Inca recibió con mucho aplauso los curacas y les hizo mercedes de ropa de vestir de su propia persona y les dio otras dádivas que estimaron en mucho, y después, el tiempo adelante, él y sus descendientes favorecieron y honraron mucho estos dos pueblos, particularmente a Hatun Colla, por el servicio que le hicieron en recibirle con ostentación de amor, que siempre los Incas se mostraron muy favorables y agradecidos de semejantes servicios y lo encomendaban a los sucesores, y así ennoblecieron, el tiempo adelante, aquel pueblo con grandes y hermosos edificios, demás del templo del Sol y casa de las vírgenes que en él fundaron, cosa que los indios tanto estimaban.

    Los Collas son muchas y diversas naciones, y así se jactan descender de diversas cosas. Unos dicen que sus primeros padres salieron de la gran laguna Titicaca; teníanla por madre, y antes de los Incas la adoraban entre sus muchos dioses, y en las riberas de ella le ofrecían sus sacrificios. Otros se precian venir de una gran fuente, de la cual afirman que salió el primer antecesor de ellos. Otros tienen por blasón haber salido sus mayores de unas cuevas y resquicios de peñas grandes, y tenían aquellos lugares por sagrados, y a sus tiempos los visitaban con sacrificios en reconocimiento de hijos a padres. Otros se preciaban de haber salido el primero de ellos de un río: teníanle en gran veneración y reverencia como a padre; tenían por sacrilegio matar el pescado de aquel río, porque decían que eran sus hermanos. De esta manera tenían otras muchas fábulas acerca de su origen y principio, y por el semejante tenían muchos y diferentes dioses, como se les antojaba, unos por un respecto y otros por otro. Solamente en un Dios se conformaron los Collas, que igualmente le adoraron todos y lo tuvieron por su principal dios, y era un carnero blanco, porque fueron señores de infinito ganado. Decían que el primer carnero que hubo en el mundo alto (que así llaman al cielo) había tenido más cuidado de ellos que no de los demás indios, y que los amaba más, pues había producido y dejado más generación en la tierra de los Collas que en otra alguna de todo el mundo. Decían esto aquellos indios porque en todo el Callao se cría más y mejor ganado de aquel su ganado natural que en todo el Perú, por el cual beneficio adoraban los Collas al carnero y le ofrecían corderos y sebo en sacrificio, y entre su ganado tenían en mucha más estima a los carneros que eran del todo blancos, porque decían que los que asemejaban más a su primer padre tenían más deidad. Demás de esta burlería consentían en muchas provincias del Callao una gran infamia, y era que las mujeres, antes de casarse, podían ser cuan malas quisiesen de sus personas, y las más disolutas se casaban más aína, como que fuese mayor calidad haber sido malísima. Todo lo cual quitaron los reyes Incas, principalmente los dioses, persuadiéndolos que solamente el Sol merecía ser adorado por su hermosura y excelencia, y qué él criaba y sustentaba todas aquellas cosas que ellos adoraban por dioses. En los blasones que los indios tenían de su origen y descendencia, no les contradecían los Incas, porque, como ellos se preciaban descender del Sol, se holgaban que hubiese muchas semejantes fábulas porque la suya fuese más fácil de creer.

Puesto asiento en el gobierno de aquellos pueblos principales, así para su vana religión como para la hacienda del Sol y del Inca, se volvió al Cuzco, que no quiso pasar adelante en su conquista, porque estos Incas siempre tuvieron por mejor ir ganando poco a poco y poniéndolo en orden y razón para que los vasallos gustasen de la suavidad del gobierno y convidasen a los comarcanos a someterse a él que no abrazar de una vez muchas tierras, que fuera causar escándalo y mostrarse tiranos, ambiciosos y codiciosos.

Capítulo XX. La gran provincia Chucuitu se reduce de paz. Hacen lo mismo otras muchas provincias

El Inca fue recibido en el Cuzco con mucha fiesta y regocijo, donde paró algunos años, entendiendo en el gobierno y común beneficio de sus vasallos. Después le pareció visitar todo su reino por el contento que los indios recibían de ver al Inca en sus tierras, y por que los ministros no se descuidasen en sus cargos y oficios por la ausencia del rey. Acabada la visita, mandó levantar gente para llevar adelante la conquista pasada. Salió con diez mil hombres de guerra; llevó capitanes escogidos; llegó a Hatun Colla y a los confines de Chucuitu, provincia famosa, de mucha gente, que, por ser tan principal, la dieron al emperador en el repartimiento que los españoles hicieron de aquella tierra, a la cual y a sus pueblos comarcanos envió los requerimientos acostumbrados, que adorasen y tuviesen por Dios al Sol. Los de Chucuitu, aunque eran poderosos y sus pasados habían sujetado algunos pueblos de su comarca, no quisieron resistir al Inca; antes respondieron que le obedecían con todo amor y voluntad, porque era hijo del Sol, de cuya clemencia y mansedumbre estaban aficionados, y quedan ser sus vasallos por gozar de sus beneficios.

El Inca los recibió con la afabilidad acostumbrada y les hizo mercedes y regalos con dádivas que entre los indios se estimaban en mucho y, viendo el buen suceso que en su conquista había tenido, envió los mismos requerimientos a los demás pueblos comarcanos, hasta el desaguadero de la gran laguna Titicaca, los cuales todos, con el ejemplo de Hatun Colla y de Chucuitu, obedecieron llanamente al Inca, que los más principales fueron Hillaui, Chulli, Pumata, Cípita, y no contamos en particular lo que hubo en cada pueblo de demandas y respuestas porque todas fueron a semejanza de lo que hasta aquí se ha dicho, y por no repetirlo tantas veces lo decimos en suma.

También quieren decir que tardó el Inca muchos años en conquistar y sujetar estos pueblos, mas en la manera del ganarlos no difieren nada, y así va poco o nada hacer caso de lo que no importa.

Habiendo pacificado aquellos pueblos, despidió su ejército, dejando consigo la gente de guarda necesaria para su persona y los ministros para la enseñanza de los indios. Quiso asistir personalmente a todas estas cosas, así por darles calor como por favorecer aquellos pueblos y provincias con su presencia, que eran principales y de importancia para lo de adelante. Los curacas y todos sus vasallos se favorecieron de que el Inca quisiese pasar entre ellos un invierno, que para los indios era el mayor favor que se les podía hacer, y el Inca los trató con mucha afabilidad y caricias, inventando cada día nuevos favores y reglas, porque veía por experiencia (sin la doctrina de sus pasados) cuánto importaba la mansedumbre y el beneficio y el hacerse querer para atraer los extraños a su obediencia y servicio. Los indios pregonaban por todas partes las excelencias de su príncipe, diciendo que era verdadero hijo del Sol.

Entre tanto que el Inca estaba en el Collao, mandó apercibir para el verano siguiente diez mil hombres de guerra. Venido el tiempo y recogida la gente, eligió cuatro maeses de campo; y por general envió un hermano suyo, que no saben decir los indios cómo se llamaba, al cual mandó, que con parecer y consejo de aquellos capitanes, procediese en la conquista que le mandaba hacer, y a todos cinco dio orden y expreso mandato que en ninguna manera llegasen a rompimiento de batalla con los indios que no quisiesen reducirse por bien, sino que, a imitación de sus pasados, los atrajesen por caricias y beneficios, mostrándose en todo padres piadosos antes que capitanes belicosos. Mandóles que fuesen al poniente de donde estaban, a la provincia llamada Hurin Pacasa, y redujesen los indios que por allí hallasen. El general y sus capitanes fueron como se les mandó, y, con próspera fortuna, redujeron los naturales que hallaron en espacio de veinte leguas que hay hasta la falda de la cordillera y Sierra Nevada que divide la costa de la sierra. Los indios fueron fáciles de reducir, porque eran behetrías y gente suelta, sin orden, ley ni policía; vivían a semejanza de bestias, gobernaban los que más podían con tiranía y soberbia; y por estas causas fueron fáciles de sujetar, y los más de ellos como gente simple, vinieron de suyo a la fama de las maravillas que se contaban de los Incas, hijos del Sol.

Tardaron en esta reducción casi tres años, porque se gastaba más tiempo en doctrinarlos, según eran brutos, que en sujetarlos. Acabada la conquista y dejados los ministros necesarios para el gobierno y los capitanes y gente de guerra para presidio y defensa de lo que se había conquistado, se volvió el general y sus cuatro capitanes a dar cuenta al Inca de lo que dejaban hecho. El cual, entre tanto que duró aquella conquista, se había ocupado en visitar su reino, procurando ilustrarle de todas maneras con aumentar las tierras de labor: mandó sacar nuevas acequias y hacer edificios necesarios para el provecho de los indios, como depósito, puentes y caminos, para que las provincias se comunicasen unas con otras. Llegado el general y los capitanes ante el Inca, fueron muy bien recibidos y gratificados de sus trabajos, y con ellos se volvió a su corte con propósito de cesar de las conquistas, porque le pareció haber ensanchado harto su Imperio, que norte sur ganó más de cuarenta leguas de tierra y leste hueste más de veinte hasta el pie de la sierra y cordillera nevada que divide los llanos de la sierra: estos dos nombres son impuestos por los españoles.

En el Cuzco fue recibido con grande alegría de toda la ciudad, que, por su afable condición, mansedumbre y liberalidad, era amado en extremo. Gastó lo que le quedó de la vida en quietud y reposo, ocupado en el beneficio de sus vasallos, haciendo justicia. Envió dos veces a visitar el reino al príncipe heredero llamado Maita Cápac, acompañado de hombres viejos y experimentados, para que conociese los vasallos y se ejercitase en el gobierno de ellos. Cuando se sintió cercano a la muerte, llamó a sus hijos, y entre ellos al príncipe heredero, y en lugar de testamento les encomendó el beneficio de los vasallos, la guarda de las, leyes y ordenanzas que sus pasados, por orden de su Dios y padre el Sol, les había dejado, y que en todo les mandaba hiciesen como hijos del Sol. A los capitanes Incas y a los demás curacas, que eran señores de vasallos, encomendó el cuidado de los pobres, la obediencia de su rey. A lo último les dijo que se quedasen en paz, que su padre el Sol le llamaba para que descansase de los trabajos pasados. Dichas estas cosas y otras semejantes, murió el Inca Lloque Yupanqui. Dejó muchos hijos e hijas de las concubinas, aunque de su mujer legítima, que se llamó Mama Caua, no dejó hijo varón más de al príncipe heredero Maita Cápac y dos o tres hijas. Fue llorado Lloque Yupanqui en todo su reino con gran dolor y sentimiento, que por sus virtudes era muy amado. Pusiéronle en el número de sus Dioses, hijos del Sol, y así le adoraron como a uno de ellos.

Y por que la historia no canse tanto hablando siempre de una misma cosa, será bien entretejer entre las vidas de los reyes Incas algunas de sus costumbres, que serán agradables de oír que no las guerras y conquistas, hechas casi todas de una misma suerte. Por tanto digamos algo de las ciencias que los Incas alcanzaron.

Capítulo XXI. Las ciencias que los Incas alcanzaron. Tratase primero de la astrología

La Astrología y la Filosofía natural que los Incas alcanzaron fue muy poca, porque, como no tuvieron letras, aunque entre ellos hubo hombres de buenos ingenios que llamaron amautas, que filosofaron cosas sutiles, como muchas que en su república platicaron, no pudieron dejarlas escritas para que los sucesores las llevaran adelante, perecieron con los mismos inventores. Y así quedaron cortos en todas ciencias o no las tuvieron, sino algunos principios rastreados con la lumbre natural, y ésos dejaron señalados con señales toscas y groseras para que las gentes las viesen y notasen. Diremos de cada cosa lo que tuvieron. La Filosofía moral alcanzaron bien, y en práctica la dejaron escrita en sus leyes, vida y costumbres, como en el discurso se verá por ellas mismas. Ayudábales para esto la ley natural que deseaban guardar y la experiencia que hallaban en las buenas costumbres, y, conforme a ella, iban cultivando de día en día en su república.

De la Filosofía natural alcanzaron poco o nada, porque no trataron de ella. Que como para su vida simple y natural no tuviesen necesidad que les forzase a investigar y rastrear los secretos de naturaleza, pasábanse sin saberlos ni procurarlos. Y así no tuvieron ninguna práctica de ella, ni aun de las calidades de los elementos, para decir que la tierra es fría y seca y el fuego caliente y seco, sino era por la experiencia de que les calentaba y quemaba, mas no por vía de ciencia de filosofía; solamente alcanzaron la virtud de algunas yerbas y plantas medicinales con que se curaban en sus enfermedades, como diremos de algunas cuando tratemos de su medicina. Pero eso lo alcanzaron más por experiencia (enseñados de su necesidad), que no por su filosofía natural, porque fueron poco especulativos de lo que no tocaban con las manos.

De la Astrología tuvieron alguna más práctica que de la Filosofía natural, porque tuvieron más iniciativas que les despertaron a la especulación de ella, como fue el Sol y la Luna y el movimiento vario del planeta Venus, que unas veces la venía ir delante del Sol y otras en pos de él. Por el semejante veían la Luna crecer y menguar, ya perdida de vista en la conjunción, a la cual llaman muerte de la Luna, porque no la veían en los tres días de ella. También el Sol los incitaba a que mirasen en él, que unos tiempos se les apartaba y otros se les allegaba; que unos días eran mayores que las noches y otros menores y otros iguales, las cuales cosas los movieron a mirar en ellos, y las miraron tan materialmente que no pasaron de la vista.

Admirábanse de los efectos, pero no procuraban buscar las causas, y así no trataron si había muchos cielos o no más de uno, ni imaginaron que había más de uno. No supieron de qué se causaba el crecer y menguar de la Luna ni los movimientos de los demás planetas, ya apresurados, ya espaciosos, ni tuvieron cuenta más de con los tres planetas nombrados, por el grandor, resplandor y hermosura de ellos; no miraron en los otros cuatro planetas. De los signos no hubo imaginación, y menos de sus influencias.

Al Sol llamaron *Inti,* a la Luna *Quilla* y al lucero Venus *Chasca,* que es crinita o crespa, por sus muchos rayos. Miraron en las siete cabrillas por verlas tan juntas y por la diferencia que hay de ellas a las otras estrellas, que les causaba admiración, mas no por otro respecto. Y no miraron en más estrellas porque, no teniendo necesidad forzosa, no sabían a qué propósito mirar en ellas, ni tuvieron más nombres de estrellas en particular que los dos que hemos dicho. En común las llamaron *cóillur,* que quiere decir estrella.

Capítulo XXII. Alcanzaron la cuenta del año y los solsticios y equinoccios

Mas con toda su rusticidad, alcanzaron los Incas que el movimiento del Sol se acababa en un año, al cual llamaron *huata:* es nombre y quiere decir año, y la misma dicción, sin mudar pronunciación ni acento, en otra significación es verbo y significa atar. La gente común contaba los años por las cosechas. Alcanzaron también los solsticios del verano y del invierno, los cuales dejaron escritos con señales grandes y notorias, que fueron ocho torres que labraron al oriente y otras ocho al poniente de la ciudad del Cuzco, puestas de cuatro en cuatro, dos pequeñas de a tres estados poco más o menos de alto en medio de otras dos grandes: las pequeñas estaban dieciocho o veinte pies la una de la otra; a los lados, otro tanto espacio, estaban las otras dos torres grandes, que eran mucho mayores que las que en España servían de atalayas, y éstas grandes servían de guardar y dar viso para que descubriesen mejor las torres pequeñas. El espacio que entre las pequeñas había, por donde el Sol pasaba al salir y al ponerse, era el punto de los solsticios; las unas torres del oriente correspondían a las otras del poniente del solsticio vernal o hiemal.

Para verificar el solsticio se ponía un Inca en cierto puesto al salir el Sol y al ponerse, y miraba a ver si salía y se ponía por entre las dos torres pequeñas que estaban al oriente y al poniente. Y con este trabajo se certificaban en la Astrología de sus solsticios. Pedro de Cieza, capítulo noventa y dos, hace mención de estas torres; el padre Acosta también trata de ellas, Libro sexto, capítulo tercero, aunque no les dan su punto. Escribiéronlos con letras tan groseras porque no supieron fijarlos con los días de los meses en que son los solsticios, porque contaron los meses por lunas, como luego diremos, y no por días, y, aunque dieron a cada año doce lunas, como el año solar exceda al año lunar común en once días, no sabiendo ajustar el un año con el otro, tenían cuenta con el movimiento del Sol por los solsticios, para ajustar el año y contarlo, y no con las lunas. Y de esta manera dividían el un año del otro rigiéndose para sus sembrados por el año solar, y no por el lunar. Y aunque haya quien diga que ajustaban el año solar con el año lunar, le engañaron en la relación, porque, si supieran ajustarlos, fijaran los solsticios en los días de los meses que son y no tuvieran necesidad de hacer torres por mojoneras para mirarlos y ajustarlos por ella; con tanto trabajo y cuidado como cada día tenían, mirando el salir del Sol y el ponerse por derecho de las torres; las cuales dejé en pie el año de 1560, y si después acá no las han derribado, se podría verificar por ellas el lugar de donde miraban los Incas los solsticios, a ver si era de una torre que estaba en la casa del Sol y de otro lugar, que yo no lo pongo por no estar certificado de él.

También alcanzaron los equinoccios y los solemnizaron muy mucho. En el de marzo segaban los maizales del Cuzco con gran fiesta y regocijo, particularmente el andén de Collcampata, que era como jardín del Sol. En el equinoccio de septiembre hacían una de las cuatro fiestas principales del Sol, que llamaban Citua Raimi, *r* sencilla: quiere decir fiesta principal: celebrábase como en su lugar diremos. Para verificar el equinoccio tenían columnas de piedra riquísimamente labradas, puestas en los patios o plazas que había ante los templos del Sol. Los sacerdotes, cuando sentían que el equinoccio estaba cerca, tenían cuidado de mirar cada día la sombra que la columna hacía. Tenían las columnas puestas en el centro de un cerco redondo muy grande, que tomaba todo el ancho de la plaza o del patio. Por medio del cerco echaban por hilo, de oriente a poniente, una raya, que por larga experiencia sabían dónde había de poner el un punto y el otro. Por la sombra que la columna hacía sobre la raya veían que el equinoccio se iba acercando; y cuando la sombra tomaba la raya de medio a medio desde que salía el Sol hasta que se ponía y que a medio día bañaba la luz del Sol toda la columna en derredor, sin hacer sombra a parte alguna, decían que aquel día era el equinoccial. Entonces adornaban las columnas con todas las flores y yerbas olorosas que podían haber, y ponían sobre ellas la silla del Sol, y decían que aquel día se asentaba el Sol con toda su luz, de lleno en lleno, sobre aquellas columnas. Por lo cual en particular adoraban al Sol aquel día con mayores ostentaciones de fiesta y regocijo, y le hacían grandes presentes de oro y plata y piedras preciosas y otras cosas de estima.

    Y es de notar que los reyes Incas y sus amautas, que eran los filósofos, así como iban ganando las provincias, así iban experimentando que, cuanto más se acercaban a la línea equinoccial, tanto menos sombra hacía la columna que estaba más cerca de la dudad de Quito; y sobre todas las otras estimaron las que pusieron en la misma ciudad y en su paraje, hasta la costa de la mar, donde, por estar el Sol a plomo (como dicen los albañiles), no había señal de sombra alguna a mediodía. Por esta razón las tuvieron en mayor veneración, porque decían que aquéllas eran asiento más agradable para el Sol, porque en ellas se asentaba derechamente y en las otras de lado. Estas simplezas y otras semejantes dijeron aquellas gentes en su Astrología, porque no pasaron con la imaginación más adelante de lo que veían materialmente con los ojos. Las columnas de Quito y de toda aquella región derribó el gobernador Sebastián de Belalcázar muy acertadamente y las hizo pedazos, porque idolatraban los indios en ellas. Las demás que por todo el reino había fueron derribando los demás capitanes españoles como las fueron hallando.

Capítulo XXIII. Tuvieron cuenta con los eclipses del Sol, y lo que hacían con los de la Luna
Contaron los meses por lunas, de una Luna nueva a otra, y así llaman al mes *quilla,* también como a la Luna. Dieron su nombre a cada mes; contaron los medios meses por la creciente y menguante de ella; contaron las semanas por los cuartos, aunque no tuvieron nombres para los días de la semana. Tuvieron cuenta con los eclipses del Sol y de la Luna, mas no alcanzaron las causas. Decían al eclipse solar que el Sol estaba enojado por algún delito que habían hecho contra él, pues mostraba su cara turbada como hombre airado, y pronosticaban (a semejanza de los astrólogos) que les había de venir algún grave castigo. Al eclipse de la Luna, viéndola ir negreciendo, decían que enfermaba la Luna, y que si acababa de oscurecer se había de morir y caerse del cielo y cogerlos a todos debajo y matarlos, y que se había de acabar el mundo. Por este miedo, en empezando a eclipsarse la Luna, tocaban trompetas, cornetas, caracoles y atabales y atambores y cuantos instrumentos podían haber que hiciesen ruido; ataban los perros grandes y chicos, dábanles muchos palos para que aullasen y llamasen la Luna, que, por cierta fábula que ellos contaban, decían que la Luna era aficionada a los perros, por cierto servicio que le habían hecho, y que, oyéndolos llorar, habría lástima de ellos y recordaría del sueño que la enfermedad le causaba.

Para las manchas de la Luna decían otra fábula más simple que la de los perros, que aun aquélla se podía añadir a las que la gentilidad antigua inventó y compuso a su Diana, haciéndola cazadora. Mas la que se sigue es bestialísima. Dicen que una zorra se enamoró de la Luna viéndola tan hermosa, y que, por visitarla, subió al cielo, y cuando quiso echar mano de ella, la Luna se abrazó con la zorra y la pegó a sí, y que de esto se le hicieron las manchas. Por esta fábula tan simple y tan desordenada se podrá ver la simplicidad de aquella gente. Mandaban a los muchachos y niños que llorasen y diesen grandes voces y gritos llamándola Mama Quilla, que es madre Luna, rogándole que no se muriese, por que no pereciesen todos. Los hombres y las mujeres hacían lo mismo. Habla un ruido y una confusión tan grande que no se puede encarecer.

Conforme al eclipse grande o pequeño, juzgaban que había sido la enfermedad de la Luna. Pero si llegaba a ser total, ya no había que juzgar sino que estaba muerta, y por momentos temían el caer la Luna y el perecer de ellos; entonces era más de veras el llorar y plañir, como gente que veía al ojo la muerte de todos y acabarse el mundo. Cuando veían que la Luna iba poco a poco volviendo a cobrar su luz, decían que convalecía de su enfermedad, porque el Pachacámac, que era el sustentador del universo, le había dado salud y mandádole que no muriese, porque no pereciese el mundo. Y cuando acababa de estar del todo clara, le daban la norabuena de su salud y muchas gracias porque no se había caído. Todo esto de la Luna vi por mis ojos. Al día llamaron *punchau* y a la noche *tuta,* al amanecer *pacari;* tuvieron nombres para significar el alba y las demás partes del día y de la noche, como media noche y medio día.

Tuvieron cuenta con el relámpago, trueno y rayo, y a todos tres en junto llamaron *illapa;* no los adoraron por dioses, sino que los honraban y estimaban por criados del Sol; tuvieron que residían en el aire, mas no en el cielo. El mismo acatamiento hicieron al arco del cielo, por la hermosura de sus colores y porque alcanzaron que procedía del Sol, y los reyes Incas lo pusieron en sus armas y divisa. En la casa del Sol dieron aposento de por sí a cada cosa de éstas, como en su lugar diremos. En la vía que los astrólogos llaman láctea, en unas manchas negras que van por ella a la larga, quisieron imaginar que había una figura de oveja con su cuerpo entero, que estaba amamantando un cordero. A mí me la quedan mostrar, diciendo: «Ves allí la cabeza de la oveja, ves acullá la del cordero mamando, ves el cuerpo, brazos y piernas del uno y del otro». Mas yo no veía las figuras, sino las manchas, y debía de ser por no saberlas imaginar.

Empero no hacían caudal de aquellas figuras para su Astrología, más de quererlas pintar imaginándolas, ni echaban juicios ni pronósticos ordinarios por señales del Sol ni de la Luna ni de los cometas, sino para cosas muy raras y muy grandes, como muertes de reyes o destrucción de reinos y provincias adelante en sus lugares diremos de algunos cometas, si llegamos allá. Para las cosas comunes más aína hacían sus pronósticos y juicios de los sueños que soñaban y de los sacrificios que hacían, que no de las estrellas ni señales del aire. Y es cosa espantosa oír lo que decían y pronosticaban por los sueños, que, por no escandalizar al vulgo, no digo lo que en esto pudiéramos contar. Acerca de la estrella Venus, que unas veces la veían al anochecer y otras al amanecer, decían que el Sol, como señor de todas las estrellas, mandaba que aquélla, por ser más hermosa que todas las demás, anduviese cerca de él, unas veces delante y otras atrás.

Cuando el Sol se ponía, viéndole trasponer por la mar (porque todo el Perú a la larga tiene la mar al poniente), decían que entraba en ella, y que con su fuego y calor secaba gran parte de las aguas de la mar, y que, como un gran nadador, daba una zambullida por debajo de la tierra para salir otro día al oriente, dando a entender que la tierra está sobre el agua. Del ponerse la Luna ni de las otras estrellas no dijeron nada. Todas estas boberías tuvieron en su Astrología los Incas, de donde se podrá ver cuán poco alcanzaron de ella, y baste esto de la Astrología de ellos. Digamos la medicina que usaban en sus enfermedades.

Capítulo XXIV. La medicina que alcanzaron y la manera de curarse

Es así que atinaron que era cosa provechosa, y aun necesaria, la evacuación por sangría y purga, y, por ende, se sangraban de brazos y piernas, sin saber aplicar las sangrías ni la disposición de las venas para tal o tal enfermedad, sino que abrían la que estaba más cerca del dolor que padecían. Cuando sentían mucho dolor de cabeza, se sangraban de la junta de las cejas, encima de las narices. La lanceta era una punta de pedernal que ponían en un palillo hendido y lo ataban por que no se cayese, y aquella punta ponían sobre la vena y encima le daban un papirote, y así abrían la vena con menos dolor que con las lancetas comunes. Para aplicar las purgas tampoco supieron conocer los humores por la orina, ni miraban en ella, ni supieron qué cosa era cólera, ni flema, ni melancolía.

Purgábanse de ordinario cuando se sentían apesgados y cargados, y era en salud más que no en enfermedad. Tomaban (sin otras yerbas que tienen para purgarse) unas raíces blancas que son como nabos pequeños. Dicen que de aquellas raíces hay macho y hembra; toman tanto de una como de otra, en cantidad de dos onzas, poco más o menos, y, molida, la dan en agua o en el brebaje que ellos beben, y habiéndola tomado, se echan al Sol para que su calor ayude a obrar. Pasada una hora o poco más, se sienten tan desconyuntados que no se pueden tener. Semejan a los que se marean cuando nuevamente entran en la mar; la cabeza siente grandes váguidos y desvanecimientos; parece que por los brazos y piernas, venas y nervios y por todas las coyunturas del cuerpo andan hormigas; la evacuación casi siempre es por ambas vías de vómitos y cámaras. Mientras ella dura, está el paciente totalmente descoyuntado y mareado, de manera que quien no tuviere experiencia de los efectos de aquella raíz entenderá que se muere el purgado. No gusta de comer ni de beber, echa de sí cuantos humores tiene; a vueltas salen lombrices y gusanos y cuantas sabandijas allá dentro se crían. Acabada la obra, queda con tan buen aliento y tanta gana de comer que se comerá cuanto le dieren. A mí me purgaron dos veces por un dolor de estómago que en diversos tiempos tuve, y experimenté todo lo que he dicho.

Estas purgas y sangrías mandaban hacer los más experimentados en ellas, particularmente viejas (como acá las parteras) y grandes herbolarios, que los hubo muy famosos en tiempo de los Incas, que conocían la virtud de muchas yerbas y por tradición las enseñaban a sus hijos, y éstos eran tenidos por médicos, no para curar a todos, sino a los reyes y a los de su sangre y a los curacas y a sus parientes. La gente común se curaban unos a otros por lo que habían oído de medicamentos. A los niños de teta, cuando los sentían con alguna indisposición, particularmente si el mal era de calentura, los lavaban con orines por las mañanas para envolverlos, y, cuando podían haber de los orines del niño, le daban a beber algún trago. Cuando al nacer de los niños les cortaban el ombligo, dejaban la tripilla larga como un dedo, la cual después se le caía, guardaban con grandísimo cuidado y se la daban a chupar al niño en cualquiera indisposición que le sentían y para certificarse de la indisposición, le miraban la pala de la lengua, y, si la veían desblanquecida, decían que estaba enferma y entonces le daban la tripilla para que la chupase. Había de ser la propia, porque la ajena decían que no le aprovechaba.

Los secretos naturales de estas cosas ni me las dijeron ni yo las pregunté, mas de que las vi hacer. No supieron tomar el pulso y menos mirar la orina; la calentura conocían por el demasiado calor del cuerpo. Sus purgas y sangrías más eran en pie que después de caídos. Cuando se habían rendido a la enfermedad no hacían medicamento alguno; dejaban obrar la naturaleza y guardaban su dieta. No alcanzaron el uso común de la medicina que llaman purgadera, que es cristel, ni supieron aplicar emplastos ni unciones, sino muy pocas y de cosas muy comunes. La gente común y pobre se había en sus enfermedades poco menos que bestias. Al frío de la terciana o cuartana llaman *chucchu,* que es temblar; a la calentura llaman *rupa, r* sencilla, que es quemarse. Temían mucho estas tales enfermedades por los extremos, ya de frío, ya de calor.

Capítulo XXV. Las yerbas medicinales que alcanzaron

Alcanzaron la virtud de la leche y resina de un árbol que llaman *mulli* y los españoles *molle.* Es cosa de grande admiración el efecto que hace en las heridas frescas, que parece obra sobrenatural. La yerba o mata que llaman *chillca,* calentada en una cazuela de barro, hace maravillosos efectos en las coyunturas donde ha entrado frío, y en los caballos desortijados de pie o mano. Una raíz, como raíz de grama, aunque mucho más gruesa, y los nudos más menudos y espesos, que no me acuerdo cómo la llamaban, servía para fortificar y encarnar los dientes y muelas. Asábanla al rescoldo y, cuando estaba asada, muy caliente, la partían a la larga con los dientes, y así hirviendo, ponían la una mitad en la una encía y la otra mitad en la otra, y allí la dejaban estar hasta que se enfriaba, y de esta manera andaban por todas las encías, con gran pena del paciente, porque se le asaba la boca. El mismo paciente se pone la raíz y hace todo el medicamento; hácenlo a prima noche; otro día amanecen las encías blancas como carne escaldada, y por dos o tres días no pueden comer cosa que se haya de mascar, sino manjares de cuchara. Al cabo de ellos se les cae la carne quemada de las encías y se descubre otra debajo, muy colorada y muy linda. De esta manera les vi muchas veces renovar sus encías, y yo sin necesidad lo probé a hacer, mas por no poder sufrir el quemarme con el calor y fuego de las raíces, lo dejé.

De la yerba o planta que los españoles llaman *tabaco* y los indios *sairi,* usaron mucho para muchas cosas. Tomaban los polvos por las narices para descargar la cabeza. De las virtudes de esta planta han experimentado muchas en España, y así le llaman por renombre la *yerba santa.* Otra yerba alcanzaron admirabilísima para los ojos: llámanla *matecllu.* Nace en arroyos pequeños; es de pie, y sobre cada pie tiene una hoja redonda y no más. Es como la que en España llaman *oreja de abad,* que nace de invierno en los tejados; los indios la comen cruda y es de buen gusto, la cual mascada y el zumo echado a prima noche en los ojos enfermos, y la misma yerba mascada puesta como emplasto sobre los párpados de los ojos y encima una venda por que no se caiga la yerba, gasta en una noche cualquier nube que los ojos tengan y mitiga cualquier dolor o accidente que sientan.

Yo se la puse a un muchacho que tenía un ojo para saltarle del casco. Estaba inflamado como un pimiento, sin divisarse lo blanco ni prieto del ojo, sino hecho una carne, y lo tenía ya medio caído sobre el carrillo, y la primera noche que le puse la yerba se restituyó el ojo a su lugar y la segunda quedó del todo sano y bueno. Después acá he visto el mozo en España y me ha dicho que ve más de aquel ojo que tuvo enfermo que del otro. A mí me dio noticia de ella un español que me juró se había visto totalmente ciego de nubes y que en dos noches cobró la vista mediante la virtud de la yerba. Dondequiera que la veía la abrazaba y besaba con grandísimo afecto y la ponía sobre los ojos y sobre la cabeza, en hacimiento de gracias del beneficio que mediante ella le había hecho Nuestro Señor en restituirle la vista. De otras muchas yerbas usaban los indios mis parientes, de las cuales no me acuerdo.

Esta fue la medicina que comúnmente alcanzaron los indios Incas del Perú, que fue usar de yerbas simples y no de medicinas compuestas, y no pasaron adelante. Y pues en cosas de tanta importancia como la salud estudiaron y supieron tan poco, de creer es que en cosas que les iba menos, como la Filosofía natural y la Astrología, supieron menos, y mucho menos de la Teología, porque no supieron levantar el entendimiento a cosas invisibles; toda la Teología de los Incas se encerró en el nombre de Pachacámac. Después acá los españoles han experimentado muchas cosas medicinales, principalmente del maíz, que llaman *zara,* y esto ha sido parte por el aviso que los indios les han dado de eso poco que alcanzaron de medicamentos y parte porque los mismos españoles han filosofado de lo que han visto, y así han hallado que el maíz, demás de ser mantenimiento de tanta sustancia, es de mucho provecho para mal de riñones, dolor de ijada, pasión de piedra, retención de orina, dolor de la vejiga y del caño. Y esto le han sacado de ver que muy pocos indios o casi ninguno se halla que tenga estas pasiones, lo cual atribuyen a la común bebida de ellos, que es el brebaje del maíz, y así lo beben muchos españoles que tienen las semejantes enfermedades. También la aplican los indios en emplastos para otros muchos males.

Capítulo XXVI. De la geometría, geografía, aritmética y música que alcanzaron

De la Geometría[12] supieron mucho porque les fue necesario para medir sus tierras, para las ajustar y partir entre ellos, mas esto fue materialmente, no por altura de grados ni por otra cuenta especulativa, sino por sus cordeles y piedrecitas, por las cuales hacen sus cuentas y particiones, que, por no atreverme a darme a entender, dejaré de decir lo que supe de ella.

De la Geografía supieron bien para pintar y hacer cada nación el modelo y dibujo de sus pueblos y provincias, que era lo que habían visto. No se metían en las ajenas: era extremo lo que en este particular hacían. Yo vi el modelo del Cuzco y parte de su comarca con sus cuatro caminos principales, hecho de barro y piedrezuelas y palillos, trazado por su cuenta y medida, con sus plazas chicas y grandes, con todas sus calles anchas y angostas, con sus barrios y casas, hasta las muy olvidadas, con los tres arroyos que por ella corren, que era admiración mirarlo.

Lo mismo era ver el campo con sus cerros altos y bajos, llanos y quebradas, ríos y arroyos, con sus vueltas y revueltas, que el mejor cosmógrafo del mundo no lo pudiera poner mejor. Hicieron este modelo para que lo viera un visitador que se llamaba Damián de la Bandera, que traía comisión de la Chancillería de Los Reyes para saber cuántos pueblos y cuántos indios había en el distrito del Cuzco; otros visitadores fueron a otras partes del reino a lo mismo. El modelo que digo que vi se hizo en Muina, que los españoles llaman Mohina, cinco leguas al sur de la ciudad del Cuzco; yo me hallé allí porque en aquella visita se visitaron parte de los pueblos e indios del repartimiento de Garcilaso de la Vega, mi señor.

De la Aritmética supieron mucho y por admirable manera, que por nudos dados en unos hilos de diversos colores daban cuenta de todo lo que en el reino del Inca había de tributos y contribuciones por cargo y descargo.

---

12   El Inca Garcilaso no escribe «Geometría», sino «Geometrica».

Sumaban, restaban y multiplicaban por aquellos nudos, y, para saber lo que cabía a cada pueblo, hacían las particiones con granos de maíz y piedrezuelas, de manera que les salía cierta su cuenta. Y como para cada cosa de paz o de guerra, de vasallos, de tributos, ganados, leyes, ceremonias y todo lo demás de que se daba cuenta, tuviesen contadores de por sí y éstos estudiasen en sus ministerios y en sus cuentas, las daban con facilidad, porque la cuenta de cada cosa de aquéllas estaba en hilos y madejas de por sí como cuadernos sueltos y aunque un indio tuviese cargo (como contador mayor) de dos o tres o más cosas, las cuentas de cada cosa estaban de por sí. Adelante daremos más larga relación de la manera del contar y cómo se entendían por aquellos hilos y nudos.

De Música alcanzaron algunas consecuencias, las cuales tenían los indios Collas, o de su distrito, en unos instrumentos hechos de cañutos de caña, cuatro o cinco cañutos atados a la par; cada cañuto tenía un punto más alto que el otro, a manera de órganos. Estos cañutos atados eran cuatro, diferentes unos de otros. Uno de ellos andaba en puntos bajos y otro en más altos y otro en más y más, como las cuatro voces naturales: tiple, tenor, contralto y contrabajo. Cuando un indio tocaba un cañuto, respondía el otro *en* consonancia de quinta o de otra cualquiera, y luego el otro en otra consonancia y el otro en otra, unas veces subiendo a los puntos altos y otras bajando a los bajos siempre en compás. No supieron echar glosa con puntos disminuidos; todos eran enteros de un compás. Los tañedores eran indios enseñados para dar música al rey y a los señores vasallos, que, con ser tan rústica la música, no era común, sino que la aprendían y alcanzaban con su trabajo. Tuvieron flautas de cuatro o cinco puntos, como las de los pastores; no las tenían juntas en consonancia, sino cada una de por sí, porque no las supieron concertar. Por ellas tañían sus cantares, compuestos en verso medido, los cuales por la mayor parte eran de pasiones amorosas, ya de placer, ya de pesar, de favores o disfavores de la dama.

Cada canción tenía su tonada conocida por sí, y no podían decir dos canciones diferentes por una tonada. Y esto era porque el galán enamorado, dando música de noche con su flauta, por la tonada que tenía decía a la dama y a todo el mundo el contento o descontento de su ánimo, conforme al favor o disfavor que se le hacía. Y si se dieran dos cantares diferentes por una tonada, no se supiera cuál de ellos era el que quería decir el galán. De manera que se puede decir que hablaba por la flauta. Un español topó una noche a deshora en el Cuzco una india que él conocía, y queriendo volverla a su posada, le dijo la india:

—Señor, déjame ir donde voy; sábete que aquella flauta que oyes en aquel otero me llama con mucha pasión y ternura, de manera que me fuerza a ir allá. Déjame, por tu vida, que no puedo dejar de ir allá, que el amor me lleva arrastrando para que yo sea su mujer y él mi marido.

Las canciones que componían de sus guerras y hazañas no las tañían, porque no se habían de cantar a las damas ni dar cuenta de ellas por sus flautas. Cantábanlas en sus fiestas principales y en sus victorias y triunfos, en memoria de sus hechos hazañosos. Cuando yo salí del Perú, que fue el año de 1560, dejé en el Cuzco cinco indios que tañían flautas diestrísimamente por cualquiera libro de canto de órgano que les pusiesen delante: eran de Juan Rodríguez de Villalobos, vecino que fue de aquella ciudad. En estos tiempos, que es ya el año de 1602, me dicen que hay tantos indios tan diestros en música para tañer instrumentos que dondequiera se hallan muchos. De las voces no usaban los indios en mis tiempos porque no las tenían buenas —debía de ser la causa que, no sabiendo cantar, no las ejercitaban—, y por el contrario había muchos mestizos de muy buenas voces.

Capítulo XXVII. La poesía de los Incas amautas, que son filósofos, y harauicus, que son poetas[13]

No les faltó habilidad a los amautas, que eran los filósofos, para componer comedias y tragedias, que en días y fiestas solemnes representaban delante de sus reyes y de los señores que asistían en la corte. Los representantes no eran viles, sino Incas y gente noble, hijos de curacas y los mismos curacas y capitanes, hasta maeses de campo, porque los autos de las tragedias se representaban al propio, cuyos argumentos siempre eran de hechos militares, de triunfos y victorias, de las hazañas y grandezas de los reyes pasados y de otros heroicos varones. Los argumentos de las comedias eran de agricultura, de hacienda, de cosas caseras y familiares. Los representantes, luego que se acababa la comedia, se sentaban en sus lugares conforme a

---

13 La edición princeps, de 1609, dice por errata: «Capítulo XVII».

su calidad y oficios. No hacían entremeses deshonestos, viles y bajos: todo era de cosas graves y honestas, con sentencias y donaires permitidos en tal lugar. A los que se aventajaban en la gracia del repretar les daban joyas y favores de mucha estima.

De la poesía alcanzaron otra poca, porque supieron hacer versos cortos y largos, con medida de sílabas: en ellos ponían sus cantares amorosos con tonadas diferentes, como se ha dicho. También componían en verso las hazañas de sus reyes y de otros famosos Incas y curacas principales, y los enseñaban a sus descendientes por tradición, para que se acordasen de los buenos hechos de sus pasados y los imitasen. Los versos eran pocos, porque la memoria los guardase; empero muy compendiosos, como cifras. No usaron de consonante en los versos; todos eran sueltos. Por la mayor parte semejaban a la natural compostura española que llaman redondillas. Una canción amorosa compuesta en cuatro versos me ofrece la memoria; por ellos se verá el artificio de la compostura y la significación abreviada, compendiosa, de lo que en su rusticidad querían decir. Los versos amorosos hacían cortos, porque fuesen más fáciles de tañer en la flauta. Holgara poner también la tonada en puntos de canto de órgano, para que se viera lo uno y lo otro, mas la impertinencia me excusa del trabajo.

La canción es la que se sigue y su traducción en castellano:

Caylla llapi		Al cántico
Puñunqui	quiere decir	Dormirás
Chaupituta		Media noche
Samúsac		Yo vendré

Y más propiamente dijera: veniré, sin el pronombre yo, haciendo tres sílabas del verbo, como las hace el indio, que no nombra la persona, sino que la incluye en el verbo, por la medida del verso. Otras muchas maneras de versos alcanzaron los Incas poetas, a los cuales llamaban *haráuec*, que en propia significación quiere decir inventador. En los papeles del padre Blas Valera hallé otros versos que él llama spondaicos: todos son de a cuatro sílabas, a diferencia de estotros que son de a cuatro y a tres. Escríbelos en indio y en latín; son en materia de Astrología. Los Incas poetas los compusieron filosofando las causas segundas que Dios puso en la región del aire, para los truenos, relámpagos y rayos, y para el granizar, nevar y llover, todo lo cual dan a entender en los versos, como se verá. Hiciéronlos conforme a una fábula que tuvieron, que es la que se sigue: Dicen que el Hacedor puso en el cielo una doncella, hija de un rey, que tiene un cántaro lleno de agua, para derramarla cuando la tierra la ha menester, y que un hermano de ella lo quiebra a sus tiempos, y que del golpe se causan los truenos, relámpagos y rayos. Dicen que el hombre los causa, porque son hechos de hombres feroces y no de mujeres tiernas. Dicen que el granizar, llover y nevar lo hace la doncella, porque son hechos de más suavidad y blandura y de tanto provecho. Dicen que un Inca poeta y astrólogo hizo y dijo los versos, loando las excelencias y virtudes de la dama, y que Dios se las había dado para que con ellas hiciese bien a las criaturas de la tierra. La fábula y los versos, dice el padre Blas Valera que halló en los nudos y cuentas de unos anales antiguas, que estaban en hilos de diversos colores, y que la tradición de los versos y de la fábula se la dijeron los indios contadores, que tenían cargo de los nudos y cuentas historiales, y que, admirado de que los amautas hubiesen alcanzado tanto, escribió los versos y los tomó de memoria para dar cuenta de ellos.

Yo me acuerdo haber oído esta fábula en mi niñez con otras muchas que me contaban mis parientes, pero, como niño y muchacho, no les pedí la significación, ni ellos me la dieron. Para los que no entienden indio ni latín me atreví a traducir los versos en castellano, arrimándome más a la significación de la lengua que mamé en la leche que no a la ajena latina, porque lo poco que de ella sé lo aprendí en el mayor fuego de las guerras de mi tierra, entre armas y caballos, pólvora y arcabuces, de que supe más que de letras. El padre Blas Valera imitó en su latín las cuatro sílabas del lenguaje indio en cada verso, y está muy bien imitado; yo salí de ellas porque en castellano no se pueden guardar, que, habiendo de declarar por entero la significación de las palabras indias, en unas son menester más sílabas y en otras menos.

Ñusta, quiere decir doncella de sangre real, y no se interpreta con menos, que, para decir doncella de las comunes, dicen *tazque; china* llaman a la doncella muchacha de servicio. *Illapántac* es verbo; incluye en su significación la de tres verbos que son tronar, relampaguear y caer rayos, y así los puso en dos versos el padre Maestro Blas Valera, porque el verso anterior, que es *Cunuñunun,* significa hacer estruendo, y no lo puso aquel autor por declarar las tres significaciones del verbo *illapántac. Unu* es agua, *para* es llover, *chichi* es granizar, *riti* nevar. *Pacha Cámac* quiere decir el que hace con el universo lo que el alma con el cuerpo. *Viracocha* es nombre de un dios moderno que adoraban, cuya historia veremos adelante muy a la larga. *Chura* quiere decir poner; *cama* es dar alma, vida, ser y sustancia. Conforme a esto diremos lo menos mal que supiéremos, sin salir de la propia significación del lenguaje indio. Los versos son los que se siguen, en las tres lenguas:

Zúmac ñusta	*Pulchra Nimpha*	*Hermosa doncella,*
Toralláiquim	*Frater tuus*	*Aquese tu hermano*
Puiñuy quita	*Urnam tuam*	*El tu cantarillo*
Páquir cayan	*Nunc infringit*	*Lo está quebrantando,*
Hina mántara	*Cuius ictus*	*Y de aquesta causa*
Cunuñumm	*Tontlt fulget*	*Truena y relampaguea,*
Illapántac	*Fulminatque*	*También caen rayos.*
Camri ñusta	*Sed tu Ninpha*	*Tú, real doncella,*
Unuiquita	*Tuam limphan*	*Tus muy lindas aguas*
Para munqui	*Fundens pluis*	*Nos darás lloviendo;*

Mai ñimpiri	Interdumque	También a las veces
Chichi munqui	Grandinem, seu	Granizar nos has,
Riti munqui	Nivem mittis	Nevarás asimesmo
Pacha rúrac	Mundi factor	El Hacedor del Mundo,
Pacha cámac	Pacha Camac,	El Dios que le anima,
Vira cocha	Viracocha	El gran Viracocha,
Cai hinápac	Ad hoc munus	Para aqueste oficio
Churasunqui	Te sufficit	Ya te colocaron
Camasunqui	Ac praefecit	Y te dieron alma.

Esto puse aquí por enriquecer mi pobre historia, porque cierto, sin lisonja alguna, se puede decir que todo lo que el padre Blas Valera tenía escrito eran perlas y piedras preciosas. No mereció mi tierra verse adornada de ellas.

Dícenme que en estos tiempos se dan mucho los mestizos a componer en indio estos versos, y otros de muchas maneras, así a lo divino como a lo humano. Dios les dé su gracia para que le sirvan en todo.

Tan tasada y tan cortamente como se ha visto sabían los Incas del Perú las ciencias que hemos dicho, aunque si tuvieran letras las pasaran adelante poco a poco, con la herencia de unos a otros, como hicieron los primeros filósofos y astrólogos. Solo en la Filosofía moral se extremaron así en la enseñanza de ella como en usar las leyes y costumbres que guardaron, no solo entre los vasallos, cómo se debían tratar unos a otros, conforme a ley natural, mas también cómo debían obedecer, servir y adorar al rey y a los superiores y cómo debía el rey gobernar y beneficiar a los curacas y a los demás vasallos y súbditos inferiores. En el ejercicio de esta ciencia se desvelaron tanto que ningún encarecimiento llega a ponerla en su punto, porque la experiencia de ella les hacía pasar adelante, perfeccionándola de día en día y de bien en mejor, la cual experiencia les faltó en las demás ciencias, porque no podían manejarlas tan materialmente como la moral ni ellos se daban a tanta especulación como aquéllas requieren, porque se contentaban con la vida y ley natural, como gente que de su naturaleza era más inclinada a no hacer mal que a saber bien. Mas con todo eso Pedro de Cieza de León, capítulo treinta y ocho, hablando de los Incas y de su gobierno, dice: «Hicieron tan grandes cosas y tuvieron tan buena gobernación que pocos en el mundo les hicieron ventaja», etc. Y el padre Maestro Acosta, Libro sexto, capítulo primero, dice lo que se sigue en favor de los Incas y de los mexicanos:

«Habiendo tratado lo que toca a la religión que usaban los indios, pretendo en este libro escribir sus costumbres y policía y gobierno para dos fines. El uno, deshacer la falsa opinión que comúnmente se tiene de ellos como de gente bruta y bestial y sin entendimiento, o tan corto que apenas merece ese nombre; del cual engaño se sigue hacerles muchos y muy notables agravios, sirviéndose de ellos poco menos que de animales y despreciando cualquiera género de respeto que se les tenga, que es tan vulgar y tan pernicioso engaño, como saben los que con algún celo y consideración han andado entre ellos y visto y sabido sus secretos y avisos, y juntamente el poco caso que de todos ellos hacen los que piensan que saben mucho, que son de ordinario los más necios y más confiados de sí. Esta tan perjudicial opinión no veo medio con que pueda mejor deshacerse que con dar a entender el orden y modo de proceder que éstos tenían cuando vivían en su ley, en la cual, aunque tenían muchas cosas de bárbaros y sin fundamento, pero había también otras muchas dignas de admiración, por las cuales se deja bien entender que tienen natural capacidad para ser bien enseñados, y aun en gran parte hacen ventaja a muchas de nuestras repúblicas. Y no es de maravillar que se mezclasen yerros graves, pues en los más estirados de los legisladores y filósofos, se hallan, aunque entren Licurgo y Platón en ellos. Y en las más sabias repúblicas, como fueron la romana y la ateniense, vemos ignorancias dignas de risa, que cierto que si las repúblicas de los mexicanos y de los Incas se refirieran en tiempo de romanos o griegos, fueran sus leyes y gobierno estimados. Mas como sin saber nada de esto entramos por la espada sin oírles ni entenderles, no nos parece que merecen reputación las cosas de los indios, sino como de caza habida en el monte y traída para nuestro servido y antojo. Los hombres más curiosos y sabios que han penetrado y alcanzado sus secretos, su estilo y gobierno antiguo, muy de otra suerte lo juzgan, maravillándose que hubiese tanta orden y razón entre ellos», etc.

Hasta aquí es del padre Maestro Joseph de Acosta, cuya autoridad, pues es tan grande, valdrá para todo lo que hasta aquí hemos dicho y adelante diremos de los Incas, de sus leyes y gobierno y habilidad, que una de ellas fue que supieron componer en prosa, también como en verso, fábulas breves y compendiosas por vía de poesía, para encerrar en ellas doctrina moral o para guardar alguna tradición de su idolatría o de los hechos famosos de sus reyes o de otros grandes varones, muchas de las cuales quieren los españoles que no sean fábulas, sino historias verdaderas, porque tienen alguna semejanza de verdad. De otras muchas hacen burla, por parecerles que son mentiras mal compuestas, porque no entienden la alegoría de ellas. Otras muchas hubo torpísimas, como algunas que hemos referido. Quizá en el discurso de la historia se nos ofrecerán algunas de las buenas que declaremos.

Capítulo XXVIII. Los pocos instrumentos que los indios alcanzaron para sus oficios

Ya que hemos dicho la habilidad y ciencias que los filósofos y poetas de aquella gentilidad alcanzaron, será bien digamos la inhabilidad que los oficiales mecánicos tuvieron en sus oficios, para que se vea con cuánta miseria y falta de las cosas necesarias vivían aquellas gentes. Y comenzando de los plateros, decimos que, con haber tanto número de ellos y con trabajar perpetuamente en su oficio, no supieron hacer yunque de hierro ni de otro metal: debió de ser porque no supieron sacar el hierro, aunque tuvieron minas de él; en el lenguaje llaman al hierro *quíllay.* Servíanse para yunque de unas piedras durísimas, de color entre verde y amarillo; aplanaban y alisaban unas con otras; teníanlas en gran estima porque eran muy raras. No supieron hacer martillos con cabo de palo; labraban con unos instrumentos que hacen de cobre y latón, mezclado uno con otro; son de forma de dado, las esquinas muertas; unos son grandes, cuanto pueden abarcar con la mano para los golpes mayores; otros hay medianos y otros chicos y otros perlongados, para martillar en cóncavo; si traen aquellos sus martillos en la mano para golpear con ellos como si fueran guijarros. No supieron hacer limas ni buriles; no alcanzaron a hacer fuelles para fundir; fundían a poder de soplos con unos cañutos de cobre, largos de media braza más o menos, como era la fundición grande o chica; los cañotas cerraban por el un cabo; dejábanle un agujero pequeño, por do el aire saliese más recogido y más recio; juntábanse ocho, diez y doce, como eran menester para la fundición. Andaban al derredor del fuego soplando con los cañotas, y hoy se están en lo mismo, que no han querido mudar costumbre. Tampoco supieron hacer tenazas para sacar el metal del fuego: sacábanlo con unas varas de palo o de cobre, y echábanlo en un montoncillo de tierra humedecida que tenían cabe sí, para templar el fuego del metal. Allí lo traían y revolcaban de un cabo a otro hasta que estaba para tomarlo en las manos. Con todas estas inhabilidades hacían obras maravillosas, principalmente en vaciar unas cosas por otras dejándolas huecas, sin otras admirables, como adelante veremos. También alcanzaron, con toda su simplicidad, que el humo de cualquiera metal era dañoso para la salud y así hacían sus fundiciones, grandes o chicas, al descubierto, en sus patios o corrales, y nunca sotechado.

No tuvieron más habilidad los carpinteros; antes parece que anduvieron más cortos, porque de cuantas herramientas usan los de por acá para sus oficios, no alcanzaron los del Perú más de la hacha y azuela, y ésas de cobre. No supieron hacer una sierra ni una barrena ni cepillo ni otro instrumento alguno para oficio de carpintería, y así no supieron hacer arcas ni puertas más de cortar la madera y blanquearla para los edificios. Para las hachas y azuelas y algunas pocas escardillas que hacían, servían los plateros en lugar de herreros, porque todo el herramental que labraban era de cobre y azófar. No usaron de clavazón, que cuanta madera ponían en sus edificios, toda era atada con sogas de esparto y no clavada. Los canteros, por el semejante, no tuvieron más instrumentos para labrar la piedra que unos guijarros negros que llamaban *hihuana,* con que las labran machucando más que no cortando. Para subir y bajar las piedras no tuvieron ingenio alguno; todo lo hacían a fuerza de brazos. Y con todo eso hicieron obras tan grandes y de tanto artificio y policía que son increíbles, como lo encarecen los historiadores españoles y como se ve por las reliquias que de muchas de ellas han quedado. No supieron hacer unas tijeras ni agujas de metal; de unas espinas largas que allá nacen las hacían, y así era poco lo que cosían, que más era remendar que coser, como adelante diremos. De las mismas espinas hacían peines para peinarse: atábanlas entre dos cañuelas, que eran como el lomo del peine, y las espinas salían al un lado y al otro de las cañuelas en forma de peine. Los espejos en que se miraban las mujeres de la sangre real eran de plata muy bruñida, las comunes en azófar, porque no podían usar de la plata, como se dirá adelante. Los hombres nunca se miraban al espejo, que lo tenían por infamia, por ser cosa mujeril. De esta manera carecieron de otras muchas cosas necesarias para la vida humana. Pasábanse con lo que no podían excusar, porque fueron poco o nada inventivos de suyo, y, por el contrario, son grandes imitadores de lo que ven hacer, como lo prueba la experiencia de lo que han aprendido de los españoles en todos los oficios que les han visto hacer, que en algunos se aventajan.

La misma habilidad muestran para las ciencias, si se las enseñasen como consta por las comedias que en diversas partes han representado, porque es así que ·algunos curiosos religiosos, de diversas religiones, principalmente de la Compañía de Jesús, por aficionar a los indios a los misterios de nuestra redención, han compuesto comedias para que las representen los indios, porque supieron que las representaban en tiempo de sus reyes Incas y porque vieron que tenían habilidad e ingenio para lo que quisiesen enseñarles, y así un padre de la Compañía compuso una comedia en loor de Nuestra Señora la Virgen María y la escribió en lengua aimara, diferente de la lengua general del Perú. El argumento era sobre aquellas palabras del libro tercero del Génesis: «Pondré enemistades entre ti y entre la mujer, etc. y ella misma quebrantará tu cabeza». Representáronla indios muchachos y mozos en un pueblo llamado Sulli. Y en Potosí se recitó un diálogo de la fe, al cual se hallaron presentes más de doce mil indios. En el Cuzco se representó otro diálogo del niño Jesús, donde se halló toda la grandeza de aquella ciudad. Otro se representó en la Ciudad de Los Reyes, delante de la Cancillería y de toda la nobleza de la ciudad y de innumerables indios, cuyo argumento fue del Santísimo Sacramento, compuesto a pedazos en dos lenguas, en la española y en la general del Perú. Los muchachos indios representaron los diálogos en todas las cuatro partes con tanta gracia y donaire en el hablar, con tantos meneos y acciones honestas, que provocaban a contento y regocijo, y con tanta suavidad en los cantares que muchos españoles derramaron lágrimas de placer y alegría viendo la gracia y habilidad y buen ingenio de los indiezuelos, y trocaron en contra la opinión que hasta entonces tenían de que los indios eran torpes e inhábiles.

Los muchachos indios, para tomar de memoria los dichos que han de decir, que se los dan por escrito, se van a los españoles que saben leer, seglares o sacerdotes, aunque sean de los más principales, y les suplican que les lean cuatro o cinco veces el primer renglón, hasta que lo toman de memoria, y porque no se les vaya de ella, aunque son tenaces, repiten muchas veces cada palabra, señalándola con una piedrecita o con un grano de una semilla de diversos colores, que allá hay, del tamaño de garbanzos, que llaman *chuy,* y por aquellas señales se acuerdan de las palabras, y de esta manera van tomando sus dichos de memoria con facilidad y brevedad, por la mucha diligencia y cuidado que en ello ponen. Los españoles a quien los indiezuelos piden que les lean no se desdeñan ni se enfadan, por graves que sean antes les acarician y dan gusto, sabiendo para lo que es. De manera que los indios del Perú, ya que no fueron ingeniosos para inventar, son muy hábiles para imitar y aprender lo que les enseñan. Lo cual experimentó largamente el Licenciado Juan de Cuéllar, natural de Medina del Campo, que fue canónigo de la Santa Iglesia del Cuzco,[14] el cual leyó gramática a los mestizos hijos de hombres nobles y ricos de aquella dudad. Moviose a hacerlo de caridad propia y por súplica de los mismos estudiantes, porque cinco preceptores que en veces antes habían tenido los habían desamparado a cinco o seis meses de estudio, pareciéndoles que por otras granjerías tendrían más ganancia, aunque es verdad que cada estudiante les daba cada mes diez pesos, que son doce ducados, mas todo se les hacía poco, porque los estudiantes eran pocos, que cuando más llegaron a docena y media. Entre ellos conocí un indio Inca llamado Felipe Inca, y era de

---

14 El canónigo Juan de Cuéllar fue recibido en la Catedral del Cuzco el 4 de julio de 1552, o sea cuando el Inca Garcilaso, que entonces se llamaba Gómez Suárez de Figueroa, tenía trece años de edad.

un sacerdote rico y honrado que llamaban el padre Pedro Sánchez, el cual, viendo el habilidad que el indio mostraba en leer y escribir, le dio estudio, donde daba tan buena cuenta de la gramática como el mejor estudiante de los mestizos. Los cuales, cuando el preceptor los desamparaba, se volvían a la escuela hasta que venía otro, el cual enseñaba por diferentes principios que el pasado, y si algo se les había quedado de lo pasado, les decían que lo olvidasen porque no valía nada.

De esta manera anduvieron en mis tiempos los estudiantes descarriados de un preceptor en otro, sin aprovecharles ninguno hasta que el buen canónigo los recogió debajo de su capa y les leyó latinidad casi dos años entre armas y caballos, entre sangre y fuego de las guerras que entonces hubo de los levantamientos de don Sebastián de Castilla y de Francisco Hernández Girón, que apenas se había apagado el un fuego cuando se encendió el segundo que fue peor y duró más en apagarse. En aquel tiempo vio el canónigo Cuéllar la mucha habilidad que sus discípulos mostraban en la gramática y la agilidad que tenían para las demás ciencias, de las cuales carecían por la esterilidad de la tierra. Doliéndose de que se perdiesen aquellos buenos ingenios, les decía muchas veces: «¡Oh, hijos, qué lástima tengo no ver una docena de vosotros en aquella universidad de Salamanca!». Toda esto se ha referido por decir la habilidad que los indios tienen para lo que quisieren enseñarles, de la cual también participan los mestizos, como parientes de ellos. El canónigo Juan de Cuéllar tampoco dejó sus discípulos perfeccionados en latinidad porque no pudo llevar el trabajo que pasaba en leer cuatro lecciones cada día y acudir a las horas de su coro, y así quedaron imperfectos en la lengua latina. Los que ahora son deben dar muchas gracias a Dios porque les envió la Compañía de Jesús, con la cual hay tanta abundancia de todas ciencias y de toda buena enseñanza de ellas, como la que tienen y gozan. Y con esto será bien volvamos a dar cuenta de la sucesión de los reyes Incas y de sus conquistas.

FIN DEL LIBRO SEGUNDO

Libro tercero de los Comentarios reales de los incas
Contiene la vida y hechos de Maita Cápac, rey cuarto. El primer puente de mimbre que en el Perú se hizo, la admiración que causó. La vida y conquistas del quinto rey, llamado Cápac Yupanqui. El famoso puente de paja y enea que mandó hacer en el Desaguadero. La descripción de la casa y templo del Sol y sus grandes riquezas

Contiene veinticinco capítulos

Capítulo I. Maita Cápac, cuarto inca, gana a Tiahuanacu, y los edificios que allí hay

El Inca Maita Cápac (cuyo nombre no se tiene que interpretar, porque Maita fue el nombre propio —en la lengua general no significa cosa alguna— y el nombre Cápac está ya declarado), habiendo cumplido con las ceremonias del entierro de su padre y con la solemnidad de la posesión de su reino, volvió a visitarle como rey absoluto, que, aunque en vida de su padre lo había visitado dos veces, había sido como pupilo restringido debajo de tutela, que no podía oír de negocios ni responder a ellos ni hacer mercedes sin la presencia y consentimiento de los de su consejo, a los cuales tocaba el ordenar la respuesta y los decretos de las peticiones, pronunciar las sentencias y tantear y proveer las mercedes que el príncipe hubiese de hacer, aunque fuese heredero, si no tenía edad para gobernar, que era ley del reino. Pues como se viese libre de ayos y tutores, quiso volver a visitar sus vasallos por sus provincias, porque, como ya lo hemos apuntado, era una de las cosas que aquellos Príncipes hacían de que más se favorecían los súbditos. Por esto y por mostrar su ánimo liberal y magnifico, manso y amoroso, hizo la visita, con grandes mercedes de mucha estima a los curacas y a la demás gente común.

Acabada la visita, volvió el ánimo al principal blasón que aquellos Incas tuvieron, que fue llamar y traer gente bárbara a su vana religión, y con el título de su idolatría encubrían su ambición y codicia de ensanchar su reino. Ora sea por lo uno o por lo otro o por ambas cosas, que todo cabe en los poderosos, mandó levantar gente, y, venida la primavera, salió con doce mil hombres de guerra y cuatro maeses de campo y los demás oficiales y ministros del ejército, y fue hasta el desaguadero de la gran laguna Titicaca, que, por ser llana toda la tierra del Callao, le parecía más fácil de conquistar que otra alguna, y también porque la gente de aquella región se mostraba más simple y dócil.

Llegado al desaguadero, mandó hacer grandes balsas, en que pasó el ejército, y a los primeros pueblos que halló envió los requerimientos acostumbrados, que no hay para qué repetirlos tantas veces. Los indios obedecieron fácilmente, por las maravillas que habían oído decir de los Incas, y entre otros pueblos que se redujeron fue uno Tiahuanacu, de cuyos grandes e increíbles edificios será bien que digamos algo. Es así que entre otras obras que hay en aquel sitio, que son para admirar, una de ellas es un cerro o collado hecho a mano, tan alto (para ser hecho de hombres) que causa admiración, y porque el cerro o la tierra amontonada no se les deslizase y se allanase el cerro, lo fundaron sobre grandes cimientos de piedra, y no se sabe para qué fue hecho aquel edificio. En otra parte, apartado de aquel cerro, estaban dos figuras de gigantes entallados en piedra, con vestiduras largas hasta el suelo y con sus tocados en las cabezas, todo ello bien gastado del tiempo, que muestra su mucha antigüedad. Vése también una muralla grandísima, de piedras tan grandes que la mayor admiración que causa es imaginar qué fuerzas humanas pudieron llevarlas donde están, siendo, como es verdad, que en muy gran distancia de tierra no hay peñas ni canteras de donde se hubiesen sacado aquellas piedras. Vénse también en otra parte otros edificios bravos, y lo que más admira son unas grandes portadas de piedra hechas en diferentes lugares, y muchas de ellas son enterizas, labradas de sola una piedra por todas cuatro partes, y aumenta la maravilla de estas portadas que muchas de ellas están asentadas sobre piedras, que, medidas algunas, se hallaron tener treinta pies de largo y quince de ancho y seis de frente. Y estas piedras tan grandes y las portadas son de una pieza, las cuales obras no se alcanza ni se entiende con qué instrumentos o herramientas se pudieran labrar. Y pasando adelante con la consideración de esta grandeza, es de advertir cuánto mayores serían aquellas piedras antes que se labraran.

Los naturales dicen que todos estos edificios y otros que no se escriben son obras antes de los Incas, y que los Incas, a semejanza de éstas, hicieron la fortaleza del Cuzco, que adelante diremos, y que no saben quién las hizo, mas de que oyeron decir a sus pasados que en sola una noche remanecieron hechas todas aquellas maravillas. Las cuales obras parece que no se acabaron, sino que fueron principios de lo que pensaban hacer los fundadores. Todo lo dicho es de Pedro de Cieza de León, en la *Demarcación* que escribió del Perú y sus provincias, capítulo ciento y cinco, donde largamente escribe estos y otros edificios que en suma hemos dicho, con los cuales me pareció juntar otros que me escribe un sacerdote, condiscípulo mío, llamado Diego de Alcobaza (que puedo llamarle hermano porque ambos nacimos en una casa y su padre me crió como ayo)[15] el cual, entre otras relaciones que de mi tierra él y otros me han enviado, hablando de estos grandes edificios de Tiahuanacu, dice estas palabras: «En Tiahuanacu, provincia del Callao, entre otras hay una antigualla digna de inmortal memoria. Está pegada a la laguna llamada por los españoles Chucuitu cuyo nombre propio es Chuquiuitu. Allí están unos edificios grandísimos, entre los cuales está un patio cuadrado de quince brazas a una parte y a otra, con su cerca de más de dos estados de alto. A un lado del Patio está una sala de cuarenta y cinco pies de largo y veintidós de ancho, cubierta a semejanza de las piezas cubiertas de paja que vuestra merced vio en la casa del Sol en esta ciudad de Cuzco. El patio que tengo dicho, con sus paredes y suelo, y la sala y su techumbre y cubierta y las portadas y umbrales de dos puertas que la sala tiene, y otra puerta que tiene el patio todo esto es de una sola pieza, hecha y labrada en un peñasco y las paredes de patio y las de la sala son de tres cuartas de vara de ancho, y el techo de la sala, por de fuera, parece de paja, aunque es de piedra, porque, como los indios cubren sus casas con paja, porque semejase ésta a las otras, peinaron la piedra y la arrayaron para que pareciese cobija de paja. La laguna bate en un lienzo de los del patio. Los naturales dicen que aquella casa y los demás edificios los tenían dedicados al Hacedor del universo. También hay allí cerca otra gran suma de piedras labradas en figuras de hombres y mujeres, tan al natural que parece que están vivos, bebiendo con los vasos en las manos, otros sentados, otros en pie parados, otros que van pasando un arroyo que por entre aquellos edificios pasa; otras estatuas están con sus criaturas en las faldas y regazo; otros las llevan a cuestas y otras de mil manera. Dicen los indios presentes que

---

15 El ayo del Inca Garcilaso se llamó Juan de Alcobaza.

por grandes pecados que hicieron los de aquel tiempo y porque apedrearon un hombre que pasó por aquella provincia, fueron convertidos en aquellas estatuas». Hasta aquí son palabras de Diego de Alcahaza, el cual en muchas provincias de aquel reino ha sido vicario y predicador de los indios, que sus prelados lo han mudado de unas partes a otras, porque como mestizo natural del Cuzco sabe mejor el lenguaje de los indios que otros no naturales de aquella tierra, y hace más fruto.

Capítulo II. Redúcese Hatunpacasa y conquistan a Cac-yauiri

Volviendo al Inca Maita Cápac, es así que casi sin resistencia redujo la mayor parte de la provincia llamada Hatunpacasa, que es la tierra que está a mano izquierda del Desaguadero. Si fue en sola una jornada o en muchas, hay diferencia entre los indios, que los más quieren decir que los Incas iban ganando poco a poco, por ir doctrinando y cultivando la tierra y los vasallos. Otros dicen que esto fue a los principios, cuando no eran poderosos, pero que después que lo fueron conquistaban todo lo que podían. Que sea de la una manera o de la otra, importa poco. Antes será mejor, para no causar enfado repitiendo unas mismas cosas muchas veces, digamos de una vez lo que cada rey de estos ganó; si no, se les hace agravio en no decir las jornadas que cada uno hizo a diferentes partes. Pasando, pues, el Inca en su conquista, llegó a un pueblo llamado Cac-yauiri, que tenía muchas caserías en su comarca, derramadas sin orden de pueblo, y en cada una de ellas había señoretes que gobernaban y mandaban a los demás. Todos éstos, sabiendo que el Inca iba a conquistarlos, se conformaron y redujeron en un cerro que hay en aquella comarca como hecho a mano, alto menos que un cuarto de legua y redondo como un pilón de azúcar, con ser por allí toda la tierra llana. A este cerro, por ser solo y por su hermosura, tenían aquellos indios por cosa sagrada, y le adoraban y ofrecían sus sacrificios. Fuéronse a socorrer a él, para que, como su Dios, los amparase y librase de sus enemigos. Hicieron en él un fuerte de piedra seca y céspedes de tierra por mezcla. Dicen que las mujeres se obligaron a dar todos los céspedes que fuesen menester, por que se acabase más aína la obra, y que los varones pusiesen la piedra de su parte. Metiéronse en el fuerte con sus mujeres e hijos en gran número, con la más comida que pudieron recoger.

El Inca envió los requerimientos acostumbrados y que en particular les dijesen que no iba a quitarles sus vidas ni haciendas, sino a hacerles los beneficios que el Sol mandaba que hiciese a los indios; que no se desacatasen a sus hijos, ni se tomasen con ellos, que eran invencibles, que el Sol les ayudaba en todas sus conquistas y peleas, y que lo tuviesen por su Dios y lo adorasen. Este recado envió el Inca muchas veces a los indios, los cuales estuvieron siempre pertinaces diciendo que ellos tenían buena manera de vivir, que no la querían mejorar y que tenían sus dioses, y que uno de ellos era aquel cerro que los tenía amparados y los había de favorecer; que los Incas se fuesen en paz y enseñasen a otros lo que quisiesen, que ellos no lo querían aprender. El Inca que no llevaba ánimo de darles batalla, sino vencerlos con halagos o con la hambre, si de otra manera no pudiese, repartió su ejército en cuatro partes y cerró el cerro.

Los Collas estuvieron muchos días en su pertinacia apercibidos para si les combatiesen el fuerte, mas viendo que no querían pelear los Incas, lo atribuyeron a temor y cobardía, y, haciéndose más atrevidos de día en día, salieron muchas veces del fuerte a pelear con ellos, los cuales, por cumplir el orden y mandado de su rey, no hacían más que resistirles, aunque todavía moría gente de una parte y de otra, y más de los Collas, porque, como gente bestial, se metían por las armas contrarias. Fue común fama entonces entre los indios del Callao, y después la derramaron los Incas por todos sus reinos, que un día de los que así salieron los indios cercados a pelear con los del Inca, que las piedras y flechas y otras armas que contra los Incas tiraban se volvían contra ellos mismos, y que así murieron muchos Collas, heridos con sus propias armas. Adelante declararemos esta fábula, que es de las que tenían en más veneración. Con la gran mortandad que aquel día hubo, se rindieron los amotinados, y en particular los curacas, arrepentidos de su pertinacia; temiendo otro mayor castigo, recogieron toda su gente, y ·en cuadrillas fueron a pedir misericordia. Mandaron que saliesen los niños delante, y en pos de ellos sus madres y los viejos que con ellos estaban. Poco después salieron los soldados, y luego fueron los capitanes y curacas, las manos atadas y sendas sogas al pescuezo, en señal que merecían la muerte por haber tomado las armas contra los hijos del Sol. Fueron descalzos, que entre los indios del Perú era señal de humildad, con la cual daban a entender que había gran majestad o divinidad en el que iban reverenciar.

Capítulo III. Perdonan los rendidos y declárase la fábula
Puestos ante el Inca, se humillaron en tierra por sus cuadrillas y con grandes aclamaciones le adoraron por hijo del Sol. Pasada la común adoración, llegaron los curacas en particular y, con la veneración que entre ellos se acostumbraba, dijeron suplicaban a Su Majestad los perdonase, y si gustaba más de que muriesen, tendrían por dichosa su muerte con que perdonase aquellos soldados, que, por haberles dado ellos mal ejemplo y mandádoselo, habían resistido al Inca. Suplicaban asimismo perdonase las mujeres, viejos y niños, que no tenían culpa, que ellos solos la tenían y así querían pagar por todos.

El Inca los recibió sentado en su silla, rodeado de su gente de guerra, y, habiendo oído a los curacas, mandó que les desatasen las manos y quitasen las sogas de los cuellos, en señal de que les perdonaba las vidas y les daba libertad, y con palabras suaves les dijo que no había ido a quitarles sus vidas ni haciendas, sino a hacerles bien y a enseñarles que viviesen en razón y ley natural, y que, dejados sus ídolos, adorasen por Dios al Sol, a quien debían aquella merced; que por habérselo mandado el Sol les perdonaba el Inca y de nuevo les hacía merced de sus tierras y vasallos, sin otra pretensión más que hacerles bien, lo cual verían por larga experiencia ellos y sus hijos y descendientes, porque así lo había mandado el Sol; por tanto, se volviesen a sus casas y curasen de su salud y obedeciesen lo que se les mandase, que todo sería en pro y utilidad de ellos. Y para que llevasen mayor seguridad del perdón y testimonio de la mansedumbre del Inca, mandó que los curacas, en nombre de todos los suyos, le diesen paz en la rodilla derecha, para que viesen que, pues permitía tocasen su persona, los tenía por suyos. La cual merced y favor fue inestimable para todos ellos, porque era prohibido y sacrilegio llegar a tocar al Inca, que era uno de sus dioses, si no eran de su sangre real o con licencia suya. Viendo, pues, al descubierto el ánimo piadoso del rey, se aseguraron totalmente del castigo que temían, y, volviendo a humillarse en tierra, dijeron los curacas que serían buenos vasallos para merecer tan gran merced, y que en palabras y obras mostraba Su Majestad ser hijo del Sol, pues a gente que merecía la muerte hacía merced nunca jamás imaginada.

Declarando la fábula, dicen los Incas que lo historial de ella es que viendo los capitanes del Inca la desvergüenza de los Collas, que cada día era mayor, mandaron de secreto a sus soldados que estuviesen apercibidos para pelear con ellos a fuego y a sangre y llevarlos por todo el rigor de las armas, porque no era razón permitir tanto desacato como hacían al Inca. Los Collas salieron como solían a hacer sus fieros y amenazas, descuidados de la ira y apercibimiento de sus contrarios. Fueron recibidos y tratados con gran rigor; murieron la mayor parte de ellos. Y como hasta entonces los del Inca no habían peleado para matarlos, sino para resistirles, dijeron que tampoco habían peleado aquel día, sino que el Sol, no pudiendo sufrir la poca estima que de su hijo hacían los Collas, había mandado que sus propias armas se volviesen contra ellos y los castigasen, pues los Incas no habían querido hacerlo. Los indios, como tan simples, creyeron que era así, pues los Incas, que eran tenidos por hijos del Sol, lo afirmaban. Los amautas, que eran los filósofos, alegorizando la fábula, decían que por no haber querido los Collas soltar las armas y obedecer al Inca cuando se lo mandaron, se les habían vuelto en contra, porque sus armas fueron causa de la muerte de ellos.

Capítulo IV. Redúcense tres provincias, conquístanse otras, llevan colonias, castigan a los que usan de veneno
Esta fábula, y el auto de la piedad y clemencia del príncipe, se divulgó por las naciones comarcanas de Hatunpacasa, donde pasó el hecho, y causó tanta admiración y asombro, y por otra parte tanta afición, que voluntariamente se redujeron muchos pueblos y vinieron a dar la obediencia al Inca Maita Cápac, y le adoraron y sirvieron como a hijo del Sol, y entre otras naciones que dieron la obediencia fueron tres provincias grandes, ricas de mucho ganado y poderosas de gente belicosa, llamadas Cauquicura, Mallama y Huarina, donde fue la sangrienta batalla de Gonzalo Pizarro y Diego Centeno. El Inca, habiendo hecho mercedes y favores, así a los rendidos como a los que vinieron de su grado, volvió a pasar el desaguadero hacia la parte del Cuzco, y desde Hatun Colla envió el ejército con los cuatro maeses de campo al poniente de donde estaba, y les mandó que, pasando

el despoblado que llaman Hatunpuna (hasta cuyas faldas dejó ganado el Inca Lloque Yupanqui), redujesen a su servicio las naciones que hallasen de la otra parte del despoblado, a las vertientes del Mar del Sur. Mandóles que en ninguna manera llegasen a rompimiento de batalla con los enemigos, y que, si hallasen algunos tan duros y pertinaces que no quisiesen reducirse sino por fuerza de armas, los dejasen, que más perdían los bárbaros que ganaban los Incas. Con esta orden y mucha provisión de bastimento que les iban llevando de día en día, caminaron los capitanes y pasaron la Cordillera Nevada con algún trabajo, a causa de no haber camino abierto y tener por aquella banda treinta leguas de travesía de despoblado. Llegaron a una provincia llamada Cuchuna, de poblazón suelta y derramada, aunque de mucha gente. Los naturales, con la nueva del nuevo ejército, hicieron un fuerte, donde se metieron con sus mujeres e hijos. Los Incas los cercaron y, por guardar el orden de su rey, no quisieron combatir el fuerte, que era harto flaco; ofreciéronles los partidos de paz y amistad. Los enemigos no quisieron recibir ninguno.

En esta porfía estuvieron los unos y los otros más de cincuenta días, en los cuales se ofrecieron muchas ocasiones en que los Incas pudieran hacer mucho daño a los contrarios, mas por guardar su antigua costumbre y el orden particular del Inca, no quisieron pelear con ellos más de apretarles con el cerco. Por otra parte les apretaba la hambre, enemiga cruel de gente cercada, y fue grande a causa que por la repentina venida de los Incas no habían hecho bastante provisión ni entendieron que porfiaran tanto en el cerco, sino que se fueran, viéndolos pertinaces. La gente mayor, hombres y mujeres, sufrían la hambre con buen ánimo, mas los muchachos y niños, no pudiendo sufrirla, se iban por los campos a buscar yerbas y muchos se iban a los enemigos, y los padres lo consentían por no verlos morir delante de sí. Los Incas los recogían y les daban de comer y algo que llevasen a sus padres, y con la poca comida les enviaban los partidos acostumbrados de paz y amistad. Todo lo cual visto por los contrarios y que no esperaban socorro, acordaron entregarse sin partido alguno, pareciéndoles que los que habían sido tan dementes y piadosos cuando ellos eran rebeldes y contrarios, lo serían mucho más cuando los viesen rendidos y humillados. Así se rindieron a la voluntad de los Incas, los cuales los recibieron con afabilidad, sin mostrar enojo ni reprenderles de la pertinacia pasada; antes les hicieron amistad y les dieron de comer y les desengañaron, diciéndoles que el Inca, hijo del Sol, no procuraba ganar tierras para tiranizadas, sino para hacer bien a moradores, como se lo mandaba su padre el Sol. Y para que lo viesen por experiencia, dieron ropa de vestir y otras dádivas a los principales, diciéndoles que el Inca les hacía aquellas mercedes; a la gente común dieron bastimento para que fuesen a sus casas, con que todos quedaron muy contentos.

Los capitanes Incas avisaron de todo lo que había sucedido en la conquista y pidieron gente para poblar dos pueblos en aquella provincia, porque les pareció tierra fértil y capaz de mucha más gente de la que tenía, y que convenía dejar en ella presidio para asegurar lo ganado y para cualquiera otra cosa que adelante sucediese. El Inca les envió la gente que pidieron, con sus mujeres e hijos, de los cuales poblaron dos pueblos; el uno al pie de la sierra donde los naturales habían hecho el fuerte; llamáronle Cuchuna, que era nombre de la misma sierra; al otro llamaron Moquehua. Dista el un pueblo del otro cinco leguas, y hoy se llaman aquellas provincias de los nombres de estos pueblos, y son de la jurisdicción de Collasuyu.

Entendiendo los capitanes en fundar los pueblos y dar la traza y orden acostumbrada en la doctrina y gobierno de ellos, alcanzaron a saber que entre aquellos indios había algunos que usaban de veneno contra sus enemigos, no tanto para los matar cuanto para traerlos afeados y lastimados en su cuerpo y rostro. Era un veneno blando, que no morían con él sino los de flaca complexión; empero, los que la tenían robusta vivían pero con gran pena, porque quedaban inhabilitados de los sentidos y de sus miembros y atontados de su juicio y afeados de sus rostros y cuerpos. Quedaban feísimos, albarazados, aoverados de prieto y blanco; en suma, quedaban destruidos interior y exteriormente, y todo el linaje vivía con mucha lástima de verlos así. De lo cual holgaban más los del tósigo, por verlos penar, que no de matarlos luego. Los capitanes, sabida esta maldad, dieron cuenta de ella al Inca, el cual les envió a mandar quemasen vivos todos los que se hallasen haber usado de aquella crueldad, e hiciese de manera que no quedase memoria de ellos. Fue tan agradable este mandato del rey a los naturales de aquellas provincias, que ellos mismos hicieron la pesquisa y ejecutaron la sentencia; quemaron vivos los delincuentes y todo cuanto tenían en sus casas, las cuales derribaron y sembraron de cascajo piedra, como a cosas de gente maldita; quemaron sus ganados y destruyeron sus heredades, hasta arrancar los árboles que habían plantado; mandaron que jamás las diesen a nadie, sino que quedasen desiertas, por que no heredasen con ellas la maldad de los primeros dueños. La severidad del castigo causó tanto miedo en los naturales, que, como ellos lo certifican, nunca más se usó aquella maldad en tiempo de los reyes Incas, hasta que los españoles ganaron la tierra. Ejecutado, pues, el castigo y asentada la población de los transplantados y el gobierno de los conquistados, se volvieron los capitanes al Cuzco a dar cuenta de lo que habían hecho. Fueron muy bien recibidos y gratificados de su rey.

Capítulo V. Gana el Inca tres provincias, vence una batalla muy reñida

Pasados algunos años, determinó el Inca Maita Cápac salir a reducir a su Imperio nuevas provincias, porque de día en día crecía a estos Incas la codicia y ambición de aumentar su reino, para lo cual, habiendo juntado la más gente de guerra que ser pudo, y proveído de bastimentas, se puso en Pucara de Umasuyu, que fue el postrer pueblo que por aquella banda su abuelo dejó ganado, o su padre según otros, como en su lugar dijimos. De Pucara fue al levante, a una provincia que llaman Llaricasa, y sin resistencia alguna redujo los naturales de ella, que holgaron de recibirle por señor. De allí pasó a la provincia llamada Sancáuan, y con la misma facilidad la atrajo a su obediencia, porque, como la fama hubiese andado por aquellas provincias apregonando las hazañas pasadas del padre y abuelo de este príncipe, acudieron los naturales de ellas con mucha voluntad a darle su vasallaje. Tienen estas dos provincias de largo más de cincuenta leguas y de ancho por una parte treinta y por otra veinte; son provincias muy pobladas de gente y ricas de ganados. El Inca, habiendo dado la orden acostumbrada en su idolatría y hacienda y en el gobierno de los nuevos vasallos, pasó a la provincia llamada Pacasa, por ella fue reduciendo a su servicio los naturales de ella sin que le hiciesen contradicción alguna con batalla ni reencuentro, sino que todos le daban la obediencia y veneración como a hijo del Sol.

Esta provincia es parte de la que el Inca Lloque Yupanqui dijimos había conquistado, que es muy grande y contiene muchos pueblos, y así la acabaron de conquistar ambos estos Incas, padre e hijo. Hecha la conquista, llegó al camino real de Umasuyu, cerca de un pueblo que hoy llaman Huaichu. Allí supo cómo adelante había gran número de gente allegada para le hacer guerra. El Inca siguió su camino en busca de los enemigos, los cuales salieron a defenderle el paso de un río que llaman el río de Huaichu. Salieron trece o catorce mil indios de guerra de diversos apellidos, aunque todos se encierran debajo de este nombre Colla. El Inca, por no venir a batalla, sino a seguir su conquista como hasta allí la había llevado, envió muchas veces a ofrecer a los enemigos grandes partidos de paz y amistad, mas ellos nunca los quisieron recibir, antes de día en día se hacían más desvergonzados, que les parecía que los partidos que el Inca les ofrecía y el no querer venir con ellos a rompimiento, todo era temor que les había cobrado. Con esta vana presunción pasaban en cuadrillas por muchas partes del río y acometían con mucha desvergüenza el real del Inca, el cual, por excusar muertes de ambas partes, procuraba por todas vías atraerlos por bien y sufría el desacato de los enemigos con tanta paciencia que ya los suyos se los tenían a mal y le decían que a la majestad del hijo del Sol no era decente permitir y sufrir tanta insolencia a aquellos bárbaros, que era cobrar menosprecio para adelante y perder la reputación ganada.

El Inca templaba el enojo de los suyos con decirles que por imitar a sus pasados y por cumplir el mandato de su padre el Sol, que le mandaba mirase por el bien de los indios, deseaba no castigar aquéllos con las armas; que aguardasen algún día sin hacerles mal ni darles batalla, a ver si nacía en ellos algún conocimiento del bien que les deseaban hacer. Con estas palabras y otras semejantes entretuvo el Inca muchos días sus capitanes, sin querer dar licencia para que viniesen a las manos con los enemigos. Hasta que un día, vencido de la importunidad de los suyos y forzado de la insolencia de los contrarios, que era ya insoportable, mandó apercibir batalla.

Los Incas, que en extremo la deseaban, salieron a ella con toda prontitud. Los enemigos, viendo cerca la pelea que tanto habían incitado, salieron asimismo con grande ánimo y presteza, y, venidos a las manos, pelearon de una parte y de otra con grandísima ferocidad y coraje, los unos por sustentar su libertad y opinión de no querer sujetarse ni servir al Inca, aunque fuese hijo del Sol, y los otros por castigar el desacato que a su rey habían tenido. Pelearon con gran pertinacia y ceguera, particularmente los Collas, que como insensibles se metían por las armas de los Incas, y como bárbaros, obstinados en su rebeldía, peleaban como desesperados sin orden ni concierto, por lo cual fue grande la mortandad que en ellos se hizo. En esta porfiada batalla estuvieron todo el día sin cesar. El Inca se halló en toda ella, entrando y saliendo, ya a esforzar los suyos haciendo oficio de capitán, ya a pelear con los enemigos por no perder el mérito de buen soldado.

Capítulo VI. Ríndense los de Huaichu; perdónanlos afablemente

De los collas, según dicen sus descendientes, murieron más de seis mil por el mal concierto y desatino con que pelearon. Por el contrario, de la parte de los Incas, por su orden y buen gobierno, faltaron no más de quinientos. Con la oscuridad de la noche se recogieron los unos y los otros a sus alojamientos, donde los Collas, sintiendo el dolor de las heridas ya resfriadas y viendo los que habían muerto, perdido el ánimo y el coraje que hasta entonces habían tenido, no supieron qué hacer ni qué consejo tomar, porque para librarse por las armas peleando no tenían fuerzas, y para escapar huyendo no sabían cómo ni por dónde, porque sus enemigos los habían cercado y tomado los pasos, y para pedir misericordia les parecía que no la merecían por su mucha villanía y por haber menospreciado tantos y tan buenos partidos como el Inca les había ofrecido.

En esta confusión tomaron el camino más seguro que fue el parecer de los más viejos, los cuales aconsejaron que rendidos, aunque tarde, invocasen la clemencia del príncipe, el cual, aunque ofendido, imitaría la piedad de sus padres, de los cuales se sabía cuán misericordiosos habían sido con enemigos rebeldes. Con este acuerdo se pusieron, luego que amaneció, en el más vil traje que inventar pudieron, destocados, descalzos, sin mantas, no más de con las camisetas. Y los capitanes y la gente principal, atadas las manos sin hablar palabra alguna, fueron a enterarse por las puertas del alojamiento del Inca, el cual los recibió con mucha mansedumbre. Los Collas, puestos de rodillas, le dijeron que no venían a pedir misericordia, porque sabían que no merecían que el Inca la usase con ellos, por su ingratitud y mucha pertinacia; que solamente le suplicaban mandase a la gente de guerra los pasase a cuchillo por que fuesen ejemplo para que otros no se atreviesen a ser inobedientes al hijo del Sol, como ellos lo habían sido.

El Inca mandó que un capitán de los suyos respondiese en su nombre y les dijese que su padre el Sol no lo había enviado a la tierra para que matase indios sino para que les hiciese beneficios, sacándoles de la vida bestial que tenían, y les enseñase el conocimiento del Sol, su Dios, y les diese ordenanzas, leyes y gobierno para que viviesen como hombres y no como brutos; y que por cumplir este mandamiento andaba de tierra en tierra, sin tener necesidad de ellos, atrayendo los indios al servido del Sol; y que como hijo suyo, aunque ellos no lo merecían, los perdonaba y mandaba que viviesen y que de la rebeldía que habían tenido le había pesado al Inca por el castigo riguroso que su padre el Sol había de hacer en ellos, como lo hizo; que de allí delante se enmendasen y fuesen obedientes a los mandamientos del Sol, para que con sus beneficios viviesen en prosperidad y descanso. Dada esta respuesta, los mandó vestir y curar y que los tratasen con todo el regalo posible. Los indios se volvieron a sus casas, pregonando el mal que su rebeldía les había causado, y que vivían por la clemencia del Inca.

Capítulo VII. Redúcense muchos pueblos; el Inca manda hacer una puente de mimbre

La nueva de la mortandad de aquella batalla se derramó luego por toda la comarca, y que había sido castigo que el Sol había hecho en aquellos indios porque no habían obedecido a sus hijos, los Incas, ni querido recibir sus beneficios. Por lo cual muchos pueblos que adelante había que tenían gente levantada y campos formados para resistir al Inca, los deshicieron, y sabida su clemencia y piedad, se fueron a él y le pidieron perdón y suplicaron los recibiese por sus vasallos, que ellos se hallaban dichosos de serlo. El Inca los recibió con mucha afabilidad y les mandó dar de vestir y otras dádivas, con que los indios fueron muy contentos, publicando por todas partes cómo los Incas eran verdaderos hijos del Sol.

Estos pueblos que vinieron a la obediencia del Inca fueron los que hay desde Huaichu hasta Callamarca, al mediodía, camino de los Charcas, donde hay treinta leguas de camino. El Inca pasó adelante de Callamarca otras veinticuatro leguas por el mismo camino real de los Charcas hasta Caracollo, trayendo a su servicio todos los pueblos que están a una mano y a otra del camino real, hasta llegar a la laguna de Paria. Desde allí revolvió al levante hacia los Antis, y llegó al valle que hoy llaman Chuquiapu, que en la lengua general quiere decir lanza capitana o lanza principal, que es lo mismo. En aquel distrito mandó poblar muchos pueblos de indios trasplantados, porque reconoció que aquellos valles eran más calientes para llevar maíz que no todas las demás provincias que se encierran debajo de este nombre Colla. Del valle de Caracatu fue al levante hasta las faldas de la gran cordillera y sierra nevada de los Antis, que distan treinta leguas y más del camino real de Umasuyu.

En aquellos caminos y en reducir la gente y dar traza a los pueblos que se poblaron, y en ordenar sus leyes y gobierno, gastó tres años. Volvióse al Cuzco, donde fue recibido con grandísima fiesta y regocijo. Y habiendo descansado dos o tres años, mandó apercibir para el verano siguiente bastimentes y gente para hacer nueva conquista, porque no le sufría el ánimo estarse ocioso y porque pretendía ir al poniente del Cuzco, que es lo que llaman Contisuyu, que tiene muchas y grandes provincias. Y porque había de pasar el gran río llamado Apurímac, mandó hiciesen puente por do pasase su ejército. Dióles la traza como se había de hacer, habiéndola consultado con algunos indios de buenos ingenios. Y porque los escritores del Perú, aunque dicen que hay puentes de crizneja, no dicen de qué manera son hechas, me pareció pintarla yo aquí para los que no las han visto, y también porque fue ésta la primera puente de mimbre que en el Perú se hizo por orden de los Incas.

Para hacer una puente de aquéllas, juntan grandísima cantidad de mimbre, que aunque no es de la misma de España es otra especie, de rama delgada y correosa. Hacen de tres mimbres sencillas unas criznejas muy largas, a medida del largo que ha de tener la puente. De tres criznejas de a tres mimbres hacen otras de a nueve mimbres; de tres de aquéllas hacen otras criznejas que vienen a tener en grueso veintisiete mimbres, y de tres de éstas hacen otras más gruesas; y de esta manera van multiplicando y engrosando las criznejas hasta hacerlas tan gruesas y más que el cuerpo de un hombre. De éstas muy gruesas hacen cinco criznejas. Para pasarlas de la otra parte del río pasan los indios nadando o en balsas. Llevan asido un cordel delgado, al cual atan una maroma como el brazo, de un cáñamo que los indios llaman *cháhuar;* a esta maroma atan una de las criznejas, y tiran de ella gran multitud de indios hasta pasarla de la otra parte. Y habiéndolas pasado todas cinco, las ponen sobre dos estribos altos que tienen hechos de peñas vivas, donde las hallan en comodidad, y, no los hallando, hacen los estribos de cantería tan fuerte como la peña. La puente de Apurímac, que está en el camino real del Cuzco a Los Reyes, tiene el un estribo de peña viva y el otro de cantería. Los estribos, hacia la parte de tierra, son huecos, con fuertes paredes a los lados. En aquellos huecos, de una pared a otra, tiene cada estribo atravesadas cinco o seis vigas, tan gruesas como bueyes, puestas por su orden y compás como una escalera de mano; por cada viga de éstas hacen dar una vuelta a cada una de las criznejas gruesas de mimbre de por sí, para que la puente esté tirante y no se afloje con su mismo peso, que es grandísimo; pero, por mucho que la tiren, siempre hace vaga y queda hecho arco, que entran descendiendo hasta el medio y salen subiendo hasta el cabo, y con cualquier aire que sea algo recio, se está meciendo.

Tres criznejas de las gruesas ponen por el suelo de la puente, y las otras dos ponen por pretiles a un lado y a otro. Sobre las que sirven de suelo echan madera delgada como el brazo, atravesada y puesta por su orden en forma de zarzo, que toma todo el ancho de la puente, la cual será de dos varas de ancho. Echan aquella madera para que guarde las criznejas, porque no se rompan tan presto, y átanla fuertemente con las mismas criznejas. Sobre la madera echan gran cantidad de rama atada puesta por su orden. Echanla porque los pies de las bestias tengan en qué asirse y no deslicen y caigan. De las criznejas bajas, que sirven de suelo, a las altas, que sirven de pretiles, entretejen mucha rama y madera delgada, muy fuertemente atada, que hace pared por todo el largo de la puente, y así queda fuerte para que pasen por ella hombres y bestias. La de Apurímac, que es la más larga de todas, tendrá doscientos pasos de largo. No la medí, mas tanteándola en España con muchos que la han pasado le dan este largo, y antes más que menos. Muchos españoles vi que no se apeaban para la pasar, y algunos la pasaban corriendo a caballo, por mostrar menos temor, que no deja de tener algo de temeridad. Esta máquina tan grande se empieza a hacer de solas tres mimbres, y llega a salir la obra tan brava y soberbia como se ha visto, aunque mal pintada. Obra por cierto maravillosa, e increíble, si no se viera como se ve hoy, que la necesidad común la ha sustentado, que no se haya perdido, que también la hubiera destruido el tiempo, como ha hecho otras que los españoles hallaron en aquella tierra, tan grandes y mayores. En tiempo de los Incas se renovaban aquellas puentes cada año; acudían a las hacer las provincias comarcanas, entre las cuales estaba repartida la cantidad de los materiales, conforme a la vecindad y posibilidad de los indios de cada provincia. Hoy se usa lo mismo.

Capítulo VIII. Con la fama de la puente se reducen muchas naciones de su grado

Sabiendo el Inca que la puente estaba hecha, sacó su ejército, en que llevaba doce mil hombres de guerra con capitanes experimentados, y caminó hasta la puente, en la cual halló buena guarda de gente para defenderla si los enemigos la quisieran quemar. Mas ellos estaban tan admirados de la nueva obra cuan deseosos de recibir por señor al príncipe que tal máquina mandó hacer, porque los indios del Perú en aquellos tiempos, y aun hasta que fueron los españoles, fueron tan simples que cualquiera cosa nueva que otro inventase, que ellos no hubiesen visto, bastaba para que se rindiesen y reconociesen por divinos hijos del Sol a los que las hacían. Y así ninguna cosa los admiró tanto para que tuviesen a los españoles por dioses y se sujetasen a ellos en la primera conquista, como verlos pelear sobre animales tan feroces como al parecer de ellos son los caballos, y verles tirar con arcabuces y matar al enemigo a doscientos y a trescientos pasos. Por estas dos cosas, que fueron las principales, sin otras que en ellos vieron los indios, los tuvieron por hijos del Sol y se rindieron con tan poca resistencia como hicieron, y después acá también han mostrado y muestran la misma admiración y reconocimiento cada vez que los españoles sacan alguna cosa nueva que ellos no han visto, como ver molinos para moler trigo, y arar bueyes, hacer arcos de bóveda de cantería en las puentes que han hecho en los ríos, que les parece que todo aquel gran peso está en el aire; por las cuales cosas y otras que cada día ven, dicen que merecen los españoles que los indios los sirvan. Pues como en tiempo del Inca Maita Cápac era aún mayor esta simplicidad, recibieron aquellos indios tanta admiración de la obra de la puente que sola ella fue parte para que muchas provincias de aquella comarca recibiesen al Inca sin contradicción alguna, y una de ellas fue la que llaman Chumpiuillca, que está en el distrito de Contisuyu, la cual tiene veinte leguas de largo y más de diez de ancho: recibiéronle por señor muy de su grado, así por la fama de hijo del Sol como por la maravilla de la obra nueva que les parecía que semejantes cosas no las podían hacer sino hombres venidos del cielo. Solo en un pueblo llamado Uillilli halló alguna resistencia, donde los naturales, habiendo hecho fuera del pueblo un fuerte, se metieron dentro. El Inca los mandó cercar por todas partes para que no se fuese indio alguno, y por otra parte les convidó con su acostumbrada clemencia y piedad.

Los del fuerte, habiendo estado pocos días, que no pasaron de doce o trece, se rindieron, y el Inca los perdonó llanamente, y, dejando aquella provincia pacífica, atravesó el despoblado de Contisuyu, que tiene dieciséis leguas de travesía; halló una mala ciénaga de tres leguas de ancho que a una mano y a otra corre mucha tierra a la larga, que impedía el paso del ejército.

El Inca mandó hacer en ella una calzada, la cual se hizo de piedras grandes y chicas, entre las cuales echaban por mezcla céspedes de tierra. El mismo Inca trabajaba en la obra, así en dar la industria como en ayudar a levantar las piedras grandes que en el edificio se ponían. Con este ejemplo pusieron tanta diligencia los suyos, que en pocos días acabaron la calzada, con ser de seis varas en ancho y dos de alto. Esta calzada han tenido y tienen hoy en gran veneración los indios de aquella comarca, así porque el mismo Inca trabajó en la obra como por el provecho que sienten de pasar por ella, porque ahorran mucho camino y trabajo que antes tenían para descabezar la ciénega por la una parte o por la otra. Y por esta causa tienen grandísimo cuidado de repararla, que apenas se ha caído una piedra cuando la vuelven a poner. Tiénenla repartida por sus distritos, para que cada nación tenga cuidado de reparar su parte, y a porfía unos de otros la tienen, como si hoy se acabara, y en cualquiera obra pública había el mismo repartimiento, por linajes si la obra era pequeña o por pueblos si era mayor o por provincias si era muy grande, como lo son las puentes, pósitos, casas reales y otras obras semejantes. Los céspedes son de mucho provecho en las calzadas, porque, entretejiendo las raíces unas con otras por entre las piedras, las asen y traban y las fortalecen grandemente.

Capítulo IX. Gana el Inca otras muchas y grandes provincias y muere pacífico

Hecha la calzada, pasó el Inca Maita Cápac, y entró por una provincia llamada Allca, donde salieron muchos indios de guerra de toda la comarca a defenderle el paso de unas asperísimas cuestas y malos pasos que hay en el camino, que son tales que, aun pasar por ellos caminando en toda paz, ponen grima y espanto, cuanto más habiéndolos de pasar con enemigos que lo contradigan. En aquellos pasos se hubo el Inca con tanta prudencia y consejo, y con tan buen arte militar, que, aunque se los defendieron y murió gente de una parte y de otra, siempre fue ganando tierra a los enemigos. Los cuales, viendo que en unos pasos tan fragosos no le podían resistir, antes iban perdiendo de día en día, dijeron que verdaderamente los Incas eran hijos del Sol, pues se mostraban invencibles. Con esta creencia vana (aunque habían resistido más de dos meses), de común consentimiento de toda la provincia lo recibieron por rey y señor, prometiéndole fidelidad de vasallos leales. El Inca entró en el pueblo principal llamado Allca con gran triunfo. De allí pasó a otras grandes provincias cuyos nombres son: Taurisma, Cotahuad, Pumatampu, Parihuana Cacha, que quiere decir laguna de pájaros flamencos, porque en un pedazo de despoblado que hay en aquella provincia hay una laguna grande: en la lengua del Inca llaman *cocha* a la mar y a cualquiera laguna o charco de agua, y *parihuana* llaman a los pájaros que en España llaman flamencos, y de estos dos nombres componen uno diciendo Parihuana Cacha, con el cual nombran aquella provincia, que es grande, fértil y hermosa y tiene mucho oro; y los españoles, haciendo síncopa, le llaman Patina Cacha. Pumatampu quiere decir depósito de leones, compuesto de *puma*, que es león, y de *tampu*, que es depósito: debió ser por alguna leonera que en aquella provincia hubiese habido en algún tiempo o porque hay más leones en ella que en otra alguna.

De Parihuana Cacha pasó el Inca adelante, y atravesó el despoblado de Coropuna, donde hay una hermosísima y eminentísima pirámide de nieve que los indios, con mucha consideración, llaman Huaca, que entre otras significaciones que este nombre tiene, aquí quiere decir admirable (que cierto lo es), y en su simplicidad antigua la adoraban sus comarcanos por su eminencia y hermosura, que es admirabilísima. Pasando el despoblado, entró en la provincia llamada Aruni; de allí pasó a otra que dicen Collahua, que llega hasta el valle de Arequipa, que según el padre Blas Valera quiere decir trompeta sonora.

Todas estas naciones y provincias redujo el Inca Maita Cápac a su Imperio con mucha facilidad de su parte y mucha suavidad de parte de los súbditos. Porque, como hubiesen oído las hazañas que los Incas hicieron en los malos pasos y asperezas de la sierra de Allca, creyendo que eran invencibles e hijos del Sol, holgaron de ser vasallos. En cada provincia de aquéllas paró el Inca el tiempo que fue menester para dar asiento y orden en lo que convenía al buen gobierno y quietud de ella. Halló el valle de Arequipa sin habitadores, y, considerando la fertilidad del sitio, la templanza del aire, acordó pasar muchos indios de los que había conquistado para poblar aquel valle. Y dándoles a entender la comodidad del sitio, el provecho que se les seguiría de habitar y gozar aquella tierra, no solamente a los que la poblasen, sino también a los de su nación, porque en todos ellos redundaría el aprovechamiento de aquel valle, sacó más de tres mil casas y con ellos fundó cuatro o cinco pueblos. A uno de ellos llaman Chimpa y a otro Sucahuaya, y dejando en ellos los gobernadores y los demás ministros necesarios, se volvió al Cuzco, habiendo gastado en esta segunda conquista tres años, en los cuales redujo a su Imperio, en el distrito llamado Cuntisuyu, casi noventa leguas de largo y diez y doce de ancho por unas partes y quince por otras. Toda esta tierra estaba contigua a la que tenía ganada y sujeta a su Imperio.

En el Cuzco fue recibido el Inca con grandísima solemnidad de fiestas y regocijos, bailes y cantares compuestos en loor de sus hazañas. El Inca, habiendo regalado a sus capitanes y soldados con favores y mercedes, despidió su ejército, y, pareciéndole que por entonces bastaba lo que había conquistado, quiso descansar de los trabajos pasados y ocuparse en sus leyes y ordenanzas para el buen gobierno de su reino, con particular cuidado y atención del beneficio de los pobres y huérfanos, en lo cual gastó lo que de la vida le quedaba, que, como a los pasados, le dan treinta años de reinado, poco más o menos, que de cierto no se sabe los que reinó ni los años que vivió ni yo pude haber más de sus hechos. Falleció lleno de trofeos y hazañas que en paz y en guerra hizo. Fue llorado y lamentado un año, según la costumbre de los Incas; fue muy amado y querido de sus vasallos. Dejó por su universal heredero a Cápac Yupanqui, su hijo primogénito y de su hermana y mujer Mama Cuca. Sin el príncipe dejó otros hijos e hijas, así de los que llamaban legítimos en sangre como de los no legítimos.

Capítulo X. Cápac Yupanqui, rey quinto, gana muchas provincias en Cuntisuyu

El Inca Cápac Yupanqui, cuyo nombre está ya interpretado por los nombres de sus pasados, luego que murió su padre, tomó en señal de posesión la borla colorada, y, habiendo hecho las exequias, salió a visitar toda su tierra y la anduvo por sus provincias, inquiriendo cómo vivían sus gobernadores y los demás ministros reales: gastó en la visita dos años. Volvióse al Cuzco; mandó apercibir gente y bastimentas para el año siguiente, porque pensaba salir a conquistar hacia la parte de Cuntisuyu, que es al poniente del Cuzco, donde sabía que había muchas y grandes provincias de mucha gente. Para pasar a ellas, mandó que en el gran río Apurímac, en el paraje llamado Huacachaca, se hiciese otra puente más bajo de la Accha, la cual se hizo con toda diligencia y salió más larga que la pasada, porque el río viene ya por aquel paraje más ancho.

El Inca salió del Cuzco y llevó casi veinte mil hombres de guerra; llegó a la puente que está ocho leguas de la ciudad, camino bien áspero y dificultoso que solamente la cuesta que hay para bajar al río tiene de bajada grandes tres leguas, casi perpendicularmente, que por el altura no tiene media legua, y de subida de la otra parte del río tiene otras tres leguas. Pasando la puente, entró por una hermosa provincia llamada Yanahuara, que hoy tiene más de treinta pueblos; los que entonces tenía no se sabe, mas de que el primer pueblo que hay por aquella banda, que se dice Piti, salió con todos sus moradores, hombres y mujeres, viejos y niños, con gran fiesta y regocijo, con grandes cantares y aclamaciones al Inca, y lo recibieron por señor y le dieron la obediencia y vasallaje. El Inca los recibió con mucho aplauso y les dio muchas dádivas de ropas y otras cosas que en su corte se usaban traer.

Los del pueblo Piti enviaron mensajeros a los demás pueblos de su comarca, que son de la misma nación Yanahuara, avisándoles de la venida del Inca y cómo lo habían recibido por rey señor, a cuyo ejemplo vinieron los demás curacas y con mucha fiesta hicieron lo mismo que los de Piti.

El Inca los recibió como a los primeros y les hizo mercedes y regalos, y para mayor favor quiso ver sus pueblos y pasearlos todos, que están en espacio de veinte leguas de largo y más de quince de ancho. De la provincia Yanahuara pasó a otra llamada Aimara. Entre estas dos provincias hay un despoblado de quince leguas de travesía. De la otra parte del despoblado, en un gran cerro que llaman Mucansa, halló gran número de gente recogida para resistirle el paso y la entrada de su provincia, que tiene más de treinta leguas de largo y más de quince de ancho, rica de minas de oro y plata y plomo y de mucho ganado, poblada de mucha gente, la cual antes de la reducción de los pueblos tenía más de ochenta.

El Inca mandó alojar su ejército al pie del cerro para atajar el paso a los contrarios, que como gente bárbara, sin milicia, habían desamparado sus pueblos y recogiéndose en aquel cerro por lugar fuerte, sin mirar que quedaban atajados como en un corral. El Inca estuvo muchos días sin quererles dar batalla ni consentir que les hiciesen otro mal más de prohibirles los bastimentas que podían haber, por que forzados de la hambre se rindiesen y por otra parte les convidaba con la paz.

En esta porfía estuvieron los unos y los otros más de un mes, hasta que los indios rebeldes, necesitados de la hambre, enviaron mensajeros al Inca, diciendo que ellos estaban prestos y aparejados de recibirle por su rey y adorarle por hijo del Sol, si como tal hijo del Sol les daba su fe y palabra de conquistar y sujetar a su imperio (luego que ellos se hubiesen rendido) la provincia Umasuyu, vecina a ellos, poblada de gente belicosa y tirana, que les entraban a comer sus pastos hasta las puertas de sus casas y les hacían otras molestias, sobre lo cual habían tenido guerras con muertes y robos, las cuales, aunque se habían apaciguado muchas veces, se habían vuelto a encender otras tantas, y siempre por la tiranía y desafueros de los de Umasuyu; que le suplicaban, pues habían de ser sus vasallos, les quitase aquellos malos enemigos y que con esta condición se le rendían y le recibían por príncipe y señor.

El Inca respondió por un capitán que él no había venido allí sino a quitar sinrazones y agravios y a enseñar todas aquellas naciones bárbaras a que viviesen en ley de hombres y no de bestias, y a mostrarles el conocimiento de su Dios el Sol, y pues el quitar agravios y poner en razón los indios era oficio del Inca, no tenían para qué ponerle por condición lo que el rey estaba obligado a hacer de oficio; que les recibía el vasallaje, mas no la condición, porque no le habían ellos de dar leyes, sino recibirlas del hijo del Sol; que lo que tocaba a sus disensiones, pendencias y guerras, lo dejasen a la voluntad del Inca, que él sabía lo que había de hacer.

Con esta respuesta se volvieron los embajadores, y el día siguiente vinieron todos los indios que estaban retirados en aquellas sierras, que eran más de doce mil hombres de guerra; trajeron consigo sus mujeres e hijos, que pasaban de treinta mil ánimas, las cuales todas venían en sus cuadrillas, divididas de por si la gente de cada pueblo, y, puestos de rodillas a su usanza, acataron al Inca y se entregaron por sus vasallos, y en señal de vasallaje le presentaron oro y plata y plomo y todo lo demás que tenían. El Inca los recibió con mucha clemencia, y mandó que les diesen de comer, que venían traspasados de hambre, y les proveyesen de bastimentas hasta que llegasen a sus pueblos, porque no padeciesen por los caminos, y mandóles que se fuesen luego a sus casas.

Capítulo XI. La conquista de los aimaras; perdonan a los curacas. Ponen mojoneras en sus términos
Despachada la gente, se fue el Inca a un pueblo de los de la misma provincia Aimara, llamado Huaquirca, que hoy tiene más de dos mil casas, de donde envió mensajeros a los caciques de Umasuyu. Mandólos pareciesen ante él, que como hijo del Sol quería averiguar las diferencias que entre ellos y sus vecinos, los de Aimara, había sobre los pastos y dehesas, y que los esperaba en Huaquirca para les dar leyes y ordenanzas en que viviesen como hombres de razón, y no que se matasen como brutos animales por cosa de tan poca importancia como eran los pastos para sus ganados, pues era notorio que los unos y los otros tenían donde los apacentar bastantemente. Los curacas de Umasuyu, habiéndose jumado para consultar la respuesta, porque fuese común, pues el mandato lo había sido, dijeron que ellos no habían menester

al Inca para ir donde él estaba; que si el Inca los había menester fuese a buscarlos a sus tierras, donde le esperaban con las armas en las manos, y que no sabían si era hijo del Sol ni conocían por su Dios al Sol, ni lo querían, que ellos tenían dioses naturales de su tierra con los cuales se hallaban bien y que no deseaban otros dioses; que el Inca diese sus leyes y premáticas a quien las quisiese guardar, que ellos tenían por muy buena ley tomar por las armas lo que hubiesen menester y quitárselo por fuerza a quienquiera que lo tuviese, y por ellas mismas defender sus tierras al que quisiese ir a ellas a los enojar; que esto daban por respuesta, y si el Inca quisiese otra, se la darían en el campo como valientes soldados.

El Inca Cápac Yupanqui y sus maeses de campo, habiendo considerado la respuesta de los Umasuyus, acordaron que lo más presto que fuese posible diesen en sus pueblos, para que, tomándolos desapercibidos, domasen su atrevimiento y desvergüenza, con el miedo y asombro de las armas más que con el daño de ellas, porque, como se ha dicho, fue ley y mandato expreso del primer Inca Manco Cápac, para todos los reyes sus descendientes, que en ninguna manera derramasen sangre en conquista alguna que hiciesen, si no fuese a más no poder, y que procurasen atraer los indios con caricias y beneficios y buena maña, porque así serían amados de los vasallos conquistados por amor, y al contrario serían aborrecidos perpetuamente de los rendidos y forzados por las armas. El Inca Cápac Yupanqui, viendo cuán bien le estaba guardar esta ley para el aumento y conservación de su reino, mandó apercibir con toda diligencia ocho mil hombres, los más escogidos de todo su ejército, con los cuales, caminando día y noche, se puso en muy breve tiempo en la provincia de Umasuyu, donde los enemigos, descuidados, no le esperaban en más de un mes, por el grande ejército y muchas dificultades que consigo llevaba. Mas viéndole ahora repentinamente en medio de sus pueblos con ejército escogido, y que el demás que había dejado atrás le venía siguiendo, pareciéndoles que no podrían juntarse tan presto para su defensa que no les tuviese el Inca primero quemadas sus casas, arrepentidos de su mala respuesta, dejadas las armas, acudieron los curacas de todas partes con toda presteza, avisándose con sus mensajeros, a pedir misericordia y perdón del delito. Y puestos delante del Inca como acertaban a venir, unos ahora y otros después, le suplicaron les perdonase, que ellos le confesaban por hijo del Sol, y que, como hijo de tal padre, los recibiese por vasallos, que protestaban servirle fielmente.

El Inca, muy en contra del temor de los curacas, que entendían los mandara degollar, los recibió con mucha clemencia y les mandó decir que no se admiraba que, como bárbaros mal enseñados, no entendiesen lo que les convenía para su religión ni para su vida moral; que cuando hubiesen gustado del orden y gobierno de los reyes sus antecesores, holgarían ser sus vasallos, y lo mismo harían en menospreciar sus ídolos cuando hubiesen considerado y reconocido los muchos beneficios que ellos y todo el mundo recibían de su padre el Sol, por los cuales merecía ser adorado y tenido por Dios, y no los dioses que ellos decían de su tierra, los cuales, por ser figuras de animales sucios y viles, merecían ser menospreciados antes que tenidos por dioses; por tanto les mandaba que en todo y por todo le obedeciesen e hiciesen lo que el Inca y sus gobernadores les ordenasen, así en la religión como en las leyes, porque lo uno y lo otro venía ordenado de su padre el Sol.

Los curacas, con grande humildad, respondieron que prometían de no tener otro Dios sino al Sol, su padre, ni guardar otras leyes sino las que les quisiese dar, que por lo que habían oído y visto entendían que todas eran ordenadas para honra y provecho de sus vasallos. El Inca, por favorecer los nuevos vasallos, se fue a un pueblo principal de los de aquella provincia llamado Chirirqui, y de allí, habiéndose informado de la disposición de los pastos sobre que eran las pendencias y guerras, y habiendo considerado lo que convenía a ambas las partes, mandó echar las mojoneras por donde mejor le pareció para que cada una de las provincias reconociese su parte y no se metiese en la ajena. Estas mojoneras se han guardado y guardan hoy con gran veneración porque fueron las primeras que en todo el Perú se pusieron por orden del Inca.

Los curacas de ambas provincias besaron las manos al Inca, dándole muchas gracias de que la partición hubiese sido tan a contento de todos ellos. El rey visitó de espacio aquellas dos provincias para dar asiento en sus leyes y ordenanzas, y, habiéndolo hecho, le pareció volverse al Cuzco y por entonces no pasar adelante en su conquista, aunque pudiera, según la prosperidad y buen suceso que hasta allí había tenido. Entró el Inca Cápac Yupanqui en su corte con su ejército en manera de triunfo, porque los curacas y gente noble que de las tres provincias nuevamente ganadas habían ido con el rey a ver la ciudad imperial, lo metieron en hombros sobre las andas de oro en señal de que se habían sometido a su Imperio. Sus capitanes iban al derredor de las andas, y la gente de guerra delante, por su orden y concierto militar, en escuadrones la de cada provincia de por sí dividida de la otra, guardando todas las antigüedades de como habían sido ganadas y reducidas al Imperio, porque las primeras iban más cerca del Inca y las postreras más lejos. Toda la ciudad salió a recibirle con bailes y cantares, como lo había de costumbre.

Capítulo XII. Envía el Inca a conquistar los quechuas. Ellos se reducen de su grado

El Inca se ocupó cuatro años en el gobierno y beneficio de sus vasallos; mas pareciéndole que no era bien gastar tanto tiempo en la quietud y regalo de la paz, sin dar parte al ejercicio militar, mandó que con particular cuidado se proveyesen los bastimentas y las armas, y la gente se aprestase para el año venidero. Llegado el tiempo, eligió un hermano suyo llamado Auqui Titu por capitán general, y cuatro Incas, de los parientes más cercanos, hombres experimentados en paz y en guerra, por maeses de campo, que cada uno de ellos llevase a su cargo un tercio de cinco mil hombres de guerra y todos cinco gobernasen el ejército. Mandóles que llevasen adelante la conquista que él había hecho en el distrito de Cuntisuyu, y para dar buen principio a la jornada fue con ellos hasta la puente de Huacachaca, y habiéndoles encomendado el ejemplo de los Incas sus antecesores en la conquista de los indios, se volvió al Cuzco.

El Inca general y sus maeses de campo entraron en una provincia llamada Cotapampa; hallaron al señor de ella acompañado de un pariente suyo, señor de otra provincia que se dice Cotanera, ambas de la nación llamada Quechua. Los caciques, sabiendo que el Inca enviaba ejército a sus tierras, se habían juntado para recibirle muy de su grado por rey y señor, porque había muchos días que lo deseaban, y así salieron acompañados de mucha gente y con bailes y cantares, y recibieron al Inca Auqui Titu, y, con muestras de mucho contento y alegría, le dijeron: «Seas bien venido Inca Apu (que es general) a darnos nuevo ser y nueva calidad con hacernos criados y vasallos del hijo del Sol, por lo cual te adoramos como a hermano suyo, y te hacemos saber por cosa muy cierta que si no vinieras tan presto a reducirnos al servicio del Inca, estábamos determinados de ir al año venidero al Cuzco a entregamos al rey y suplicarle mandara admitirnos debajo de su Imperio, porque la fama de las hazañas y maravillas de estos hijos del Sol, hechas en paz y en guerra, nos tienen tan aficionados y deseosos de servirles y ser sus vasallos que cada día se nos hacía un año. También lo deseábamos por vernos libres de las tiranías y crueldades que las naciones Chanca y Hancohuallu y otras, sus comarcanas, nos hacen de muchos años atrás, desde el tiempo de nuestros abuelos y antecesores, que a ellos y a nosotros nos han ganado muchas tierras, y nos hacen grandes sinrazones y nos traen muy oprimidos; por lo cual deseábamos el imperio de los Incas, por vernos libres de tiranos. El Sol, tu padre, te guarde y ampare, que así has cumplido nuestros deseos». Dicho esto, hicieron su acatamiento al Inca y a los maeses de campo, y les presentaron mucho oro para que lo enviasen al rey. La provincia de Cotapampa, después de la guerra de Gonzalo Pizarro, fue repartimiento de don Pedro Luis de Cabrera, natural de Sevilla, y la provincia Cotanera y otra que luego veremos, llamada Huamanpallpa, fueron de Garcilaso de la Vega, mi señor, y fue el segundo repartimiento que tuvo en el Perú; del primero diremos adelante en su lugar.

El general Auquititu y los capitanes respondieron en nombre del Inca y les dijeron que agradecían sus buenos deseos pasados y los servicios presentes, que de lo uno y de lo otro y de cada palabra de las que habían dicho darían larga cuenta a Su Majestad, para que las mandase gratificar como se gratificaba cuanto en su servido se hacía. Los curacas quedaron muy contentos de saber que hubiesen de llegar a noticia del Inca sus palabras y servicios; y así cada día mostraban más amor y hacían con mucho gusto cuanto el general y sus capitanes les mandaban. Los cuales, dejada la buena orden acostumbrada en aquellas dos provincias, pasaron a otra llamada Huamanpallpa; también la redujeron sin guerra ni contradicción alguna. Los Incas pasaron el río Amáncay por dos o tres brazos que lleva corriendo por entre aquellas provincias, los cuales, juntándose poco adelante, hacen el caudaloso río llamado Amáncay.

Uno de aquellos brazos pasa por Chuquiinca, donde fue la batalla de Francisco Hernández Girón con el mariscal don Alonso de Alvarado, y en este mismo río, años antes, fue la de don Diego de Almagro y el dicho mariscal, y en ambas fue vencido don Alonso de Alvarado, como se dirá más largo en su lugar, si Dios nos deja llegar allá. Los Incas anduvieron reduciendo las provincias que hay de una parte y otra del río Amáncay, que son muchas y se contienen debajo de este apellido Quechua. Todos tienen mucho oro y ganado.

Capítulo XIII. Por la costa de la mar reducen muchos valles. Castigan los sodomitas

Dejando en ellas el orden necesario para el gobierno, salieron al despoblado de Huallaripa, famosa sierra por el mucho oro que han sacado de ella y mucho más que le queda por sacar, y atravesando una manga de despoblado, la cual por aquella parte tiene treinta y cinco leguas de travesía, bajaron a los llanos, que es la costa de la mar. A toda la tierra que es costa de mar y a cualesquiera otra que sea tierra caliente llaman los indios *Yunca,* que quiere decir tierra caliente: debajo de este nombre Yunca se contienen muchos valles que hay por toda aquella costa. Los españoles llaman valles a la tierra que alcanzan a regar los ríos que bajan de la sierra a la mar. La cual tierra es solamente la que se habita en aquella costa, porque, salido de lo que el agua riega, todo lo demás es tierra inhabitable, porque son arenales muertos donde no se cría yerba ni otra cosa alguna de provecho.

Por el paraje que estos Incas salieron a los llanos está el valle de Hacari, grande, fértil y muy poblado, que en tiempos pasados tenía más de veinte mil indios de vecindad, los cuales redujeron los Incas a su obediencia y servicio con mucha facilidad. Del valle Hacari pasaron a los valles que llaman Uuiña, Camana, Carauilli, Picta, Quellca y otros que hay adelante en aquella costa, norte sur, en espacio de sesenta leguas de largo la costa adelante. Y estos valles abajo, desde la sierra a la mar, y de ancho lo que alcanzan los ríos a regar a una mano y otra, que unos riegan dos leguas, otros más y otros menos, según las aguas que llevan, pocas o muchas. Algunos ríos hay en aquella costa que no los dejan los indios llegar a la mar, sacándolos de sus madres para regar sus mieses y arboledas. El Inca general Auquititu y sus maeses de campo, habiendo reducido todos aquellos valles al servicio de su rey sin batalla, le dieron cuenta de todo lo sucedido, y en particular le avisaron que pesquisando las costumbres secretas de aquellos naturales de sus ritos y ceremonias y de sus dioses, que eran los pescados que mataban, habían hallado que había algunos sodomitas, no en todos los valles, sino en cual y cual, ni en todos los vecinos en común, sino en algunos particulares que en secreto usaban aquel mal vicio. Avisaron también que por aquella parte no tenían más tierra que conquistar, porque habían llegado a cerrar, con lo que de atrás estaba conquistado, la costa adelante al sur.

El Inca holgó con la relación de la conquista y mucho más de que se hubiese hecho sin derramar sangre. Envió a mandar que, dejando el orden acostumbrado para el gobierno, se volviesen al Cuzco. Y en particular mandó que con gran diligencia hiciesen pesquisa de los sodomitas, y en pública plaza quemasen vivos los que hallasen no solamente culpados sino indiciados, por poco que fuese; asimismo quemasen sus casas y las derribasen por tierra y quemasen los árboles de sus heredades, arrancándolos de raíz, por que en ninguna manera quedase memoria de cosa tan abominable, y pregonasen por ley inviolable que de allí adelante se guardasen de caer en semejante delito, so pena de que por el pecado de uno sería asolado todo su pueblo y quemados sus moradores en general, como entonces lo eran en particular.

Lo cual todo se cumplió como el Inca lo mandó, con grandísima admiración de los naturales de todos aquellos valles del nuevo castigo que se hizo sobre el nefando; el cual fue tan aborrecido de los Incas y de toda su generación, que aun el nombre solo les era tan odioso que jamás lo tomaron en la boca, y cualquiera indio de los naturales del Cuzco, aunque no fuese de los Incas, que con enojo, riñendo con otro, se lo dijese por ofensa, quedaba el mismo ofensor por infame, y por muchos días le miraban los demás indios como a cosa vil y asquerosa, porque había tomado tal nombre en la boca.

Habiendo el general y sus maeses de campo concluido con todo lo que el Inca les envió a mandar, se volvieron al Cuzco, donde fueron recibidos con triunfo y les hicieron grandes mercedes y favores. Pasados algunos años después de la conquista que se ha dicho, el Inca Cápac Yupanqui deseó hacer nueva jornada por su persona y alargar por la parte llamada Collasuyu los términos de su Imperio, porque en las dos conquistas pasadas no habían salido del distrito llamado Cuntisuyu. Con este deseo mandó que para el año venidero se apercibiesen veinte mil soldados escogidos.

Entre tanto que la gente se aprestaba, el Inca proveyó lo que convenía para: el gobierno de todo su reino. Nombró a su hermano, el general Auquititu, por gobernador y lugarteniente. Mandó que los cuatro maeses de campo que con él habían ido quedasen por consejeros del hermano. Eligió para que fuesen consigo cuatro maeses de campo y otros capitanes que gobernasen el ejército, todos Incas, porque habiéndolos, no podían los de otra nación ser capitanes, y aunque los soldados que venían de diversas provincias trajesen capitanes elegidos de su misma nación, luego que llegaban al ejército real daban a cada capitán extranjero un Inca por superior, cuya orden y mandado obedeciese y guardase en las cosas de la milicia como su teniente: de esta manera venía a ser todo el ejército gobernado por los Incas, sin quitar a las otras naciones los cargos particulares que traían por que no se desfavoreciesen ni desdeñasen ni se los quitasen. Porque los Incas, en todo lo que no era contra sus leyes y ordenanzas, siempre mandaban se diese gusto y contento a los curacas y a las provincias de cada nación: por esta suavidad de gobierno que en toda cosa había, acudían los indios con tanta prontitud y amor a servir a los Incas. Mandó que el príncipe, su heredero, le acompañase, para que se ejercitase en la milicia, aunque era de poca edad.

Capítulo XIV. Dos grandes curacas comprometen sus diferencias en el Inca y se hacen vasallos suyos

Llegado el tiempo de la jornada, salió el Inca Cápac Yupanqui del Cuzco y fue hasta la laguna de Paria, que fue el postrer término que por aquella banda su padre dejó conquistado. Por el camino fue con los ministros recogiendo la gente de guerra que en cada provincia estaba apercibida. Tuvo cuidado de visitar los pueblos que a una mano y otra del camino pudo alcanzar, por favorecer aquellas naciones con su presencia, que era tan grande el favor que sentían de que el Inca entrase en sus provincias, que en muchas de ellas se guarda hoy la memoria de muchos lugares donde los Incas acertaron a hacer alguna parada en el campo o en el pueblo para mandarles algo o para hacerles alguna merced o a descansar del camino. Los cuales puestos tienen hoy los indios en veneración por haber estado sus reyes en ellos.

El Inca, luego que llegó a la laguna de Paria, procuró reducir a su obediencia los pueblos que halló por aquella comarca: unos se le sujetaron por las buenas nuevas que de los Incas habían oído y otros por no poderle resistir. Andando en estas conquistas, le llegaron mensajeros de dos grandes capitanes que había en aquel distrito que llamamos Collasuyu, los cuales se hacían cruel guerra el uno al otro. Y para que se entienda mejor la historia, es de saber que estos dos grandes curacas eran descendientes de dos capitanes famosos que en tiempos pasados, antes de los Incas, se habían levantado en aquellas provincias cada uno de por sí y ganado muchos pueblos y vasallos y héchose grandes señores. Los cuales, no contentos con lo que iban ganando, volvieron las armas el uno contra el otro, por la común costumbre del reinar, que no sufre igual. Hiciéronse cruel guerra, perdiendo y ganando ya el uno, ya el otro, aunque, como bravos capitanes, se sustentaron valerosamente todo el tiempo que vivieron. Esta guerra y contienda dejaron en herencia a sus hijos y descendientes, los cuales la sustentaron con el mismo valor que sus pasados, hasta el tiempo del Inca Cápac Yupanqui.

Viendo, pues, la continua y cruel guerra que se hacían, y que muchas veces se habían visto casi consumidos, temiendo destruirse del todo sin provecho de alguno de ellos, porque las fuerzas y valor siempre se habían mostrado iguales, acordaron, con parecer y consejo de sus capitanes y parientes, de someterse al arbitrio y voluntad del Inca Cápac Yupanqui y pasar por lo que él les mandase y ordenase acerca de sus guerras y pasiones. Vinieron en este concierto movidos por la fama de los Incas pasados y del presente, cuya justicia y rectitud, con las maravillas que decían haber hecho su padre el Sol por ellos, andaban tan divulgadas por entre aquellas naciones que todos deseaban conocerlos. El uno de aquellos señores se llamaba Cari y el otro Chipana: los mismos nombres tuvieron sus antepasados, desde los primeros; querían los sucesores conservar la memoria con sus nombres, heredándolos de uno en otro, por acordarse de sus mayores e imitarles, porque fueron valerosos. Pedro de Cieza de León, capítulo ciento, toca esta historia brevemente, aunque la pone mucho después de cuando pasó: llama al uno de los curacas Cari y al otro Zapana. Los cuales, como supiesen que el Inca andaba conquistando cerca de sus provincias, le enviaron mensajeros dándole cuenta de sus guerras y pendencias, suplicándole tuviese por bien darles licencia para que fuesen a besarle las manos y hacerle más larga relación de sus pasiones y diferencias, para que Su Majestad las concertase y aviniese, que ellos protestaban pasar por lo que el Inca les mandase, pues todo el mundo le confesaba por hijo del Sol, cuya rectitud esperaban haría justicia a ambas las partes, de manera que hubiese paz perpetua.

El Inca oyó los mensajeros y respondió que los curacas viniesen cuando bien les estuviese, que él procuraría concertarlos, y esperaba ponerlos en paz y hacerles amigos, porque las leyes y ordenanzas que para ello les daría serían decretadas por su padre el Sol, a quien consultaría aquel caso para que fuese más acertado lo que sobre él determinase. Con la respuesta holgaron mucho los curacas y, desde a pocos días, vinieron a Paria, donde el Inca estaba, y entraron ambos en un día por diversas partes, que así lo habían concertado. Puestos ante el rey, le besaron las manos igualmente, sin quererse aventajar el uno del otro. Y Cari, que tenía sus tierras más cerca de las del Inca, habló en nombre de ambos y dio larga cuenta de la discordia que entre ellos había y las causas de ella. Dijo que unas veces era de envidia que cada uno tenía de las hazañas y ganancias del otro y que otras veces era ambición y codicia por quitarse los estados, y cuando menos era sobre los términos y jurisdicción; que suplicaban a Su Majestad los concertase, mandando lo que más gustase, que a eso venían ambos, cansados ya de las guerras que de muchos años atrás entre ellos había. El Inca, habiéndolos recibido con la afabilidad acostumbrada, mandó que asistiesen algunos días en su ejército, y que dos capitanes Incas de los más ancianos enseñase cada uno al suyo las leyes, fundadas en la ley natural, con que los Incas gobernaban sus reinos para que sus vasallos viviesen en paz, respetándose unos a otros, así en la honra como en la hacienda. Y para lo de las diferencias que tenían acerca de sus términos y jurisdicción sobre que fundaban sus guerras, envió dos Incas parientes suyos para que hiciesen pesquisa en las provincias de los curacas y supiesen de raíz las causas de aquellas guerras.

Habiéndose informado el Inca de todo, y consultándolo con los de su Consejo, llamó los curacas y en breves palabras les dijo que su padre el Sol les mandaba que para tener paz y concordia guardasen las leyes que los

Incas les habían enseñado, y mirasen por la salud y aumento de los vasallos, que las guerras más eran para destruirse y destruirlos que para aumentarlos; que advirtiesen que por verlos en discordia podrían levantarse otros curacas y sujetarlos, hallándolos flacos y debilitados, y quitarles los estados y borrar del mundo la memoria de sus antepasados, todo lo cual se conservaba y aumentaba con la paz. Mandóles asimismo que echasen por tal y tal parte las mojoneras de sus términos y que no las rompiesen. Díjoles a lo último que su Dios el Sol lo mandaba y ordenaba así para que tuviesen paz y viviesen en descanso, y que el Inca lo confirmaba, so pena de castigar severamente al que lo quebrantase, pues lo habían hecho juez de sus diferencias.

Los curacas respondieron que obedecerían a Su Majestad llanamente, y, por el aficion que a su servicio habían cobrado, serian amigos verdaderos. Después los caciques Cari y Chipana trataron entre sí las leyes del Inca, el gobierno de su casa y corte y de todo su reino, la mansedumbre con que procedía en la guerra y la justicia que a todos hacía sin permitir agravio a ninguno. Particularmente notaron la suavidad e igualdad con que ellos dos habían usado, y cuán justificada había sido la partición de sus tierras. Todo lo cual bien mirado con los deudos y súbditos que consigo tenían, determinaron entre todos de entregarse al Inca y ser sus vasallos. También lo hicieron porque vieron que el Imperio del Inca llegaba ya muy cerca de sus estados y que otro día se los había de ganar con fuerza, porque ellos no eran poderosos para resistirle. Quisieron como discretos ser vasallos voluntarios y no forzados, por no perder los méritos que los tales adquirían con los Incas. Con este acuerdo se pusieron ante él y le dijeron suplicaban a Su Majestad los recibiese en su servicio, que querían ser vasallos y criados del hijo del Sol, y que desde luego le entregaban sus estados; que Su Majestad enviase gobernadores y ministros que enseñasen a aquellos nuevos súbditos lo que hubiesen de hacer en su servicio.

El Inca elijo que les agradecía su buen ánimo y tendría cuenta de hacerles merced en todas ocasiones. Mandóles dar mucha ropa de vestir, de la del Inca para los caciques, y de la otra, no tan subida, para sus parientes; hízoles otras mercedes de mucho favor y estima, con que los curacas quedaron muy contentos. De esta manera redujo el Inca a su Imperio muchas provincias y pueblos que en el distrito de Collasuyu poseían aquellos dos caciques, que entre otros fueron Pocoata, Murumuru, Maccha, Caracara y todo lo que hay al levante de estas provincias hasta la gran cordillera de los Antis, y más todo aquel despoblado grande que llega hasta los términos de la gran provincia llamada Tapac-ri, que los españoles llaman Tapacari, el cual despoblado tiene más de treinta leguas de travesía de tierra muy fría y, por serlo tanto, está despoblada de habitantes, pero, por los muchos pastos que tiene, llena de innumerable ganado bravo y doméstico y de muchas fuentes de agua tan caliente que no pueden tener la mano dentro un avemaría, y en el vaho que el agua echa al salir se ve dónde está la fuente, aunque esté lejos. Y esta agua caliente toda hiede a piedra azufre, y es de notar que entre estas fuentes de agua tan caliente hay otras de agua frigidísima y muy sabrosa, y de unas y de otras se viene a hacer un río que llaman de Cochapampa.

Pasado el gran despoblado de las fuentes, llegan a una cuesta que tiene de bajada siete leguas de camino, hasta lo llano de la provincia de Tapacari, la cual fue el primer repartimiento de indios que en el Perú tuvo Garcilaso de la Vega, mi señor. Es de tierra fertilísima, poblada de mucha gente y ganado; tiene más de veinte leguas de largo y más de doce de ancho. Ocho leguas adelante está otra hermosísima provincia llamada Cochapampa; tiene el valle treinta leguas de largo y cuatro de ancho, con un caudaloso río que hace el valle. Estas dos hermosas provincias, entre otras, entraron en la reducción que los dos curacas Cari y Chipana hicieron de sus estados, como se ha contado. Con la reducción alargaron su Imperio los Incas de sesenta leguas de largo. En la provincia Cochapampa, por ser tan buena y fértil, poblaron los españoles un pueblo, año de 1565: llamárande San Pedro de Cardeña, porque el fundador fue un caballero natural de Burgos llamado el capitán Luis Osario.

Hecha la reducción, mandó el Inca que dos maeses de campo de los que tenía consigo fuesen a los estados de aquellos curacas y llevasen los ministros necesarios para el gobierno y enseñanza de los nuevos vasallos; lo cual proveído, pareciéndole que por aquel año bastaba la conquista hecha, que era más de la que había esperado, se volvió al Cuzco, llevando consigo los dos caciques para que viesen la corte y para regalarlos y festejarlos en ella. En la ciudad fueron muy bien recibidos, y a los dos curacas les hicieron muchas fiestas, honrándolos y estimándolos porque así lo mandó el Inca.

Pasados algunos días, les dio licencia que se fuesen a sus tierras y los envió muy contentos de las mercedes y favores que les hizo, y a la partida les dijo que estuviesen apercibidos, que pensaba ir presto a sus estados a reducir a los indios que de la otra parte había.

Capítulo XV. Hacen un puente de paja, enea y juncia en el desaguadero, redúcese Chayanta

El Inca Cápac Yupanqui quedó ufano de haber salido con la empresa de la puente que dijimos de Huancacha en el río Apurímac, y así mandó hacer otra en el desaguadero de la laguna Titicaca, porque pensaba volver presto a la conquista de las provincias que había en Collasuyu, que por ser aquella tierra llana y apacible de andar con ejércitos, se hallaron bien los Incas en la conquista de ella, y por esta causa porfiaron hasta que ganaron todo aquel distrito. La puente de Huacachaca y todas las que hay en el Perú son hechas de mimbre; la de aquel río que los españoles llaman el Desaguadero es de juncia y de otros materiales. Está sobre el agua como la de Sevilla, que es de barcos, y no está en el aire como están las de mimbre, según dijimos. En todo el Perú se cría una paja larga, suave y correosa, que los indios llaman *ichu,* con que se cubren sus casas. La que se cría en el Callao es más aventajada y muy buen pasto para el ganado, de la cual hacen los Collas canastas y cestillas y lo que llaman *patacas* (que son como arcas pequeñas) y sogas y maromas. Demás de esta buena paja se cría en la ribera de la laguna Titicaca grandísima cantidad de juncia y de espadaña, que por otro nombre llaman *enea.* A sus tiempos cortan los indios de las provincias que están obligadas a hacer la puente mucha cantidad de enea y juncia para que esté seca cuando hayan de hacer la puente. De la paja que hemos dicho hacen cuatro maromas gruesas como la pierna; las dos echan sobre el agua; atraviesan el río de una parte a otra, el cual por cima parece que no corre y por debajo lleva grandísima corriente, según afirman los que han querido verlo por experiencia. Sobre las maromas, en lugar de barcas, echan muy grandes haces de enea y de juncia, del grueso de un buey, fuertemente atadas una con otra y con las maromas; luego echan sobre los haces de juncia y enea las otras dos maromas y las atan fuertemente con los haces para que se incorpore y fortalezca uno con otro. Sobre aquellas maromas, por que no se rompan tan presto con el hollar de las bestias, echan otra mucha cantidad de enea en haces delgados como el brazo y la pierna, los cuales van asimismo por su orden cosidos unos con otros y con las maromas. A estos haces menores llaman los españoles la calzada de la puente. Tiene la puente trece o catorce pies de ancho y más de una vara de alto y ciento y cincuenta pasos poco más o menos de largo, donde se puede imaginar qué cantidad de juncia y enea será menester para obra tan grande. Y es de advertir que la renuevan cada seis meses, quiero decir que la hacen de nuevo, porque los materiales que han servido, por ser de cosas tan flacas como paja, enea y juncia, no quedan para servir de nuevo. Y por que haya seguridad en la puente, la renuevan antes que las maromas se acaben de podrir y se quiebren.

Esta puente, como las demás obras grandes, estaba en tiempo de los Incas repartida por las provincias comarcanas, y se sabía con qué cantidad de materiales había de acudir cada una, y, como los tenían apercibidos de un año para otro, hacían la puente en brevísimo tiempo. Los cabos de las maromas gruesas, que son el fundamento de la puente, entierran debajo de tierra, y no hacen estribos de piedra donde las aten. Dicen los indios que aquello es lo mejor para aquella manera de puente, mas también lo hacen porque mudan sitio, haciendo la puente unas veces más arriba y otras más abajo, aunque en poco espacio. El Inca, sabiendo que la puente estaba hecha, salió del Cuzco con el príncipe su heredero y caminó por sus jornadas hasta las últimas provincias de los caciques Cari y Chipana, que, como atrás queda dicho, eran Tapacari y Cochapampa. Los caciques estaban apercibidos con gente de guerra para servir al Inca. De Cochapampa fueron a Chayanta; pasaron treinta leguas de un mal despoblado que hay en medio, donde no hay un palmo de tierra de provecho, sino peñas y riscos y pedregales y peña viva; no se cría en aquel desierto cosa alguna, si no son unos cirios que llevan espinas tan largas como los dedos de la mano, de las cuales hacían las indias agujas para coser eso poco que cosían; aquellos cirios se crían en todo el Perú. Pasado el despoblado, entran en la provincia Chayanta, que tiene veinte leguas de largo y casi otra tantas de ancho. El Inca mandó al príncipe que enviase mensajeros con los requerimientos acostumbrados.

Para responder el mensaje estuvieron los indios de Chayanta diferentes, que unos decían que era muy justo que se recibiese el hijo del Sol por señor y sus leyes se guardasen, pues se debía creer que, siendo ordenadas por el Sol, serían justas, suaves y provechosas, todas en favor de los vasallos y ninguna en interés del Inca. Otros dijeron que no tenían necesidad de rey ni de nuevas leyes, que las que se tenían eran muy buenas, pues las habían guardado sus antepasados, y que les bastaban sus dioses, sin tomar nueva religión y nuevas costumbres, y lo que peor les parecía era sujetarse a la voluntad de un hombre que estaba predicando religión y santidades y que mañana, cuando los tuviese sujetos, les pondría las leyes que quisiese, que todas serían en provecho suyo y daño de los vasallos, y que no era bien se experimentasen estos males, sino que viviesen en libertad como hasta allí o muriesen sobre ello.

En esta diferencia estuvieron algunos días, pretendiendo cada una de las partes salir con su opinión hasta que por una parte el temor de las armas del Inca y por otra las nuevas de sus buenas leyes y suave gobierno los redujo a que se conformasen. Respondieron no concediendo absolutamente ni negando del todo, sino en un medio compuesto de ambos pareceres, y dijeron que ellos holgarían de recibir al Inca por su rey y señor; empero, que no sabían qué leyes les había de mandar guardar, si serían en daño o en provecho de ellos. Por tanto le suplicaban hubiese treguas de ambas partes, y que (entretanto que les enseñaban las leyes) el Inca y su ejército entrase en la provincia, con palabra que les diese de salirse y dejarlos libres si sus leyes no les contentasen; empero que si fuesen tan buenas como él decía, desde luego le adoraban por hijo del Sol y le reconocían por señor.

El Inca dijo que aceptaba la condición con que le recibían, aunque podía rendirlos por fuerza de armas; empero que holgaba de guardar el ejemplo de sus pasados, que era ganar los vasallos por amor y no por fuerza, y que les daba su fe y palabra de dejarlos en la libertad que tenían cuando no quisiesen adorar a su padre el Sol ni guardar sus leyes; porque esperaba que habiéndolas visto y entendido, no solamente no las aborrecerían, sino que las amarían y les pesaría de no haberlas conocido muchos siglos antes.

Hecha esta promesa entró el Inca en Chayanta, donde fue recibido con veneración y acato, mas no con fiesta y regocijo como en otras provincias se había hecho, porque no sabían qué tal les había de salir aquel partido. Y así tuvieron entre temor y esperanza, hasta que los varones ancianos diputados por el Inca, que tenía para consejeros y gobierno del ejército, en presencia del príncipe heredero, que asistió algunos días a esta enseñanza, les manifestaron las leyes, así las de su idolatría como las del gobierno de la república; y esto se hizo muchas veces y en muchos días hasta que las entendieron bien. Los indios, mirando con atención cuán en su honra y provecho eran todas, dijeron que el Sol y los Incas, sus hijos, que tales ordenanzas y leyes daban a los hombres merecían ser adorados y tenidos por dioses y señores de la tierra. Por tanto prometían guardar sus fueros y estatutos y desechar cualesquiera ídolos, ritos y costumbres que tuviesen. Y con esta protestación, hecha ante el príncipe, lo adoraron en lugar de su padre el Sol y del Inca Cápac Yupanqui.

Acabada la jura y la solemnidad de ella, sacaron grandes danzas y bailes a la usanza de ellos, nuevos para los Incas. Salieron con muchas galas y arreos y cantares compuestos en loor del Sol y de los Incas y de sus buenas leyes y gobierno, y los festejaron y sirvieron con toda la ostentación de amor y buena voluntad que pudieron mostrar.

Capítulo XVI. Diversos ingenios que tuvieron los indios para pasar los ríos y para sus pesquerías

Ya que se ha dado cuenta de las dos maneras de puentes que los Incas mandaron hacer para pasar los ríos, una de mimbre y la otra de juncia y enea, será razón digamos otras maneras y artificios que tenían para los pasar, porque las puentes, por la mucha costa y prolijidad, no se sufría hacerlas sino en los caminos reales. Y como aquella tierra sea tan ancha y larga y la atraviesen tantos ríos, los indios, enseñados de la pura necesidad, hicieron diversos ingenios para pasarlas, conforme a las diversas disposiciones que los ríos tienen y también para navegar por la mar eso poco que por ella navegaban. Para lo cual no supieron o no pudieron hacer piraguas ni canoas como los de la Florida y los de las islas de Barlovento y Tierra Firme, que son a manera de artesas, porque en el Perú no hubo madera gruesa dispuesta para ellas, y aunque es verdad que tienen árboles muy gruesos, es la madera tan pesada como el hierro, por lo cual se valen de otra madera, delgada como el muslo, liviana como la higuera; la mejor, según decían los indios, se criaba en las provincias de Quito, de donde la llevaban por mandado del Inca a todos los ríos. Hacían de ella balsas grandes y chicas, de cinco o de siete palos largos, atados unos con otros: el de en medio era más largo que todos los otros: los primeros colaterales eran menos largos, luego los segundos eran más cortos y los terceros más cortos, porque así cortasen mejor el agua, que no la frente toda pareja y la misma forma tenían a la popa que a la proa. Atábanles dos cordeles, y por ellos tiraban para pasarla de una parte a otra. Muchas veces, a falta de los balseros, los mismos pasajeros tiraban de la soga para pasar de un cabo al otro. Acuérdome haber pasado en algunas balsas que eran del tiempo de los Incas, y los indios las tenían por veneración.

    Sin las balsas, hacen otros barquillos más manuales: son de un haz rollizo de enea, del grueso de un buey; átanlo fuertemente, y del medio adelante lo abusan y lo levantan hacia arriba como proa de barco, para que rompa y corte el agua; de los dos tercios atrás lo van ensanchando; lo alto del haz es llano, donde echan la carga que ha de pasar. Un indio solo gobierna cada barco de éstos; pónese al cabo de la popa y échase de pechos sobre el barco, y los brazos y piernas le sirven de remos, y así lo lleva al amor del agua. Si el río es raudo va a salir cien pasos y doscientos más abajo de como entró. Cuando pasan alguna persona, lo echan de pechos a la larga sobre el barco, la cabeza hacia el barquero; mándanle que se asga a los cordeles del barco y pegue el rostro con él y no levante ni abra los ojos a mirar cosa alguna. Pasando yo de esta manera un río caudaloso y de mucha corriente (que en los semejantes es donde lo mandan, que en los mansos no se les da nada), por los extremos y demasiado encarecimiento que el indio barquero hacía mandándome que no alzase la cabeza ni abriese los ojos, que por ser yo muchacho me ponía unos miedos y asombros como que se hundiría la tierra o se caerían los cielos, me dio deseo de mirar por ver si veía algunas cosas de encantamiento o del otro mundo. Con esta codicia, cuando sentí que íbamos en medio del río, alcé un poco la cabeza y miré el agua arriba, y verdaderamente me pareció que caíamos del cielo abajo, y esto fue por desvanecérseme la cabeza por la grandísima corriente de río y por la furia con que el barco de enea iba cortando el agua al amor de ella. Forzóme el miedo a cerrar los ojos y a confesar que los barqueros tenían razón en mandar que no los abriesen.

Otras balsas hacen de grandes calabazas enteras enredadas y fuertemente atadas unas con otras en espacio de vara y media en cuadro, más y menos, como es menester. Echan de por delante un pretal como a silla de caballo, donde el indio barquero mete la cabeza y se echa a nado y lleva sobre sí nadando la balsa y la carga hasta pasar el río o la bahía o estero del mar. Y ·si es necesario lleva detrás un indio o dos ayudantes que van nadando y empujando la balsa.

En los ríos grandes, que por su mucha corriente y ferocidad no consienten que anden sobre ellos con balsas de calabazas ni barcos de enea, y que por los muchos riscos y peñas que a una ribera y a otra tienen no hay playa donde pueden embarcar ni desembarcar, echan por lo alto, de una sierra a otra, una maroma muy gruesa de aquel su cáñamo que llaman *cháhuar:* átanla a gruesos árboles o fuertes peñascos. En la maroma anda una canasta de mimbre con una asa de madera, gruesa como el brazo; es capaz de tres o cuatro personas. Trae dos sogas atadas, una a un cabo y otra a otro, por las cuales tiran de la canasta para pasarla de la una ribera a la otra. Y como la maroma sea tan larga, hace mucha vaga y caída en medio; es menester ir soltando la canasta poco a poco hasta el medio de la maroma, porque va muy cuesta abajo, y de allí adelante la tiran a fuerza de brazos. Para esto hay indios que las provincias comarcanas envían por su rueda, que asistan en aquellos pasos para los caminantes, sin interés alguno; y los pasajeros desde la canasta ayudaban a tirar de las sogas, y muchos pasaban a solas sin ayuda alguna; metíanse de pies en la canasta, y con las manos iban dando pasos por la maroma. Acuérdome haber pasado por esta manera de pasaje dos o tres veces, siendo bien muchacho, que apenas había salido de la niñez; por los caminos me llevaban los indios a cuestas. También pasaban su ganado en aquellas canastas, siendo en poca cantidad, empero con mucho trabajo, porque lo maniatan y echan en la canasta, y así lo pasan con mucha cansera. Lo mismo hacen con el ganado menor de España, como son ovejas, cabras y puercos. Pero los animales mayores, como caballos, mulos, asnos y vacas, por la fortaleza y peso de ellos, no los pasan en las canastas, sino que los llevan a las puentes o a los vados buenos. Esta manera de pasaje no la hay en los caminos reales, sino en los particulares que los indios tienen de unos pueblos a otros; llámanle *uruya*.

Los indios de toda la costa del Perú entran a pescar en la mar en los barquillos de enea que dijimos: entran cuatro y cinco y seis leguas la mar adentro y más si es menester, porque aquel mar es manso y se deja hollar de tan flacos bajeles. Para llevar o traer cargas mayores usan de las balsas de madera. Los pescadores, para andar por la mar, se sientan sobre sus piernas, poniéndose de rodillas encima de su haz de enea, van bogando con una caña gruesa de una braza en largo, hendida por medio a la larga. Hay cañas en aquella tierra tan gruesas como la pierna y el muslo; adelante hablaremos más largo de ellas. Toman la caña con ambas manos para bogar; la una ponen en el un cabo de la caña y la otra en medio de ella. El hueco de la caña les sirve de pala para hacer mayor fuerza en el agua. Tan presto como dan el golpe en el agua al lado izquierdo para remar, tan presto truecan las manos, corriendo la caña por ellas y para dar el otro golpe al lado derecho, y donde tenían la mano derecha ponen la izquierda y donde tenían la izquierda ponen la derecha: de esta manera van bogando y trocando las manos y la caña de un lado a otro, que, entre otras cosas de admiración que hacen en aquel su navegar y pescar, es esto lo más admirable. Cuando un barquillo de éstos va a toda furia, no los alcanzará una posta por buena que sea.

Pescan con fisgas peces tan grandes como un hombre. Esta pesquería de las fisgas (para la pobreza de los indios) es semejante a la que hacen en Vizcaya de las ballenas. En la fisga atan un cordel delgado que los marineros llaman volantín, es de veinte, treinta, cuarenta brazas; el otro cabo atan a la proa del barco. En hiriendo al pez, suelta el indio las piernas, y con ellas abraza su barco, y con las manos va dando carrete al pez que huye y en acabándose el cordel, se abraza con su barco fuertemente, y así asido lo lleva el pez si es muy grande, con tanta velocidad que parece ave que va volando por la mar. De esa manera andan ambos peleando hasta que el pez se cansa y viene a manos del indio. También pescaban con redes y anzuelos mas todo era pobreza y miseria, que las redes (por pescar cada uno para sí y no en compañía) eran muy pequeñas y los anzuelos muy desastrados, porque no alcanzaron acero ni hierro, aunque tuvieron minas de él, mas no supieron sacarlo. Al hierro llaman *quíllay*.

No echan vela en los barquillos de enea, porque no tienen sostén para sufrirla ni creo que camina tanto con ella como camina con solo un remo. A las balsas de madera se la echan cuando navegan por la mar. Estos ingenios que los indios del Perú tenían para navegar por la mar y pasar los dos caudalosos yo los dejé en uso, y lo mismo será ahora porque aquella gente, como tan pobre, no aspiran a cosas mayores de las que tenían. En la historia de la Florida, Libro sexto, dijimos algo de estos ingenios, hablando de las canoas que en aquella tierra hacen para pasar y navegar los dos, tantos y tan caudalosos como allí los hay. Y con esto volvamos a la conquista del Inca Cápac Yupanqui.

Capítulo XVII. De la reducción de cinco provincias grandes, sin otras menores

De Chayanta salió el Inca, habiendo dejado en ella la gente de guarnición y los ministros necesarios para su idolatría y para su hacienda, y fue a otras provincias que hay en aquella comarca que llaman Charca. Debajo de este nombre se encierran muchas provincias de diferentes naciones y lenguas, y todas ellas son del distrito Collasuyu. Las más principales son Tutura, Sipisipi, Chaqui, y al levante de éstas, que es hacia los Antis, hay otras provincias que llaman Chamuru (en la cual también se cría la yerba que llaman coca, aunque no tan buena como la del término del Cuzco) y otra provincia llamada Sacaca, y otras muchas que se dejan por excusar prolijidad, a las cuales envió el Inca los apercibimientos acostumbrados.

Aquellas naciones, que ya sabían lo que había pasado en Chayanta, respondieron todas casi unas mismas razones, con poca diferencia de unas a otras: en suma, dijeron que se tenían por dichosas de adorar al Sol y de tener por señor al Inca, su hijo; que ya tenían noticia de sus leyes y buen gobierno; le suplicaban los recibiese debajo de su amparo, que le ofrecían sus vidas y haciendas que mandase conquistar y allanar las demás naciones circunvencinas a ellos porque no les hiciesen guerra y maltratasen por haber desechado sus ídolos antiguos y tomado nueva religión y nuevas leyes.

El Inca mandó responder que dejasen a su cuenta y cargo la conquista de sus vecinos, que él tenía cuidado de la hacer como y cuando fuese más en provecho de los vasallos; que no temiesen que nadie les ofendiese por se haber sujetado al Inca y recibido sus leyes, que cuando las hubiesen experimentado holgarían los unos y los otros vivir debajo de ellas, porque las había dado el Sol. Con estas respuestas recibieron al Inca en todas aquellas provincias llanamente que, por no haberse ofrecido cosas dignas de memoria, hacemos relación en junto. Gastó el Inca en esta conquista dos años, y otros dicen que tres, y, habiendo dejado bastante guarnición para que los comarcanos no se atreviesen a hacerles guerra, se volvió al Cuzco, visitando de camino los pueblos y provincias que se le ofrecieron por delante. Al príncipe su hijo mandó ir por otros rodeos para que también fuese visitando los vasallos, por el mucho favor que sentían de ver a sus reyes y príncipes en sus pueblos.

El Inca fue recibido con gran fiesta y regocijo en su corte, donde entró rodeado de sus capitanes y delante de ellos iban los curacas que de aquellas provincias nuevamente conquistadas habían venido a ver la ciudad imperial. Pocos días después entró el príncipe Inca Roca, y fue recibido en el mismo contento, con muchos bailes y cantares que en loor de sus victorias le tenían compuestos. El Inca, habiendo hecho merced a sus capitanes, les mandó que se fuesen a sus casas, y él quedó en la suya, atendiendo el gobierno de sus reinos y provincias, cuyos términos por la parte hacia el sur se alargaban ya del Cuzco más de ciento y ochenta leguas que hay hasta Tutura y Chaqui, y por la parte del poniente llegaban a la Mar del Sur, que por una parte son más de sesenta leguas de la dudad y por otra más de ochenta; y al levante del Cuzco llegaban hasta el río Paucartampu, que son trece leguas de la ciudad, derecho al este; al sureste se había alargado hasta Callauaya, que son cuarenta leguas del Cuzco. Por lo cual le pareció al Inca no hacer por entonces nuevas conquistas, sino conservar lo ganado con regale. y beneficio de los vasallos, y así entendió en este ejercicio algunos años, en mucha paz y quietud. Procuró ennoblecer la casa del Sol y la de las vírgenes escogidas, que el primer Inca Manco Cápac había fundado; entendió en mandar hacer otros edificios dentro de la ciudad y fuera en muchas provincias, donde eran menester para el aumento de ellas; mandó hacer muchas puentes para los ríos y arroyos grandes, por la seguridad de los caminantes; mandó abrir nuevos caminos de unas provincias a otras, para que se comunicasen todos los de su Imperio. En suma, hizo todo lo que le pareció convenir al bien común y aprovechamiento de sus vasallos y grandeza y majestad propia.

Capítulo XVIII. El príncipe Inca Roca reduce muchas y grandes provincias mediterráneas y marítimas

En estos ejercicios y otros semejantes se entretuvo este Inca seis o siete años, y al fin de ellos le pareció sería bien volver al ejercido militar y al aumento de su reino, para lo cual mandó aprestar veinte mil hombres de guerra y cuatro maeses de campo experimentados que fuesen con el príncipe Inca Roca, su hijo, hacia Chinchasuyu, que es el septentrión del Cuzco. Porque los Incas por aquella banda no habían alargado su Imperio más de como lo dejó el primer Inca Manco Cápac, que era hasta Rimactampu, siete leguas de la ciudad, que, por ser aquella tierra mal poblada y muy áspera, no habían dado los Incas en conquistarla.

El príncipe salió del Cuzco y llegó al río Apurímac; pasolo en grandes balsas que le tenían aprestadas, y, por ser tierra despoblada, pasó adelante hasta Curahuaci y Amáncay, dieciocho leguas de la dudad: fue reduciendo con mucha facilidad los pocos indios que por aquella comarca halló. De la provincia Amáncay echó a mano izquierda del camino real que viene del Cuzco a Rímac, y pasó el despoblado que llaman de Cochacasa, que por aquel paraje tiene veintidós leguas de travesía, y entró en la provincia llamada Sura, que es de mucha gente, rica de mucho oro y ganado, donde el Inca fue recibido de paz y obedecido por señor. De allí pasó a otra provincia llamada Apucara, donde asimismo lo recibieron llanamente, y la causa de allanarse estas provincias con tanta facilidad fue porque siendo cada una de por sí y enemiga la una de la otra, no podía ninguna de ellas resistir al Inca.

De Apucara pasó a la provincia de Rucana, dividida en dos provincias, la una llamada Rucana y la otra Hatunrucana, que quiere decir Rucana la grande. Es de gente hermosa y bien dispuesta; las cuales redujo con mucho aplauso de los naturales. De allí bajó a la costa del mar, que los españoles llaman los llanos, y llegó al primer valle que hay por aquel paraje, llamado Nanasca —quiere decir lastimada o escarmentada, y no se sabe a qué propósito le pusieron este nombre, que no debía de ser acaso, sino por algún castigo u otra plaga semejante (los españoles le llaman Lanasca)—, donde asimismo fue recibido el Inca con mucha paz y obedecido llanamente, y lo mismo pasó en todos los demás valles que hay desde Nanasca hasta

Arequipa, la costa adelante, en espacio de más de ochenta leguas de largo y catorce y quince de ancho. Los valles más principales son Hacari y Camata, en los cuales había veinte mil vecinos; otros valles hay pequeños, de menos consideración, que son Aticu, Ucuña, Atiquipa y Quellca. Todos los redujo el príncipe Inca Roca a su obediencia con mucha facilidad, así porque no tenían fuerzas para resistirle como porque estaban desnudos, y cada valle de los pequeños tenía un señorete de por sí, y los mayores tenían dos y tres y entre ellos había pendencias y enemistades.

Será razón, pues estamos en el puesto, no pasar adelante sin dar cuenta de un caso extraño que pasó en el valle de Hacari poco después que los españoles lo ganaron, aunque lo anticipemos de su tiempo, y fue que dos curacas que en él había, aún no bautizados, tuvieron grandes diferencias sobre los términos; tanto, que llegaron a darse batalla con muertes y heridas en ambas partes. Los gobernadores españoles enviaron un comisario que hiciese justicia y los concertase de manera que fuesen amigos. El cual partió los términos como le pareció y mandó a los curacas que tuviesen paz y amistad.

Ellos la prometieron, aunque el uno, por sentirse agraviado en la partición, quedó con pasión y quiso vengarse de su contrario secretamente, debajo de aquella amistad. Y así, el día que se solemnizaron las paces, comieron todos juntos, quiero decir en una plaza, los unos fronteros de los otros. Y acabada la comida, se levantó el curaca apasionado y llevó dos casos de su brebaje para brindar a su nuevo amigo (como lo tienen los indios de común costumbre); llevaba el uno de los vasos atosigado para lo matar y, llegando ante el otro curaca, le convidó con el vaso. El convidado, o que viese demudado al que le convidaba o que no tuviese tanta satisfacción de su condición como era menester para fiarse de él, sospechando lo que fue le dijo: «Dame tú ese otro vaso y bébete ése». El curaca, por no mostrar flaqueza, con mucha facilidad trocó la manos y dio a su enemigo el vaso saludable y se bebió el mortífero, y dende a pocas horas reventó, así por la fuerza del veneno como por la del enojo de ver que por matar a su enemigo se hubiese muerto a sí propio.

Capítulo XIX. Sacan indios de la costa para colonizar la tierra adentro. Muere el Inca Cápac Yupanqui

De Nanasca sacó el Inca indios[16] de aquella nación para trasplantarlos en el río Apurímac, porque aquel río, desde el camino real que pasa del Cuzco a Rímac, pasa por región tan caliente que los indios de la sierra, como son de tierra fría o templada, no pueden vivir en tanta calor, que luego enferman y mueren. Por lo cual, como ya se ha dicho, tenían los Incas dada orden que cuando así se trasplantasen indios de una provincia a otra, que ellos llaman *mítmac,* siempre se cotejasen las regiones, que fuesen de un mismo temple de tierra, por que no se les hiciese de mal la diferencia destemplada, pasándolos de tierra fría a tierra caliente o al contrario, porque luego mueren. Y por esto era prohibido bajar los indios de la sierra a los llanos, porque es muy cierto morir luego dentro de pocos días. El Inca, teniendo atención a este peligro, llevó indios de tierra caliente para poblar en tierra caliente y fueron pocos, porque había poca tierra que poblar a causa de que el río Apurímac, por pasar entre altísimas y asperísimas sierras, tiene a una mano y a otra de su corriente muy poca tierra de provecho, y esa poca no quiso el Inca que se perdiese, sino que se aprovechase en lugar de jardines, siquiera por gozar de la mucha y muy buena fruta que se cría en las riberas de aquel famoso río.

Hecho esto y dejado el orden acostumbrado para el gobierno de las provincias nuevamente ganadas, se volvió el príncipe Inca Roca al Cuzco, donde fue muy bien recibido de su padre y de su corte. A los capitanes y soldados mandó despedir, habiéndoles hecho mercedes y favores por los servicios de la guerra. Y por entonces le pareció al Inca Cápac Yupanqui no pasar adelante en sus conquistas porque ya se sentía viejo y deseaba asentar y confirmar en su servicio lo ganado. En esta quietud vivió algunos años, con mucho cuidado del beneficio de sus vasallos, los cuales asimismo acudían con mucho amor y prontitud al servicio del Inca, así en la labor de la casa del Sol como los demás edificios que se hacían, unos por mandado del Inca y otros que los indios inventaban por servir y darle gusto, cada provincia de por si en su distrito.

---

16 La edición de 1609 dice: «el Inca indios Incas», y así ha venido repitiéndose, pero se trata evidentemente de una errata.

En esta quietud y descanso falleció el Inca Cápac Yupanqui; fue valerosísimo príncipe, digno del nombre Cápac que los indios en tanto estimaron. Fue llorado en la corte y en todo su reino con gran sentimiento; fue embalsamado y puesto en el lugar de sus pasados. Dejó por sucesor a Inca Roca, su hijo primogénito y de la Coya Maca Curiillpay, su mujer y hermana; dejó otros muchos hijos e hijas, legítimos y bastardos, que, por no saber el número cierto, no se ponen, mas de que se cree que pasaron de ochenta, porque los más de estos Incas dejaron a ciento y a doscientos, y algunos hubo que dejaron más de trescientos hijos e hijas.

Capítulo XX. La descripción del Templo del Sol y sus grandes riquezas

Uno de los principales ídolos que los reyes Incas y sus vasallos tuvieron fue la imperial ciudad del Cuzco, que la adoraban los indios como a cosa sagrada, por haberla fundado el primer Inca Manco Cápac y por las innumerables victorias que ella tuvo en las conquistas que hizo y porque era casa y corte de los Incas, sus dioses. De tal manera era su adoración que aun en cosas muy menudas la mostraban, que sí dos indios de igual condición se topaban en los caminos, el uno que fuese del Cuzco y el otro que viniese a él, el que iba era respetado y acatado del que venia como superior de inferior, solo por haber estado e ir de la ciudad, cuanto más si era vecino de ella y mucho más si era natural. Lo mismo era en las semillas y legumbres o cualquiera otra cosa que llevasen del Cuzco a otras partes, que, aunque en la calidad no se aventajase, solo por ser de aquella ciudad era más estimada que las de otras regiones y provincias. De aquí se sacará lo que habría en cosas mayores. Por tenerla en esta veneración la ennoblecieron aquellos reyes lo más que pudieron con edificios suntuosos y casas reales que muchos de ellos hicieron para sí, como en la descripción de ella diremos de algunas de las casas. Entre las cuales, y en la que más se esmeraron, fue la casa y templo del Sol, que la adornaron de increíbles riquezas, aumentándolas cada Inca de por sí y aventajándose del pasado. Fueron tan increíbles las grandezas de aquella casa que no me atreviera yo a escribirlas si no las hubieran escrito todos los españoles historiadores del Perú. Mas ni lo que ellos dicen ni lo que yo diré alcanza a significar las que fueron. Atribuyen el edificio de aquel templo al rey Inca Yupanqui, abuelo de Huaina Cápac, no porque él lo fundase, que desde el primer Inca quedó fundado, sino porque lo acabó de adamar y poner en la riqueza y majestad que los españoles lo hallaron.

Viniendo, pues, a la traza del templo, es de saber que el aposento del Sol era lo que ahora es la iglesia del divino Santo Domingo, que por no tener la precisa anchura y largura suya no la pongo aquí; la pieza, en cuanto su tamaño, vive hoy. Es labrada de cantería llana, muy prima y pulida.

El altar mayor (digámoslo así para darnos a entender, aunque aquellos indios no supieron hacer altar) estaba al oriente; la techumbre era de madera muy alta, por que tuviese mucha corriente; la cobija fue de paja, porque no alcanzaron a hacer teja. Todas las cuatro paredes del templo estaban cubiertas de arriba abajo de planchas y tablones de oro. En el testero que llamamos altar mayor tenían puesta la figura del Sol, hecha de una plancha de oro al doble más gruesa que las otras planchas que cubrían las paredes.

La figura estaba hecha con su rostro en redondo y con sus rayos y llamas de fuego todo de una pieza, ni más ni menos que la pintan los pintores. Era tan grande que tomaba todo el testero del templo, de pared a pared. No tuvieron los Incas otros ídolos suyos ni ajenos con la imagen del Sol en aquel templo ni otro alguno, porque no adoraban otros dioses sino al Sol, aunque no falta quien diga lo contrario.

Esta figura del Sol cupo en suerte, cuando los españoles entraron en aquella dudad, a un hombre noble, conquistador de los primeros, llamado Mando Serta de Leguizamo, que yo conocí y dejé vivo cuando me vine a España, gran jugador de todos juegos, que con ser tan grande la imagen, la jugó y perdió en una noche. De donde podremos decir, siguiendo al padre Maestro Acosta, que nació el refrán que dice: «Juega el Sol antes que amanezca». Después, el tiempo adelante, viendo el Cabildo de aquella ciudad cuán perdido andaba este su hijo por el juego, por apartarlo de él lo eligió un año por alcalde ordinario. El cual acudió al servicio de su patria con tanto cuidado y diligencia (porque tenía muy buenas partes de caballero) que todo aquel año no tomó naipe en la mano. La ciudad, viendo esto, le ocupó otro año y otros muchos en oficios públicos. Mando Sierra, con la ocupación ordinaria, olvidó el juego y lo aborreció para siempre, acordándose de los muchos trabajos y necesidades en que cada día le ponía. Donde se ve claro cuánto ayuda la ociosidad al vicio y cuán de provecho sea la ocupación a la virtud.

Volviendo a nuestra historia, decimos que por sola aquella pieza que cupo de parte a un español, se podrá sacar el tesoro que en aquella ciudad y su templo hallaron los españoles. A un lado y a otro de la imagen del Sol estaban los cuerpos de los reyes muertos, puestos por su antigüedad, como hijos de ese Sol, embalsamados, que (no se sabe cómo) parecían estar vivos. Estaban asentados en sus sillas de oro, puestas sobre los tablones de oro en que solían asentarse. Tenían los rostros hacia el pueblo; solo Huaina Cápac se aventajaba de los demás, que estaba puesto delante de la figura del Sol, vuelto el rostro hacia él, como hijo más querido y amado, por haberse aventajado de los demás, pues mereció que en vida le adorasen por Dios por las virtudes y ornamentos reales que mostró desde muy mozo. Estos cuerpos escondieron los indios con el demás tesoro, que los más de ellos no han parecido hasta hoy. El año de 1559 el Licenciado Polo descubrió cinco de ellos, tres de reyes y dos de Reinas.

La puerta principal del templo miraba al norte como hoy está, sin la cual había otras menores para servicio del templo. Todas éstas estaban aferradas con planchas de oro en forma de portada. Por de fuera del templo, por lo alto de las paredes del templo, corría una cenefa de oro de un tablón de más de una ara de ancho, en forma de corona, que abrazaba todo el templo.

Capítulo XXI. Del claustro del templo y de los aposentos de la Luna y estrellas, trueno y relámpago y arco del cielo

Pasado el templo, había un claustro de cuatro lienzos; el uno de ellos era el lienzo del templo. Por todo lo alto del claustro había una cenefa de un tablón de oro más de una vara en ancho, que servía de corona al claustro; en lugar de ella mandaron poner los españoles, en memoria de la pasada, otra cenefa blanca, de yeso, del anchor de la de oro: yo la dejé viva en las paredes que estaban en pie y no se habían derribado. Al derredor del claustro había cinco cuadras o aposentos grandes cuadrados, cada uno de por sí, no trabados con otros, cubiertos en forma de pirámide, de los cuales se hacían los otros tres lienzos del claustro.

La una cuadra de aquéllas estaba dedicada para aposento de la Luna, mujer del Sol, y era la que estaba más cerca de la capilla mayor del templo; toda ella y sus puertas estaban aferradas con tablones de plata, porque por el color blanco viesen que era aposento de la Luna. Teníanle puesta su imagen y retrato como al Sol, hecho y pintado un rostro de mujer en un tablón de plata. Entraban en aquel aposento a visitar la Luna y a encomendarse a ella porque la tenían por hermana y mujer del Sol y madre de los Incas y de toda su generación, y así la llamaban Mama Quilla, que es Madre Luna; no le ofrecían sacrificios como al Sol. A una mano y a otra de la figura de la Luna estaban los cuerpos de las Reinas difuntas, puestas por su orden y antigüedad: Mama Ocllo, madre de Huaina Cápac, estaba delante de la Luna, rostro a rostro con ella y aventajada de las detrás, por haber sido madre de tal hijo.

Otro aposento de aquéllos, el más cercano a la Luna, estaba dedicado al lucero Venus y a las siete Cabrillas y a todas las demás estrellas en común. A la estrella Venus llamaban Chasca, que quiere decir de cabellos largos y crespos; honrábanla porque decían que era paje del Sol, que andaba más cerca de él, unas veces delante y otras veces en pos. A las siete Cabrillas respetaban por la extrañeza de su postura y conformidad de su tamaño. A las estrellas tenían por criadas de la Luna, y así les dieron el aposento cerca del de su señora, porque estuviesen más a mano para el servicio de ella, porque decían que las estrellas andan en el cielo con la Luna, como criadas suyas, y no con el Sol, porque las ven de noche y no de día.

Este aposento estaba entapizado de plata, también como el de la Luna, y la portada era de plata: tenía todo lo alto del techo sembrado de estrellas grandes y chicas, a semejanza del cielo estrellado. El otro aposento, junto al de las estrellas, era dedicado al relámpago, trueno y rayo. Estas tres cosas nombraban y comprendían debajo de este nombre *Illapa*, y con el verbo que le juntaban distinguían las significaciones del nombre, que diciendo ¿viste la *Illapa?* entendían por el relámpago; si decían ¿oíste la *Illapa?*, entendían por el trueno; y cuando decían la *illapa* cayó en tal parte, o hizo tal daño, entendían por el rayo.

No los adoraron por dioses, más de respetarlos por criados del Sol.

Lo mismo sintieron de ellos que la gentilidad antigua sintió del rayo, que lo tuvo por instrumento y armas de su dios Júpiter. Por lo cual los Incas dieron aposento al relámpago, trueno y rayo en la casa del Sol, como a criados suyos, y estaba todo él guarnecido de oro. No dieron estatua ni pintura al trueno, relámpago y rayo, porque, no pudiendo retratarlos al natural (que siempre lo procuraban en toda cosa de imágenes), los respetaban con el nombre Illapa, cuya trina significación no han alcanzado hasta ahora los historiadores españoles, que ellos hubieran hecho de él un dios trino y uno y dádoselo a los indios, asemejando su idolatría a nuestra santa religión; que en otras cosas de menos apariencia y color han hecho trinidades componiendo nuevos nombres en el lenguaje, no habiéndolas imaginado los indios. Yo escribo, como otras veces he dicho, lo que mamé en la leche y vi y oí a mis mayores. Y acerca del trueno queda atrás dicho lo que más tuvieron.

Otro aposento (que era el cuarto) dedicaron al arco del cielo, porque alcanzaron que procedía del Sol, y por ende lo tomaron los reyes Incas por divisa y blasón, porque se jactaban descender del Sol. Este aposento estaba todo guarnecido de oro. En un lienzo de él, sobre las planchas de oro, tenían pintado muy al natural el arco del cielo, tan grande, que tomaba de una pared a otra con todos sus colores al vivo. Llaman al arco *cuichu*, y, con tenerle en esta veneración, cuando le veían en el aire cerraban la boca y ponían la mano adelante, porque decían que si le descubrían los dientes los gastaba y empobrecía. Esta simplicidad tenían, entre otras, sin dar razón para ello.

El quinto y último aposento estaba dedicado para el sumo sacerdote y para los demás sacerdotes que asistían al servido del templo, que todos habían de ser Incas de la sangre real. Estos teñían aquel aposento no para dormir ni comer en él, sino que era sala de audiencia para ordenar los sacrificios que se habían de hacer y para todo lo demás que conviniese al servicio del templo. Estaba este aposento, también como los demás, guarnecido con oro de alto abajo.

Capítulo XXII. Nombre del sumo sacerdote, y otras partes de la casa

Al sumo Sacerdote llaman los españoles Vilaoma, habiendo de decir Uíllac Umu, nombre compuesto de este verbo *uilla* que significa decir, y de este nombre *umu,* que es adivino o hechicero. *Uíllac,* con la *e,* es participio de presente; añadido el nombre *Umu* quiere decir el adivino o el hechicero que dice; y no declaran qué es lo que dice, dando a entender que decía al pueblo lo que como sumo sacerdote consultaba al Sol y lo que el Sol le ordenaba que dijese, según sus fábulas, y lo que los demonios en sus ídolos y santuarios le hablaban, y lo que él mismo, como pontífice, adivinaba y sacaba por sus agüeros, cantando los sacrificios e interpretando los sueños y las demás supersticiones que en su gentilidad tenían. No tuvieron nombre para decir sacerdote; componíanlo de las mismas cosas que hacían los sacerdotes.

De las cinco cuadras alcancé las tres que aún estaban en su antiguo ser de paredes y techumbre. Solo les faltaban los tablones de oro y plata. Las otras dos, que eran la cuadra de la Luna y de las estrellas estaban ya derribadas por el suelo. En las paredes de estos aposentos que miraban al claustro, por la parte de afuera, en el grueso de ellas, había en cada lienzo cuatro tabernáculos, embebidos en las mismas paredes labradas de cantería, como eran todas las demás de aquella casa. Tenían sus molduras por las esquinas y por todo el hueco del tabernáculo, y, conforme a las molduras que en la piedra estaban hechas, así estaban aforrados con tablones de oro, no solo las paredes y lo alto, mas también el suelo de los tabernáculos. Por las esquinas de las molduras habían muchos engastes de piedras finas, esmeraldas y turquesas, que no hubo en aquella tierra diamantes ni rubíes. Sentábase el Inca en estos tabernáculos cuando hacían fiestas al Sol, unas veces en un lienzo y otras en otro conforme al tiempo de la fiesta.

En dos tabernáculos de éstos, que estaban en un lienzo que miraba al oriente, me acuerdo que vi muchos agujeros en las molduras que estaban hechas en las piedras: las que estaban a las esquinas pasaban de un cabo a otro; las otras, que estaban en el campo y espacio del tabernáculo, no tenían más que estar señaladas en la pared. A los indios y a los religiosos de la casa oí decir que en aquellos mismos lugares solían estar sobre el oro los engastes de las piedras finas en tiempo de aquella gentilidad. Los tabernáculos y todas las puertas que salían al claustro, que eran doce (salvo las del aposento de la Luna y de las estrellas), todas estaban chapadas con planchas y tablones de oro en forma de portadas, y las otras dos, porque en el color blanco asemejasen a sus dueños, tenían las portadas de plata.

Sin los cinco galpones grandes que hemos dicho, había en la casa del Sol otros muchos aposentos para los sacerdotes y para los criados de la casa, que eran Incas de los de privilegio, que no podía entrar en aquella casa indio alguno que no fuese Inca, por gran señor que fuese. Tampoco entraban mujeres en ella, aunque fuesen las hijas y mujeres del mismo rey. Los sacerdotes asistían al servicio del templo por semanas, las cuales contaban por los cuartos de la Luna. Por aquel espacio de tiempo se abstenían de sus mujeres y no salían del templo de día ni de noche.

Los indios que servían en el templo como criados, esto es, porteros, barrenderos, cocineros, botilleres, reposteros, guardajoyas, leñadores y aguadores y cualquiera otro oficio perteneciente al servicio del templo eran de los mismos pueblos que servían de criados en la casa real, los cuales pueblos eran obligados a dar aquellos oficiales a la casa del Inca y a la del Sol; que estas dos casas, como casas de padre e hijo, no se diferenciaban en cosa alguna del servicio, salvo que en la casa del Sol no había servicio de mujeres ni en la del Inca ofrenda de sacrificios; todo lo demás era igual en grandeza y majestad.

Capítulo XXIII. Los sitios para los sacrificios y el término donde se descalzaban para ir al templo. Las fuentes que tenían
Los lugares donde se quemaban los sacrificios eran conforme a la solemnidad de ellos, que unos se quemaban en unos patios y otros en otros, de muchos que la casa tenía dedicados para tales y tales fiestas particulares, conforme a la obligación o devoción de los Incas. Los sacrificios generales que se hacían en la fiesta principal del Sol llamada Raimi, se hacían en la plaza mayor de la ciudad; otros sacrificios y fiestas no tan principales se hacían en una gran plaza que había delante del templo, donde hacían sus danzas y bailes todas las provincias y naciones del reino, y no podían pasar de allí a entrar en el templo, y aun allí no podían estar sino descalzos, porque

era ya dentro del término donde se habían de descalzar, el cual señalaremos aquí para que se sepa dónde era.

Tres calles principales salen de la plaza mayor del Cuzco y van norte sur hacia el templo: la una es la que va siguiendo el arroyo abajo: la otra es la que en mi tiempo llamaban la calle de la Cárcel, porque estaba en ella la cárcel de los españoles, que según me han dicho la han mudado ya a otra parte; la tercera es la que sale del rincón de la plaza y va a la misma vía. Otra calle hay más al levante de estas tres, que lleva el mismo viaje, que llaman ahora la de San Agustín. Por todas estas cuatro calles iban al templo del Sol. Pero la calle más principal y la que va más derecha hasta la puerta del templo es la que llamamos de la Cárcel, que sale de en medio de la plaza, por la cual iban y venían al templo a adorar al Sol y a llevarle sus embajadas, ofrendas y sacrificios, y era calle del Sol. A todas estas cuatro atraviesa otra calle que va de poniente a oriente, desde el arroyo hasta la calle de San Agustín. Esta que atraviesa las otras era el término y límite donde se descalzaban los que iban hacia el templo, y aunque no fuesen al templo se habían de descalzar en llegando a aquellos puestos porque era prohibido pasar calzados de allí adelante. Hay, desde la calle que decimos que era término hasta la puerta del templo, más de doscientos pasos. Al oriente, poniente y mediodía del templo había los mismos términos, que llegando a ellos se habían de descalzar.

Volviendo al ornato del templo, tenían dentro en la casa cinco fuentes de agua que iba a ella de diversas partes. Tenían los caños de oro; los pilares, unos eran de piedra y otros eran tinajones de oro y otros de plata, donde lavaban los sacrificios conforme a la calidad de ellos y a la grandeza de la fiesta. Yo no alcancé más de una de las fuentes, que servía de regar la huerta de hortaliza que entonces tenía aquel convento; las otras se habían perdido, y por no las haber menester o por no saber de dónde las traían, que es lo más cierto, las han dejado perder. Y aun la que digo que conocí, la vi perdida seis o siete meses y la huerta desamparada por falta de riego, y todo el convento afligido por su pérdida, y aun la ciudad porque no hallaron indio que supiese decir de dónde ni por dónde iba el agua de aquella fuente.

La causa de perderse entonces fue que el agua iba del poniente del convento por debajo de tierra y atravesaba el arroyo que corre por medio de la ciudad. El cual, en tiempo de los Incas, tenía las barrancas de muy buena cantería y el suelo de grandes losas, por que las crecientes no hiciesen daño en el suelo ni en las paredes, y salía este edificio más de un cuarto de legua fuera de la dudad. Con el descuido de los españoles se ha ido rompiendo, principalmente lo enlosado, que aquel arroyo (aunque es de poquísima agua porque nace casi dentro de la ciudad) suele contener arrebatadas crecientes e increíbles de grandes, con las cuales ha ido llevando las losas.

El año de 1558 acabó de llevar las que había encima de los caños de aquella fuente y rompió y quebró el mismo caño, y con el azolvo lo cubrió todo, de manera que atajó el agua y dejó en seco la huerta, y con la basura que todo el año echan en el arroyo se cegó todo y no quedó señal de los caños.

Los frailes, aunque hicieron las diligencias que pudieron, no hallaron rastro alguno, y para seguir el de los caños desde la fuente era menester derribar mucho edificio y ahondar mucha tierra, porque la fuente estaba en alto; ni hallaron indio que les supiese guiar, por lo cual desconfiaron de aquella fuente, también como de las otras que la casa tenía. De donde se puede colegir la poca tradición que aquellos indios el día de hoy tengan de sus antiguallas, pues hoy ha cuarenta y dos años ya la tenían perdida de cosas tan grandes como eran las aguas que iban a la casa de su Dios el Sol. De las cuales no es posible sino que había tradición de los maestros mayores a los sucesores y de los sacerdotes a los suyos para no caer en semejante falta. Verdad es que como ya en aquellos tiempos se habían acabado los maestros mayores y los sacerdotes que en aquella república había, entre los cuales andaba la tradición de las cosas que tenían por sagradas, que pertenecían a la honra y servido de los templos, faltó esta relación, como otras muchas de que los indios no saben dar cuenta; que si la tradición anduviera en los nudos de los tributos o en los repartimientos del servicio real o en las historias de los sucesos anales, que eran las cosas profanas, no hay duda sino que se hallara razón de aquellas fuentes, como se halla y la dan de otras cosas tan grandes y mayores los contadores y los historiadores que guardaban la tradición de ellas, aunque también ésta se va perdiendo a más andar con el trueque de las nuevas cuentas y modernas historias del nuevo Imperio.

Capítulo XXIV. Del jardín de oro y otras riquezas del templo, a cuya semejanza había otros muchos en aquel imperio
Volviendo a la fuente, digo que al cabo de los seis o siete meses que estuvo perdida, unos muchachuelos indios, andando jugando por el arroyo, vieron el manantial del agua que salía por el caño quebrado y azolvado. Con la novedad del agua se llamaron unos a otros hasta que llegó la nueva a los indios mayores, y de ellos a los españoles, los cuales, sospechando que era el agua que se había perdido al convento, porque era cerca de él, descubrieron el viaje de los caños, y, viendo que iban hacia la casa, se certificaron en la sospecha y dieron aviso a los religiosos. Ellos aderezaron los caños con gran regocijo, aunque no con la policía que antes tenían, y restituyeron el agua a su huerta sin más procurar saber de dónde venía ni por do pasaba. Verdad es que había mucha tierra encima porque los caños venían muy hondos.

Aquella huerta que ahora sirve al convento de dar hortaliza era, en tiempo de los Incas, jardín de oro y plata, como los había en las casas reales de los reyes, donde había muchas yerbas y flores de diversas suertes, muchas plantas menores, muchos árboles mayores, muchos animales chicos y grandes, bravos y domésticos, y sabandijas de las que van arrastrando, como culebras, lagartos y lagartijas, y caracoles, mariposas y pájaros y otras aves mayores del aire, cada cosa puesta en el lugar que más al propio contrahiciese a la natural que remedaba.

Había un gran maizal y la semilla que llaman *quinua* y otras legumbres y árboles frutales, con su fruta toda de oro y plata, contrahecho al natural. Había también en la casa rimeros de leña contrahecha de oro y plata, como los había en la casa real; también había grandes figuras de hombres y mujeres y niños, vaciados de lo mismo, y muchos graneros y trojes, que llaman *pirua,* todo para ornato y mayor majestad de la casa de su Dios el Sol. Que como cada año, a todas las fiestas principales que le hacían le presentaban tanta plata y oro, lo empleaban todo en adornar su casa inventando cada día nuevas grandezas, porque todos los plateros que había dedicados para el servicio del Sol no entendían en otra cosa sino hacer y contrahacer las cosas dichas. Hacían infinita vajilla, que el templo tenía para su servicio hasta ollas, cántaros, tinajas y tinajones. En suma, no había en aquella casa cosa alguna de que echar mano para cualquier ministerio que todo no fuese de oro y plata, hasta lo que servía de azadas y azadillas para limpiar los jardines. De donde con mucha razón y propiedad llamaron al templo del Sol y a toda la casa Coricancha, que quiere decir barrio de oro.

A semejanza de este templo de la dudad del Cuzco eran los demás que había en muchas provincias de aquel reino, de muchos de los cuales y de las casas de las vírgenes escogidas hace mención Pedro de Cieza de León en la demarcación que hizo de aquella tierra, que, como la va pintando casi provincia por provincia, pudo decir dónde las hubo, aunque no dice todas las casas y templos que había, sino los que se le ofrecieron en los caminos reales que dibujó y pintó, dejando en olvido los que aquí en las provincias grandes, que hay a una mano y a otra de los caminos. Y yo también los dejaré por excusar prolijidad, porque no hay para qué hacer mención de ellos, habiéndola hecho del más principal, a cuya semejanza eran todos los demás templos, en el ornato de los cuales se esforzaba cada curaca conforme a la riqueza de oro y plata que en su tierra había, procurando cada cual hacer todo lo que podía, así por honrar y servir a su Dios como por lisonjear a sus reyes, que se preciaban ser hijos del Sol. Por lo cual todos aquellos templos de las provincias también estaban chapados de oro y plata, que competían con el del Cuzco.

Los parientes más cercanos de los curacas eran los sacerdotes de los templos del Sol. El Sumo Sacerdote, como obispo de cada provincia, era Inca de la sangre real, por que los sacrificios que al Sol se hacían fuesen conforme a los ritos y ceremonias del Cuzco y no conforme a las supersticiones que en algunas provincias había, las cuales vedaron los Incas, como sacrificar hombres y mujeres y niños y comer la carne humana de aquellos sacrificios y otras cosas muy bárbaras que dijimos tuvieron en su primera gentilidad. Y por que los súbditos no se volviesen a ellas les obligaban a que tuviesen por Sumo Sacerdote un Inca, que es varón de la sangre real.

También se lo daban por honrar a los vasallos que, como en muchas partes lo hemos dicho, estimaban en mucho les diesen Incas por superiores, así para sacerdotes en la paz como para capitanes en la guerra, por que era hacer a los inferiores miembros de aquellas cabezas. Y esto basta para lo mucho más que de aquel riquísimo templo pudiera decir otro que supiera ponerlo mejor en su punto.

Capítulo XXV. Del famoso templo de Titicaca y de sus fábulas y alegorías

Entre otros templos famosos que en el Perú había dedicados al Sol, que en ornamento y riqueza de oro y plata podían competir con el del Cuzco, hubo uno en la isla llamada Titicaca, que quiere decir sierra de plomo: es compuesto de *titi*, que es plomo, y de *caca* que es sierra; hanse de pronunciar ambas sílabas *caca* en lo interior de la garganta, porque pronunciada como suenan las letras españolas quiere decir tío, hermano de madre. El *lago* llamado Titicaca, donde está la isla, tomó el mismo nombre de ella, la cual está de tierra firme poco más de dos tiros de arcabuz; tiene de circuito de cinco a seis mil pasos, donde dicen los Incas que el Sol puso aquellos sus dos hijos varón y mujer, cuando los envió a la tierra para que doctrinasen y enseñasen la vida humana a la gente barbarísima que entonces había en aquella tierra. A esta fábula añaden otra de siglos más antiguos: dicen que después del diluvio vieron los rayos de Sol en aquella isla y en aquel gran lago primero que en otra parte alguna. El cual tiene por parte setenta y ochenta brazas de fondo y ochenta leguas de contorno. De sus propiedades y causas porque no admita barcos que anden encima de sus aguas, escribía el padre Blas Valera, en lo cual yo no me entremeto, porque dice que tiene mucha piedra imán.

El primer Inca Manco Cápac, favorecido de esta fábula antigua y de su buen ingenio, inventiva y sagacidad, viendo que los indios la creían y tenían el lago y la isla por lugar sagrado, compuso la segunda fábula, diciendo que él y su mujer eran hijos del Sol y que su padre los había puesto en aquella isla para que de allí fuesen por toda la tierra doctrinando aquellas gentes, como al principio de esta historia se dijo largamente. Los Incas amautas, que eran los filósofos y sabios de su república, reducían la primera fábula a la segunda, dándosela por pronóstico o profecía, si así se puede decir.

Decían que el haber echado el Sol en aquella isla sus primeros rayos para alumbrar el mundo había sido señal y promesa de que en el mismo lugar pondría sus dos primeros hijos para que enseñasen y alumbrasen aquellas gentes, sacándolas de las bestialidades en que vivían, como lo habían hecho después aquellos reyes. Con estas invenciones y otras semejantes hechas en su favor, hicieron los Incas creer a los demás indios que eran hijos del Sol, y con sus muchos beneficios lo confirmaron. Por estas dos fábulas tuvieron los Incas y todos los de su Imperio aquella isla por lugar sagrado, y así mandaron hacer en ella un riquísimo templo, todo aforrado con tablones de oro, dedicado al Sol, donde universalmente todas las provincias sujetas al Inca ofrecían cada año mucho oro y plata y piedras preciosas en hacimiento de gracia al Sol por los dos beneficios que en aquel lugar les había hecho. Aquel templo tenía el mismo servicio que el templo del Cuzco. De las ofrendas de oro y plata había tanta cantidad amontonada en la isla, fuera de lo que para el servicio del templo estaba labrado, que lo que dicen los indios acerca de esto más es para admirar que para lo creer. El padre Blas Valera, hablando de la riqueza de aquel templo y de lo mucho que fuera de él había sobrado y amontonado, dice que los indios trasplantados (que llaman *mítmac*) que viven en Copacabana le certificaron que era tanto lo que había sobrado de oro y plata, que pudieran hacer de ello otro templo, desde los fundamentos hasta la cumbre, sin mezcla de otro material. Y que luego que los indios supieron la entrada de los españoles en aquella tierra, y que iban tomando para sí cuanta riqueza hallaban, la echaron toda en aquel gran lago.

    Otro cuento semejante se me ofrece, y es que en el valle de Orcos, que está seis leguas al sur del Cuzco, hay una laguna pequeña que tiene menos de media legua de circuito, empero muy honda y rodeada de cerros altos. Es fama que los indios echaron en ella mucho tesoro de lo que había en el Cuzco, luego que supieron la ida de los españoles, y que entre otras riquezas echaron la cadena de oro que Huaina Cápac mandó hacer, de la cual diremos en su lugar. Doce o trece españoles moradores del Cuzco, no de los vecinos que tienen indios, sino de los mercaderes y tratantes, movidos de esta fama, hicieron compañía a pérdida o a ganancia, para desaguar aquella laguna y gozar de su tesoro. Sondáronla y hallaron que tenía veintitrés o veinticuatro brazas de agua, sin el cieno, que era mucho. Acordaron hacer una mina por la parte del oriente de la laguna, por do pasa el río llamado Yúcay, porque por aquella parte está la tierra más baja que el suelo de la laguna, por do podía correr el agua y quedar en seco la laguna, y por las otras partes no podían desaguada, porque está rodeada de sierras. No abrieron el desaguadero tajo abierto desde lo alto (que quizá les fuera mejor) por parecerles más barato entrar por debajo de tierra con el socavón. Empezaron su obra el año de 1557, con grandes esperanzas de haber el tesoro, y, entrados ya más de cincuenta pasos por el cerro adelante, toparon con una peña, y aunque se esforzaron a romperla, hallaron que era de pedernal, y porfiando con ella, vieron que sacaban más fuego que piedra. Por lo cual, gastados muchos ducados de su caudal, perdieron sus esperanzas y dejaron la empresa. Yo entré por la cueva dos o tres veces, cuando andaban en la obra. Así que hay fama pública, como la tuvieron aquellos españoles, de haber escondido los indios infinito tesoro en lagos, cuevas y en montañas sin que haya esperanza de que se pueda cobrar.

Los reyes Incas, demás del templo y su gran ornato, ennoblecieron mucho aquella isla, por ser la primera tierra que sus primeros progenitores, viniendo del cielo, habían pisado, como ellos decían. Allanáronla todo lo que ser pudo, quitándole peñas y peñascos; hicieron andenes, los cuales cubrieron con tierra buena y fértil, traída de lejos, para que pudiese llevar maíz, porque en toda aquella región, por ser tierra muy fría, no se coge de ninguna manera. En aquellos andenes lo sembraban con otras semillas, y, con los muchos beneficios que le hacían, cogían algunas mazorcas en poca cantidad, las cuales llevaban al rey por cosa sagrada y él las llevaba al templo del Sol y de ellas enviaba a las vírgenes escogidas que estaban en el Cuzco y mandaba que se llevasen a otros conventos y templos que por el reino había, un año a unos y otros, para que todos gozasen de aquel grano que era como traído del cielo. Sembraban de ello en los jardines de los templos del Sol y de las casas de las escogidas en las provincias donde las había, y lo que se cogía se repartía por los pueblos de las tales provincias. Echaban algunos granos en los graneros del Sol y en los del rey y en los pósitos de los concejos, para que como cosa divina guardase, aumentase y librase de corrupción el pan que para el sustento común allí estaba recogido. Y el indio que podía haber un grano de aquel maíz o de cualquiera otra semilla para echarlo en sus orones, creía que no le había de faltar pan en toda su vida: tan supersticiosos como esto fueron en cualquiera cosa que tocaba a sus Incas.

FIN DEL LIBRO TERCERO

Libro cuarto. De los Comentarios reales de los incas

Trata de las vírgenes dedicadas al Sol; la ley contra los que las violan. Cómo se casaban los indios en común y cómo casaban al príncipe heredero; las maneras de heredar los estados; cómo criaban los hijos. La vida de Inca Roca, sexto rey; sus conquistas, las escuelas que fundó y sus dichos. La vida de Yáhuar Huácac, séptimo rey, y de un extraño fantasma que se apareció al príncipe, hijo
    Contiene veinticuatro capítulos

Capítulo I. La casa de las vírgenes dedicadas al Sol

Tuvieron los reyes Incas, en su gentilidad y vana religión, cosas grandes, dignas de mucha consideración, y una de ellas fue la profesión de perpetua virginidad que las mujeres guardaban en muchas casas de recogimiento que para ellas en muchas provincias de su Imperio edificaron, y para que se entienda qué mujeres eran éstas y a quién se dedicaban y en qué se ejercitaban, lo diremos como ello era; porque los historiadores españoles que de esto tratan pasan por ello conforme al refrán que dice: «como gato por brasas». Diremos particularmente de la casa que había en el Cuzco, a cuya semejanza se hicieron después las que hubo en todo el Perú.

    Es así que un barrio de los de aquella ciudad se llamaba Acllahuaci: quiere decir casa de escogidas. El barrio es el que está entre las dos calles que salen de la Plaza mayor y van al convento de Santo Domingo, que solía ser casa del Sol. La una de las calles es la que sale del rincón de la plaza, a mano izquierda de la iglesia mayor, y va norte sur. Cuando yo salí de aquella ciudad, el año de 1560, era esta calle la principal de los mercaderes. La otra calle es la que sale del medio de la plaza, donde deja la cárcel, y va derecha al mismo convento dominico, también norte sur. La frente de la casa salía a la Plaza mayor entre las dos calles dichas, y las espaldas de ella llegaban a la calle que las atraviesa de oriente a poniente, de manera que estaba hecha isla entre la plaza y las tres calles. Quedaba entre ella y el templo del Sol otra isla grandísima de casas y una plaza grande que hay delante del templo. De donde se ve claro la falta de relación verdadera que tuvieron los historiadores que dicen que las vírgenes estaban en el templo del Sol, y que eran sacerdotisas y que daban a los sacerdotes en los sacrificios, habiendo tanta distancia de la una casa a la otra y siendo la principal intención de aquellos reyes Incas que en ésta de las monjas no entrasen hombres ni en la del Sol mujeres. Llamábase casa de escogidas porque las escogían o por linaje o por hermosura: habían de ser vírgenes, y para seguridad de que lo eran las escogían de ocho años abajo.

Y porque las vírgenes de aquella casa del Cuzco eran dedicadas para mujeres del Sol, habían de ser de su misma sangre, quiero decir, hijas de los Incas, así del rey como de sus deudos, los legítimos y limpios de sangre ajena; porque de las mezcladas con sangre ajena, que llamamos bastardas, no podían entrar en esta casa del Cuzco del cual vamos hablando. Y la razón de esto decían que como no se sufría dar al Sol mujer corrupta, sino virgen, así tampoco era lícito dársela bastarda, con mezcla de sangre ajena; porque, habiendo de tener hijos el Sol, como ellos imaginaban, no eran razón que fueran bastardos, mezclados de sangre divina y humana. Por tanto habían de ser legítimas de la sangre real, que era la misma del Sol. Había de ordinario más de mil y quinientas monjas, y no había tasa de las que podían ser.

Dentro, en la casa, había mujeres mayores de edad que vivían en la misma profesión, envejecidas en ella, que habían entrado con las mismas condiciones, y, por ser ya viejas y por el oficio que hacían, las llamaban Mamacuna, que interpretándolo superficialmente bastaría decir matrona, empero, para darle toda su significación, quiere decir mujer que tiene cuidado de hacer oficio de madre; porque es compuesto de *mama,* que es madre, y de esta partícula *cuna,* que por sí no significa nada, y en composición significa lo que hemos dicho, sin otras muchas significaciones, según las diversas composiciones que recibe. Hacíalas bien el nombre, porque unas hacían oficio de abadesas, otras de maestras de novicias para enseñarlas, así en el culto divino de su idolatría como en las cosas que hacían de manos para su ejercicio, como hilar, tejer, coser. Otras eran porteras, otras provisoras de la casa, para pedir lo que habían menester, lo cual se les proveía abundantísimamente de la hacienda del Sol, porque eran mujeres suyas.

Capítulo II. Los estatutos y ejercicios de las vírgenes escogidas

Vivían en perpetua clausura hasta acabar la vida, con guarda de perpetua virginidad; no tenían locutorio ni torno ni otra parte alguna por donde pudiesen hablar ni ver hombre ni mujer; si no eran ellas mismas unas con otras, porque decían que las mujeres del Sol no habían de ser tan comunes que las viese nadie. Y esta clasura era tan grande que aun el propio Inca no quería gozar del privilegio que como rey podía tener de las ver y hablar, por que nadie se atreviese a pedir semejante privilegio. Sola la Coya, que es la reina, y sus hijas tenían licencia de entrar en la casa y hablar con las encerradas, así mozas como viejas.

Con la reina y sus hijas enviaba el Inca a las visitar y saber cómo estaban y qué habían menester. Esta casa alcancé yo a ver entera de sus edificios, que sola ella y la del Sol, que eran dos barrios, y otros cuatro galpones grandes, que habían sido casas de los reyes Incas, respetaron los indios en su general levantamiento contra los españoles, que no las quemaron (como quemaron todo lo demás de la dudad), porque la una había sido casa del Sol, su Dios, y la otra casa de sus mujeres y las otras de sus reyes. Tenían entre otras grandezas de su edificio una calleja angosta, capaz de dos personas, la cual atravesaba toda la casa. Tenía la calleja muchos apartados a una mano y otra, donde había oficinas de la casa donde trabajaban las mujeres de servicio. A cada puerta de aquéllas había porteras de mucho recaudo; en el último apartado, al fin de la calleja, estaban las mujeres del Sol, donde no entraba nadie. Tenía la casa su puerta principal como las que acá llaman puerta reglar, la cual no se abría sino para la reina y para recibir las que entraban para ser monjas.

Al principio de la calleja, que era la puerta del servicio de la casa, había veinte porteros de ordinario para llevar y traer hasta la segunda puerta lo que en la casa hubiese de entrar y salir. Los porteros no podían pasar de la segunda puerta, so pena de la vida, aunque se lo mandasen de allá adentro, ni nadie lo podía mandar, so la misma pena.

Tenían para servicio de las monjas y de la casa quinientas mozas, las cuales también habían de ser doncellas, hijas de los Incas del privilegio, que el primer Inca dio a los que redujo a su servido, no de los de la sangre real porque no entraban para mujeres del Sol, sino para criadas. No querían que fuesen hijas de alienígenas, sino hijas de Incas, aunque de privilegio. Las cuales mozas también tenían sus Mamaconas de la misma casta y doncellas, que les ordenaban lo que habían de hacer. Y estas Mamaconas no eran sino las que envejecían en la casa, que, llegadas a tal edad, les daban el nombre y la administración como diciéndoles: «Ya podéis ser madres y gobernar la casa». En el repartimiento que los españoles hicieron para sus moradas de las casas reales de la ciudad del Cuzco, cuando la ganaron, cupo la mitad de este convento a Pedro del Barco, de quien adelante haremos mención —fue la parte de las oficinas—, y la otra mitad cupo al Licenciado de la Gama, que yo alcancé en mis niñeces, y después fue de Diego Ortiz de Guzmán, caballero natural de Sevilla que yo conocí y dejé vivo cuando vine a España.

El principal ejercicio que las mujeres del Sol hacían era hilar y tejer y hacer todo lo que el Inca traía sobre su persona de vestido y tocado, y también para la Coya, su mujer legítima. Labraban asimismo toda la ropa finísima que ofrecían al Sol en sacrificio; lo que el Inca traía en la cabeza era una trenza llamada *llautu,* ancha como el dedo merguerite y muy gruesa, que venía a ser casi cuadrada, que daba cuatro o cinco vueltas a la cabeza, y la borla colorada, que le tomaba de una sien a otra.

El vestido era una camiseta que descendía hasta las rodillas, que llaman *uncu.* Los españoles le llaman *cusma;* no es del general lenguaje, sino vocablo intruso de alguna provincia particular. Traía una manta cuadrada de dos piernas, en lugar de capa, que llaman *yacolla.* Hacían asimismo estas monjas para el Inca unas bolsas que son cuadradas, de una cuarta en cuadro; tráenlas debajo del brazo, asida a una trenza muy labrada de dos dedos en ancho, puesta como tahalí del hombro izquierdo al costado derecho. A estas bolsas llaman *chuspa:* servían solamente de traer la yerba llamada coca, que los indios comen, la cual entonces no era tan común como ahora, porque no la comían sino el Inca y sus parientes y algunos curacas a quien el rey, por mucho favor y merced, enviaba algunos cestos de ella por año.

También hacían unas borlas pequeñas de dos colores, amarillo y colorado, llamadas *paicha,* asidas a una trenza delgada de una braza en largo, las cuales no eran para el Inca, sino para los de su sangre real: traíanlas sobre su cabeza; caían las borlas sobre la sien derecha.

Capítulo III. La veneración en que tenían las cosas que hacían las escogidas, y la ley contra los que las violasen

Todas estas cosas hacían las monjas de sus manos en mucha cantidad para el Sol, marido de ellas. Y porque el Sol no podía vestir ni traer aquellos ornamentos, se los enviaban al Inca, como a hijo legítimo y natural y heredero que decían ser suyo, para que él los trajese. El cual los recibía como cosas sagradas y las tenía él y todo su Imperio en mayor veneración que las tuvieran los griegos y romanos si en su gentilidad las hicieran sus diosas Juno, Venus y Palas. Porque estos nuevos gentiles, como más simples que lo fueron los antiguos, adoraron con grandísima veneración y afecto de corazón todo lo que en su falsa religión tenían por sagrado y divino. Y porque aquellas cosas eran hechas por las manos de las Coyas, mujeres del Sol, y hechas para el Sol, y las mujeres por su calidad eran de la misma sangre del Sol, por todos estos respectos las tenían en suma veneración. Y así el mismo Inca no podía darlas a otro alguno que no fuese de su sangre real y parentela, porque las cosas divinas, decían ellos, no era lícito, sino sacrilegio, emplearlas en hombres humanos, y de aquí le era prohibido al mismo rey dar a los curacas y capitanes, por mucho que hubiesen servido, si no fuesen de su sangre, y adelante diremos de cuáles otros vestidos suyos daba el Inca a los curacas y a los visorreyes, gobernadores y capitanes, por gran merced y favor que les hacía con ellos.

Sin lo dicho, tenían cuidado estas monjas de hacer a sus tiempos el pan llamado *zancu* para los sacrificios que ofrecían al Sol en las fiestas mayores que llamaban Raimi y Cittua. Hacían también la bebida que el Inca y sus parientes aquellos días festivos bebían, que en su lengua llaman *aca*, pronunciada la última sílaba en las fauces, porque pronunciada como suenan las letras españolas significa estiércol. Toda la vajilla de aquella casa, hasta las ollas, cántaros y tinajas, eran de plata y oro, como en la casa del Sol porque eran mujeres suyas y ellas lo merecían por su calidad. Había asimismo un jardín con árboles y plantas, yerbas y flores, aves y animales, contrahechos de oro y plata, como los que había en el templo del Sol.

Las cosas que hemos dicho eran las principales en que las monjas de la ciudad del Cuzco se ocupaban. Todo lo demás era conforme a la vida y conversación de unas mujeres que guardaban perpetua clausura con perpetua virginidad. Para la monja que delinquiese contra su virginidad había ley que la enterrasen viva y al cómplice mandaban ahorcar. Y por que les parecía (y así lo afirmaban ellos) que era poco castigo matar un hombre solo por delito tan grave como era atreverse a violar una mujer dedicada al Sol, su Dios y padre de sus reyes, mandaba la ley matar con el delincuente su mujer e hijos y criados, y también sus parientes y todos los vecinos y moradores de su pueblo y todos sus ganados, sin quedar mamante ni piante, como dicen. Derribaban el pueblo y lo sembraban de piedra; y como patria y madre que tan mal hijo había parido y criado, quedaba desierta y asolada, y el sitio maldito y descomulgado, para que nadie lo hollase, ni aun los ganados, si ser pudiese.

Esta era la ley, mas nunca se vio ejecutada, porque jamás se halló que hubiesen delinquido contra ello, porque, como otras veces hemos dicho, los indios del Perú fueron temerosísimos de sus leyes y observantísimos de ellas, principalmente de las que tocaban en su religión o en su rey. Mas si se ha liara haber delinquido alguno contra ella,. se ejecutara al pie de la letra sin remisión alguna, como si no fuera más que matar un gozque. Porque los Incas nunca hicieron leyes para asombrar los vasallos ni para que burlasen de ellas, sino para ejecutarlas en los que se atreviesen a quebrantarlas.

Capítulo IV. Que había otras muchas casas de escogidas. Compruébase la ley rigurosa

Todo lo que se ha dicho era de la casa de las vírgenes del Cuzco, dedicadas al Sol, a semejanza de la cual había otras muchas en todo el reino, en las provincias más principales, donde el Inca por gran merced y privilegio las mandaba edificar. En las cuales entraban doncellas de todas suertes, así de las legítimas de la sangre real como de las que llamamos bastardas, mezcladas con sangre ajena. Entraban también, por gran favor y merced, hijas de los curacas señores de vasallos; asimismo entraban hijas de la gente común, las que eran escogidas por muy hermosas, porque eran para mujeres o concubinas del Inca y no del Sol. Los padres lo tenían por suma felicidad que les tomasen las hijas para mujeres del rey, y ellas lo mismo.

Guardábanse con la misma vigilancia y cuidado que las del Sol. Tenían mozas de servicio, doncellas como las otras; sustentábanse de la hacienda del Inca porque eran sus mujeres; entendían en lo mismo que las del Sol, en hilar y tejer y hacer de vestir en grandísima cantidad para el Inca; hacían también todas las demás cosas que dijimos de las otras. De las cuales obras repartía el Inca con los de su sangre real, con los señores de vasallos y con los capitanes de guerra y con todas las demás personas a quien él, por mucho favor y regalo, quería hacer merced, y no le era prohibido el darles porque las hacían sus mujeres, y no las del Sol, y las hacían para él y no para el Sol.

Tenían también sus Mamaconas, que las gobernaban como a las del Cuzco. En suma, todas eran una misma casa, salvo que en la del Cuzco entraban para mujeres del Sol y habían de ser legítimas en la sangre real y guardaban perpetua clausura, y en las demás casas del reino entraban mujeres de todas suertes, con que fuesen muy hermosas y doncellas, porque eran para el Inca. De donde, cuando él las pedía, sacaban las más hermosas para llevárselas donde él estaba para concubinas.

Contra los delincuentes de estas casas de las mujeres del Inca había la misma ley rigurosa que contra los adúlteros de las escogidas dedicadas para el Sol, porque el delito era uno mismo, mas nunca se vía ejecutada, porque nunca hubo en quién. En confirmación de lo que decimos de la ley rigurosa contra los atrevidos a las mujeres del Sol o del Inca, dice el contador Agustín de Zárate, hablando de las causas de la muerte violenta de Atahuallpa, Libro segundo, capítulo séptimo, estas palabras, que son sacadas a la letra, que hacen a nuestro propósito: «Y como las averiguaciones que sobre esto se hicieron era por lengua del mismo Felipillo, interpretaba lo que queda conforme a su intención; la causa que le movió nunca se pudo bien averiguar, mas de que fue una de dos, o que este indio tenía amores con una de las mujeres de Atabáliba y quiso con su muerte gozar de ella seguramente, lo cual había ya venido a noticia de Atabáliba, y él se quejó de ello al gobernador, diciendo que sentía más aquel desacato que su prisión ni cuantos desastres le habían venido, aunque se le siguiese la muerte con ellos, que un indio tan bajo le tuviese en tan poco y le hiciese tan gran afrenta, sabiendo él la ley que en aquella tierra había en semejante delito, porque el que se hallaba culpado en él, y aun el que solamente lo intentaba le quemaban vivo con la misma mujer si tenía culpa y mataban a sus padres e hijos y hermanos y a todos los otros parientes cercanos y aun hasta las ovejas de tal adúltero, y demás de esto despoblaban la tierra donde él era natural, sembrándola de sal y cortando los árboles y derribando las casas de toda la población y haciendo otros muy grandes castigos en memoria del delito», etc. Hasta aquí es de Agustín de Zárate, donde muestra haber tenido entera relación del rigor de aquella ley. Hallélo después de haber escrito lo que yo sabía de ella; holgué mucho hallar la ley tan copiosamente escrita por un caballero español por abonarse con su autoridad, que, aunque todos los demás historiadores hablan de esta ley, lo más que dicen es que a los delincuentes daban pena de muerte, sin decir que también la daban a sus hijos, padres, parientes y a todos los vecinos de su pueblo hasta matar los animales y arrancar los árboles y asolar su patria y sembrarla de piedra o de sal, que todo es uno. Todo lo cual contenía la ley, encareciendo el delito, para dar a entender cuán grave era. Y así lo encareció bien el pobre Inca Atahuallpa, diciendo que sentía más aquel desacato que su prisión ni todas sus adversidades, aunque viniese la muerte con ellas.

Las que una vez salían para concubinas del rey como ya corruptas, no podían volver a la casa; servían en la casa real como damas o criadas de la reina hasta que las jubilaban y daban licencia que se volviesen a sus tierras, donde les daban casas y heredades y las servían con gran veneración; porque era grandísima honra de toda su nación tener consigo una mujer del Inca.

Las que no alcanzaban a ser concubinas del rey se quedaban en la casa hasta muy viejas; entonces tenían libertad para irse a sus tierras, donde eran servidas como hemos dicho, o se quedaban en las casas hasta morir.

Capítulo V. El servicio y ornamento de las escogidas y que no las daban por mujeres a nadie

Las que se dedicaban para el rey presente, muerto él se llamaban madres del sucesor, y entonces les daban el nombre Mamacuna con más propiedad, porque ya eran madres, y éstas doctrinaban y guardaban las que entraban para concubinas del nuevo Inca, como suegras o nueras. Tenía cada convento de éstos su gobernador, el cual había de ser Inca; tenía mayordomo y despensero y los demás oficios necesarios para el servido de las mujeres del rey, que, aunque concubinas las llamaban mujeres por la honestidad del nombre. En todas las casas de las doncellas escogidas para el Inca, la vajilla y los demás vasos de servicio eran de plata y oro, como los había en la casa de las mujeres del Sol y en su famoso templo, y como los hubo (según diremos) en las casas reales; que, hablando en suma, se puede afirmar que toda la riqueza de oro y plata y piedras preciosas que en aquel grande imperio se sacaba no se empleaba en otra casa sino en el adorno y servido de los templos del Sol, que eran muchos, y de las casas de las vírgenes, que por consiguiente eran otras tantas, y en la suntuosidad y majestad de las casas reales que fueron muchas más. Lo que se gastaba en el servido de los señores de vasallos era poco o nada, porque no era más de para los vasos de beber, y ésos eran limitados por su cuenta y número conforme al privilegio que el Inca les daba para ellos; otro poco se empleaba en los vestidos y arreos con que celebraban sus fiestas principales.

Decir que de estas casas de las escogidas sacaban doncellas para dárselas por mujeres a los señores de vasallos y a los capitanes famosos y a otros beneméritos del Inca, y que él mismo se las daba por mujeres, es engaño que hicieron al autor por falsa relación que le dieron. Porque, dedicadas una vez para mujer del Inca y admitidas en aquella profesión, no era lícito bajarlas de aquel estado ni se permitía que, siendo mujer de un particular, dijesen: «Esta fue mujer del Inca». Porque era profanar lo sagrado, que secundariamente, después del Sol, se tenía por sagrado lo que se dedicaba para el Inca, particularmente las mujeres, por la mayor unión que hay con ellas, ni se sufría permitir el agravio que a ellas se les hacía en bajarlas de mujeres del Inca a mujeres de un particular, que aun en cosas de muy poca importancia nunca permitieron agraviar a nadie, cuanto más en la de tanta grandeza, que tenían en más ser esclavas del Inca que ser mujeres de señores vasallos; que por ser esclavas del Inca (digámoslo así, aunque no las tuvieron ni supieron qué cosa era ser esclavo) las veneraban como a cosa sagrada, por ser del Inca, y por mujeres de señores de vasallos no eran estimadas más que las otras comunes en comparación de las cosas del Inca.

Todas estas razones miraban los indios con grandísima atención y las guardaban en sumo grado, porque a sus reyes, demás de la majestad real, como ya se ha dicho, los tenían por dioses.

Capítulo VI. De cuales mujeres hacía merced el Inca

Verdad es que los Incas daban mujeres de su mano a las personas beneméritas en su servicio, como curacas y capitanes y otros semejantes. Empero, eran hijas de otros capitanes y de otros curacas, las cuales el Inca tomaba para darlas por mujeres a los que le habían servido; y no se tenía por menos favorecido y menos gratificado aquel a quien pedían la hija que al que se la daban, porque se había acordado el Inca de su hija para la pedir y hacer joya propia y darla de su mano al que le había servido, que en las mercedes que el Inca hacía no se estimaba tanto la dádiva, por grande que fuese, como el haber sido de mano de la majestad del Inca, porque se tenía por merced divina y no humana.

También daba el Inca, aunque raras veces, mujeres bastardas de su sangre real por mujeres a curacas señores de grandes provincias; así por hacerles merced como por obligarles con ella a que le fuesen leales vasallos. Y de esta manera, habiendo tantas mujeres que dar, no tenía el rey necesidad de dar mujeres de las que se le habían dedicado en las dichas casas: porque le fuera menoscabo a él y a la mujer y a su religión, que ellos tuvieron por inviolable, porque pudiendo las legítimas ser mujeres del Sol, como está dicho, o del Inca, como era costumbre tomar concubinas de su sangre real, o pudiendo ser mujer de otro Inca legítimo, que en estos tres estados no salían de lo que tenían por divino, no era lícito que fuera mujer de un hombre humano, por gran señor que fuera, que era bajar de su deidad aquella sangre que tenían por divina. Y porque la bastarda ya estaba decaída de su falsa divinidad, no se le hacía agravio en darla por mujer a un gran señor.

Capítulo VII. De otras mujeres que guardaban virginidad y de las viudas

Además de las vírgenes que entraban en los monasterios de recogimiento a profesar perpetua virginidad había muchas mujeres de sangre real que en sus casas vivían en recogimiento y honestidad, con voto de virginidad, aunque no de clausura; porque no dejaban de salir a visitar las parientas más cercanas en sus enfermedades y partos, y cuando trasquilaban y ponían el nombre a los primogénitos. Estas eran tenidas en grandísima veneración por su castidad y limpieza y por excelencia y deidad las llamaban *Ocllo,* que era como nombre consagrado en su idolatría. Su castidad no era fingida, sino muy verdadera, so pena de que por embaidora y falsaria en su vana religión la quemaran viva o la echaran en el lago de los leones si pareciera lo contrario. Yo alcancé a conocer una de éstas en su última vejez que no se había casado: llamábanla Ocllo, algunas veces visitaba a mi madre y, según entendí, era su tía, hermana de sus abuelos. Teníanla en la veneración que hemos dicho, porque dondequiera le daban el primer lugar, y soy testigo que mi madre lo hacía con ella, tanto por ser tía como por su edad y honestidad.

No es de dejar en olvido la honestidad de las viudas en común, que guardaban gran clausura por todo el primer año de su viudez, y muy pocas de las que no tenían hijos se volvían a casar, y las que los tenían no habían de casarse jamás, sino que vivían en continencia. Por esta virtud eran muy favorecidas en sus leyes y ordenanzas, pues mandaban que se labrasen primero las tierras de las viudas que las del curaca ni las del Inca, sin otros muchos privilegios semejantes que les daban. Verdad es que también a los indios se les hacía de mal casarse con viuda, principalmente si él no era viudo, porque decía que aquel tal perdía no sé qué de su calidad en casar con viuda. Las cosas dichas son las más notables que acerca de las vírgenes y de las honestas y de las viudas se pueden decir.

Capítulo VIII. Cómo casaban en común y cómo asentaban la casa

Será bien tratemos de la manera como se casaban en todos los reinos y provincias sujetas al Inca. Es de saber que cada año, o de dos a dos años por tal tiempo, mandaba el rey juntar todos los mozos y mozas casaderas que en la ciudad del Cuzco había de su linaje. Las mozas habían de ser de dieciocho a veinte años y los mozos de veinticuatro arriba, y no los permitían que se casasen antes, porque decían que era menester que tuviesen edad y juicio para gobernar casa y hacienda, porque casarlos de menos edad era todo muchachería.

El Inca se ponía en medio de los contrayentes que estaban cerca unos de otros, y mirándolos llamaba a él y a ella y a cada uno tomaba por la mano y los juntaba como que los unía con el vínculo del matrimonio y los entregaba a sus padres; los cuales se iban a casa del padre del novio, y entre los parientes más cercanos se solemnizaban las bodas, dos o cuatro o seis días, o más los que querían. Estas eran las mujeres legítimas, y para mayor favor y honra de ellas las llamaban, en su lengua, entregadas de la Mano del Inca. Habiendo casado el rey los de su linaje, luego otro día siguiente los ministros que para ello estaban diputados casaban por la misma orden a los demás hijos de vecinos de la ciudad, guardando la división de las dos parcialidades llamadas Cuzco el alto y Cuzco el bajo, de las cuales al principio de esta historia dimos larga cuenta.

Las casas para la morada de los novios que eran Incas, de quien vamos hablando, las hacían los indios de aquellas provincias a cuyo cargo era el hacerlas conforme al repartimiento que para cada cosa había hecho. El ajuar, que eran las cosas de servicio de casa, lo proveían los parientes, acudiendo cada uno con su pieza, y no había otras ceremonias ni sacrificios. Y si los historiadores españoles dicen que usaban otras cosas en sus matrimonios, es por no saber distinguir las provincias donde se usaban tales y tales cosas.

De donde vienen a atribuir en común a los Incas las costumbres bárbaras que muchas provincias tuvieron antes que ellos las señorearan, las cuales no solamente no las tuvieron los Incas, mas antes las quitaron a los indios que las tenían, imponiéndoles gravísimas penas si las usaban.

Los Incas no tuvieron otra manera de casar sino las que se ha referido, y según aquello salía por todos los reinos su mandato para que cada gobernador en su distrito, juntamente con el curaca de la provincia, casase los mozos y mozas que hubiese para casar, y habían de asistir los curacas a los casamientos o hacerlos ellos mismos como señores y padres de la Patria; porque nunca jamás los Incas tiranizaron cosa alguna de la jurisdicción del curaca, y el Inca gobernador asistía a los casamientos que el curaca hacía, no para quitar ni poner nada en ellos, sino para aprobar en nombre del rey lo que el curaca hacía con sus vasallos.

En los casamientos de la gente común eran obligados los concejos de cada pueblo a labrar las casas de sus novios, y el ajuar lo proveía la parentela. No les era lícito casarse los de una provincia en otra, ni los de un pueblo en otro, sino todos en sus pueblos y dentro de su parentela (como las tribus de Israel) por no confundir los linajes y naciones mezclándose unos con otros. Reservaban las hermanas, y todos los de un pueblo se tenían por parientes (a semejanza de las abejas de una colmena), y aun los de una provincia, como fuesen de una nación y de una lengua. Tampoco les era lícito irse a vivir de una provincia a otra ni de un pueblo a otro ni de un barrio a otro, porque no podían confundir las decurias que estaban hechas de los vecinos de cada pueblo y barrio, y también porque las casas las hacían los concejos y no las habían de hacer más de una vez, y había de ser en el barrio o colación de sus parientes.

Capítulo IX. Casaban al príncipe heredero con su propia hermana, y las razones que para ello daban

La que hemos dicho la manera de casarse los indios en común, será bien digamos cómo casaba en particular el príncipe heredero del reino. Para lo cual es de saber que los reyes Incas, desde el primero de ellos, tuvieron por ley y costumbre muy guardada que el heredero del reino casase con su hermana mayor, legítima de padre y madre, y ésta era su legítima mujer; llamábanle Coya, que es tanto como reina o Emperatriz. El primogénito de estos dos hermanos era el legítimo heredero del reino.

Guardaron esta ley y costumbre desde el primer Inca Manco Cápac y su mujer Mama Ocllo Huaco, los cuales vinieron diciendo que eran hermanos, hijos del Sol y de la Luna, y así lo creyeron los indios, sus vasallos y los no vasallos. Tomaron también otro ejemplo antiguo para autorizar este segundo, y fue que, como ya se ha dicho, tuvieron en su gentilidad que la Luna era hermana y mujer del Sol, de los cuales se preciaban descender los Incas. De aquí nació que para imitar en todo al Sol y a los primeros Incas, sus hijos, establecieron ley que el primogénito del Inca, siguiendo ambos ejemplos, casase con su propia hermana de padre y madre. A falta de hermana legítima, casaban con la parienta más cercana al árbol real, prima hermana o sobrina o tía, la que a falta de varón pudiese heredar el reino conforme a la ley de España.

Si el príncipe no había hijos en la primera hermana, casaba con la segunda y tercera hasta tenerlos, y este rigor de ley y costumbre lo fundaban en los ejemplos ya dichos. Decían que pues el Sol se había casado con su hermana y había hecho aquel casamiento de sus dos primeros hijos, era justo se guardase la misma orden en los primogénitos del rey. También lo hacían por conservar limpia la sangre del Sol, porque decían que no era lícito se mezclase con sangre humana: llamaban sangre humana la que no era de los Incas. Decían asimismo que casaban los príncipes con sus hermanas por que al heredero le perteneciese el reino tanto por la madre como por el padre; porque, no siendo así, decían que el príncipe en la herencia bastardeaba por la vía de su madre. En tanto rigor como esto ponían la sucesión y derecho de heredar el reino.

A estas razones añadían otras, y decían que no era de permitir que la majestad de ser reina la diesen a mujer alguna que no le perteneciese por legítimo derecho propio, y no por conjunta persona del rey, ni era justo que, no siendo ella por sí capaz del reinado, la adorasen y sirviesen otras que en igual fortuna eran mejores que ella.

Sin la mujer legítima, tuvieron aquellos reyes muchas concubinas; de ellas eran de sus parientas dentro y fuera del cuarto grado; otras eran de las alienígenas. Los hijos de las parientas eran tenidos por legítimos porque no tenían mezcla de sangre ajena; la cual limpieza se tuvo entre los Incas en suma veneración, no solamente entre los reyes, mas también entre todos los de la sangre real. Los hijos de las mancebas extranjeras eran tenidos por bastardos, y, aunque los respetaban como a hijos del rey, no era con el acatamiento y adoración interior y exterior que a los legítimos en sangre, porque a éstos los adoraban como a dioses y a aquéllos como a hombres. De manera que el rey Inca tenía tres suertes de hijos: los de su mujer, que eran legítimos para la herencia del reino; los de las parientas, que eran legítimos en sangre, y los bastardos, hijos de las extranjeros.

Capítulo X. Diferentes maneras de heredar los Estados

La falta los hijos de la legítima mujer, era ley que podía heredar el mayor de los legítimos en sangre, como heredó Manco Inca a Huáscar, como se dirá en su lugar, y así sucesivamente los demás a falta del mayor, y en ninguna manera se permitía heredar alguno de los bastardos. Y no habiendo hijo legítimo en sangre, volvía la herencia al pariente varón legitimo más cercano.

Por esta ley destruyó Atahuallpa toda la sangre real, hombres y mujeres, como en su lugar diremos, porque él era bastardo y temía no le quitasen el reino usurpado y se lo diesen a algún legitimo. Casaban todos los de la sangre real con sus parientes dentro en el cuarto grado, por que hubiese muchos hijos legítimos en sangre. Reservaban la hermana, cuyo casamiento no era permitido sino solo al rey. Heredaba siempre el reino el hijo mayor, y nunca faltó esta sucesión en doce reyes que reinaron hasta los españoles. En los curacas, señores de vasallos, hubo diferentes costumbres en la herencia de los estados. En unas provincias heredaba el hijo primogénito, sucediendo llanamente de padres a hijos. En otras heredaba el hijo más bienquisto de sus vasallos, amado por su virtud y afabilidad, que parece elección, más que no herencia. Esta ley era freno para que ninguno de los hijos del curaca fuese tirano mal acondicionado, sino que cada uno de ellos procurase merecer la herencia del estado y señorío por su bondad y valor, obligando a los vasallos a que lo pidiesen por señor porque era virtuoso.

En otras provincias heredaban todos los hijos por su antigüedad, que, muerto el padre, sucedía el hijo mayor y luego el segundo y tercero, etc., y muertos todos los hermanos, volvía la herencia a los hijos del mayor, y después a los del segundo y tercero, etc., y así iban en una muy cansada esperanza. De haber oído esta manera de heredar de algunos curacas, se engañó un historiador español, diciendo que era común costumbre en todo el Perú, no solamente en los caciques mas también en los reyes, heredar los hermanos del rey y luego los hijos de ellos, por su orden y antigüedad; lo cual no hubo en los reyes Incas, sino en algunos curacas, como hemos dicho.

Las tres diferentes costumbres o leyes que los señores de vasallos en diversas provincias tenían para heredar sus estados no las hicieron los Incas, porque sus leyes y ordenanzas eran comunes y generales para todos sus reinos. Los curacas las tenían y usaban antes del Imperio de los Incas, y aunque ellos los conquistaron después, así como no les quitaban los estados, tampoco les quitaban las costumbres que en su antigüedad tenían, como no fuesen contrarias a las que ellos mandaban guardar. Antes confirmaron muchas de ellas que les parecieron buenas, particularmente la costumbre de heredar el estado el hijo más virtuoso y más bienquisto, que les pareció muy loable, y así la aprobaron y mandaron que se guardase donde se hubiese usado y donde quisiesen usarla. Y un rey de ellos hubo que quiso valerse de esta ley de los curacas contra la aspereza y mala condición del príncipe, su hijo primogénito, como en su lugar veremos. En un pueblo que está cuarenta leguas al poniente del Cuzco que yo vi —es de la nación Quechua, dícese Sutcunca— acaeció lo que se dirá, que es a propósito de las herencias diferentes de aquella tierra. El curaca del pueblo se llamaba don García.

El cual, viéndose cerca de morirse, llamó cuatro hijos varones que tenía y los hombres nobles de su pueblo y les dijo por vía de testamento que guardasen la ley de Jesucristo que nuevamente habían recibido, y que siempre diesen gracias a Dios por habérsela enviado, sirviesen y respetasen mucho a los españoles porque se la habían llevado: particularmente sirviesen a su amo con mucho amor porque les había cabido en suerte para ser señor de ellos. Y a lo último les dijo: «Bien sabéis que según la costumbre de nuestra tierra hereda mi estado el más virtuoso y más bienquisto de mis hijos; yo os encargo escojáis el que fuere tal, y si entre ellos no lo hubiere, os mando que los desheredéis y elijáis uno de vosotros que sea para mirar por vuestra honra, salud y provecho, porque deseo más el bien común de todos vosotros que el particular de mis hijos». Todo esto contaba el sacerdote que los doctrinaba, por hazaña y testamento notable de su inquilino.

Capítulo XI.[17] El destetar, trasquilar y poner nombre a los niños

Los Incas usaron hacer gran fiesta al destetar de los hijos primogénitos y no a las hijas ni a los demás varones segundos y terceros, a lo menos no con la solemnidad del primero; porque la dignidad de la primogenitura, principalmente del varón, fue muy estimada entre estos Incas y a imitación de ellos lo fue entre todos sus vasallos. Destetábanlos de dos años arriba y les trasquilaban el primer cabello con que habían nacido, que hasta entonces no tocaban en él, y les ponían el nombre propio que había de tener, para lo cual se juntaba toda la parentela, y elegían uno de ellos para padrino del niño, el cual daba la primera tijerada al ahijado. Las tijeras eran cuchillos de

---

17 La edición de 1609 dice por errata: «Cap. II».

pedernal, porque los indios no alcanzaron la invención de las tijeras. En pos del padrino iba cada uno por su grado de edad o dignidad a dar su tijerada al destetado; y habiéndole trasquilado, le ponían el nombre y le presentaban las dádivas que llevaban, unos ropas de vestir, otros ganado, otros armas de diversas maneras, otros le daban vasijas de oro o de plata para beber, y éstos habían de ser de la estirpe real, que la gente común no los podía tener sino por privilegio.

Acabado el ofrecer, venía la solemnidad del beber, que sin él no había fiesta buena. Cantaban y bailaban hasta la noche, y este regocijo duraba dos, tres o cuatro días, o más, como era la parentela del niño, y casi lo mismo se hacía cuando destetaban y trasquilaban al príncipe heredero, sino que era con solemnidad real y era el padrino el Sumo Sacerdote del Sol. Acudían personalmente o por sus embajadores los curacas de todo el reino; hacíase una fiesta que por lo menos duraba más de veinte días; hacíanle grandes presentes de oro y plata y piedras preciosas y de todo lo mejor que había en sus provincias.

A semejanza de lo dicho, porque todos quieren imitar a la cabeza, hacían lo mismo los curacas y universalmente toda la gente común del Perú, cada uno según su grado y parentela, y ésta era una de sus fiestas de mayor regocijo. Para los curiosos de lenguas decimos que la general del Perú tiene dos nombres para decir hijos: el padre dice *churi* y la madre *huahua* (habíase de escribir este nombre sin las *h. h.;* solamente las cuatro vocales, pronunciadas cada una de por sí en dos diptongos: *uaua:* yo le añado las *h, h,* porque no se hagan dos sílabas). Son nombres, y ambos quieren decir hijos, incluyendo en sí cada uno de ellos ambos sexos y ambos números, con tal rigor que no pueden los padres trocarlos, so pena de hacerse el varón hembra y la hembra varón. Para distinguir los sexos añaden los nombres que significan macho o hembra; mas para decir hijos en plural o en singular, dice el padre *churi* y la madre *uaua*. Para llamarse hermanos tienen cuatro nombres diferentes. El varón dice *buauque:* quiere decir hermano; de mujer a mujer dicen *ñaña:* quiere decir hermana. Y si el hermano a la hermana dijese *ñaña* (pues significa hermana) sería hacerse mujer. Y si la hermana al hermano dijese *huauque* (pues significa hermano) sería hacerse varón. El hermano a la hermana dice *pana:* quiere decir hermana; y la hermana al hermano dice *tora:* quiere decir hermano. Y un hermano a otro no puede decir *tora,* aunque significa hermano, porque seria hacerse mujer, ni una hermana a otra puede decir *pana,* aunque significa hermana, porque seria hacerse varón.

De manera que hay nombres de una misma significación y de un mismo género, unos apropiados a los hombres y otros a las mujeres, para que usen de ellos, sin poderlos trocar, so la dicha pena. Todo lo cual se debe advertir mucho para enseñar nuestra Santa Religión a los indios sin darles ocasión de risa con los barbarismos. Los padres de la Compañía, como tan curiosos en todo, y otros religiosos trabajan mucho en aquella lengua para doctrinar aquellos gentiles, como al principio dijimos.

Capítulo XII. Criaban los hijos sin regalo ninguno

Los hijos criaban extrañamente, así los Incas como la gente común, ricos y pobres, sin distinción alguna, con el menos regalo que les podían dar. Luego que nacía la criatura la bañaban con agua fría para envolverla en sus mantillas, y cada mañana que lo envolvían la habían de llevar con agua fría, y las más veces puesta al sereno. Y cuando la madre le hacía mucho regalo, tomaba el agua en la boca y le lavaba todo el cuerpo, salvo la cabeza, particularmente la mollera, que nunca le llegaban a ella. Decían que hacían esto por acostumbrarlos al frío y al trabajo, y también por que los miembros se fortaleciesen. No les soltaban los brazos de las envolturas por más de tres meses porque decían, que soltándoselos antes, los hacían flojos de brazos. Teníanlos siempre echados en sus cunas, que era un banquillo mal aliñado de cuatro pies, y el un pie era más corto que los otros para que se pudiese mecer. El asiento o lecho donde echaban al niño era de una red gruesa, por que no fuese tan dura si fuese de tabla, y con la misma red lo abrazaban por un lado y otro de la cuna y lo liaban, por que no se cayese de ella.

Al darles la leche ni en otro tiempo alguno no los tomaban en el regazo ni en brazos, porque decían que haciéndose a ellos se hacían llorones y no querían estar en la cuna, sino siempre en brazos. La madre se recostaba sobre el niño y le daba el pecho, y el dárselo era tres veces al día: por la mañana y al mediodía y a la tarde. Y fuera de estas horas no les daban leche, aunque llorasen, porque decían que se habituaban a mamar todo el día y se criaban sucios con vómitos y cámaras, y que cuando hombres eran comilones y glotones: decían que los animales no estaban dando leche a sus hijos todo el día ni toda la noche, sino a ciertas horas. La madre propia criaba su hijo; no se permitía darlo a criar, por gran señora que fuese, si no era por enfermedad. Mientras criaban se abstenían del coito, porque decían que era malo para la leche y encanijaba la criatura. A los tales encanijados llamaban *ayusca;* es participio de pretérito; quiere decir, en toda su significación, el negado, y más propiamente el trocado por otro de sus padres. Y por semejanza se lo decía un mozo a otro, motejándole que su dama hacía más favor a otro que no a él. No se sufría decírselo al casado, porque es palabra de las cinco; tenía gran pena el que la decía. Una Palla de la sangre real conocí que por necesidad dio a criar una hija suya. La ama debió de hacer traición o se empeñó, que la niña se encanijó y se puso como ética, que no tenía sino los huesos y el pellejo. La madre, viendo su hija *ayusca* (al cabo de ocho meses que se le había enjugado la leche), la volvió a llamar a los pechos con cernadas y emplastos de yerbas que se puso a las espaldas, y volvió a criar su hija y la convaleció y libró de muerte. No quiso dársela a otra ama, porque dijo que la leche de la madre era la que le aprovechaba.

Sí la madre tenía leche bastante para sustentar su hijo, nunca jamás le daba de comer hasta que lo destetaba, porque decían que ofendía el manjar a la leche y se criaban hediondos y sucios. Cuando era tiempo de sacarlos de la cuna, por no traerlos en brazos les hacían un hoyo en el suelo, que les llegaba a los pechos; aforrábanlos con algunos trapos viejos, y allí los metían y les ponían delante algunos juguetes en que se entretuviesen. Allí dentro podía el niño saltar y brincar, mas en brazos no lo habían de traer, aunque fuese hijo del mayor curaca del reino.

Ya cuando el niño andaba a gatas, llegaba por el un lado o el otro de la madre a tomar el pecho, y había de mamar de rodillas en el suelo, empero no entrar en el regazo de la madre, y cuando quería el otro pecho le enseñaban que rodease a tomarlo, por no tomarlo la madre en brazos. La parida se regalaba menos que regalaba a su hijo, porque en pariendo se iba a un arroyo o en casa se lavaba con agua fría, y lavaba su hijo y se volvía a hacer las haciendas de su casa, como si nunca hubiera parido. Parían sin partera, ni la hubo entre ellas; si alguna hacía oficio de partera, más era hechicera que partera. Esta era la común costumbre que las indias del Perú tenían en el parir y criar sus hijos, hecha ya naturaleza, sin distinción de ricas a pobres ni de nobles a plebeyas.

Capítulo XIII. Vida y ejercicio de las mujeres casadas
La vida de las mujeres casadas en común era con perpetua asistencia de sus casas; entendían en hilar y tejer lana en las tierras frías, y algodón en las calientes. Cada una hilaba y tejía para sí y para su marido y sus hijos. Cosían poco, porque los vestidos que vestían, así hombres como mujeres, eran de poca costura. Todo lo que tejían era torcido, así algodón como lana. Todas las telas, cualesquiera que fuesen, las sacaban de cuatro orillas. No las urdían más largas de como las habían menester para cada manta o camiseta. Los vestidos no eran cortados, sino enterizos, como la tela salía del telar, porque antes que la tejiesen le daban el ancho y largo que había de tener, más o menos.

No hubo sastres ni zapateros ni calceteros entre aquellos indios. ¡Oh, qué de cosas de las que por acá hay no hubieron menester, que se pasaban sin ellas! Las mujeres cuidaban del vestido de sus casas y los varones del calzado, que, como dijimos, en el armarse caballeros lo habían de saber hacer, y aunque los Incas de la sangre real y los curacas y la gente rica tenían criados que hacían de calzar, no se desdeñaban ellos de ejercitarse de cuando en cuando en hacer un calzado y cualquiera género de armas que su profesión les mandaba que supiesen hacer, porque se preciaron mucho de cumplir sus estatutos. Al trabajo del campo acudían todos, hombres y mujeres, para ayudarse unos a otros.

En algunos provincias muy apartadas del Cuzco, que aún no estaban bien cultivadas por los reyes Incas, iban las mujeres a trabajar al campo y los maridos quedaban en casa a hilar y tejer. Mas yo hablo de aquella corte y de las naciones que la imitaban que eran casi todas las de su Imperio; que esotras, por bárbaras, merecían quedar en olvido. Las indias eran tan amigas de hilar y tan enemigas de perder cualquiera pequeño espacio de tiempo, que, yendo o viniendo de las aldeas a la ciudad, y pasando de un barrio a otro a visitarse en ocasiones forzosas, llevaban recaudo para dos maneras de hilado, quiero decir para hilar y torcer. Por el camino iban torciendo lo que llevaban hilado, por ser oficio más fácil; y en sus visitas sacaban la rueca del hilado e hilaban en buena conversación. Esto de ir hilando o torciendo por los caminos era de la gente común, mas las Pallas, que eran las de la sangre real, cuando se visitaban unas a otras llevaban sus hilados y labores con sus criadas; y así las que iban a visitar como las visitadas estaban en su conversación ocupadas, por no estar ociosas. Los husos hacen de caña, como en España los de hierro; échanles torteros, mas no les hacen huecas a la punta. Con la hebra que van hilando les echan una lazada, y al hilar sueltan el huso como cuando tuercen; hacen la hebra cuan larga pueden; recógenla en los dedos mayores de la mano izquierda para meterla en el huso. La rueca traen en la mano izquierda, y no en la cinta: es de una cuarta en largo; tiénenla con los dedos menores; acuden con ambas manos a adelgazar la hebra y quitar las motas. No la llegan a la boca porque en mis tiempos no hilaban lino, que no lo había, sino lana y algodón. Hilan poco porque es con las prolijidades que hemos dicho.

Capítulo XIV. Cómo se visitaban las mujeres, cómo trataban su ropa, y que las había públicas

Si alguna mujer que no fuese Palla, aunque fuese mujer de curaca, que es señor de vasallos, iba a visitar a la Palla de la sangre real, no llevaba hacienda suya que hacer; mas luego, pasadas las primeras palabras de la visita o de la adoración, que más era adorarla, pedía que le diesen qué hacer, dando a entender que no iba a visitar, por no ser igual, sino a servir como inferior a superior. La Palla, por gran favor, correspondía a esta demanda con darle algo de lo que ella misma hacía o alguna de sus hijas, por no la igualar con las criadas si mandase darle de lo que ellas hacían. El cual favor era todo lo que podía desear la que visitaba, por haberse humanado la Palla a igualarla consigo o con sus hijas. Con semejante correspondencia de afabilidad a humildad, que en toda cosa mostraban, se trataban las mujeres y los hombres en aquella república, estudiando los inferiores cómo servir y agradar a los superiores, y los superiores cómo regalar y favorecer a los inferiores, desde el Inca, que es el rey, hasta el más triste llamamíchec, que es pastor.

La buena costumbre de visitarse las indias unas a otras, llevando sus labores consigo, la imitaron las españolas en el Cuzco y la guardaron con mucha loa de ellas hasta la tiranía y guerra de Francisco Hernández Girón, la cual destruyó esta virtud, como suele destruir todas las que halla en su jurisdicción tiránica y cruel. Olvidado se me había decir cómo remienda la gente común su ropa, que es de notar. Si la ropa de su vestir o cualquiera otra de su servicio se le rompe no por vejez sino por accidente, que se la rompa algún garrancho o se la queme alguna centella de fuego u otra desgracia semejante, la toman, y con una aguja hecha de una espina (que no supieron hacerlas de metal) y una hebra de hilo del mismo color y del mismo grueso de la ropa, la vuelven a tejer, pasando primero los hilos de la urdiembre por los mismos hilos rotos, y volviendo por los de la trama quince o veinte hilos a una parte y a otra más adelante de lo roto, donde los cortaban y volvían con el mismo hilo, cruzando y tejiendo siempre la trama con la urdiembre y la urdiembre con la trama, de manera que, hecho el remiendo, parecía no haber sido roto. Y aunque fuese la rotura como la palma de la mano y mayor, la remendaban como se ha dicho, sirviéndose de bastidor de la boca de una olla o de una calabaza partida por medio, para que la tela estuviese tirante y pareja. Reíanse del remendar de los españoles; verdad sea que es diferente tejido el de los indios; y la ropa española no sufre aquella manera de remendar. También es de notar que el hogar que en sus casas tenían para guisar de comer eran hornillos hechos de barro, grandes o chicos, conforme a la posibilidad de sus dueños. El fuego les daban por la boca, y por lo alto les hacían un agujero o dos o tres, según los platos que comían, donde ponían las ollas que guisaban. Esta curiosidad tenían como gente aplicada, porque no se desperdiciase el fuego ni se gastase más leña de la que fuese menester; admirábanse del desperdicio que los españoles hacían de ella.

Resta decir de las mujeres públicas, las cuales permitieron los Incas por evitar mayores daños. Vivían en los campos, en unas malas chozas, cada una de por sí y no juntas. No podían entrar en los pueblos porque no comunicasen con las otras mujeres. Llámanlas *pampairuna*, nombre que significa la morada y el oficio, porque es compuesto de *pampa*, que es plaza o campo llano (que ambas significaciones contiene), y de *runa*, que en singular quiere decir persona, hombre o mujer, y en plural quiere decir gente. Juntas ambas dicciones, si las toman en la significación del campo, *pampairuna* quiere decir gente que vive en el campo, esto es por su mal oficio; y si las toman en la significación de plaza, quiere decir persona o mujer de plaza, dando a entender que, como la plaza es pública y está dispuesta para recibir a cuantos quieren ir a ella, así lo están ellas y son públicas para todo el mundo. En suma, quiere decir mujer pública.

Los hombres las trataban con grandísimo menosprecio. Las mujeres no hablaban con ellas, so pena de haber el mismo nombre y ser trasquiladas en público y dadas por infames y ser repudiadas de los maridos sí eran casadas. No las llamaban por su nombre propio, sino *pampairuna*, que es ramera.

Capítulo XV. Inca Roca, sexto rey, conquista muchas naciones y entre ellas los Changas y Hancohuallu

El rey Inca Roca, cuyo nombre, según atrás queda dicho por el Maestro Blas Valera, significa príncipe prudente y maduro, muerto su padre tomó la borla colorada, y, habiendo cumplido con las solemnidades del entierro, visitó su reino: gastó en la visita los primeros tres años de su reinado. Luego mandó apercibir gente de guerra para pasar adelante en su conquista por la banda de Chinchasuyu, que es el septentrión del Cuzco. Mandó que se hiciese una puente en el río Apurimac, que es la que está en el camino real del Cuzco a la Ciudad de los reyes, porque le pareció cosa indigna que, siendo ya rey, pasase su ejército aquel río en balsas, como lo pasó cuando era príncipe. Entonces no la mandó hacer el Inca pasado porque no tenía sujetas las provincias de la comarca, como al presente lo estaban.

Hecha la puente, salió el Inca del Cuzco con veinte mil hombres de guerra y cuatro maeses de campo. Mandó que el ejército pasase la nueva Puente en escuadrón formado de tres hombres por fila, para perpetua memoria de su estreno. Llegó al valle Amáncay, que quiere decir azucena, por la infinidad que de ellas se crían en aquel valle. Aquella flor es diferente en forma y olor de la de España, porque la flor *amáncay* es de forma de una campana y el tallo verde, liso, sin hojas y sin olor ninguno. Solamente porque se parece a la azucena en las colores blanca y verde, la llamaron así los españoles. De Amáncay echó a mano derecha del camino hacia la gran cordillera de la

Sierra Nevada, y entre la cordillera y el camino halló pocos pueblos, y ésos redujo a su Imperio. Llámanse estas naciones Tacmara y Quiñualla. De allí pasó a Cochacasa, donde mandó hacer un gran pósito. De allí fue a Curampa, y con gran facilidad redujo aquellos pueblos, porque son de poca gente. De Curampa fue a la gran provincia llamada Antahuailla, cuyos moradores se extienden a una mano y otra del camino real, por espacio de dieciséis o diecisiete leguas. Es gente rica y muy belicosa. Esta nación se llama Chanca; jáctanse descender de un león, y así lo tenían y adoraban por dios, y en sus grandes fiestas, antes y después de ser conquistados por los reyes Incas, sacaban dos docenas de indios de la misma manera que pintan a Hércules cubierto con el pellejo del león, y la cabeza del indio metida en la cabeza del león. Yo las vi así en las fiestas del Santísimo Sacramento, en el Cuzco.

Debajo de este apellido Chanca se encierran otras muchas naciones, como son Hancohuallu, Utunsulla, Uramarca, Uillca y otras, las cuales se jactan descender de diversos padres, unas de una fuente, otras de una laguna, otras de un collado muy alto; y cada nación tenía por dios a los que tenía por padre, y le ofrecía sacrificios. Los antepasados de aquellas naciones vinieron de lejas tierras y conquistaron muchas provincias, hasta llegar donde entonces estaban, que es la provincia Antahuailla, la cual ganaron por fuerza de armas, y echaron sus antiguos moradores fuera de ella y arrinconaron y estrecharon a los indios Quechuas en sus provincias, ganándoles muchas tierras; sujetáronles a que les diesen tributos; tratábanlos con tiranía; hicieron otras cosas famosas de que hoy se premian sus descendientes.

De todo lo cual iba bien informado el rey Inca Roca, y así, llegando a los términos de la provincia Antahuailla, envió a los Chancas los requerimientos acostumbrados, que se sometiesen a los hijos del Sol o se apercibiesen a las armas. Aquellas naciones se juntaron para responder al requerimiento, y tuvieron diversos pareceres, porque se dividieron en dos parcialidades. Los unos decían que era muy justo recibiesen al Inca por señor, que era hijo del Sol. Los otros decían en contrario (y éstos eran los descendientes del león), que no era justo reconocer señorío ajeno, siendo señores de tantos vasallos y descendientes de un león; que su descendencia sabían, y no querían creer que el Inca fuese hijo del Sol; que, conforme al blasón de ellos y a las hazañas de los Chancas, sus pasados, más honroso les era presumir sujetar otras naciones a su imperio, que no hacerse súbditos del Inca sin haber hecho la última prueba del valor de sus brazos, por lo cual era mejor resistir al Inca y no obedecerle con tanta vileza de ánimo que al primer recado se le rindiesen sin desplegar sus banderas ni haber sacado sus armas al campo.

En estas diferencias estuvieron muchos días los Chancas, ya resueltos de recibirle, ya determinados de resistir, sin concordarse. Lo cual sabido por el Inca, determinó entrar por la provincia para amedrentarlos, porque no tomasen ánimo y osadía viendo su mansedumbre y blandura; y también porque, confiados en sus muchas victorias pasadas, no se desvergonzasen a hacer algún desacato a su persona con que les forzasen a les hacer cruel guerra y castigo riguroso. Mandó a sus maeses de campo que entrasen en la provincia Antahuailla, y juntamente envió un mensajero a los Chancas diciéndoles que lo recibiesen por señor o apercibiesen las gargantas, que los había de pasar todos a cuchillo, porque ya no se podía sufrir la pertinacia y rebeldía que hasta allí habían tenido. Los Chancas, viendo la determinación del Inca, y sabiendo que venían en su ejército muchos Quechuas y otras naciones que de tiempos pasados tenían ofendidas, bajaron la soberbia y recibieron el yugo de los Incas, más por temor de sus armas y por que no se vengasen sus enemigos, que no por amor de sus leyes y gobierno. Y así le enviaron a decir que llanamente le obedecían por señor y se sometían a sus leyes y ordenanzas. Mas el rencor del corazón no perdieron, como adelante veremos.

El Inca, habiendo dejado los ministros necesarios, pasó adelante en su conquista a otra provincia que llaman Uramarca, que también es del apellido Chanca, pequeña de términos, aunque muy poblada de gente brava y guerrera, la cual se redujo con algún desabrimiento y resistencia. Y si al ánimo gallardo y belicoso igualaran las fuerzas, resistieran de veras, que ya por este paraje no se mostraban los indios tan blandos y amorosos para con los Incas como se mostraron los de Contisuyu y Collasuyu; mas al fin, aunque con señal de disgusto, se rindieron los de Uramarca. De allí pasó el Inca a la provincia y nación llamada Hancohuallu y Uillca, que los españoles llaman Vilcas, y con la misma pesadumbre se sujetaron a su imperio, porque estas naciones, que también son Chancas, eran señores de otras provincias que habían sujetado con las armas, y de día en día iban ganando con mucha ambición y trataban los nuevamente ganados con soberbia y tiranía; la cual reprimió el rey Inca Roca con sujetarlos a su obediencia, de que todos ellos quedaron muy lastimados y guardaron el rencor en sus ánimos. En ambas estas provincias sacrificaban niños a sus dioses en sus fiestas principales.

Lo cual sabido por el Inca, les hizo una plática persuadiéndoles adorasen al Sol y quitasen aquella crueldad de entre ellos; y porque no la usasen de allí adelante les puso ley, pronunciándola por su propia boca porque fuese más respetada, y les dijo que por un niño que sacrificasen los pasaría todos a cuchillo y poblaría sus tierras de otras naciones que amasen a sus hijos y no los matasen. Lo cual sintieron aquellas provincias gravísimamente, porque estaban persuadidos de los demonios, sus dioses, que era el sacrificio más agradable que les hacían.

De Uillca torció el camino a mano izquierda al poniente, que es hacia la costa del mar, y llegó a una de dos provincias muy grandes, ambas de un mismo nombre, Sulla, aunque para diferenciar la una de la otra llaman la una de ellas Utumsulla. Estas dos provincias abrazan entre sí muchas naciones de diversos nombres, unas de mucha gente y otras de poca, que —por excusar hastío— no se refieren, mas de que pasaban de cuarenta mil vecinos, con los cuales gastó el Inca muchos meses (y aun dicen los naturales que tres años) por no romper y llegar a las armas, sino atraerlos por caricias y regalos. Mas aquellos indios, viéndose tantos en número, y ellos de suyo belicosos y rústicos, estuvieron muchas veces a punto de romper la guerra.

Empero, la buena maña del Inca y su mucha afabilidad pudieron tanto que al fin de aquel largo tiempo se redujeron a su servicio y abrazaron sus leyes y admitieron los gobernadores y ministros que el Inca les dijo. El cual se volvió al Cuzco con esta victoria. En las dos últimas provincias que conquistó este Inca, llamadas Sulla y Utumsulla, se han descubierto de treinta y dos años a esta parte algunas minas de plata y otras de azogue, que son riquísimas y de grande importancia para fundir el metal de plata.

Capítulo XVI. El príncipe Yahuar Huacac y la interpretación de su nombre

Pasados algunos años, que el rey Inca Roca gastó en paz y quietud en el gobierno de sus reinos, le pareció enviar al príncipe heredero, llamado

Yáhuar Huácac, su hijo, a la conquista de Antisuyu, que es al levante del Cuzco y cerca de la ciudad; porque por aquella banda no se había alargado su Imperio más de lo que el primer Inca Manco Cápac dejó ganado, hasta el río Paucartampu.

Antes que pasemos adelante, será bien declaremos la significación del nombre Yáhuar Huácac y la causa por que se lo dieron a este príncipe. Dicen los indios que cuando niño, de tres o cuatro años, lloró sangre. Si fue sola una vez o muchas, no lo saben decir; debió ser que tuviese algún mal de ojos, y que el mal causase alguna sangre en ellos. Otros dicen que nació llorando sangre, y esto tienen por más cierto. También pudo ser que sacase en los ojos algunas gotas de sangre de la madre, y como tan agoreros y supersticiosos dijeron que eran lágrimas del niño. Como quiera que haya sido, certifican que lloró sangre, y como los indios fueron tan dados a hechicerías, habiendo sucedido el agüero en el príncipe heredero miraron más en ello y tuviérenlo por agüero y pronóstico infelice y temieron en su príncipe alguna gran desdicha o maldición de su padre el Sol, como ellos decían. Esta es la deducción del nombre Yáhuar Huácac, y quiere decir el que llora sangre, y no lloro de sangre, como algunos interpretan; y el llorar fue cuando niño y no cuando hombre, ni por verse vencido y preso, como otros dicen, que nunca lo fue Inca ninguno hasta el desdichado Huáscar, que lo prendió el traidor de Atahuallpa, su hermano bastardo, como diremos en su lugar si el Sumo Dios nos deja llegar allá. Tampoco lo hurtaron cuando niño, como otro historiador dice, que son cosas muy ajenas de la veneración en que los indios tenían a sus Incas, ni en los ayos y criados diputados para el servicio y guarda del príncipe había tanto descuido que lo dejaran hurtar, ni indio tan atrevido que lo hiciera aunque pudiera; antes, si tal imaginara, entendiera que sin ponerlo por obra, solo por haberlo imaginado, se había de abrir la tierra y tragárselo a él y a toda su parentela, pueblo y provincia, porque, como otras veces lo hemos dicho, adoraban a sus reyes por dioses, hijos de su Dios el Sol, y los tenían en suma veneración, más que cualquiera otra gentilidad a sus dioses.

A semejanza y en confirmación del agüero del llorar sangre se me ofrece otra superstición que los indios cataban en los ojos, en el palpitar de los párpados altos y bajos, que por ser en los ojos no saldremos del propósito, para que se vea y sepa que los Incas y todos sus vasallos tuvieron por agüero bueno o malo, según el párpado que palpitaba. Era buen agüero palpitar el párpado alto del ojo izquierdo; decían que habían de ver cosas de contento y alegría. Pero con grandes ventajas era mejor agüero palpitar el párpado derecho, porque les prometía que verían cosas felicísimas y prosperidades de grandes bienes, de mucho placer y descanso, fuera de todo encarecimiento. Y al contrario eran los párpados bajos, porque el derecho pronosticaba llanto, que habían de ver cosas que les darían pena y dolor, mas no con encarecimiento. Empero, palpitar el párpado bajo izquierdo ya era extremo de males, porque les amenazaba infinidad de lágrimas y que verían las cosas más tristes y desdichadas que pudiesen imaginar. Y tenían tanto crédito en estos sus agüeros que, con este postrer agüero, se ponían a llorar tan tiernamente como si estuvieran ya en medio de cuantos males podían temer, y, para no perecer llorando los males que aún no habían visto, tenían por remedio otra superstición tan ridiculosa como la del mal agüero; y era que tomaban una punta de paja, y, mojándola con la saliva, la pegaban en el mismo párpado bajo y decían consolándose que aquella paja atravesada atajaba que no corriesen las lágrimas que temían derramar y que deshacía el mal pronóstico de la palpitación. Casi lo mismo tuvieron del zumbar de los oídos, que lo dejo por no ser tan a propósito como lo dicho de los ojos, y lo uno y lo otro doy fe que lo vi.

El rey Inca Roca (como decíamos) determinó enviar a la conquista de Antisuyu a su hijo, para lo cual mandó apercibir quince mil hombres de guerra y tres maeses de campo, que le dio por acompañados y consejeros. Enviólo bien industriado de lo que había de hacer. El príncipe fue con buen suceso hasta el río Paucartampu, y pasó adelante a Challapampa y redujo los pocos indios que por aquella región halló. De allí pasó a Pilkupata, donde mandó poblar cuatro pueblos de gente advenediza. De Pillcupata pasó a Hauisca y a Tunu, que son las primeras chacras de coca que los Incas tuvieron, que es aquella yerba que los indios tanto estiman. La heredad llamada Hauisca fue después de Garcilaso de la Vega, mi señor, de la cual me hizo merced por donación en vida, y yo la perdí por venirme a España. Para entrar a estos valles donde se cría la coca se pasa una cuesta llamada Cañachuay, que tiene cinco leguas de bajada casi perpendicular, que pone grima y espanto solo el mirarla, cuanto más subir y bajar por ella, porque por toda ella sube el camino en forma de culebra, dando vueltas a una mano y a otra.

Capítulo XVII. Los ídolos de los indios Antis y la conquista de los Charcas

En estas provincias de los Antis comúnmente adoraban por dios a los tigres y a las culebras grandes que llaman *amaru:* son mucho más gruesas que el muslo de un hombre y largas de veinticinco y de treinta pies; otras hay menores. Todas las adoraban aquellos indios por su grandeza y monstruosidad. Son bobas y no hacen mal; dicen que una maga las encantó para que no hiciesen mal, y que antes eran feroces. Al tigre adoraban por su ferocidad y braveza; decían que las culebras y los tigres eran naturales de aquella tierra, y, como señores de ella, merecían ser adorados, y que ellos eran advenedizos y extranjeros. Adoraban también la yerba *cuca,* o coca, como dicen los españoles. En esta jornada aumentó el príncipe Yáhuar Huácac casi treinta leguas de tierra a su Imperio, aunque de poca gente y mal poblada; y no pasó adelante por la mucha maleza de montes, ciénagas y pantanos que hay en aquella región, donde confina la provincia que propiamente se llama Anti, por quien toda aquella banda se llama Antisuyu.

Hecha la conquista, se volvió el príncipe al Cuzco. El rey, su padre, por entonces dejó de hacer nuevas conquistas porque por Antisuyu, que es al levante, ya no había qué conquistar, y al poniente, que es lo que llaman Cuntisuyu, tampoco había qué reducir, porque por aquella banda llegaba ya el término de su Imperio a la Mar del Sur. De manera que de oriente al poniente tenían por el paraje de Cuzco más de cien leguas de tierra, y de septentrión a mediodía tenían más de doscientas leguas En todo este espacio entendían los indios en edificios de casas reales, jardines, baños y casas de placer para el Inca; y también labraban pósitos por los caminos reales, donde se encerrasen los bastimentas, armas y munición y ropa de vestir para la gente común.

Pasados algunos años que el rey Inca Roca se hubo ejercitado en la paz, determinó hacer una jornada famosa por su persona, e ir a acabar de ganar las grandes provincias llamadas Charcas, que su padre, el Inca Cápac Yupanqui, dejó empezadas a conquistar en el distrito de Collasuyu. Mandó apercibir treinta mil hombres de guerra, ejército que hasta entonces no lo había levantado ninguno de sus pasados. Nombró seis maeses de campo, sin los demás capitanes y ministros de menor cuenta; mandó que el príncipe Yáhuar Huácac quedase para el gobierno del reino con otros cuatro Incas que fuesen sus consejeros.

Salió el Inca del Cuzco por el camino real de Collasuyu; fue recogiendo la gente de guerra que por todas aquellas provincias estaba apercibida; llegó a los confines de las provincias Chuncuri, Pucuna y Muyumuyu, que eran las más cercanas a su reino. Envióles mensajeros, avisándoles cómo iba a reducir aquellas naciones para que viviesen debajo de las leyes de su padre el Sol y le reconociesen por Dios y dejasen sus ídolos, hechos de piedra y de madera, y muchos malos abusos que contra la ley natural y vida humana tenían. Los naturales se alteraron grandemente, y los capitanes, mozos y belicosos, tomaron las armas con mucho furor, diciendo que era cosa muy rigurosa y extraña negar sus dioses naturales y adorar al ajeno, repudiar sus leyes y costumbres y sujetarse a las del Inca, que quitaba las tierras a los vasallos y les imponía pechos y tributos hasta servirse de ellos como de esclavos, lo cual no era de sufrir ni se debía recibir en ninguna manera, sino morir todos defendiendo sus dioses, su patria y libertad.

Capítulo XVIII. El razonamiento de los viejos y cómo reciben al Inca

Los más ancianos y mejor considerados dijeron que mirasen que, por la vecindad que con los vasallos del Inca tenían, sabían años había que sus leyes eran buenas y su gobierno muy suave; que a los vasallos trataban como a propios hijos, y no como a súbditos; que las tierras que tomaban no eran las que los indios habían menester, sino las que les sobraban, que no podían labrar, y que la cosecha de las tierras que a su costa hacía labrar era el tributo que llevaba y no la hacienda de los indios, antes les daba el Inca de la suya toda la que sobraba del gasto de sus ejércitos y corte; y que en prueba de lo que habían dicho no querían traer otras razones, mas que mirasen desapasionadamente cuán mejorados estaban al presente los vasallos del Inca que antes que lo fueran, cuánto más ricos y prósperos, más quietos, pacíficos y urbanos; cómo habían cesado las disensiones y pendencias que por causas muy livianas solía haber entre ellos, cuánto más guardadas sus haciendas de ladrones, cuánto más seguras sus mujeres e hijas de fornicarios y adúlteros; y, en suma, cuán certificada toda la república de que ni el rico ni el pobre, ni el grande ni el chico, había de recibir agravio.

Que advirtiesen que muchas provincias circunvecinas a las del Inca era notorio que, habiéndose certificado de estos bienes, se habían ofrecido y sometido voluntariamente a su imperio y señorío, por gozar de la suavidad de su gobierno. Y que pues a ellos les constaba todo esto, sería bien hiciesen lo mismo, porque era mejor y más seguro aplacar al Inca otorgando su demanda, que provocarlo a ira y enojo y negándosela; que si después se habían de rendir y obedecer por fuerza de armas y perder la gracia del Inca, cuánto mejor era cobrarla ahora, obedeciendo por vía de amor. Mirasen que este camino era más seguro, que les aseguraba sus vidas y haciendas, mujeres e hijos; y que en lo de sus dioses, sin que el Inca lo mandase, les decía la razón que el Sol merecía ser adorado mejor que sus ídolos. Por tanto, que se allanasen y recibiesen al Inca por señor y al Sol por su Dios, pues en lo uno y en lo otro ganaban honra y provecho. Con estas razones y otras semejantes aplacaron los viejos a los mozos de tal manera que de común consentimiento fueron los unos y los otros a recibir al Inca; los mozos con las armas en las manos y los viejos con dádivas y presentes de lo que en su tierra había, diciendo que le llevaban los frutos de su tierra en señal de que se la entregaban por suya. Los mozos dijeron que llevaban sus armas para con ellas servirle en su ejército como leales vasallos y ayudar a ganar otras nuevas provincias.

El Inca les recibió con mucha afabilidad; mandó que a los viejos les diesen ropa de vestir; a los más principales, por mayor favor, de la que el Inca vestía, y a los demás de la otra ropa común. A los capitanes y soldados mozos, por condescender con el buen ánimo que mostrasen, les hizo merced que recibiesen por soldados quinientos de ellos, no escogiéndolos ni nombrándolos por favor, porque no se afrentasen los desechados, sino que fuesen por suerte, y para satisfacer a los demás les dijeron que no los recibían todos porque su tierra no quedase desamparada, sin gente. Con las mercedes y favores quedaron los indios viejos y mozos tan ufanos y contentos, que todos a una empezaron a dar grandes aclamaciones, diciendo: «Bien pareces hijo del Sol; tú solo mereces el nombre de rey; con mucha razón te llaman amador de pobres, pues apenas fuimos tus vasallos cuando nos colmaste de mercedes y favores. Bendígate el Sol, tu padre, y las gentes de todas las cuatro partes del mundo te obedezcan y sirvan, porque mereces el nombre Zapa Inca, que es solo Señor». Con estas bendiciones y otras semejantes fue adorado el rey Inca Roca de sus nuevos vasallos. El cual habiendo proveído los ministros necesarios, pasó adelante a reducir las demás provincias cercanas, que son Misqui, Sacaca, Machaca, Caracara y otras que hay hasta Chuquisaca, que es la que ahora llaman la Ciudad de la Plata. Todas son del apellido Charca, aunque de diferentes naciones y diferentes lenguajes. Todas las redujo el rey Inca Roca a su obediencia, con la misma facilidad que las pasadas. En esta jornada extendió su Imperio más de cincuenta leguas de largo norte sur y otras tantas de ancho este oeste, y dejando en ellas, según la costumbre antigua, los ministros necesarios para la doctrina de su idolatría y administración de su hacienda, se volvió al Cuzco. Fue despidiendo los soldados por sus provincias, como los había ido recogiendo. A los capitanes hizo mercedes y favores.

Hecho esto, le pareció descansar de las conquistas y atender a la quietud y gobierno de su reino, en lo cual gastó los años que le quedaban de vida, que no sabemos decir cuántos fueron. Falleció no habiendo degenerado nada de la bondad de sus pasados, antes habiéndolos imitado en todo lo que le fue posible, así en aumentar su Imperio como en regalar y hacer bien a sus vasallos. Fundó escuelas donde enseñasen los amautas las ciencias que alcanzaban; hizo cerca de ellas su casa real, como veremos en su lugar; instituyó leyes, dijo sentencias graves, y porque el padre Blas Valera las escribía en particular, diré luego las que Su Paternidad tenía escritas, que cierto son de notar. Fue llorado universalmente de todos los suyos y embalsamado según la costumbre de los reyes. Dejó por heredero a Yáhuar Huácac, su hijo y de su legítima mujer y hermana Mama Mícay; dejó otros muchos hijos legítimos y bastardos.

Capítulo XIX. De algunas leyes que el rey Inca Roca hizo y las escuelas que fundó en el Cuzco, y de algunos dichos que dijo
Lo que el padre Blas Valera, como gran escudriñador que fue de las cosas de los Incas, dice de este rey, es que reinó casi cincuenta años y que estableció muchas leyes, entre las cuales dice por más principales las que se siguen. Que convenía que los hijos de la gente común no aprendiesen las ciencias, las cuales pertenecían solamente a los nobles, porque no ensoberbeciesen y amenguasen la república. Que les enseñasen los oficios de sus padres, que les bastaban. Que al ladrón y al homicida, al adúltero y al incendiario, ahorcasen sin remisión alguna. Que los hijos sirviesen a sus padres hasta los veinticinco años, y de allí adelante se ocupasen en el servicio de la república. Dice que fue el primero que puso escuelas en la real ciudad del Cuzco, para que los amautas enseñasen las ciencias que alcanzaban a los príncipes Incas y a los de su sangre real y a los nobles de su Imperio, no por enseñanza de letras, que no las tuvieron, sino por práctica y por uso cotidiano y por experiencia, para que supiesen los ritos, preceptos y ceremonias de su falsa religión y para que entendiesen la razón y fundamento de sus leyes y fueros y el número de ellos y su verdadera interpretación; para que alcanzasen el don de saber gobernar y se hiciesen más urbanos y fuesen de mayor industria para el arte militar; para conocer los tiempos y los años y saber por los nudos las historias y dar cuentas de ellas; para que supiesen hablar con ornamento y elegancia y supiesen críar sus hijos, gobernar sus casas. Enseñábanles poesía, filosofía y astrología, eso poco que de cada ciencia alcanzaron. A los maestros llamaban *amautas,* que es tanto como filósofos y sabios, los cuales eran tenidos en suma veneración. Todas estas cosas dice el padre Blas Valera que instituyó por ley este príncipe Inca Roca, y que después las favoreció, declaró y amplió muy largamente el Inca Pachacútec, su bisnieto, y que añadió otras muchas leyes. También dice de este rey Inca Roca, que, considerando la grandeza del cielo, su resplandor y hermosura, decía muchas veces que se podía concluir que el Pachacámac (que es Dios) era poderosísimo rey en el cielo, pues tenía tal y tan hermosa morada. Asimismo decía: «Si yo hubiese de adorar alguna cosa de las de acá abajo, cierto yo adorara al hombre sabio y discreto, porque hace ventaja a todas

las cosas de la tierra. Empero, el que nace niño y crece y al fin muere; el que ayer tuvo principio y hoy tiene fin; el que no puede librarse de la muerte, ni cobrar la vida que la muerte le quita, no debe ser adorado». Hasta aquí es del padre Blas Valera.

Capítulo XX. El Inca llora sangre, séptimo rey, y sus miedos y conquistas, y el disfavor del príncipe

Muerto el rey Inca Roca, su hijo Yáhuar Huácac tomó la corona del reino; gobernólo con justicia, piedad y mansedumbre, acariciando sus vasallos, haciéndoles todo el bien que podía. Deseó sustentarse en la prosperidad que sus padres y abuelos le dejaron, sin pretender conquistas ni pendencia con nadie, porque, con el mal agüero de su nombre y los pronósticos que cada día echaban sobre él, estaba temeroso de algún mal suceso y no osaba tentar la fortuna por no irritar la ira de su padre el Sol, no le enviase algún grave castigo, como ellos decían. Con este miedo vivió algunos años, deseando paz y quietud para sí y para todos sus vecinos; y por no estar ocioso visitó sus reinos una y dos y tres veces. Procuraba ilustrarlos con edificios magníficos; regalaba los vasallos en común y en particular; tratábalos con mayor afición y ternura que mostraron sus antepasados, que eran muestras y efectos del temor; en lo cual gastó nueve o diez años. Empero, por no mostrarse tan pusilánime que entre todos los Incas fuese notado de cobarde por no haber aumentado su Imperio, acordó enviar un ejército de veinte mil hombres de guerra al sudoeste del Cuzco, la costa adelante de Arequipa, donde sus pasados habían dejado por ganar una larga punta de tierra, aunque de poca poblazón. Eligió por capitán general a su hermano Inca Maita, que desde aquella jornada, por haber sido general en ella, se llamó siempre Apu Maita, que quiere decir el capitán general Maita. Nombró cuatro Incas experimentados para maeses de campo. No se atrevió el Inca a hacer la conquista por su persona, aunque lo deseó mucho, mas nunca se determinó a ir, porque su mal agüero (en las cosas de la guerra) lo traía sobre olas tan dudosas y tempestuosas, que de donde le arrojaban las del deseo lo retiraban las del temor. Por estos miedos nombró al hermano y a sus ministros, los cuales hicieron su conquista con brevedad y buena dicha, y redujeron al Imperio de los Incas todo lo que hay desde Arequipa hasta

Tacama, que llaman Collisuyu, que es el fin y término por la costa de lo que hoy llaman Perú. La cual tierra es larga y angosta y mal poblada, y así se detuvieron y gastaron más tiempo los Incas en caminar por ella que en reducirla a su señorío.

Acabada esta conquista, se volvieron al Cuzco y dieron cuenta al Inca Yáhuar Huácac de lo que habían hecho. El cual, cobrando nuevo ánimo con el buen suceso de la jornada pasada, acordó hacer otra conquista de más honra y fama, que era reducir a su imperio unas grandes provincias que habían quedado por ganar en el distrito de Collasuyu, llamadas Caranca, Ullaca, Llipi, Chicha, Ampara. Las cuales, demás de ser grandes, eran pobladas de mucha gente valiente y belicosa, por los cuales inconvenientes los Incas pasados no habían hecho aquella conquista por fuerza de armas, por no destruir aquellas naciones bárbaras e indómitas, sino que de suyo se fuesen domesticando y cultivando poco a poco y aficionándose al imperio y señorío de los Incas, viéndolo en sus comarcanos tan suave, tan piadoso, tan en provecho de los vasallos como lo experimentaban todos ellos.

En los cuidados de la conquista de aquellas provincias andaba el Inca Yáhuar Huácac muy congojado, metido entre miedos y esperanzas, que unas veces se prometía buenos sucesos, conforme a la jornada que su hermano Apu Maita había hecho; otras veces desconfiaba de ellos por su mal agüero, por el cual no osaba acometer ninguna empresa de guerra, por los peligros de ella. Andando, pues, rodeado de estas pasiones y congojas, volvió a otros cuidados domésticos que dentro en su casa se criaban, que días había le daban pena y dolor, que fue la condición áspera de su hijo, el primogénito, heredero que había de ser de sus reinos; el cual desde niño se había mostrado mal acondicionado, porque maltrataba los muchachos que de su edad con él andaban y mostraba indicios de aspereza y crueldad, y aunque el Inca hacía diligencias para corregirle y esperaba que con la edad, cobrando más juicio, iría perdiendo la braveza de su mala condición, parecía salirte vana esta confianza, porque con la edad antes crecía que menguaba la ferocidad de su ánimo. Lo cual para el Inca su padre era de grandísimo tormento, porque, como todos sus pasados se hubiesen preciado tanto de la afabilidad y mansedumbre, érale de suma pena ver al príncipe de contraria condición. Procuró remediarla con persuasiones y con ejemplos de sus mayores, trayéndoselos a la memoria para aficionarte a ellos, y también con reprensiones y disfavores que le hacía; mas todo le aprovechaba poco o nada, porque la mala inclinación en el grande y poderoso pocas veces o nunca suele admitir corrección.

Así le acaeció a este príncipe que cuanta triaca le aplicaban a su mala inclinación, toda la convertía en la misma ponzoña. Lo cual viendo el Inca su padre, acordó desfavorecerlo del todo y apartarlo de sí con propósito, si no aprovechaba el remedio del disfavor para enmendar la condición, de desheredarlo y elegir otro de sus hijos para heredero, que fuese de la condición de sus mayores. Pensaba hacer esto imitando la costumbre de algunas provincias de su Imperio, donde heredaban los hijos más bienquistos. La cual ley quería el Inca guardar con su hijo, no habiéndose hecho tal entre los reyes Incas. Con este presupuesto, mandó echarlo de su casa y de la corte, siendo ya el príncipe de diecinueve años, y que lo llevasen poco más de una legua al levante de la ciudad, a unas grandes y hermosas dehesas que llaman Chita, donde yo estuve muchas veces. Allí había mucho ganado del Sol; mandó que lo apacentase con los pastores que tenían aquel cuidado. El príncipe, no pudiendo hacer otra cosa, aceptó el destierro y el disfavor que le daban en castigo de su ánimo bravo y belicoso; y llanamente se puso a hacer el oficio de pastor con los demás ganaderos, y guardó el ganado del Sol, que ser del Sol era consuelo para el triste Inca. Este oficio hizo aquel desfavorecido príncipe por espacio de tres años y más, donde lo dejaremos hasta su tiempo, que él nos dará bien que decir, si lo acertásemos a decir bien.

Capítulo XXI. De un aviso que un fantasma dio al príncipe para que lo lleve a su padre

Habiendo desterrado el Inca Yáhuar Huácac a su hijo primogénito (cuyo nombre no se sabe cuál era mientras fue príncipe, porque lo borró totalmente el que adelante le dieron, que como no tuvieron letras se les olvidaba para siempre todo lo que por su tradición dejaban de encomendar a la memoria) le pareció dejar del todo las guerras y conquistas de nuevas provincias y atender solamente al gobierno y quietud de su reino, y no perder el hijo de vista, alejándolo de sí, sino tenerlo a la mira y procurar la mejora de su condición, y, no pudiendo haberla, buscar otros remedios, aunque todos los que se le ofrecían como ponerle en perpetua prisión o desheredarle y elegir otro en su lugar, le parecían violentos y mal seguros, por la novedad y grandeza del caso, que era deshacer la deidad de los Incas, que eran tenidos por divinos hijos del Sol, y que los vasallos no consentirían aquel castigo ni cualquiera otro que quisiese hacer en el príncipe.

Con esta congoja y cuidado, que le quitaba todo descanso y reposo, anduvo el Inca más de tres años sin que en ellos se ofreciese cosa digna de memoria. En este tiempo envió dos veces a visitar el reino a cuatro parientes suyos, repartiendo a cada uno las provincias que habían de visitar; mandóles que hiciesen las obras que conviniesen al honor del Inca y al beneficio común de los vasallos, como era sacar nuevas acequias, hacer pósitos y casas reales y fuentes y puentes y calzadas y otras obras semejantes; mas él no osó salir de la corte, donde entendía en celebrar las fiestas del Sol y las otras que se hacían entre año y en hacer justicia a sus vasallos. Al fin de aquel largo tiempo, un día, poco después de mediodía, entró el príncipe en la casa de su padre, donde menos le esperaban, solo y sin compañía, como hombre desfavorecido del rey. Al cual envió a decir que estaba allí y que tenía necesidad de darle cierta embajada. El Inca respondió con mucho enojo que se fuese luego donde le había mandado residir, si no quería que lo castigase con pena de muerte por inobediente al mandato real, pues sabía que a nadie era lícito quebrantarlo, por muy liviano que fuese el caso que se le mandase. El príncipe respondió diciendo que él no había venido allí por quebrantar su mandamiento, sino por obedecer a otro tan gran Inca como él. El cual le enviaba a decir ciertas cosas, que le importaba mucho saberlas; que si las quería oír le diese licencia para que entrase a decírselas; y si no, que con volver al que le había enviado y darle cuenta de lo que había respondido, habría cumplido con él.

El Inca, oyendo decir otro tan gran señor como él, mandó que entrase por ver qué disparates eran aquéllos, y saber quién le enviaba recados con el hijo desterrado y privado de su gracia; quiso averiguar qué novedades eran aquéllas para castigarlas. El príncipe, puesto ante su padre, le dijo:

—Solo Señor, sabrás que, estando yo recostado hoy a mediodía (no sabré certificarte si despierto o dormido) debajo de una gran peña de las que hay en los pastos de Chita, donde por tu mandato apaciento las ovejas de

Nuestro padre el Sol, se me puso delante un hombre extraño en hábito y en figura diferente de la nuestra, porque tenía barbas en la cara de más de un palmo y el vestido largo y suelto, que le cubría hasta los pies. Traía atado por el pescuezo un animal no conocido. El cual me dijo: «Sobrino, yo soy hijo del Sol y hermano del Inca Manco Cápac y de la Coya Mama Ocllo Huaco, su mujer y hermana, los primeros de tus antepasados; por lo cual soy hermano de tu padre y de todos vosotros. Llámame Viracocha Inca; vengo de parte del Sol, Nuestro padre, a darte aviso para que se lo des al Inca, mi hermano, cómo toda la mayor parte de las provincias de Chinchasuyu sujetas a su imperio, y otras de las no sujetas, están rebeladas y juntan mucha gente para venir con poderoso ejército a derribarle de su trono y destruir nuestra imperial ciudad del Cuzco. Por tanto ve al Inca, mi hermano, y dile de mi parte que se aperciba y prevenga y mire lo que le conviene acerca de este caso. Y en particular te digo a ti que en cualquiera adversidad que te suceda no temas que yo te falte, que en todas ellas te socorreré como a mi carne y sangre. Por tanto no dejes de acometer cualquiera hazaña, por grande que sea, que convenga a la majestad de tu sangre y a la grandeza de tu Imperio, que yo seré siempre en tu favor y amparo y te buscaré los socorros que hubieres menester». Dichas estas palabras (dijo el príncipe), se me desapareció el Inca Viracocha, que no le vi más. Y yo tomé luego el camino para darte cuenta de lo que me mandó te dijese.

Capítulo XXII. Las consultas de los Incas sobre el recado del fantasma

El Inca Yáhuar Huácac, con la pasión y enojo que contra su hijo tenía, no quiso creerle; antes le dijo que era un loco soberbio, que los disparates que andaba imaginando venía a decir que eran revelaciones de su padre el Sol; que se fuese luego a Chita y no saliese de allí jamás, so pena de su ira. Con esto se volvió el príncipe a guardar sus ovejas, más desfavorecido de su padre que antes lo estaba. Los Incas más allegados al rey, como eran sus hermanos y tíos, que asistían a su presencia, como fuesen tan agoreros y supersticiosos, principalmente en cosas de sueños, tomaron de otra manera lo que el príncipe dijo, y dijeron al Inca que no era de menospreciar el mensaje y aviso del Inca Viracocha, su hermano, habiendo dicho que era hijo del Sol y que venía de su parte. Ni era de creer que el príncipe fingiese aquellas razones en desacato del Sol, que fuera sacrilegio el imaginarlas cuanto más decirlas delante del rey, su padre. Por tanto sería bien se examinasen una a una las palabras del príncipe, y sobre ellas se hiciesen sacrificios al Sol y tomasen sus agüeros, para ver si les pronosticaban bien o mal, y se hiciesen las diligencias necesarias a negocio tan grave; porque dejarlo así desamparado no solamente era hacer en su daño, mas también parecían menospreciar al Sol, padre común, que enviaba aquel aviso, y al Inca Viracocha, su hijo, que lo había traído, y era amontonar para adelante errores sobre errores.

El Inca, con el odio que a la mala condición de su hijo tenía, no quiso admitir los consejos que sus parientes le daban; antes dijo que no se había de hacer caso del dicho de un loco furioso, que en lugar de enmendar y corregir la aspereza de su mala condición para merecer la gracia de su padre venía con nuevos disparates, por los cuales y por sus extrañezas merecía que lo depusieran y privaran del principado y herencia del reino, como lo pensaba hacer muy presto, y elegir uno de sus hermanos que imitase a sus pasados, el cual, por su clemencia, piedad y mansedumbre mereciese el nombre de hijo del Sol, porque no era razón que un loco, por ser iracundo y vengativo, destruyese con el cuchillo de la crueldad lo que todos los Incas pasados, con la mansedumbre y beneficios, habían reducido a su imperio; que mirasen que aquello era de más importancia para prevenir y tratar de su remedio que no las palabras desatinadas de un furioso, que ellas mismas decían cúyas eran; que si no autorizara su atrevimiento con decir que la embajada era de un hijo del Sol, mandara le cortaran la cabeza por haber quebrantado el destierro que le había dado. Por tanto les mandaba que no tratasen de aquel caso, sino que se le pusiese perpetuo silencio, porque le causaba mucho enojo traerle a la memoria cosa alguna del príncipe, que ya él sabía lo que había de hacer de él.

Por el mandato del rey callaron los Incas, y no hablaron más en ello, aunque en sus ánimos no dejaron de temer algún mal suceso, porque estos indios, como toda la demás gentilidad, fueron muy agoreros y particularmente miraron mucho en sueños, y más si los sueños acertaban a ser del rey o del príncipe heredero o del Sumo Sacerdote, que éstos eran tenidos entre ellos por dioses y oráculos mayores, a los cuales pedían cuenta de sus sueños los adivinos y hechiceros para los interpretar y declarar, cuando los mismos Incas no decían lo que habían soñado.

Capítulo XXIII. La rebelión de los Chancas y sus antiguas hazañas

Tres meses después del sueño del príncipe Viracocha Inca (que así le llaman los suyos de aquí adelante, por el fantasma que vio), vino nueva, aunque incierta, del levantamiento de las provincias de Chinchasuyu, desde Antahualla adelante, la cual está cerca de cuarenta leguas del Cuzco, al norte. Esta nueva vino sin autor, mas de que la fama la trajo confusa y oculta, como ella suele hablar siempre en casos semejantes. Y así, aunque el príncipe Viracocha lo había soñado y conformaba la nueva con el sueño, no hizo el rey caso de ella, porque le pareció que eran hablillas de camino y un recordar el sueño pasado, que parecía estaba ya olvidado. Pocos días después se volvió a refrescar la misma nueva, aunque todavía incierta y dudosa, porque los enemigos habían cerrado los caminos con grandísima diligencia, para que el levantamiento de ellos no se supiese, sino que primero los viesen en el Cuzco que supiesen de su ida. La tercera nueva llegó ya muy certificada, diciendo que las naciones llamadas Chanca, Uramarca, Uillca, Utunsulla, Hancohuallu y otras circunvecinas a ellas se habían rebelado y muerto los gobernadores y ministros regios, y que venían contra la ciudad con ejército de más de cuarenta mil hombres de guerra.

Estas naciones son las que dijimos haberse reducido al imperio del rey Inca Roca más por el terror de sus armas que por el amor de su gobierno, y, como lo notamos entonces, quedaron con rencor y odio de los Incas para mostrarlo cuando se les ofreciese ocasión. Viendo, pues, al Inca Yáhuar Huácac tan poco belicoso, antes acobardado con el mal agüero de su nombre y escandalizado y embarazado con la aspereza de la condición de su hijo el príncipe Inca Viracocha, y habiéndose divulgado entre estos indios algo del nuevo enojo que el rey había tenido con su hijo, aunque no se dijo la causa, y los grandes disfavores que le hacía, les pareció bastante ocasión para mostrar el mal ánimo que al Inca tenían y el odio que habían a su imperio y dominio. Y así, con la mayor brevedad y secreto que pudieron, se convocaron unos a otros y llamaron sus comarcanos, y entre todos ellos levantaron un poderoso ejército de más de treinta mil hombres de guerra y caminaron en demanda de la imperial ciudad del Cuzco. Los autores de este levantamiento y los que incitaron a los demás señores de vasallos fueron tres indios principales, curacas de tres grandes provincias de la nación Chanca (debajo de este nombre se incluyen otras muchas naciones); el uno se llamó Hancohuallu, mozo de veintiséis años, y el otro Túmay Huaraca y el tercero Astu Huaraca; estos dos últimos eran hermanos, y deudos de Hancohuallu. Los antepasados de estos tres reyecillos tuvieron guerra perpetua, antes de los Incas, con las naciones comarcanas a sus provincias, particularmente con la nación llamada Quechua, que debajo de este apellido entran cinco provincias grandes. A éstas y a otras sus vecinas tuvieron muy rendidas, y se hubieron con ellas áspera y tiránicamente, por lo cual holgaron los Quechuas y sus vecinos de ser vasallos de los Incas y se dieron con facilidad y amor, como en su lugar vimos, por librarse de las insolencias de los Chancas. A los cuales, por el contrario, pesó mucho de que el Inca atajase sus buenas andanzas, y de señores de vasallos los hiciese tributarios; de cuya causa, guardando el odio antiguo que sus padres habían heredado, hicieron el levantamiento presente, pareciéndoles que con facilidad vencerían al Inca por la presteza con que pensaban acometerle y por el descuido con que imaginaban hallarle, desapercibido de gente de guerra, y que con sola una victoria serian señores, no solamente de sus enemigos antiguos, mas también de todo el Imperio de los Incas.

Con esta esperanza convocaron sus vecinos, así de los sujetos al Inca como de los no sujetos, prometiéndoles grande parte de la ganancia; los cuales fueron fáciles de persuadir, tanto por el gran premio que se prometían como por la antigua opinión de los Chancas, que eran valientes guerreros. Eligieron por capitán general a Hancohuallu, que era un valeroso indio y por maeses de campo a los dos hermanos, y los demás curacas fueron caudillos y capitanes de sus gentes, y a toda diligencia fueron en demanda del Cuzco.

Capítulo XXIV. El Inca desampara la ciudad y el príncipe la socorre
El Inca Yáhuar Huácac se halló confuso con la certificación de la venida de los enemigos, porque nunca había creído que tal pudiera ser, por la gran experiencia que tenían de que no se había rebelado provincia alguna de

cuantas se habían conquistado y reducido a su Imperio, desde el primer Inca Manco Cápac hasta el presente. Por esta seguridad y por el odio que al príncipe su hijo tenía, que dio el pronóstico de aquella rebelión, no había querido darle crédito ni tomar los consejos de sus parientes, porque la pasión le cegaba el entendimiento. Viéndose, pues, ahora anegado porque no tenía tiempo para convocar gente con que salir al encuentro a los enemigos, ni presidio en la ciudad para (mientras le viniese socorro) defenderse de ellos, le pareció dar lugar a la furia de los tiranos y retirarse hacia Collasuyu, donde se prometía estar seguro de la vida por la nobleza y lealtad de los vasallos. Con esta determinación se retiró con los pocos Incas que pudieron seguirle, y fue hasta la angostura que llaman de Muina, que está cinco leguas al sur de la ciudad, donde hizo alto para certificarse de lo que hacían los enemigos por los caminos y dónde llegaban ya.

La ciudad del Cuzco, con la ausencia de su rey, quedó desamparada sin capitán ni caudillo que osase hablar, cuanto más pensar defenderla, sino que todos procuraban huir; y así se fueron los que pudieron por diversas partes, donde entendían poder mejor salvar las vidas. Algunos de los que iban huyendo fueron a toparse con el príncipe Viracocha Inca y le dieron nueva de la rebelión de Chinchasuyu, y cómo su padre se había retirado hacia Collasuyu, por parecerle que no tenía posibilidad para resistir a los enemigos, por el repentino asalto con que le acometían.

El príncipe sintió grandemente saber que su padre se hubiese retirado y desamparado la ciudad. Mandó a los que le habían dado la nueva y a algunos de los pastores que consigo tenía, que fuesen a la ciudad, y a los indios que topasen por los caminos y a los que hallasen en ella les dijesen de u parte que todos los que pudiesen procurasen ir en pos del Inca su señor, con las armas que tuviesen, porque él pensaba hacer lo mismo, y que pasasen la palabra de este mandato de unos a otros. Dada esta orden, salió el príncipe Viracocha Inca en seguimiento de su padre por unos atajos, sin querer entrar en la dudad, y con la prisa que se dio lo alcanzó en la angostura de Muina, que aún no había salido de aquel puesto. Y lleno de polvo y sudor, con una lanza en la mano, que había llevado por el camino, se puso delante del rey y con semblante triste y grave le dijo:

—Inca ¿cómo se permite que por una nueva, falsa o verdadera, de unos pocos vasallos rebelados, desampares tu casa y corte y vuelvas las espalda a los enemigos aún no vistos? ¿Cómo se sufre que dejes entregada la casa del Sol, tu padre, para que los enemigos las huellen con sus pies calzados y hagan en ella las abominaciones que tus antepasados les quitaron, de sacrificios de hombres, mujeres y niños, y otras grandes bestialidades y sacrilegios? ¿Qué cuenta daremos de las vírgenes que están dedicadas para mujeres del Sol, con observancia de perpetua virginidad, si las dejamos desamparadas para que los enemigos brutos y bestiales hagan de ellas lo que quisieren? ¿Qué honra habremos ganado de haber permitido estas maldades por salvar la vida? Yo no la quiero, y así vuelvo a ponerme delante de los enemigos para que me la quiten antes que entren en el Cuzco, porque no quiero ver las abominaciones que los bárbaros harán en aquella imperial y sagrada ciudad, que el Sol y sus hijos fundaron. Los que me quisieren seguir vengan en pos de mí, que yo les mostraré a trocar vida vergonzosa por muerte honrada.

Habiendo dicho con gran dolor y sentimiento estas razones, volvió su camino hacia la ciudad, sin querer tomar refresco alguno de comida ni bebida. Los Incas de la sangre real, que habían salido con el rey, entre ello hermanos suyos y muchos sobrinos y primos hermanos suyos y otra parentela, que serían más de cuatro mil hombres, se volvieron todos con el príncipe, que no quedaron con su padre sino los viejos inútiles. Por el camino y fuera de él toparon mucha gente que salía huyendo de la ciudad. Apellidáronlos que se volviesen, diéronles nueva, para que se esforzasen, cómo el príncipe Inca Viracocha volvía a defender su ciudad y la casa de su padre el Sol. Con esta nueva se animaron los indios tanto, que volvieron todos los que huían, principalmente los que eran de provecho y unos y otros se apellidaban por los campos, pasando la palabra de mano en mano, cómo el príncipe volvía a la defensa de la ciudad, la cual hazaña les era tan agradable que, con grandísimo consuelo, volvían a morir con el príncipe. El cual mostraba tanto ánimo y esfuerzos que lo ponía a todos los suyos.

De esta manera entró en la ciudad y mandó que la gente que se recogía se le siguiese luego, y él pasó adelante y tomó el camino de Chinchasuyu, por donde les enemigos venían, para ponerse entre ellos y la ciudad porque su intención no era de resistirles, que bien entendía que no tendría fuerzas para contra ellos, sino de morir peleando, antes que los contrarios entrasen en la ciudad y la hollasen como bárbaros y enemigos victoriosos, sin respetar al Sol, que era lo que más sentía. Y porque el Inca Yáhuar Huácac, cuya vida escribimos, no reinó más que hasta aquí, como adelante veremos, me pareció cortar el hilo de esta historia para dividir sus hechos de los de su hijo, Inca Viracocha, y entremeter otras cosas del gobierno de aquel Imperio y variar los cuentos, por que no sean todos de un propósito. Hecho esto, volveremos a las hazañas del príncipe Viracocha, que fueron muy grandes.

FIN DEL LIBRO CUARTO

Libro quinto de los Comentarios reales de los incas
Dice cómo se repartían y labraban las tierras, el tributo que daban al Inca, la provisión de armas y bastimentas que tenían para la guerra; que daban de vestir a los vasallos; que no tuvieron mendigantes; las leyes y ordenanzas en favor de los súbditos, con otras cosas notables. Las victorias y generosidades del príncipe Inca Viracocha, octavo rey; su padre, privado del Imperio; la huida de un gran señor; el pronóstico de la ida de los españoles
   Contiene veintinueve capítulos

Capítulo I. Cómo acrecentaban y repartían las tierras a los vasallos

Habiendo conquistado el Inca cualquiera reino o provincia y dado asiento en el gobierno de los pueblos y vivienda de los moradores conforme a su idolatría y leyes, mandaba que se aumentasen las tierras de labor, que se entiende las que llevaban maíz, para lo cual mandaba traer los ingenieros de acequias de agua, que los hubo famosísimos, como lo muestran hoy sus obras, así las que se han destruido, cuyos rastros se ven todavía, como las que viven. Los maestros sacaban las acequias necesarias, conforme a las tierras que había de provecho, porque es de saber que por la mayor parte toda aquella tierra es pobre de tierras de pan, y por esto procuraban aumentarlas todo lo que les era posible. Y porque por ser debajo de la tórrida zona tienen necesidades de riego, se lo daban con gran curiosidad, y no sembraban grano de maíz sin agua de riego. También abrían acequias para regar las dehesas, cuando el otoño detenía sus aguas, que también quisieron asegurar los pastos como los sembrados, porque tuvieron infinito ganado Estas acequias para las dehesas se perdieron luego que los españoles entraron en la tierra, pero viven hoy los rastros de ella.

   Sacadas las acequias, allanaban los campos y los ponían de cuadrado para que gozasen bien del riego. En los cerros y laderas que eran de buena tierra hacían andenes para allanarlas, como hoy se ven en el Cuzco y en todo el Perú. Para hacer estos andenes echaban tres muros de cantería fuerte, uno por delante y dos por los lados, algo pendientes adentro (como son todas las paredes que labran), para que puedan sufrir el peso de la tierra que les arriman hasta emparejar con lo alto de las paredes. Pasado el primer andén, hacían luego otro menor, y adelante de aquél otro más chico. Y así iban ganando todo el cerro poco a poco, allanándolo por sus andenes a manera de escalera, gozando de toda la tierra que era buena para sembrar y que se podía regar. Donde había peñascales quitaban las peñas y llevaban tierra de otra parte para hacer andenes y aprovechar aquel sitio, porque no se perdiese. Los andenes primeros eran grandes conforme a la disposición del sitio, anchos y largos de cientos y de doscientas y trescientas, más y menos, fanegas de sembradura, y los segundos eran menores y así iban disminuyéndose como iban subiendo, hasta los postreros, que venían a ser de dos o tres hilados de maíz. Tan aplicados como esto fueron los Incas en lo que era aumentar tierras para sembrar el maíz. En muchas partes llevaron quince y veinte leguas una acequia de agua para regar muy pocas fanegas de tierra de pan, por que no se perdiesen.

Habiendo aumentado las tierras, medían todas las que había en toda la provincia, cada pueblo de por sí, y las repartían en tres partes: la una para el Sol y la otra para el rey y la otra para los naturales. Estas partes se dividían siempre con atención que los naturales tuviesen bastantemente en que sembrar, que antes les sobrase que les faltase. Y cuando la gente del pueblo o provincia crecía en número, quitaban de la parte del Sol y de la parte del Inca para los vasallos; de manera que no tomaba el rey para sí ni para el Sol sino las tierras que habían de quedar desiertas, sin dueño. Los andenes por la mayor parte se aplicaban al Sol y al Inca, porque los había él mandado hacer. Sin las tierras del maíz que se regaba repartían otras que no alcanzaban riego, en las cuales sembraban de sequero otras semillas y legumbres que son de mucha importancia, como es la que llaman *papa* y *oca* y *añus,* las cuales tierras también se repartían por su cuenta y razón, tercia parte de los vasallos, como al Sol y al Inca, y, porque eran estériles por falta de riego, no las sembraba más de un año o dos, y luego repartían otras y otras, por que descansasen las primeras; de esta manera traían en concierto sus tierras flacas, para que siempre les fuesen abundantes.

Las tierras del maíz las sembraban cada año, porque, como las beneficiaban con agua y estiércol como una huerta, les hacían llevar siempre fruto. Con el maíz sembraban una semilla que es casi como arroz, que llaman *quinua,* la cual también se da en las tierras frías.

Capítulo II. El orden que tenían en labrar las tierras; la fiesta con que labraban las del Inca y las del Sol

En el labrar y cultivar las tierras también había orden y concierto. Labraban primero las del Sol, luego las de las viudas y huérfanos y de los impedidos por vejez o por enfermedad: todos éstos eran tenidos por pobres, y por tanto mandaba el Inca que les labrasen las tierras. Había en cada pueblo, o en cada barrio si el pueblo era grande, hombres diputados solamente para hacer beneficiar las tierras de los que llamamos pobres. A estos diputados llamaban *llactacamayu,* que es regidor del pueblo. Tenían cuidado, al tiempo del barbechar, sembrar y coger los frutos, subirse de noche en atalayas o torres que para este efecto había hechas, y tocaban una trompeta o caracol para pedir atención, y a grandes voces decían: «Tal día se labran las tierras de los impedidos; acuda cada uno a su pertinencia». Los vecinos de cada colación ya sabían, por el padrón que estaba hecho, a cuales tierras habían de acudir, que eran las de sus parientes o vecinos más cercanos. Era obligado cada uno llevar de comer para sí lo que había de comer en su casa, porque los impedidos no tuviesen cuidado de buscarles la comida. Decían que a los viejos, enfermos, viudas y huérfanos les bastaba su miseria, sin cuidar de la ajena. Si los impedidos no tenían semilla, se la daban de los pósitos, de los cuales diremos adelante. Las tierras de los soldados que andaban ocupados en la guerra también *se* labraban por concejo, como las tierras de las viudas, huérfanos y pobres, que mientras los maridos servían en la milicia las mujeres entraban en la cuenta y lista de las viudas, por la ausencia de ellos. Y así se les hacía este beneficio como a gente necesitada. Con los hijos de los que morían en la guerra tenían gran cuidado en la crianza de ellos, hasta que los casaban.

Labradas las tierras de los pobres, labraba cada uno las suyas, ayudándose unos a otros, como dicen a tornapeón. Luego labraban las del curaca las cuales habían de ser las postreras que en cada pueblo o provincia se labrasen. En tiempo de Huaina Cápac, en un pueblo de los Chachapuyas, porque un indio regidor antepuso las tierras del curaca, que era su pariente, a las de una viuda, lo ahorcaron, por quebrantador del orden que el Inca tenía dado en el labrar de las tierras, y pusieron la horca en la misma tierra del curaca. Mandaba el Inca que las tierras de los vasallos fuesen preferidas a las suyas, porque decían que de la prosperidad de los súbditos redundaba el buen servicio para el rey; que estando pobres y necesitados, mal podían servir en la guerra ni en la paz.

Las últimas que labraban eran las del rey: beneficiábanlas en común; iban a ellas y a las del Sol todos los indios generalmente, con grandísimo contento y regocijo, vestidos de las vestiduras y galas que para sus mayores fiestas tenían guardadas, llenas de chapería de oro y plata y con grandes plumajes en las cabezas. Cuando barbechaban (que entonces era el trabajo de mayor contento), decían muchos cantares que componían en loor de sus Incas; trocaban el trabajo en fiesta y regocijo, porque era en servicio de su Dios y de sus reyes.

Dentro en la ciudad del Cuzco, a las faldas del cerro donde está la fortaleza, había un andén grande de muchas fanegas de tierra, y hoy estará vivo si ni lo han cubierto de casas; llámase Collcampata. El barrio donde está tomó el nombre propio del andén, el cual era particular y principal joya del Sol, porque fue la primera que en todo el Imperio de los Incas le dedicaron. Este andén labraban y beneficiaban los de la sangre real, y no podían trabajar otros en él sino los Incas y Pallas. Hacíase con grandísima fiesta, principalmente el barbechar: iban los Incas con todas sus mayores galas y arreos. Los cantares que decían en loor del Sol y de sus reyes, todos eran compuestos sobre la significación de esta palabra *hailli*, que en la lengua general del Perú quiere decir triunfo, como que triunfan de la tierra, barbechándola y desentrañándola para que diese fruto. En estos cantares entremetían dichos graciosos, de enamorados discretos y de soldados valientes, todo a propósito de triunfar de la tierra que labraban; y así el retruécano de todas sus coplas era la palabra *hailli*, repetida muchas veces, cuantas eran menester para cumplir el compás que los indios traen en un cierto contrapaso que hacen, barbechando la tierra con entradas y salidas que hacen para tomar y romperla mejor.

Traen por arado un palo de una braza en largo; es llano por delante y rollizo por detrás; tiene cuatro dedos de ancho; hácenle una punta para que entre en la tierra; media vara de la punta hacen un estribo de dos palos atados fuertemente al palo principal, donde el indio pone el pie de salto, y con la fuerza hinca el arado hasta el estribo. Andan en cuadrillas de siete en siete y de ocho en ocho, más y menos, como en la parentela o camarada, y, apalancando todos juntos a una, levantan grandísimos céspedes, increíbles a quien no los ha visto. Y es admiración ver que con tan flacos instrumentos hagan obra tan grande, y la hacen con grandísima facilidad, sin perder el compás del canto. Las mujeres andan contrapuestas a los varones, para ayudar con las manos a levantar los céspedes y volcar las raíces de las yerbas hacia arriba, para que se sequen y mueran y haya menos que escardar. Ayudan también a cantar a sus maridos, particularmente con el retruécano *hailli*.

Pareciendo bien estos cantares de los indios y el tono de ellos al maestro de capilla de aquella iglesia catedral, compuso el año de 51, o el de 52, una chanzoneta en canto de órgano para la fiesta del Santísimo Sacramento, contrahecha muy al natural al canto de los Incas. Salieron ocho muchachos mestizos, de mis condiscípulos, vestidos como indios, con sendos arados en las manos, con que representaron en la procesión el cantar y el *hailli* de los indios, ayudándoles toda la capilla al retruécano de las coplas, con gran contento de los españoles y suma alegría de los indios, de ver que con sus cantos y bailes solemnizasen los españoles la fiesta del Señor Dios nuestro, al cual ellos llaman Pachacámac, que quiere decir el que da vida al universo.

He referido la fiesta particular que los Incas hacían cuando barbechaban aquel andén dedicado al Sol, que lo vi en mis niñeces dos o tres años, para que por ella se saquen las demás fiestas que en todo el Perú se hacían cuando barbechaban las tierras del Sol y las del Inca; aunque aquella fiesta que yo vi, en comparación de la que hacían en tiempo de sus Incas, era sombra de las pasadas, según lo encarecían los indios.

Capítulo III. La cantidad de tierra que daban a cada indio, y cómo la beneficiaban

Daban a cada indio un *tupu*, que es una hanega de tierra, para sembrar maíz; empero, tiene por hanega y media de las de España. También llaman *tupu* a una legua de camino, y lo hacen verbo y significa medir, y llaman *tupu* a cualquiera medida de agua o de vino o de cualquiera otro licor, y a los alfileres grandes con que las mujeres prenden sus ropas cuando se visten.

La medida de las semillas tiene otro nombre, que es *poccha:* quiere decir hanega.

Era bastante un *tupu* de tierra para el sustento de un plebeyo y casado y sin hijos. Luego que los tenían le daban para cada hijo varón otro *tupu,* y para las hijas a medio. Cuando el hijo varón se casaba le daba el padre la hanega de tierra que para su alimento había recibido, porque echándolo de su casa no podía quedarse con ella.

Las hijas no sacaban sus partes cuando se casaban, porque no se las habían dado por dote, sino para alimentos, que habiendo de dar tierras a sus maridos no las podían ellas llevar, porque no hacían cuenta de las mujeres después de casadas sino mientras no tenían quien las sustentase, como era antes de casadas y después de viudas. Los padres se quedaban con las tierras si las habían menester; y si no, las volvían al concejo, porque nadie las podía vender ni comprar.

Al respecto de las tierras que daban para sembrar el maíz, repartían las que daban para sembrar las demás legumbres que no se regaban.

A la gente noble, como eran los curacas, señores de vasallos, les daban las tierras conforme a la familia que tenían de mujeres e hijos y concubinas, criados y criadas. A los Incas, que son los de la sangre real, daban al mismo respecto, dondequiera que vivían, de lo mejor de la tierra; y esto era sin la parte común que todos ellos tenían en la hacienda del rey y en la del Sol, como hijos de éste y hermanos de aquél.

Estercolaban las tierras para fertilizarlas, y es de notar que en todo el valle del Cuzco, y casi en toda la serranía, echaban al maíz estiércol de gente, porque dicen que es el mejor. Procúranlo hacer con gran cuidado y diligencia, y lo tienen enjuto y hecho polvo para cuando hayan de sembrar el maíz. En todo el Callao, en más de ciento y cincuenta leguas de largo, donde por ser tierra muy fría no se dé el maíz, echan, en las sementeras de las papas y las demás legumbres, estiércol de ganado; dicen que es de más provecho que otro alguno.

En la costa de la mar, desde más abajo de Arequipa hasta Tarapaca, que son más de doscientas leguas de costa, no echan otro estiércol sino el de los pájaros marinos, que los hay en toda la costa del Perú grandes y chicos, y andan en bandas tan grandes que son increíbles si no se ven. Crían en unos islotes despoblados que hay por aquella costa, y es tanto el estiércol que en ellos dejan, que también es increíble; de lejos parecen los montones del estiércol puntas de alguna sierra nevada. En tiempo de los reyes Incas había tanta vigilancia en guardar aquellas aves, que al tiempo de la cría a nadie era lícito entrar en las islas, so pena de la vida, porque no las asombrasen y echasen de sus nidos. Tampoco era lícito matarlas en ningún tiempo, dentro ni fuera de las islas, so la misma pena.

Cada isla estaba, por orden del Inca, señalada para tal o tal provincia, Y si la isla era grande, la daban a dos o tres provincias. Poníanles mojones por que los de la una provincia no se entrasen en el distrito de la otra; y repartiéndola más en particular, daban con el mismo límite a cada pueblo su parte y a cada vecino la suya, tanteando la cantidad de estiércol que había menester, y, so pena de muerte, no podía el vecino de un pueblo tomar estiércol del término ajeno, porque era hurto, ni de su mismo término podía sacar más de la cantidad que le estaba tasada conforme a sus tierras, que le era bastante, y la demasía le castigaban por el desacato. Ahora, en estos tiempos, se gasta de otra manera. Es aquel estiércol de los pájaros de mucha fertilidad.

En otras partes de la misma costa, como en las hoyas de Atica, Atiquipa, Uillacori, Malla y Chillca y otros valles, estercolan con cabezas de sardinas, y no con otro estiércol. Los naturales de estas partes que hemos nombrado y de otras semejantes viven con mucho trabajo, porque no tienen riego de agua, de pie ni llovediza porque, como es notorio, en más de setecientas leguas de largo de aquella costa no llueve jamás, ni pasan ríos por aquellas regiones que hemos dicho. La tierra es muy caliente y toda arenales; por lo cual los naturales, buscando humedad suficiente para sembrar el maíz, acercan sus pueblos lo más que pueden a la mar, y apartan la arena superficial que está sobre la haz de la tierra, y ahondan en partes un estado y en partes dos, y más y menos, hasta llegar al peso del agua de la mar. Y por esto las llamaron *hoyas* los españoles; unas son grandes y otras son chicas; las menores tendrán a media hanega de sembradura, y las mayores a tres y a cuatro hanegas. No las barbechan ni cosechan, porque no lo han menester. Siémbranlas con estacas gruesas a compás y medida haciendo hoyos, en los cuales entierran las cabezas de las sardinas, con dos o tres granos de maíz dentro de ellas. Este es el estiércol que usan para echar en las sementeras de las hoyas, y otro cualquiera dicen que antes daña que aprovecha. Y la providencia divina, que en toda cosa abunda, provee a los indios y a las aves de aquella costa con que la mar, a sus tiempos, eche de sí tanta cantidad de sardina viva, que haya para comer y estercolar sus tierras y para cargar muchos navíos si fuesen a cogerla. Algunos dicen que las sardinas salen huyendo de las lizas y de otros pescados mayores que se las comen; que sea de la una manera o de la otra, es provecho de los indios, para que tengan estiércol. Quién haya sido el inventor de estas hoyas, no lo saben decir los indios; debiólo de ser la necesidad que aviva los entendimientos, que, como hemos dicho, en todo el Perú hay gran falta de tierras de pan; puédese creer que harían las hoyas como hicieron los andenes. De manera que todos universalmente sembraban lo que habían menester para sustentar sus casas, y así no tenían necesidad de vender los bastimentas ni de encarecerlos, ni saben qué cosa era carestía.

Capítulo IV. Cómo repartían el agua para regar. Castigaban a los flojos y descuidados

En las tierras donde alcanzaban poca agua para regar, la daban por su orden y medida (como todas las demás cosas que se repartían), porque entre los indios no hubiese rencillas sobre el tomarlas. Y esto se hacía en los años escasos de lluvias, cuando la necesidad era mayor. Medían el agua, y por experiencia sabían qué espacio de tiempo era menester para regar una hanega, de tierra, y por esta cuenta daban a cada indio las horas que conforme a sus tierras había menester holgadamente. El tomar el agua era por su vez, como iban sucediendo las hazas, una en pos de otra. No era preferido el más rico ni el más noble, ni el privado o pariente del curuca, ni el mismo curaca, ni el ministro o gobernador del rey. Al que se descuidaba de regar su tierra en el espacio de tiempo que le tocaba, lo castigaban afrentosamente: dábanle en público tres o cuatro golpes en las espaldas con una piedra, o le azotaban los brazos y piernas con varas de mimbre por holgazán y flojo, que entre ellos fue muy vituperado; a los cuales llamaban *mizquitullu,* que quiere decir huesos dulces, compuesto de *mizqui,* que es dulce, y de *tullu,* que es hueso.

Capítulo V. El tributo que daban al Inca y la cuenta de los orones

Ya que se ha dicho de qué manera repartían los Incas las tierras y de qué manera las beneficiaban sus vasallos, será bien que digamos el tributo que daban a sus reyes. Es así que el principal tributo era el labrar y beneficiar las tierras del Sol y del Inca y coger los frutos, cualesquiera que fuesen, y encerrarlos en sus orones y ponerlos en los pósitos reales que había en cada pueblo para recoger los frutos, y uno de los principales frutos era el *uchu*, que los españoles llaman *ají* y por otro nombre *pimiento*.

A los orones llaman *pirua:* son hechos de barro pisado, con mucha paja. En tiempo de sus reyes los hacían con mucha curiosidad: eran largos, más o menos, conforme al altor de las paredes del aposento donde los ponían; eran angostos y cuadrados y enterizos, que los debían de hacer con molde y de diferentes tamaños. Hacíanlos por cuenta y medida, unos mayores que otros, de a treinta hanegas, de a cincuenta y de a ciento y de a doscientas, más y menos, como convenía hacerlos. Cada tamaño de orones estaba en su aposento de por sí, porque se habían hecho a medida de él; poníanlos arrimados a todas cuatro paredes y por medio del aposento; por sus hiladas dejaban calles entre unos y otros, para henchirlos y vaciarlos a sus tiempos. No los mudaban de donde una vez los ponían. Para vaciar el orón hacían por la delantera de él unas ventanillas de una ochava en cuadro, abiertas por su cuenta y medida, para saber por ellas las hanegas que se habían sacado y las que quedaban sin haberlas medido. De manera que por el tamaño de los orones sabían con mucha facilidad el maíz que en cada aposento y en cada pósito había, y por las ventanillas sabían lo que habían sacado y lo que quedaba en cada orón. Yo vi algunos de estos orones que quedaron del tiempo de los Incas, y eran de los más aventajados, porque estaban en la casa de las vírgenes escogidas, mujeres del Sol, y eran hechos para el servicio de aquellas mujeres. Cuando los vi, era la casa de los hijos de Pedro del Barco, que fueron mis condiscípulos.

La cosecha del Sol y la del Inca se encerraba cada una de por si aparte, aunque en unos mismos pósitos. La semilla para sembrarla daba el dueño de la tierra, que es el Sol o el rey; y lo mismo era el sustento de los indios que trabajaban, porque los mantenían de la hacienda de cada uno de ellos, cuando labraban y beneficiaban sus tierras; de manera que los indios no ponían más del trabajo personal. De la cosecha de sus tierras particulares no pagaban los vasallos cosa alguna al Inca. El padre Maestro Acosta dice lo mismo en el Libro sexto, capítulo quince, por estas palabras: «La tercera parte de tierras daba el Inca para la comunidad. No se ha averiguado qué tanta fuese esta parte, si mayor o menor que la del Inca y guacas, pero es cierto que se tenía atención que bastase a sustentar el pueblo. De esta tercera parte ningún particular poseía cosa propia, ni jamás poseyeron los indios cosa propia, si no era por merced especial del Inca, y aquello no se podía enajenar ni aun dividir entre los herederos. Estas tierras de comunidad se repartían cada año, y a cada uno se les señalaba el pedazo que había menester para sustentar su persona y la de su mujer e hijos; y así era unos años más y otros menos, según era la familia, para lo cual había ya sus medidas determinadas. De esto que a cada uno se le repartía no daba jamás tributo, porque todo su tributo era labrar y beneficiar las tierras del Inca y de los guacas y ponerles en sus depósitos los frutos», etc. Hasta aquí es del padre Acosta. Llama tierras de las huacas a las del Sol, porque eran de lo sagrado.

En toda la provincia llamada Colla, en más de ciento y cincuenta leguas de largo, por ser la tierra muy fría, no se da el maíz, cógese mucha quinua, que es como arroz, y otras semillas y legumbres que fructificaban debajo de tierra, y entre ellas hay una que llaman *papa:* es redonda y muy húmeda, y por su mucha humedad dispuesta a corromperse presto. Para preservarla de corrupción la echan en el suelo sobre paja, que la hay en aquellos campos muy buena. Déjanla muchas noches al hielo, que en todo el año hiela en aquella provincia rigurosamente, y después que el hielo la tiene pasada, como si la cocieran, la cubren con paja y la pisan con tiento y blandura, para que despiche la acuosidad que de suyo tiene la papa y la que el hielo le ha causado; y después de haberla bien exprimido, la ponen al Sol y la guardan del sereno hasta que está del todo enjuta. De esta manera preparada, se conserva la papa mucho tiempo y trueca su nombre y se llama *chuñu.* Así pasaban toda la que se cogía en las tierras del Sol y del Inca, y la guardaban en los pósitos con las demás legumbres y semillas.

Capítulo VI. Hacían de vestir, armas y calzado para la gente de guerra

Sin el tributo principal, que era sembrar las tierras, coger y beneficiar los frutos del Sol y del Inca, daban otro segundo tributo, que era hacer de vestir y de calzar y armas para el gasto de la guerra y para la gente pobre, que eran los que no podían trabajar por vejez o por enfermedad. En repartir y dar este segundo tributo había la misma orden y concierto que en todas las demás cosas. La ropa, en toda la serranía, la hacían de la lana que el Inca les daba de sus ganados y del Sol, que era innumerable. En los llanos, que es la costa de la mar, donde por ser la tierra caliente no visten lana, hacían ropa de algodón de la cosecha de las tierras del Sol y del Inca, que los indios no ponían más de la obra de sus manos. Hacían tres suertes de ropa de lana. La más baja, que llaman *auasca,* era para la gente común. Otra hacían más fina que llaman *compi;* de ésta vestía la gente noble como eran capitanes y curacas y otros ministros, hacíanla de todos colores y labores con peine, como se hacen los paños de Flandes; era a dos haces. Otra ropa hacían finísima, del mismo nombre *compi;* ésta era para los de la sangre real, así capitanes como soldados y ministros regios, en la guerra y en la paz. Hacían la ropa fina en las provincias donde los naturales tenían más habilidad y maña para la hacer, y la no fina en otras, donde no había tan buena disposición. La lana para toda esta ropa hilaban las mujeres, y tejían la ropa basta, que llaman *auasca;* la fina tejían los hombres, porque la tejen en pie, y la una y la otra labraban los vasallos y no los Incas, ni aun para su vestir. Digo esto porque hay quien diga que hilaban los Incas. Adelante cuando tratemos de cómo los armaban caballeros, diremos cómo y para qué era el hilar que dicen de los Incas. El calzado hacían las provincias que tenían más abundancia de cáñamo, que se hace de las pencas del árbol llamado *maguey.*

Las armas se hacían en las tierras que tenían abundancia de materiales para ellas. En unas hacían arcos y flechas, en otras lanzas y dardos, en otras porras y hachas y en otras hacían hondas y sogas de cargar, en otras paveses y rodelas. No supieron hacer otras armas defensivas. En suma, cada provincia y nación daba de lo que tenía de su cosecha, sin ir a buscar a tierra ajena lo que en la suya no había, que no le obligaban a más. En fin, pagaban su tributo sin salir de sus casas, que era ley universal para todo el Imperio que ningún indio saliese fuera de su tierra a buscar lo que hubiese de dar en tributo, porque decían los Incas que no era justo pedir a los vasallos lo que no tenían de cosecha, y que era abrirles la puerta para que en achaque del tributo anduviesen vagando de tierra en tierra, hechos holgazanes.

De manera que eran cuatro las cosas que de obligación daban al Inca, que eran: bastimentes de las propias tierras del rey, ropa de lana de su ganado real, armas y calzado de lo que había en cada provincia. Repartían estas cosas por gran orden y concierto: las provincias que en el repartimiento cargaban de ropa, por el buen aliño que en ellas había para hacerla, descargaban de las armas y del calzado, y, por el semejante, a las que daban más de una cosa, descargaban de otra; y en toda cosa de contribución había el mismo respecto, de manera que ni en común ni en particular nadie se diese por agraviado. Por esta suavidad que en su leyes había, acudían los vasallos a servir al Inca con tanta prontitud y contento, que hablando en el mismo propósito, dice un famoso historiador español estas palabras: «Pero la mayor riqueza de aquellos bárbaros reyes era ser sus esclavos todos sus vasallos, de cuyo trabajo gozaban a su contento, y, lo que pone admiración, servíanse de ellos por tal orden y por ial gobierno que no se le hacía servidumbre, sino vida muy dichosa». Hasta aquí es ajeno, y holgué ponerlo aquí, como pondré en sus lugares otras cosas de este muy venerable autor, que es el padre Joseph de Acosta, de la Compañía de Jesús, de cuya autoridad y de los demás historiadores españoles me quiero valer en semejantes pasos contra los maldicientes, por que no digan que finjo fábulas en favor de la patria y de los parientes.[18] Este era el tributo que entonces pagaban a los reyes idólatras.

Otra manera de tributo daban los impedidos que llamamos pobres, y era que de tantos a tantos días eran obligados a dar a los gobernadores de sus pueblos ciertos cañutos de piojos. Dicen que los Incas pedían aquel tributo porque nadie (fuera de los libres de tributo) se ausentase de pagar pecho, por pobre que fuese, y que a éstos se lo pedían de piojos, porque, como pobres impedidos, no podían hacer servicio personal, que era el tributo que

---

18 Repárese la honradez del Inca al citar, cosa que no siempre ocurría en su época, y su afán de ser veraz y de merecer crédito.

todos pagaban. Peto también decían que la principal intención de los Incas para pedir aquel tributo era celo amoroso de los pobres impedidos, por obligarles a que se despiojasen y limpiasen, porque, como gente desastrada, no pereciesen comidos de piojos. Por este celo que en toda cosa tenían los reyes, les llamaban amadores de pobres. Los decuriones de a diez (que en su lugar dijimos) tenían cargo de hacer pagar este tributo.

Eran libres de los tributos que hemos dicho todos los de la sangre real y los sacerdotes y ministros de los templos y los curacas, que eran los señores de vasallos, y todos los maeses de campo y capitanes de mayor nombre, hasta los centuriones, aunque no fuesen de la sangre real, y todos los gobernadores, jueces y ministros regios mientras les duraban los oficios que administraban; todos los soldados que actualmente estaban ocupados en la guerra, y los mozos que no llegaban a veinticinco años, porque hasta entonces ayudaban a servir a sus padres y no podían casarse, y después de casados, por el primer año eran libres de cualquier tributo. Asimismo eran libres los viejos de cincuenta años, las mujeres, así doncellas como viudas y casadas, aunque muchos españoles quieren porfiar en decir que pagaban tributo, porque dicen que todos trabajaban. Y engáñanse, que cuando ellas trabajaban era por su voluntad, por ayudar a sus padres, maridos o parientes, para que acabasen más aína sus tareas, y no por obligación de tributo. Los enfermos eran libres hasta que cobrasen entera salud, y los ciegos, cojos, mancos y lisiados. Por el contrario, los sordos y mudos no eran libres, porque podían trabajar, de manera que, bien mirado, el trabajo personal era el tributo que cada uno pagaba. Lo mismo dice el padre Blas Valera, como adelante veremos, tan al propio, que parece lo uno sacado de lo otro, y la misma conformidad se hallará en todo lo que tratamos de tributos.

Capítulo VII. El oro y plata y otras cosas de estima no eran de tributo, sino presentadas

El oro y plata y las piedras preciosas que los reyes Incas tuvieron en tanta cantidad, como es notorio, no eran de tributo obligatorio, que fuesen los indios obligados a darlo, ni los reyes lo pedían, porque no lo tuvieron por cosa necesaria para la guerra ni para la paz, y todo esto no estimaron por hacienda ni tesoro, porque, como se sabe, no vendían ni compraban cosa alguna por plata ni por oro, ni con ello pagaban la gente de guerra ni lo gastaban en socorro de alguna necesidad que se les ofreciese, y por tanto lo tenían por cosa superflua, porque ni era de comer ni para comprar de comer. Solamente lo estimaban por su hermosura y resplandor, para ornato y servicio de las casas reales y templos del Sol y casas de las vírgenes, como en sus lugares hemos visto y veremos adelante. Alcanzaron los Incas el azogue, mas no usaron de él, porque no le hallaron de ningún provecho; antes, sintiéndolo dañoso, prohibieron el sacarlo; y adelante, en su lugar, daremos más larga cuenta de él.

Decimos, pues, que el oro y plata que daban al rey era presentado, y no de tributo forzoso, porque aquellos indios (como hoy lo usan) no supieron jamás visitar al superior sin llevar algún presente, y cuando no tenían otra cosa, llevaban una cestica de fruta verde o seca. Pues como los curacas, señores de vasallos, visitasen al Inca en las fiestas principales del año, particularmente en la principalísima que hacían al Sol llamada *Raimi*, y en los triunfos que se celebraban por sus grandes victorias y en el trasquilar y poner nombre al príncipe heredero y en otras muchas ocasiones que entre año *se* ofrecían, cuando hablaban al rey en sus negocios particulares o en los de sus tierras o cuando los reyes visitaban el reino, en todas estas visitas jamás le besaban las manos sin llevarle todo el oro y plata y piedras preciosas que sus indios sacaban cuando estaban ociosos, porque, como no era cosa necesaria para la vida humana, no los ocupaban en sacarlo cuando había otra cosa en que entender. Empero, como veían que los empleaban en adornar las casas reales y los templos (cosa que ellos tanto estimaban), gastaban el tiempo que les sobraba buscando oro y plata y piedras preciosas, para tener qué presentar al Inca y al Sol, que eran sus dioses.

Sin estas riquezas, presentaban los curacas al rey madera preciada, de muchas maneras, para los edificios de sus casas; presentaban también los hombres que en cualquiera oficio salían excelentes oficiales, como plateros, pintores, canteros, carpinteros y albañiles, que de todos estos oficios tenían los Incas grandes maestros, que, por ser dignos de su servicio, se los presentaban los curacas. La gente común no los había menester, porque cada uno sabía lo necesario para su casa, como hacer de vestir y de calzar y una pobre choza en que vivir, aunque entonces se la daba hecha el Consejo, y ahora la hace cada uno para sí, con ayuda de sus parientes o amigos. Y así los oficiales de cualquier oficio eran impertinentes para los pobres porque no pretendían más de pasar y sustentar la vida natural, sin la superfluidad de tantas cosas como son menester para los poderosos.

Demás de los grandes oficiales, presentaban al Inca animales fieros, tigres, leones y osos; y otros no fieros, micos y monos y gatos cervales, papagayos y guacamayas, y otras aves mayores, que son avestruces, y el ave que llaman *cúntur,* grandísima sobre todas las aves que hay allá ni acá. También le presentaban culebras grandes y chicas, de las que se crían en los Aotis: las mayores, que llaman *amaru,* son de veinticinco y de a treinta pies y más de largo. Llevábanle grandes sapos y escuerzos y lagartos que llaman *caimanes,* que también los hay de a veinticinco y de a treinta pies de largo.

En suma, no hallaban cosa notable en ferocidad o en grandeza o en lindeza que no se la llevasen a presentar juntamente con el oro y la plata, para decirle que era señor de todas aquellas cosas y de los que se las llevaban y para mostrarle el amor con que le servían.

Capítulo VIII. La guarda y el gasto de los bastimentos

Será bien digamos cómo se guardaba y en qué se gastaba este tributo. Es de saber que por todo el reino había tres maneras de pósitos donde encerraban las cosechas y tributos. En cada pueblo, grande o chico, había dos pósitos; en uno se encerraba el mantenimiento que se guardaba para socorrer naturales en años estériles; en el otro pósito se guardaban las cosechas del Sol y del Inca. Otros pósitos había por los caminos reales, de tres a tres leguas, que ahora sirven a los españoles de ventas y mesones.

La cosecha del Sol y del Inca, de cincuenta leguas al derredor de la ciudad del Cuzco, llevaba a ella, para el sustento de la corte, para que el Inca tuviese a mano bastimento de que hacer merced a los capitanes y curacas que a ella fuesen. De la renta del Sol dejaban en cada pueblo de aquellas cincuenta leguas cierta parte, para el pósito común de los vasallos La cosecha de los demás pueblos, fuera del distrito de la corte, guardaban en los pósitos reales que en ellos había, y de allí la llevaban por su cuenta y razón a los pósitos que estaban en los caminos donde encerraban bastimento, armas, ropa de vestir y calzado para los ejércitos que por ellos caminaban a las cuatro partes del mundo, que llamaron Tahuantinsuyu. De estas cuatro cosas tenían tan bastecidos los pósitos de los caminos, que, aunque pasasen por ellos muchas compañías o tercios de gente de guerra, había bastante recaudo para todos. No permitían que los soldados se alojasen por los pueblos a costa de los vasallos. Decían los Incas que ya había pagado cada pueblo el tributo que le cabía, que no era justicia hacerle más vejación, y de aquí nacía la ley que mandaba dar pena de muerte a cualquier soldado que tomase cosa alguna a los vasallos, por poca que fuese. Pedro de Cieza de León, hablando de los caminos, lo refiere, capítulo sesenta, y dice estas palabras: «Había para los Incas aposentos grandes y muy principales, y depósitos para proveimientos de la gente de guerra; porque fueron tan temidos, que no osaban dejar de tener gran proveimiento, y si faltaba alguna cosa se hacía castigo grande, y por el consiguiente, si alguno de los que con él iban de una parte a otra era osado de entrar en las sementeras o casas de indios, aunque el daño que hiciese no fuese mucho, mandaban que fuese muerto». Hasta aquí es de Pedro de Cieza. Decían los indios que, para prohibir a los soldados el hacer agravio a nadie en campos ni poblados, y para castigarles con justicia, les daban todo lo necesario. Así como la gente de guerra iba gastando lo que había en los pósitos de los caminos, así iban llevando de los pósitos de los pueblos, por tanta cuenta y razón que jamás hubo falta en ellos.

Agustín de Zárate, habiendo hablado de la grandeza de los caminos reales (que en su lugar diremos). dice lo que se sigue, Libro primero, capítulo catorce: «Demás de la obra y gastos de estos caminos, mandó Guainacaba que en el de la sierra, de jornada a jornada, se hiciesen unos palacios de muy grandes anchuras y aposentos donde pudiese caber su persona y casa, con todo su ejército. Y en el de los llanos otros semejantes, aunque no se podían hacer tan menudos y espesos como los de la sierra, sino a la orilla de los dos, que como tenemos dicho, están apartados ocho o diez leguas, y en partes quince y veinte. Estos aposentos se llaman *tambos,* donde los indios en cuya jurisdicción caían tenían hecha provisión y depósito de todas las cosas que en él se había menester para proveimiento de su ejército, no solamente de mantenimientos mas aun de armas y vestidos y todas las otras cosas necesarias; tanto, que si en cada uno de estos tambos quería renovar de armas y vestidos a veinte o treinta mil hombres de su campo, lo podía hacer sin salir de casa.

«Traía consigo gran número de gente de guerra con picas y alabardas y porras y hachas de armas de plata y cobre, y algunas de oro, y con hondas y tiraderas de palma, tostadas las puntas», etc. Hasta aquí es de Agustín de Zárate, acerca de la provisión que en los caminos aquellos reyes tenían para sus ejércitos.

Si por ser los gastos excesivos de la guerra no alcanzaban las rentas del rey, entonces se valía de la hacienda del Sol, como hijo legítimo y universal heredero que decía ser suyo. Los bastimentas que sobraban de los gastos de la guerra y de la corte se guardaban en las tres maneras de pósitos que hemos dicho, para repartirlos en años de necesidad a los vasallos, en cuyo beneficio se empleaba el principal cuidado de los Incas.

De la hacienda del Sol mantenían en todo el reino a los sacerdotes y ministros de su idolatría mientras asistían en los templos, porque servían a semanas por su rueda. Mas cuando estaban en sus casas comían a su costa, que también les daban a ellos tierras para sembrar como a toda la demás gente común; y con todo eso era poco el gasto que había en la hacienda del Sol, según la cantidad de la renta, y así sobraba mucha para socorrer al Inca en sus necesidades.

Capítulo IX. Daban de vestir a los vasallos. No hubo pobres mendigantes

Así como había orden y gobierno para que hubiese ropa de vestir en abundancia para la gente de guerra, así también lo había para dar lana de dos a dos años a todos los vasallos y a los curacas en general, para que hiciesen de vestir para sí y para sus mujeres e hijos; y los decuriones tenían cuidado de mirar si se vestían. Los indios en común fueron pobres de ganado, que aun los curacas tenían apenas para sí y para su familia, y, por el contrario, el Sol y el Inca tenían tanto, que era innumerable. Decían los indios que, cuando los españoles entraron en aquella tierra, ya no tenían dónde apacentar sus ganados. Y también lo oí a mi padre y a sus contemporáneos, que contaban grandes excesos y desperdicios que algunos españoles habían hecho en el ganado, que quizá los contaremos en su lugar. En las tierras calientes daban algodón de las rentas reales, para que los indios hiciesen de vestir para sí y para toda su casa. De manera que lo necesario para la vida humana, de comer y vestir y calzar, lo tenían todos, que nadie podía llamarse pobre ni pedir limosna; porque lo uno y lo otro tenían bastantemente, como si fueran ricos; y para las demasías eran pobrísimos, que nada les sobraba; tanto que el padre Maestro Acosta, hablando del Perú, breve y compendiosamente dice lo mismo que nosotros con tanta prolijidad hemos dicho. Al fin del capítulo quince, Libro sexto, dice estas palabras: «Trasquilábase a su tiempo el ganado, y daban a cada uno a hilar y tejer su ropa para hijos y mujer, y había visita si lo cumplían, y castigaban al negligente. La lana que sobraba poníase en sus depósitos; y así los hallaron, muy llenos de éstas y de todas las otras cosas necesarias a la vida humana, los españoles, cuando en ella entraron. Ningún hombre de consideración habrá que no se admire de tan noble y próvido gobierno, pues, sin ser religiosos ni cristianos los indios, en su manera guardaban aquella tan alta perfección de no tener cosa propia y proveer a todo lo necesario y sustentar tan copiosamente las cosas de la religión y las de su rey y señor». Con esto acaba aquel capítulo décimo quinto, que intitula: «La hacienda del Inca y tributo».

En el capítulo siguiente, hablando de los oficios de los indios, donde toca muchas cosas de las que hemos dicho y adelante diremos, dice lo que se sigue, sacado a la letra: «Otro primor tuvieron también los indios del Perú, que es enseñarse cada uno desde muchacho en todos los oficios que ha menester un hombre para la vida humana. Porque entre ellos no había oficiales señalados, como entre nosotros, de sastres y zapateros y tejedores, sino que todo cuanto en sus personas y casa habían menester lo aprendían todos y se proveían a sí mismos. Todos sabían tejer y hacer sus ropas; y así el Inca, con proveerles de lana, los daba por vestidos. Todas sabían labrar la tierra y beneficiarla, sin alquilar otros obreros. Todos se hacían sus casas, y las mujeres eran las que más sabían de todo sin criarse en regalo, sino con mucho cuidado, sirviendo a sus maridos. Otros oficios que no son para cosas comunes y ordinarias de la vida humana tenían sus propios y especiales oficiales, como eran plateros y pintores y olleros y barqueros y contadores y tañederos, y en los mismos oficios de tejer y labrar o edificar había maestros para obra prima y de quien se servían los señores. Pero el vulgo común, como está dicho, cada uno acudía a lo que había menester en su casa, sin que uno pagase a otro para esto, y hoy día es así, de manera que ninguno ha menester a otro para las cosas de su casa y persona, como es calzar y vestir y hacer una casa y sembrar y coger y hacer los aparejos y herramientas necesarias para ello. Y casi en esto imitan los indios a los institutos de los monjes antiguos, que refieren las vidas de los padres. A la verdad, ellos son gente poco codiciosa ni regalada, y así se contentan con pasar bien moderadamente; que, cierto, si su linaje de vida se tomara por elección y no por costumbre y naturaleza, dijéramos que era vida de gran perfección, y no deja de tener harto aparejo para recibir la doctrina del Santo Evangelio, que tan enemiga es de la soberbia y codicia y regalo. Pero los predicadores no todas veces se conforman con el ejemplo que dan, con la doctrina que predican a los indios». Poco más abajo dice: «Era ley inviolable no mudar cada uno el traje y hábito de su provincia, aunque se mudase a otra, y para el buen gobierno lo tenía el Inca por muy importante, y lo es hoy día, aunque no hay tanto cuidado como solía». Hasta aquí es del padre Maestro Acosta. Los indios se admiran mucho de ver mudar traje a los españoles cada año, y lo atribuían a soberbia, presunción y perdición.

La costumbre de no pedir nadie limosna todavía se guardaba en mis tiempos, que hasta el año de 1560, que salí del Perú, por todo lo que por él anduve no vi indio ni india que la pidiese; sola una vieja conocí en el Cuzco, que se decía Isabel, que la pedía, y más era por andarse chocarreando de casa en casa, como las gitanas, que no por necesidad que hubiese. Los indios e indias se lo reñían, y tiñéndole escupían en el suelo, que es señal de vituperio y abominación; y por ende no pedía la vieja a los indios, sino a los españoles; y como entonces aún no había en mi tierra moneda labrada, le daban maíz en limosna, que era lo que ella pedía, y si sentía que se lo daban de buena gana pedía un poco de carne; y si se la daban, pedía un poco del brebaje que beben, y luego, con sus chocarrerías, haciéndose truhana, pedía un poco de *coca*, que es la yerba preciada que los indios traen en la boca, y de esta manera andaba en su vida holgazana y viciosa. Los Incas en su república tampoco se olvidaron de los caminantes, que en todos los caminos reales y comunes mandaron hacer casas de hospedería, que llamaron *corpahuaci*, donde les daban de comer y todo lo necesario para su camino, de los pósitos reales que en cada pueblo había; y si enfermaban, los curaban con grandísimo cuidado y regalo, de manera que no echasen menos sus casas, sino que antes les sobrase de lo que en ellas podían tener. Verdad es que no caminaban por su gusto y contento ni por negocios propios de granjerías u otras cosas semejantes, porque no las tenían particulares, sino por orden del rey o de los curacas, que los enviaban de unas partes a otras, o de los capitanes y ministros de la guerra o de la paz. A estos tales caminantes daban bastante recaudo; y a los demás, que caminaban sin causa justa, los castigaban por vagabundos.

Capítulo X. El orden y división del ganado, y de los animales extraños

Para poder tener cuenta con tanta multitud de ganado como tuvieron los Incas, lo tenían dividido por sus colores, que aquel ganado es de muchos y diversos colores, como los caballos de España, y tienen sus nombres para nombrar cada color. A los muy pintados, de dos colores, llaman *murumuru*, y a los españoles dicen *moromoro*. Si algún cordero nada de diferente color que sus padres, luego que se había criado lo pasaban con los de su color; y de esta manera con mucha facilidad daban cuenta y razón de aquel su ganado, por sus nudos, porque los hilos eran de los mismos colores del ganado.

Las recuas para llevar los bastimentas a todas partes, las hacían de este ganado que los españoles llaman cameros, teniendo más semejanza de camellos (quitada la corcova) que de carneros; y aunque el cargarse los indios era común costumbre entre ellos, el Inca no lo permitía en su servido, si no era a necesidad. Mandaba que fuesen reservados de todo el trabajo que se les pudiese excusar, porque decía que lo quería guardar para emplearlo en otras obras, en las cuales no se podía excusar y se empleaba mejor, como en labrar fortalezas y casas reales, hacer puentes y caminos, andenes y acequias y otras obras de provecho común, en que los indios andaban siempre ocupados.

Del oro y plata que los vasallos presentaban al Inca, dijimos atrás en qué y cómo se empleaba, en el ornato de los templos del Sol; y de las casas reales y de las escogidas, diremos cuando tratemos de ellas.

Las aves extrañas y los animales fieros y las culebras grandes y chicas, con todas las demás sabandijas malas y buenas que presentaban los curacas, las sustentaban en algunas provincias que hoy retienen los nombres de ellas, y también las tenían en la corte, así para grandeza de ella como para dar a entender a los vasallos que las habían traído que, pues el Inca las mandaba guardar y sustentar en su corte, le había sido agradable el servicio que con ellas le habían hecho, lo cual era de sumo contento para los indios.

De los barrios donde tenían estos animales, había alguna memoria cuando yo salí del Cuzco: llamaban Amarucancha (que quiere decir barrio de *amarus* que son las culebras muy grandes) al barrio donde ahora es la casa de los padres de la Compañía de Jesús; asimismo llamaban Pumacurcu y Pumapchupan a los barrios donde tenían los leones, tigres y osos, dándoles el nombre del león, que llaman *puma*. El uno de ellos está a las faldas del cerro de la fortaleza; el otro barrio está a las espaldas del monasterio de Santo Domingo.

Las aves, para que se criasen mejor, las tenían fuera de la ciudad y de aquí se llamó Surihualla, que es prado de avestruces, un heredamiento que está cerca de una legua del Cuzco, al mediodía, que fue de mi ayo Juan de Alcahaza, y lo heredó su hijo Diego de Alcahaza, presbítero, mi condiscípulo.

Los animales fieros, como tigres y leones, culebras y sapos y escuerzo (demás de la grandeza de la corte), los mantenían para castigo de los malhechores, como en otra parte diremos, donde se tratará de las leyes que tuvieron para tales o tales delincuentes.

Esto es lo que hay que decir acerca de los tributos que daban a los reyes Incas, y cómo lo gastaban ellos. De los papeles escritos de mano del curioso y muy docto padre Maestro Blas Valera saqué lo que se sigue, para que se vea la conformidad de lo que él iba diciendo con todo lo que de los principios, costumbres, leyes y gobierno de aquella república hemos dicho. Su Paternidad lo escribía por mejor orden, más breve y con mucha gala y hermosura, lo cual me movió a sacarlo aquí, también como la conformidad de la historia, para hermosear la mía y suplir las faltas de ella con trabajos ajenos.

Capítulo XI. Leyes y ordenanzas de los incas para el beneficio de los vasallos

El padre Blas Valera dice del gobierno de los Incas lo que se sigue, que, por ser tan conforme a lo que hemos dicho y por valerme de su autoridad, lo saqué a la letra de su galanísimo latín:

«Los indios del Perú comenzaron a tener alguna manera de república desde el tiempo del Inca Manco Cápa y del rey Inca Roca, que fue uno de sus reyes. Hasta entonces, en muchos siglos atrás, habían vívido en mucha torpeza y barbariedad, sin ninguna enseñanza de leyes ni otra alguna policía. Desde aquel tiempo criaron sus hijos con doctrina, comunicáronse unos con otros, hicieron de vestir para sí, no solo con honestidad, mas también con algún atavío y ornato; cultivaron los campos con industria y en compañía unos de otros; dieron en tener jueces, hablaron cortesanamente, edificaron casas, así particulares como públicas y comunes; hicieron otras muchas cosas deste jaez, dignas de loor. Abrazaron muy de buena gana las leyes que sus Príncipes, enseñados con la lumbre natural, ordenaron, y las guardaron muy cumplidamente. En lo cual tengo para mí que estos Incas del Perú deben ser preferidos, no solo a los chinos y japones y a los indios orientales, mas también a los gentiles naturales de Asia y de Grecia. Porque, bien mirado, no es tanto de estimar lo que Numa Pompilio padeció y trabajó en hacer leyes para los romanos, y Salón para los atenienses y Licurgo para los lacedemonios, porque supieron letras y ciencias humanas, las cuales enseñan a trazar y componer leyes y costumbres buenas, que dejaron escritas para los hombres de sus tiempos y de los venideros. Pero es de grande admiración que estos indios, del todo desamparados de estos socorros y ayudas de costa, alcanzasen a fabricar de tal manera sus leyes (sacadas las que pertenecen a su idolatría y errores); innumerables de ellas vemos que guardan hoy los indios fieles, todas puestas en razón y muy conformes a las leyes de los muy grandes letrados; las cuales escribieron y encomendaron distintamente a los nudos de los hilos de diversos colores que para sus cuentas tenían, y las enseñaron a sus hijos y descendientes, de tal manera que las que sus primeros reyes establecieron, de seiscientos años a esta parte, tienen hoy tan en la memoria como si ahora de nuevo se hubieran promulgado. Tuvieron la ley municipal, que hablaba acerca de los particulares provechos que cada nación o pueblo tenía dentro de su jurisdicción. Y la ley agraria, que trataba del dividir y medir las tierras y repartirlas por los vecinos de cada pueblo; la cual se cumplía con grandísima diligencia y rectitud, que los medidores medían las tierras con sus cordeles por hanegas, que llaman *tupu,* y las repartían por los vecinos, señalando a cada uno su parte. Llamaban ley común a la que mandaba que los indios acudiesen en común (sacando los viejos, muchachos y enfermos) a hacer y trabajar en las cosas de la república, como era edificar los templos y las casas de los reyes o de los señores, y labrar sus tierras, hacer puentes, aderezar los caminos y otras cosas semejantes. Llamaban ley de hermandad a la que mandaba que todos los vecinos de cada pueblo se ayudasen unos a otros a barbechar y a sembrar y a coger sus cosechas y a labrar sus casas y otras cosas de esta suerte, y que fuese sin llevar paga ninguna. La ley que llamaban *Mitachanácuy,* que es mudarse a veces por su rueda o por linajes, la cual mandaba que en todas las obras y fábricas de trabajo que se hacían y acababan con el trabajo común hubiese la misma cuenta, medida y repartimiento que había en las tierras para que cada provincia, cada pueblo, cada linaje, cada persona, trabajase lo que le pertenecía y no más, y aquel trabajo fuese remudándose a veces, por que fuesen trabajando y descansando. Tuvieron ley sobre el gasto ordinario, que les prohibía el fausto en los vestidos ordinarios y las cosas preciosas, como el oro y la plata y piedras finas, y totalmente quitaba la superfluidad en los banquetes y comidas; y mandaba que dos o tres veces al mes comiesen juntos los vecinos de cada pueblo, delante de sus curacas, y se ejercitasen en juegos militares o populares para que se reconciliasen los ánimos y guardasen perpetua paz, y para que los ganaderos y otros trabajadores del campo se alentasen y regocijasen. La ley en favor de los que llamaban pobres, la cual mandaba que los ciegos, mudos y cojos, los tullidos, los viejos y viejas decrépitos, los enfermos de larga enfermedad y otros impedidos que no podían labrar sus tierras, para vestir y comer por sus manos y trabajo, los alimentasen de los pósitos públicos. También tenían ley que mandaba que de los mismos pósitos públicos proveyesen los huéspedes que recibiesen, los extranjeros y peregrinos y los caminantes, para todos los cuales tenían casas públicas, que llaman *corpahuaci,* que es casa de hospedería, donde les daban de gracia y de balde todo lo necesario. Demás de esto mandaba la misma ley que dos o tres veces al mes llamasen a los necesitados que arriba nombramos a los convites y comidas públicas, para que con el regocijo común desechasen parte de su miseria. Otra ley llamaban casera. Contenía dos cosas: la primera, que ninguno estuviese ocioso, por lo cual, como atrás dijimos, aun los niños de cinco años ocupaban en cosas muy livianas, conforme a su edad; los ciegos, cojos y mudos, si no tenían otras enfermedades, también les hacían trabajar en diversas cosas; la demás gente, mientras tenía salud, se ocupaba cada uno en su oficio y beneficio, y era entre ellos cosa de mucha infamia y deshonra castigar en público a alguno por ocioso. Después de esto, mandaba la misma ley que los indios comiesen y cenasen las puertas abiertas para que los ministros de los jueces pudiesen entrar más libremente a visitarles. Porque había ciertos jueces que tenían cargo de visitar los templos, los lugares y edificios públicos y las casas particulares: llamábanse *llactacamayu*. Estos, por *si* o por sus ministros, visitaban a menudo las casas para ver: el cuidado y diligencia que así el varón como la mujer tenía acerca de su casa y familia, y la obediencia, solicitud y ocupación de los hijos. Colegían y sacaban la diligencia de ellos del ornamento, atavío y limpieza y buen aliño de su casa, de sus alhajas, vestidos, hasta los vasos y todas las demás cosas caseras. Y a los que hallaban aliñosos premiaban con loarlo en público, y a los desaliñados castigaban con azotes en brazos y piernas o con otras penas que la ley mandaba. De cuya causa había tanta abundancia de las cosas necesarias para la vida humana, que casi se daban en balde, y aun las que hoy tanto estiman. Las demás leyes y ordenanzas morales, que en común y en particular todos guardaban, tan allegadas a razón, se podrán colegir y sacar de lo que diremos de la vida y costumbres de ellos. También diremos largamente en el capítulo octavo y noveno la causa por que se han perdido estas leyes y derechos, o la mayor parte de ellos, y el gobierno de los Incas, tan político y tan digno de loor; y cómo es mayor la barbariedad que ahora tienen los indios para las cosas ciudadanas y mayor falta y carestía de las cosas necesarias para la vida humana, que no la que tuvieron los de aquellos tiempos.»

Capítulo XII. Cómo conquistaban y domesticaban los nuevos vasallos

«La orden y manera que los Incas tenían de conquistar las tierras y el camino que tomaban para enseñar las gentes a la vida política y ciudadana, cierto no es de olvidar ni de menospreciar; porque desde los primeros reyes, a los cuales imitaron los sucesores, nunca hicieron guerra sino movidos por alguna razón que les parecía bastante, como era la necesidad que los bárbaros tenían de que los redujesen a vida humana y política, o por injurias y molestias que los comarcanos hacían a sus vasallos, y antes que moviesen la guerra, requerían a los enemigos una y dos y tres veces. Después de sujetada la provincia, lo primero que el Inca hacía era que, como en rehenes, tomaba el ídolo principal que aquella tal provincia tenía y lo llevaba al Cuzco; mandaba que se pusiese en un templo hasta que el cacique y sus indios se desengañasen de la burlería de sus vanos dioses y se aficionasen a la idolatría de los Incas, que adoraban al Sol. No echaban por tierra los dioses ajenos luego que conquistaban la provincia, por la honra de ella, porque los naturales no se desdeñasen del menosprecio de sus dioses hasta que los tenían cultivados en su vana religión. También llevaban al *Cuzco* al cacique principal y a todos sus hijos, para los acariciar y regalar, y para que ellos, frecuentando la corte, aprendiesen, no solamente las leyes y costumbres y la propiedad de la lengua, mas también sus ritos, ceremonias y supersticiones; lo cual hecho restituía al curaca en su antigua dignidad y señorío y, como rey, mandaba a los vasallos le sirviesen y obedeciesen como a señor natural. Y para que los soldados vencedores y vencidos se reconciliasen y tuviesen perpetua paz y amistad y se perdiese y olvidase cualquiera enojo o rencor que durante la guerra hubiese nacido, mandaba que entre ellos celebrasen grandes banquetes, abundantes de todo regalo, y que se hallasen a ellos ciegos, cojos y mudos y los demás pobres impedidos, para que gozasen de la liberalidad real. En aquellas fiestas había danzas de doncellas, juegos y regocijos de mozos, ejercicios militares de hombres maduros. Demás de esto les daban muchas dádivas de oro y plata y plumas para adornar los vestidos y arreos de las fiestas principales. Sin esto les hacían otras mercedes de ropa de vestir y otras preseas, que entre ellos eran muy estimadas. Con estos regalos y otros semejantes, regalaba el Inca los indios nuevamente conquistados, de tal manera que, por bárbaros y brutos que fuesen, se sujetaban y unían a su amor y servicio con tal vínculo que nunca jamás provincia alguna imaginó rebelarse. Y por que se quitasen del todo las ocasiones de producir quejas, y de las quejas se causasen rebeliones, confirmaba y de nuevo (por que fuesen más estimadas y acatadas) promulgaba todas las leyes, fueros y estatutos antiguos, sin tocar en cosa alguna de ellos, si no eran los contrarios a la idolatría y leyes del Imperio. Mudaba, cuando era menester, los habitadores de una provincia a otra; proveíanles de heredades, casas, criados y ganados, en abundancia bastante; y en lugar de aquéllos, llevaban ciudadanos del Cuzco o de otras provincias fieles, para que, haciendo oficio de soldados en presidio, enseñasen a los comarcanos las leyes, ritos y ceremonias y la lengua general del reino.

»Lo restante del gobierno suave que los reyes Incas tuvieron, en que hicieron ventaja a todos los demás reyes y naciones del Nuevo Mundo, consta claro no solamente por las cuentas y nudos anales de los indios, mas también por los cuadernos fidedignos, escritos de mano, que el visorrey don Francisco de Toledo mandó a sus visitadores y jueces y a sus escribanos que escribiesen, habiéndose informado largamente de los indios de cada provincia, los cuales papeles están hoy en los archivos públicos, donde se ve claro cuán benignamente trataron los Incas reyes del Perú a los suyos. Porque, como ya se ha dicho, sacadas algunas cosas que convenían para la seguridad de todo el Imperio, todo lo demás de las leyes y derechos de los vasallos se conservaban sin tocarles en nada. Las haciendas y patrimonios así comunes como particulares mandaban los Incas que se sustentasen libres y enteras, sin disminuirles parte alguna. Nunca permitieron que sus soldados robasen ni saqueasen las provincias y reinos que por armas sujetaban y rendían; y a los rendidos, naturales de ellas, en breve tiempo les proveían en gobiernos de paz y en cargos de la guerra, como si los unos fueran soldados viejos del Inca, de mucho tiempo atrás, y los otros fueran criados fidelísimos.

»La carga de los tributos que a sus vasallos imponían aquellos reyes era tan liviana que parecerá cosa de burla lo que adelante diremos, a los que lo leyeren. Empero, los Incas, no contentos ni satisfechos con todas estas cosas, distribuían con grandísima largueza las cosas necesarias para el comer y el vestir, sin otros muchos dones, no solamente a los señores y a los nobles, mas también a los pecheros y a los pobres, de tal manera que con más razón se podrían llamar diligentes padres de familias o cuidadosos mayordomos, que no reyes, de donde nació el renombre Cápac Titu con que los indios les solían llamar: Cápac, lo mismo es que príncipe poderoso en riquezas y grandezas, y Titu significa príncipe liberal, magnánimo, medio Dios, augusto. De aquí también nació que aquellos reyes del Perú, por haber sido tales, fuesen tan amados y queridos de sus vasallos que hoy los indios, con ser ya cristianos, no pueden olvidarlos, antes en sus trabajos y necesidades, con llantos y gemidos, a voces y alaridos los llaman uno a uno por sus nombres; porque no se lee que ninguno de los reyes antiguos de Asia, África y Europa haya sido para sus naturales vasallos tan cuidadoso, tan apacible, tan provechoso, franco y liberal, como lo fueron los reyes Incas para con los suyos. De estas cosas que historialmente escribimos y adelante escribiremos podrá el que las leyere colegir y sacar las antiguas leyes y derechos de los indios del Perú, las costumbres de ellos, sus estatutos, sus oficios y manera de vivir, tan allegada a razón, las cuales cosas también *se* pudieran guardar y conservar para reducirlos a la religión cristiana con más suavidad y comodidad.»

Capítulo XIII. Cómo proveían los ministros para todos oficios
El padre Blas Valera, procediendo en lo que escribía, pone este título a lo que se sigue: «Cómo proveían los Incas los gobernadores y ministros para paz; cómo repartían los maestros de las obras y los trabajadores; cómo disponían los bienes comunes y particulares y cómo se imponían los tributos».

«Habiendo sujetado el Inca cualquiera nueva provincia y mandado llevar al Cuzco el ídolo principal de ella, y habiendo apaciguado los ánimos de los señores y de los vasallos, mandaba que todos los indios, así sacerdotes y adivinos como la demás gente común, adorasen al Dios Ticci Viracocha, por otro nombre llamado Pachacámac, como a Dios poderosísimo, triunfador de todos los demás dioses. Luego mandaba que tuviesen al Inca por rey y supremo señor, para le servir y obedecer; y que los caciques, por su rueda, fuesen a la corte cada año o cada dos años, según distancia de las provincias, de lo cual se causaba que aquella ciudad era una de las más frecuentadas y pobladas que hubo en el Nuevo Mundo. Demás de esto mandaba que todos los naturales y moradores de la tal provincia se contasen y empadronasen, hasta los niños, por sus edades y linajes, oficios, haciendas, familias, artes y costumbres; que todo se notase y asentase como por escrito en los hilos de diversas colores, para que después, conforme a aquellas condiciones, se les impusiese la carga del tributo y las demás obligaciones que a las cosas y obras públicas tenían. Nombraba diversos ministros para la guerra, como generales, maeses de campo, capitanes mayores y menores, alféreces, sargentos y cabos de escuadra. Unos eran de a diez soldados y otros de a cincuenta. Los capitanes menores eran de a cien soldados, otros de a quinientos, otros de a mil. Los maeses de campo eran de a tres, cuatro, cinco mil hombres de guerra. Los generales, eran de diez mil arriba: llamábanles *Hatun Apu,* que es gran capitán. A los señores de vasallos, como duques, condes y marqueses, llamaban *curaca,* los cuales, como verdaderos y naturales señores, presidían en paz y en guerra a los suyos: tenían potestad de hacer leyes particulares y de repartir los tributos y de proveer a su familia y a todos sus vasallos en tiempo de necesidad, conforme a las ordenanzas y estatutos del Inca. Los capitanes mayores y menores, aunque no tenían autoridad de hacer leyes ni declarar derechos, también sucedían por herencia en los oficios, y en la paz nunca pagaban tributo, antes eran tenidos por libres de pecho, y en sus necesidades les proveían de los pósitos reales y no de los comunes. Los demás, inferiores a los capitanes, como son los cabos de escuadra de a diez y de a cincuenta, no eran libres de tributo, porque no eran de claro linaje. Podían los generales y los maeses de campo elegir los cabos de escuadra; empero, una vez elegidos, no podían quitarles los oficios: eran perpetuos. El tributo que pagaban era el ocuparse en sus oficios de decuriones; los cuales también tenían cuidado de mirar y visitar los campos y heredades, las casas reales y el vestir y los alimentos de la gente común. Otros gobernadores y ministros nombraba el Inca, subordinados de menores a mayores, para todas las cosas del gobierno y tributos del Imperio, para que, por su cuenta y razón, las tuviesen de manifiesto, para que ninguno pudiese ser engañado. Tenían pastores mayores y menores, a los cuales entregaban todo el ganado real y común, y lo guardaban con distinción y gran fidelidad, de manera que no faltaba una oveja, porque tenían cuidado de ahuyentar las fieras, y no tenían ladrones, porque no los había, y así todos dormían seguros. Había guardas y veedores mayores y menores de los campos y heredades. Había mayordomos y administradores, y jueces, visitadores. El oficio de todos ellos era que a su pueblo, en común ni en particular, no faltase cosa alguna de lo necesario, y habiendo necesidad (de cualquiera cosa que fuese), luego al punto daban cuenta de ella a los gobernadores y a los curacas y al mismo rey, para que la proveyesen, lo cual ellos hacían maravillosamente, principalmente el Inca, que en este particular en ninguna manera quería que los suyos lo tuviesen por rey, sino por padre de familias y tutor muy diligente. Los jueces y visitadores tenían cuidado y diligencia que todos los varones se ocupasen de sus oficios y de ninguna manera estuviesen ociosos; que las mujeres cuidasen de aliñar sus casas, sus aposentos, sus vestidos y comida, de criar sus hijos, finalmente, de hilar y tejer para su casa; que las mozas obedeciesen bien a sus madres, a sus amas; que siempre estuviesen ocupadas en los oficios caseros y mujeriles; que los viejos y viejas y los impedidos para los trabajos mayores se ocupasen en algún ejercido provechoso para ellos, siquiera en coger seroja y paja, y en despiojarse, y que llevasen los piojos a sus decuriones o cabos de escuadra. El oficio propio de los ciegos era limpiar el algodón de la semilla o granillos que tiene dentro en sí, y desgranar el maíz de las mazorcas en que se cría. Había oficiales de diversos oficios, los cuales reconocían y tenían sus maestros mayores, como plateros de oro y plata y de cobre y latón, carpinteros, albañiles, canteros, lapidarios de piedras preciosas, sin los demás oficiales necesarios para la república; cuyos hijos, si ejercitaran hoy aquellos oficios por el orden y concierto que los Incas lo tenían establecido, y después por el emperador Carlos V Máximo confirmado, quizá la república de los indios estuviera ahora más florecida y más abundante de las cosas pertinentes al comer y vestir, como antes lo estaba, y para la predicación del Evangelio muy acomodada. Empero, que estos daños hayan nacido de nuestro descuido y negligencia, y cómo los curacas y los indios que ahora son superiores murmuran y mofan muchas veces en sus juntas y conversaciones del gobierno presente, comparando estos nuestros tiempos con los de los Incas, lo diremos adelante, en el Libro segundo, capítulo nueve, número cincuenta y cinco.» Hasta aquí es del padre Blas Valera. Lo que se promete se perdió.

Pasando su Paternidad adelante en el mismo propósito, dice lo que se sigue: «Demás de lo dicho, había ministros oficiales labradores para visitar los campos; había cazadores de aves y pescadores, así de ríos como de la mar; tejedores, zapateros de aquel su calzado; había hombres que cortaban la madera para las casas reales y edificios públicos, y herreros que hacían de cobre las herramientas para sus menesteres. Sin éstos, había otros muchos oficiales mecánicos, y aunque eran innumerables, todos ellos acudían con gran cuidado y diligencia a sus oficios y obras de sus manos. Pero ahora, en nuestros tiempos, es cosa de grande admiración ver cuán olvidados tienen los indios el orden antiquísimo de estos oficios públicos y cuán porfiadamente procuran guardar los demás usos y costumbres que tenían, y cuán pesadamente lo llevan si nuestros gobernadores les quitan algo de ellas.»

Capítulo XIV. La razón y cuenta que había en los bienes comunes y particulares

«Habiendo ganado el Inca la provincia y mandado empadronar los naturales de ella, y habiéndoles dado gobernadores y maestros para su idolatría, procuraba componer y dar orden en las cosas de aquella región, para lo cual mandaba que se asentasen y pusiesen en sus nudos y cuentas las dehesas, los montes altos y bajos, las tierras de labor, las heredades, las minas de los metales, las salinas, fuentes, lagos y ríos, los algodonales y los árboles frutíferos nacidos de suyo, los ganados mayores y menores de lana y sin ella. Todas estas cosas y otras muchas mandaba que se contasen y midiesen y se asentasen por memoria, cada una de por sí, primeramente las de toda la provincia, luego las de cada pueblo y a lo último las de cada vecino; midiesen lo ancho y largo de las tierras de labor y provecho y de los campos, y que, sabiéndolo muy en particular, le diesen relación muy clara de todo ello, lo cual mandaba, no para aplicar para sí ni para su tesoro cosa alguna de las que tan por entero y tan por menudo pedía la noticia y razón de ellas, sino para que, sabida muy bien la fertilidad y abundancia o la esterilidad y pobreza de aquella región y de sus pueblos, se proveyese lo que había de contribuir y lo que habían de trabajar los naturales, y para que se viese con tiempo el socorro de bastimento o de ropa o de cualquiera otra cosa que hubiesen menester en tiempos de hambre o de peste o de guerra; finalmente mandaba que fuese público y notorio a los indios cualquiera cosa que hubiesen de hacer en servicio del Inca o de los curacas o de la república.

De esta manera, ni los vasallos podían disminuir cosa alguna de lo que estaban obligados a hacer, ni los curacas ni los ministros regios les podían molestar ni agraviar. Demás de esto mandaba que, conforme a la cuenta y medida que se había hecho de la provincia, le pusiesen sus mojoneras y linderos, para que estuviese dividida de sus comarcanas. Y por que en los tiempos venideros no se causase alguna confusión, ponía nombres propios y nuevos a los montes y collados, campos, prados y fuentes, y a los demás lugares cada uno de por sí, y si de antes tenían nombres, se los confirmaba, añadiéndoles alguna cosa nueva que significase la distinción de las otras regiones, lo cual es muy mucho de notar para que adelante veamos de dónde nació la veneración y respeto que aún hoy día tienen los indios a aquellos semejantes lugares, como adelante diremos. Después de esto repartían las tierras, a cada pueblo de la provincia lo que le pertenecía, para que lo tuviese por territorio suyo particular; y prohibía que estos campos y sitios universales, señalados y medidos dentro de los términos de cada pueblo, en ninguna manera se confundiesen; ni los pastos y montes ni las demás cosas las tuviesen por comunes sino entre los naturales de la tal provincia o entre los vecinos del tal pueblo. Las minas de oro y plata antiguas, o halladas de nuevo, concedía a los curacas y a sus parientes y vasallos que tomasen lo que bien les estuviese, no para tesoros (que antes los menospreciaron), sino para adornar los vestidos y arreos con que celebraban sus fiestas principales y para algunos vasos en que bebiese el cacique, y esto último con limitación; lo cual proveído, no hacían caso de las minas, antes parece que las olvidaban y dejaban perder, y ésta era la causa que hubiese tan pocos mineros que sacasen y fundiesen los metales, aunque de los demás oficios y artes había innumerables oficiales. Los mineros y fundidores de los metales y los demás ministros que andaban ocupados en aquel oficio no pagaban otro tributo sino el de su trabajo y ocupación. Las herramientas y los instrumentos y el comer y vestir y cualquiera otra cosa que hubiese menester, se les proveía largamente de la hacienda del rey o del señor de vasallos, si andaban en su servido. Eran obligados a trabajar dos meses, y no más, y con ellos cumplían su tributo; el demás tiempo del año lo gastaban en lo que bien les estaba. No trabajaban todos los indios de la provincia en este ministerio, sino los que lo tenían por oficio particular y sabían el arte, que eran llamados metaleros. Del cobre que ellos llaman *anta,* se servían en lugar de hierro, del cual hacían los hierros para las armas, los cuchillos para cortar y los pocos instrumentos que tenían para la carpintería, los alfileres grandes que las mujeres tenían para prender sus ropas, los espejos en que se miraban, las azadillas con que escardaban sus sementeras y los martillos para los plateros; por lo cual estimaban mucho este metal, porque para todos era de más provecho que no la plata ni el oro y así sacaban más cantidad de él que de estos otros.

«La sal que se hacía, así de las fuentes salobres como del agua marina, y el pescado de los ríos, arroyos y lagos, y el fruto de los árboles nacidos de suyo, el algodón y el cáñamo, mandaba el Inca que fuese común para todos los naturales de la provincia donde había aquellas cosas, y que nadie en particular las aplicase para sí, sino que todos cogiesen lo que hubiesen menester, y no más. Permitía que cada uno en sus tierras plantase los árboles frutales que quisiese y gozase de ellos a su voluntad.

«Las tierras de pan y las que no eran de pan, sino de otros frutos y legumbres que los indios sembraban, repartía el Inca en tres partes: la primera para el Sol y sus templos, sacerdotes y ministros; la segunda para el patrimonio real, de cuyos frutos sustentaban a los gobernadores y ministros regios, que andaban fuera de sus patrias, de donde también se sacaba su parte para los pósitos comunes; la otra tercera parte para los naturales de la provincia y moradores de cada pueblo. Daban a cada vecino su parte, la cual bastaba a sustentar su casa. Este repartimiento hacía el Inca en todas las provincias de su Imperio, para que en ningún tiempo pidiesen a los indios tributo alguno de sus bienes y hacienda, ni ellos fuesen obligados a darlo a nadie, ni a sus caciques ni a los pósitos comunes de sus pueblos ni a los gobernadores del rey ni al mismo rey ni a los templos ni a los sacerdotes, ni aun para los sacrificios que hacían al Sol; ni nadie pudiese apremiarles a que lo pagasen, porque ya estaba hecho el repartimiento para cada cosa. Los frutos que sobraban de la parte que al rey le cabía se aplicaban a los pósitos comunes de cada pueblo. Los que sobraban de las tierras del Sol también se aplicaban a los pobres, que eran los inútiles, cojos y mancos, ciegos y tullidos y otros semejantes. Y esto era después de haber cumplido muy largamente con los sacrificios que hacían, que eran muchos, y con el sustento de los sacerdotes y ministros de los templos, que eran innumerables.»

Capítulo XV. En que pagaban el tributo, la cantidad de él y las leyes acerca de él

Viniendo a los tributos que los Incas reyes del Perú imponían y cobraban de sus vasallos, eran tan moderados que, si se consideran las cosas que eran y la cantidad de ellas, se podrá afirmar con verdad que ninguno de todos los reyes antiguos, ni los grandes Césares que se llamaron Augustos y Píos, se pueden comparar con los reyes Incas. Porque, cierto, bien mirado, parece que no recibían pechos ni tributos de sus vasallos, sino que ellos los pagaban a los vasallos o los imponían para el provecho de los mismos vasallos, según los gastaban en el beneficio de ellos mismos. La cantidad del tributo, considerándolo conforme a la cuenta y razón de aquellos tiempos y al jornal de los trabajadores y al valor de las cosas y a los gastos de los Incas, era tan poca que muchos indios apenas pagaban el valor de cuatro reales de los de ahora; y aunque no dejaba de haber algunas molestias por causa del tributo o del servicio del rey o de los curacas, las llevaban con gusto y contento, así por la pequeña cantidad del tributo y por las ayudas de costa que tenían, como por los muchos provechos que de aquellas pequeñas ocupaciones se les seguían. Los fueros y leyes que había en favor de los tributarios, que inviolablemente se guardaban, de tal manera que ni los jueces ni los gobernadores ni los capitanes generales ni el mismo Inca podía corromperlas en perjuicio de los vasallos, eran las que se siguen. La primera y principal era que a cualquiera que fuese libre de tributo, en ningún tiempo ni por causa alguna le obligasen a pagarlo. Eran libres todos los de la sangre real, todos los capitanes generales y los capitanes menores, hasta los centuriones y sus hijos y nietos, todos los curacas y su parentela; los ministros regios en oficios menores (si eran de la gente común) no pagaban tributo durante el oficio, ni los soldados que andaban ocupados en las guerras y conquistas ni los mozos hasta los veinticinco años, porque hasta aquella edad eran obligados a servir a sus padres. Los viejos de cincuenta años arriba eran libres de tributo, y todas las mujeres, así las doncellas, solteras y viudas como las casadas; y los enfermos hasta que cobraban entera salud; y todos los inútiles, como ciegos, cojos y mancos y otros impedidos de sus miembros, aunque los mudos y sordos se ocupaban en las cosas donde no había necesidad de oír ni hablar. La segunda ley era que todos los demás indios, sacados los que se han dicho, eran pecheros obligados a pagar tributo, si no eran sacerdotes o ministros de los templos del Sol o de las vírgenes escogidas. La tercera ley era que por ninguna causa ni razón indio alguno era obligado a pagar de su hacienda cosa alguna en lugar de tributo, sino que solamente lo pagaba con su trabajo o servicio del rey o de su república; y en esta parte eran iguales el pobre y el rico, porque ni éste pagaba más ni aquél menos. Llamábase rico el que tenía hijos y familia que le ayudaban a trabajar para acabar más aína el trabajo tributario que le cabía; y el que no la tenía, aunque fuese rico de otras cosas, era pobre. La cuarta ley era que a ninguno podía compeler a que trabajase ni se ocupase en otro oficio sino en el suyo, si no era en el labrar de las tierras y en la milicia, que en estas dos cosas eran todos comunes. La quinta ley era que cada uno pagaba su tributo en aquello que en su provincia podía haber sin salir a la ajena a buscar las cosas que en su tierra no había, porque le parecía al Inca mucho agravio pedir al vasallo el fruto que su tierra no daba. La sexta ley mandaba que a cada uno de los maestros y oficiales que trabajaban en servicio del Inca o de sus curacas se les proveyese de todo lo que habían menester para trabajar en sus oficios y artes; esto es, que al platero le diesen oro o plata o cobre en que trabajase y al tejedor lana o algodón y al pintor colores, y todas las demás cosas en cada oficio necesarias, de manera que el maestro no pusiese más de su trabajo y el tiempo que estaba obligado a trabajar que eran dos meses, y, cuando mucho, tres; los cuales cumplidos, no era obligado a trabajar más. Empero, si en la obra que hacía quedaba algo por acabar, y él, por su gusto y voluntad, quería trabajar más y acabarlo, se lo recibían en descuento del tributo del año venidero, y así lo ponían por memoria en sus nudos y cuentas. La séptima ley mandaba que a todos los maestros y oficiales, de cualquiera oficio y arte que trabajaban, en lugar de tributo se les proveyese todo lo necesario de comida y vestido y regalos y medicinas, si enfermasen; para él solo, si trabajaba solo, y para sus hijos y mujeres, si los llevaba para que le ayudasen a acabar más aína su tarea. Y en estos repartimientos de las obras por tarea, no tenían cuenta con el tiempo, sino que se acabase la obra. De manera que, si con el ayuda de los suyos acababa en una semana lo que había de trabajar en dos meses, cumplía y largamente satisfacía con la obligación de aquel año, de suerte que no podían apremiarle con otro tributo alguno. Esta razón bastará para responder y contradecir a los que dicen que antiguamente pagaban tributo los hijos y las hijas y las madres, cualesquiera que fuesen; lo cual es falso, porque todos éstos trabajaban, no por obligación de tributo que se les impusiese, sino por ayudar a sus padres y maridos o a sus amos, porque si el varón no queda ocupar a los suyos en su obra y trabajo, sino trabajarlo él solo, quedaban libres sus hijos y mujer para ocuparse en las cosas de su casa, y no podían los jueces y decuriones forzarlos a cosa alguna más de que no estuviesen ociosos en sus haciendas. Por esta causa, en tiempo de los Incas eran estimados y tenidos por hombres ricos los que tenían muchos hijos y familia; porque los que no los tenían, muchos de ellos enfermaban por el largo tiempo que se ocupaban en el trabajo hasta cumplir con su tributo. Para remedio de esto también había ley que los ricos de familia, y los demás que hubiesen acabado sus partes, les ayudasen un día o dos, lo cual era muy agradable a todos los indios.

Capítulo XVI. Orden y razón para cobrar los tributos. El Inca hacía merced a los curacas de las cosas preciadas que le presentaban

La octava ley era acerca del cobrar los tributos, los cuales se cobraban como se dirá, por que en todo hubiese cuenta, orden y razón. A cierto tiempo señalado se juntaban en el pueblo principal de cada provincia los jueces cobradores y los contadores o escribanos que tenían los nudos y cuentas de los tributos y delante del curaca y del gobernador Inca hacían las cuentas y particiones por los nudos de sus hilos y con piedrezuelas, conforme al número de los vecinos de la tal provincia, y las sacaban tan ajustadas y verdaderas, que en esta parte yo no sé a quién se pueda atribuir mayor alabanza, si a los contadores, que, sin cifras de guarismos, hacían sus cuentas y particiones ajustadas de cosas tan menudas, cosa que nuestros aritméticos suelen hacer con mucha dificultad, o al gobernador y ministros regios, que con tanta facilidad entendían la cuenta y razón que de todas ellas les daban.

«Por los nudos se veía lo que cada indio había trabajado, los oficios que había hecho, los caminos que había andado por mandado de sus príncipes y superiores, y cualquiera otra ocupación en que le habían ocupado, todo lo cual se le descontaba del tributo que le pertenecía dar. Luego mostraban a los jueces cobradores y al gobernador cada cosa de por sí, de las que había encerradas en los pósitos reales, que eran los bastimentas, el pimiento, los vestidos, el calzado, las armas y todas las demás cosas que los indios daban de tributo, hasta la plata y el oro y las piedras preciosas y el cobre que había del rey y del Sol, cada parte dividida por sí. También daban cuenta de lo que había en los pósitos de cada pueblo. De todas las cuales cosas mandaba la ley que el Inca gobernador de la provincia tuviese un traslado de las cuentas en su poder, para que ni de parte de los indios tributarios ni de parte de los ministros cobradores hubiese falsedad alguna. La novena ley era que todo lo que de estos tributos sobraba del gasto real se aplicaba al bien común y se ponía en los pósitos comunes para los tiempos de necesidad.

De las cosas preciosas, como oro y plata y piedras finas, plumería de diversas aves, los colores para las pinturas y tinturas, el cobre y otras muchas cosas que cada año o a cada vista presentaban al Inca los curacas, mandaba el rey que tomasen para su casa y servido, y para los de la sangre real, lo que fuese menester, y de lo que sobraba hacía gracia y merced a los capitanes y a los señores de vasallos que habían traído aquellas cosas que, aunque las tenían en sus tierras, no podían servirse de ellas si no era con privilegio y merced hecha por el Inca. De todo lo dicho se concluye que los reyes Incas tomaban para sí la menor parte de los tributos que les daban, y más se convertía en provecho de los mismos vasallos. La décima ley era que declaraba las diversas ocupaciones en que los indios se habían de ocupar, así en servicio del rey como en provecho de sus pueblos y república, las cuales cosas se les imponía en lugar de tributo, que las habían de hacer en compañía y en común, y éstas eran: allanar los caminos y empedrados; aderezar y reparar o hacer de nuevo los templos del Sol y los demás santuarios de su idolatría, y hacer cualquiera otra cosa perteneciente a los templos. Eran obligados a hacer las casas públicas, como pósitos y casas para los jueces y gobernadores; aderezar las puentes, ser correos que llamaban *chasqui*, labrar las tierras, encerrar los frutos, apacentar los ganados; guardar las heredades, los sembrados y cualesquiera otros bienes públicos, hacer casas de hospedería para aposentar los caminantes, y asistir en ellas, para proveerlas de la hacienda real lo que hubiesen menester. Sin lo dicho, eran obligados a hacer cualquiera otra cosa que fuese en provecho común de ellos o de sus curacas o en servicio del rey; mas como en aquellos tiempos había tanta multitud de indios, cabía a cada uno de ellos tan poca parte de todas estas cosas que no sentían el trabajo de ellas; porque servían por su rueda, en común, con gran rectitud de no cargar más a unos que a otros. También declaraba esta ley que una vez al año se aderezasen los caminos y sus pretiles; se renovasen las puentes; se limpiasen las acequias de las aguas para regar las tierras; todo lo cual mandaba la ley que lo hiciesen de balde, porque era en provecho común de cada reino y provincia y de todo el Imperio.

«Otras leyes más menudas se dejan, por no cansar con ellas; las dichas eran las principales para en negocio de tributos.» Hasta aquí es del padre Blas Valera. Holgara preguntar en este paso a un historiador, que dice que los Incas hacían fueros disolutos para que los vasallos les pagasen grandes subsidios y tributos, que me dijera cuáles de estas leyes eran las disolutas; porque éstas, y otras que adelante diremos, las confirmaron muy de grado los reyes de España de gloriosa memoria, como lo dice el mismo padre Blas Valera; y con esto será razón volvamos al príncipe Viracocha, que lo dejamos metido en grande afanes por defender la majestad de la honra de sus pasados y de la suya.

Capítulo XVII. El Inca Viracocha tiene nueva de los enemigos y de un socorro que le viene

Las grandes hazañas del Inca Viracocha nos obligan y fuerzan a que, dejadas otras cosas, tratemos de ellas. Dijimos al fin de la historia de su padre cómo, dejándolo en Muina, se volvió al Cuzco, apellidando la gente que andaba derramada por los campos, y cómo salió de la dudad a recibir los enemigos, para morir peleando con ellos, antes que ver las insolencias y torpezas que habían de hacer en las casas y templo del Sol y en el convento de las vírgenes escogidas y en toda aquella ciudad que tenía por sagrada. Ahora es de saber que poco más de media legua de la ciudad, al norte, está un llano grande; allí paró el príncipe Inca Viracocha a esperar la gente que en pos de él salía del Cuzco y a recoger los que habían huido por los campos. De los unos y de los otros y de los que trajo consigo, juntó más de ocho mil hombres de guerra, todos Incas, determinados de morir delante de su príncipe. En aquel puesto le llegó aviso que los enemigos quedaban nueve o diez leguas de la ciudad, y que pasaban ya el gran río Apurímac. Otro día después de esta mala nueva, llegó otra buena en favor de los Incas y vino de la parte de Contisuyu, de un socorro de casi veinte mil hombres de guerra que venían pocas leguas de allí en servicio de su príncipe, de las naciones Quechua, Cotapampa y Cotanera y Aimara y otras que por aquellas partes confinaban con las provincias rebeladas.

Los Quechuas, por mucho que hicieron los enemigos por encubrir su traición, la supieron, porque confinan con tierras de los Chancas; y por parecerles el tiempo corto, no quisieron avisar al Inca, por no esperar su mandado, sino que levantaron toda la demás gente que pudieron, con la presteza que la necesidad pedía, y con ella caminaron hacia la ciudad del Cuzco, para socorrerla, si pudiesen, o morir en servicio de su rey; porque estas naciones eran las que se redujeron de su voluntad al imperio del Inca Cápac Yupanqui, como dijimos en su tiempo, y, por mostrar aquel amor, vinieron con este socorro. También lo hicieron por su propio interés, por el odio Y enemistad antigua que siempre hubo entre Chancas y Quechuas, de muchos años atrás; y por no volver a las tiranías de los Chancas (si por alguna vía venciesen) llevaron aquel socorro. Y por que los enemigos no entrasen primero que ellos en la ciudad, fueron atajando para salir al norte de ella a encontrarse con los rebelados. Y así llegaron casi a un tiempo amigos y enemigos.

El príncipe Inca Viracocha y todos los suyos se esforzaron mucho de saber que les venía tan gran socorro en tiempo de tanta necesidad, y lo atribuyeron a la promesa que su do, el fantasma Viracocha Inca, le había hecho cuando le apareció en sueños y le dijo que en todas sus necesidades le favorecía como a su carne y sangre, y buscaría los socorros que hubiese menester; de las cuales palabras se acordó el príncipe viendo el socorro tan a tiempo, y las volvió a referir muchas veces, certificando a los suyos que tenían el favor de su dios Viracocha, pues veían cumplida su promesa; con lo cual cobraron los Incas tanto ánimo, que certificaban por suya la victoria, y, aunque habían determinado de ir a recibir los enemigos y pelear con ellos en las cuestas y malos pasos que hay desde el río Apurímac hasta lo alto de Uillacunca (que por tenerlo alto les tenían ventaja), sabiendo la venida del socorro acordaron estarse quedos hasta que llegasen los amigos para que descansasen y tomasen algún refresco, entretanto que llegaban los enemigos. También le pareció al Inca Viracocha y a sus parientes, los consejeros, que ya que se aumentaban sus fuerzas, no se alejasen de la ciudad, por tener cerca los bastimentas y lo demás necesario para la gente de guerra y para socorrer la ciudad con presteza, si se le ofreciese algún peligro.

Con este acuerdo estuvo el príncipe Inca Viracocha en aquel llano, hasta que llegó el socorro, que fue de doce mil hombres de guerra. El príncipe los recibió con mucho agradecimiento del amor que a su Inca tenían, hizo grandes favores y regalos a los curacas de cada nación y a todos los demás capitanes y soldados, loando su lealtad y ofreciendo para adelante el galardón de aquel servicio tan señalado. Los curacas, después de haber adorado a su Inca Viracocha, le dijeron cómo dos jornadas atrás venían otros cinco mil hombres de guerra, que ellos, por venir aprisa con el socorro, no los habían esperado. El príncipe les agradeció de nuevo la venida de los unos y de los otros, y habiéndolo consultado con los parientes, mandó a los curacas que enviasen aviso a los que venían de lo que pasaba, y cómo el príncipe quedaba en aquel llano con su ejército; que se diesen prisa hasta llegar a unos cerrillos y quebradas que allí cerca había, y que en ellos se emboscasen y estuviesen encubiertos hasta ver qué hacían los enemigos de sí. Porque si quisiesen pelear entrarían en el mayor hervor de la batalla y darían en los contrarios por un lado para vencerlos con más facilidad; y si no quisiesen pelear habrían hecho como buenos soldados. Dos días después que llegó el socorro al Inca, asomó por lo alto de la cuesta de Rimactampu la vanguardia de los enemigos; los cuales, sabiendo que el Inca Viracocha estaba cinco leguas de allí, fueron haciendo pausas y pasaron la palabra atrás para que la batalla y retaguardia se diesen prisa a caminar y se juntasen con la vanguardia. De esta manera caminaron aquel día, y llegaron todos juntos a Sacsahuana, tres leguas y media de donde estaba el príncipe Viracocha y donde fue después la batalla de Gonzalo Pizarro y el de la Gasca.

Capítulo XVIII. Batalla muy sangrienta, y el ardid con que se venció

A Sacsahuana envió mensajeros el Inca Viracocha a los enemigos, con requerimientos de paz y amistad y perdón de lo pasado. Mas los Chancas, habiendo sabido que el Inca Yáhuar Huácac se había retirado y desamparado la ciudad, aunque supieron que el príncipe su hijo estaba determinado a defenderla y que aquel mensaje era suyo, no lo quisieron escuchar, por parecerles (conforme a la soberbia que traían) que, habiendo huido el padre, no había por qué temer al hijo, y que la victoria era de ellos. Con estas esperanzas despidieron los mensajeros, sin les oír. Otro día, bien de mañana, salieron de Sacsahuana y caminaron hacia el Cuzco, y, por prisa que se dieron, habiendo de caminar en escuadrón formado, según orden de guerra, no pudieron llegar antes de la noche a donde el príncipe estaba; pararon un cuarto de legua en medio. El Inca Viracocha envió nuevos mensajeros, y al camino se los había enviado muy a menudo con el mismo ofrecimiento de amistad y perdón de la rebelión. Los Chancas no los habían querido oír; solamente oyeron los postreros, que era cuando estaban ya alojados, a los cuales, por vía de desprecio, dijeron: «Mañana se verá quién merece ser rey y quién puede perdonar».

Con esta mala respuesta, estuvieron los unos y los otros bien a recaudo toda la noche, con sus centinelas puestas, y luego, en siendo de día, armaron sus escuadrones, y con grandísima grita y vocería y sonido de trompetas y atabales y caracoles, caminaron los unos contra los otros. El Inca Viracocha quiso ir delante de todos los suyos y fue el primero que tiró a los enemigos el arma que llevaba; luego se trabó una bravísima pelea. Los Chancas, por salir con la victoria que se habían prometido, pelearon obstinadamente. Los Incas hicieron lo mismo, por librar a su príncipe de muerte o de afrenta. En esta pelea anduvieron todos con grandísimo coraje hasta mediodía, matándose unos a otros cruelmente, sin reconocerse ventaja de alguna de las partes. A esta hora asomaron los cinco mil hombres que habían estado emboscados, y, con mucho denuedo y grande alarido, dieron en los enemigos por el lado derecho de su escuadrón. Y como llegasen de refresco y arremetiesen con gran ímpetu, hicieron mucho daño en los Chancas y los retiraron muchos pasos atrás. Mas ellos, esforzándose unos a otros, volvieron a cobrar lo perdido y pelearon con grandísimo enojo que de sí mismos tenían, de ver que estuviesen tanto tiempo sin ganar la victoria, que tan prometida se tenían.

Después de esta segunda arremetida, pelearon más de dos horas largas, sin que se reconociese ventaja alguna; mas de allí adelante empezaron a aflojar los Chancas, porque a todas horas sentían entrar nueva gente en la batalla. Y fue que los que se iban huyendo de la ciudad y los vecinos de los pueblos comarcanos a ella, sabiendo que el príncipe Viracocha Inca había vuelto a la defensa de la casa del Sol, juntándose de cincuenta en cincuenta y de ciento en ciento y más y menos, como acertaban a hallarse, iban a morir con el príncipe, y viendo la pelea trabada, entraban en ella dando grandísimos alaridos, haciendo más ruido de lo que era la gente. Por estos nuevos socorros desconfiaron los Chancas de la victoria, entendiendo que eran de mucha más gente, y así pelearon de allí adelante más por morir que por vencer.

Los Incas, como gente que estaba hecha a engrandecer sus hechos con fábulas y testimonios falsos que levantaban al Sol, viendo tantos socorros, aunque tan pequeños, quisieron no perder esta ocasión, sino valerse de ella con la buena industria que para semejantes cosas tenían. Dieron grandes voces, diciendo que las piedras y las matas de aquellos campos se convertían en hombres y venían a pelear en servicio del príncipe, porque el Sol y el Dios Viracocha lo mandaban así. Los Chancas, como gente creedera de fábulas, desmayaron mucho con esta novela, y ella se imprimió entonces y después en la gente común y simple de todo aquel reino, con tanta credulidad de ellos como lo dice el padre fray Jerónimo Román, en el Libro segundo de la *República de las Indias Occidentales,* capítulo once, hablando de esta batalla, que es lo que se sigue, sacado a la letra: «De manera que el campo quedó por el Inga; dicen hasta hoy todos los indios, cuando se habla de aquella valerosa batalla, que todas las piedras que habían en aquel campo se tornaron hombres, para pelear por ellos, y que todo aquello hizo el Sol para cumplir la palabra que dio el valeroso Pachacuti Inga Yupangui, que así se llamaba también este mozo valeroso». Hasta aquí es de aquel curioso inquiridor de repúblicas, el cual, en el capítulo alegado y en el siguiente, toca brevemente muchas cosas de las que hemos dicho y diremos de los reyes del Perú. También escribe el padre Maestro Acosta del fantasma Viracocha, aunque trocados los nombres de los reyes de aquel tiempo, y dice la batalla de los Chancas y otras cosas de las que diremos de este príncipe, aunque abreviada y confusamente, como son casi todas las relaciones que los indios dan de los españoles, por las dificultades del lenguaje y porque tienen ya perdidos los memoriales de las tradiciones de sus historias. Dicen en confuso la sustancia de ellas, sin guardar orden ni tiempo. Pero, como quiera que la haya escrito, huelgo mucho poner aquí lo que dice, para que se vea que no finjo fábulas, sino que mis parientes las fingieron y que también las alcanzaron los españoles, mas no en las mantillas ni en la leche, como yo.

Dice, pues, Su Paternidad lo que se sigue, que es sacado a la letra, Libro sexto, capítulo veintiuno: «Pachacuti Inga Yupanqui reinó sesenta años y conquistó mucho. El principio de sus victorias fue que un hermano mayor suyo, que tenía el señorío en vida de su padre y con su voluntad administraba la guerra, fue desbaratado en una batalla que tuvo con los Changas, que es la nación que poseía el valle de Andaguailas, que está obra de treinta leguas del Cuzco, camino de Lima; y así desbaratado, se retiró con poca gente. Visto esto, el hermano menor, Inga Yupanqui, para hacerse señor, inventó y dijo que, estando él solo y muy acongojado, le había hablado el Viracocha criador, y quejándosele que siendo él señor universal y criador de todo, y habiendo él hecho el cielo y el Sol y el mundo y los hombres, y estando todo debajo de su poder, no le daban la obediencia debida, antes hacían veneración igual al Sol y al trueno y a la tierra y otras cosas, no teniendo ellas ninguna virtud más de la que les daba; y que le hacía saber que en el cielo, donde estaba, le llamaban Viracocha Pachayacháchic, que significa criador universal. Y para que creyesen que esto era verdad, que, aunque estaba solo, no dudase de hacer gente con este título, que aunque los Changas eran tantos y estaban victoriosos, que él daría victoria contra ellos y le haría señor, porque le enviaría gente, que, sin que fuese vista, le ayudase. Y fue así que con apellido comenzó a hacer gente, y juntó mucha cantidad y alcanzó la victoria y se hizo señor y quitó a su padre y a su hermano el señorío. Y desde aquella victoria estatuyó que el Viracocha fuese tenido por señor universal y que las estatuas del Sol y del trueno le hiciesen reverencia y acatamiento. Y desde aquel tiempo se puso la estatua de Viracocha más alta que la del Sol y del trueno y de las demás guacas. Y aunque este Inca Yupanqui señaló *chac-ras* y tierras y ganado al Sol y al trueno y a otras guacas, no señaló cosa ninguna al Viracocha, dando por razón que, siendo señor universal y criador, no lo había menester.

«Habida, pues la victoria de los Changas, declaró a sus soldados que no habían sido ellos los que habían vencido, sino ciertos hombres barbudos que el Viracocha le había enviado, y que nadie pudo verlos sino él, y que éstos se habían después convertido en piedras y convenía buscarlos, que él los conocería. Y así juntó de los montes gran suma de piedras, que él escogió y puso por guacas, y las adoraban y hacían sacrificios, y ésas llamaban los *pururaucas,* las cuales llevaban a la guerra con grande devoción, teniendo por cierta la victoria con su ayuda, y pudo esta imaginación y ficción de aquel Inca tanto, que con ella alcanzó victorias muy notables», etc. Hasta aquí es del Maestro Acosta, y según lo que su Paternidad dice, la fábula es toda una. Decir que pusieron la estatua de Viracocha más alta que la del Sol es invención nueva de los indios, por adular a los españoles, por decir que les dieron el nombre del Dios más alto y más estimado que tuvieron, no siendo así, porque no tuvieron más de dos dioses, que fueron el Pachacámac, no visto ni conocido, y el Sol visible y notorio. Al Viracocha y a los demás Incas tuvieron por hijos del Sol.

Capítulo XIX. Generosidades del príncipe Inca Viracocha después de la victoria

Los Incas, viendo enflaquecer los enemigos, apellidando todos el nombre de su tío el fantasma Inca Viracocha, porque así lo mandó el príncipe, cerraron con ellos con gran ímpetu y los llevaron de arrancada. Mataron gran número de ellos, y los pocos que quedaron volvieron las espaldas, huyendo a más no poder. El príncipe, habiendo seguido un rato el alcance, mandó tocar a recoger, por que no matasen ni hiriesen más enemigos, pues se daban ya por vencidos; y él por su persona corrió todo el campo do había sido la batalla y mandó recoger los heridos para que los curasen y los muertos para que los enterrasen. Mandó soltar los presos, que se fuesen libremente a sus tierras, diciéndoles que los perdonaba a todos. La batalla, habiendo sido tan reñida que duró más de ocho horas, fue muy sangrienta: tanto, que dicen los indios que, demás de la que se derramó por el campo, corrió sangre por un arroyo seco que pasa por aquel llano, por lo cual le llamaron de allí adelante *Yáhuar Pampa,* que quiere decir campo de sangre. Murieron más de treinta mil indios; los ocho fueron de la parte del Inca Viracocha, y los demás de las naciones Chanca, Huancohuallu, Uramarca, Uillca y Utunsulla y otras.

Quedaron presos los dos maeses de campo y el general Hancohuallu; al cual mandó curar el príncipe con mucho cuidado, que salió herido, aunque poco, y a todos tres los retuvo para el triunfo que pensaba hacer adelante. Un tío del príncipe, pocos días después de la batalla, les dio una grave represión, por haberse atrevido a los hijos del Sol, diciendo que eran innocibles, en cuyo favor y servicio peleaban las piedras y los árboles, convirtiéndose en hombres porque así lo mandaba su padre el Sol, como en la batalla pasada lo habían visto y lo verían todas las veces que lo quisiesen experimentar. Dijo otras fábulas en favor de los Incas, y a lo último les dijo que rindiesen las gracias al Sol, que mandaba a sus hijos tratasen con misericordia y demencia a los indios; que por esta razón el príncipe les perdonaba las vidas y les hacía nueva merced de sus estados, y a todos los demás curacas que con ellos se habían rebelado, aunque merecían cruel muerte; y que de allí adelante fuesen buenos vasallos, si no querían que el Sol los castigase con mandar a la tierra que se los tragase vivos. Los curacas, con mucha humildad, rindieron las grachs de la merced que les hacía y prometieron ser leales criados.

Habida tan gran victoria, el Inca Viracocha hizo luego tres mensajeros. El uno envió a la casa del Sol a hacerle saber la victoria que mediante su favor y socorro habían alcanzado, como si él no la hubiera visto; porque es así que estos Incas, aunque tenían al Sol por Dios, le trataban tan corporalmente como si fuera un hombre como ellos; porque, entre otras cosas que con él hacían a semejanza de hombre era brindarle, y lo que el Sol había de beber lo echaban en un medio tinajón de oro que ponían en la plaza donde hacían sus fiestas o en su templo, y la tenían al Sol y decían que lo que de allí faltaba lo bebía el Sol; y no decían mal, porque su calor lo consumía. También le ponían platos de vianda que comiese. Y cuando había sucedido alguna cosa grande, como la victoria pasada, le hacían mensajero particular, para hacerle saber lo que pasaba y rendirle las gracias de ello. Guardando esta costumbre antigua, el príncipe Viracocha Inca envió su mensajero al Sol con la nueva de la victoria, y envió a mandar a los sacerdotes que (recogiéndose los que de ellos habían huido) le diesen las gracias y le hiciesen nuevos sacrificios. Otro mensajero envió a las vírgenes dedicadas para mujeres del Sol, que llamamos escogidas, con la nueva de la victoria, como que por sus oraciones y méritos se la hubiese dado el Sol. Otro correo que llaman *chasqui*, envió al Inca, su padre, dándole cuenta de todo lo que hasta aquella hora había pasado y suplicándole que, hasta que él volviese, no se moviese de donde estaba.

Capítulo XX. El príncipe sigue el alcance, vuelve al Cuzco, vese con su padre, desposeele del imperio

Despachados los mensajeros, mandó elegir seis mil hombres de guerra que fuesen con él en seguimiento del alcance, y a la demás gente despidió, que se volviesen a sus casas, con promesa que hizo a los curacas de gratificarles a su tiempo aquel servicio. Nombró dos tíos suyos por maeses de campo, que fuesen con él, y dos días después de la batalla salió con su gente en seguimiento de los enemigos; no para maltratarlos, sino para asegurarlos del temor que podían llevar de su delito. Y así los que por el camino alcanzó, heridos y no heridos, los mandó regalar y curar, y de los mismos indios rendidos envió mensajeros que fuesen a sus provincias y pueblos y les dijesen cómo el Inca iba a perdonarlos y consolarlos, y que no hubiesen miedo. Con estas prevenciones hechas, caminó aprisa, y, cuando llegó a la provincia Antahuailla, que es la de los Chancas, salieron las mujeres y niños que pudieron juntarse, con ramos verdes en las manos aclamando y diciendo: «Solo Señor, hijo del Sol, amador de pobres, habed lástima de nosotros y perdonadnos».

El príncipe los recibió con mucha mansedumbre y les mandó decir que de la desgracia recibida habían tenido la culpa sus padres y maridos, y que a todos los que se habían rebelado los tenía perdonados, y que venía a visitarlos por su persona, para que, oyendo el perdón de su propia boca, quedasen más satisfechos y perdiesen de todo el temor que podían tener de su delito. Mandó que les diesen lo que hubiesen menester y los tratasen con todo amor y caridad y tuviesen gran cuenta con el alimento de las viudas y huérfanos, hijos de los que habían muerto en la batalla de Yahuarpampa.

Corrió en muy breve tiempo todas las provincias que se habían rebelado, y, dejando en ellas gobernadores con bastante gente, se volvió a la ciudad y entró en ella en espacio de una Luna (como dicen los indios) que habían salido de ella; porque cuentan los meses por lunas. Los indios, así los leales como los que se habían rebelado, quedaron admirados de ver la piedad y mansedumbre del príncipe, que no lo esperaban de la aspereza de su condición; antes habían temido que, pasada la victoria, había de hacer alguna grande carnicería. Empero decían que su Dios el Sol le había mandado que mudase de condición y semejase a sus pasados. Mas lo cierto es que el deseo de la honra y fama puede tanto en los ánimos generosos, que les hace fuerza a que truequen la brava condición y cualquiera otra mala inclinación en la contraria, como lo hizo este príncipe, para dejar el buen nombre que dejó entre los suyo.

El Inca Viracocha entró en el Cuzco a pie, por mostrarse soldado más que no rey; descendió por la cuesta abajo de Carmenca, rodeado de su gente de guerra, en medio de sus dos tíos; los maeses de campo y los prisioneros en pos de ellos. Fue recibido con grandísima alegría y muchas aclamaciones de la multitud del pueblo. Los Incas viejos salieron a recibirle y adorarle por hijo del Sol; y después de haberle hecho el acatamiento debido, se metieron entre sus soldados, para participar del triunfo de aquella victoria. Daban a entender que deseaban ser mozos para militar debajo de tal capitán. Su madre, la Coya Mama Chicya, y las mujeres más cercanas en sangre al príncipe, como hermanas, tías y primas hermanas y segundas, con otra gran multitud de Pallas, salieron por otra parte a recibirle con cantares de fiestas y regocijo. Unas le abrazaban, otras le enjugaban el sudor de la cara, otra le quitaban el polvo que traía, otras le echaban flores y yerbas olorosas. De esta manera fue el príncipe hasta la casa del Sol, donde entró descalzo, según la costumbre de ellos, a rendirle las gracias de la victoria que le había dado. Luego fue a visitar las vírgenes mujeres del Sol y habiendo hecho estas visitas, salió de la ciudad a ver a su padre, que todavía se estaba en la angostura de Muina, donde lo había dejado.

El Inca Yáhuar Huácac recibió al príncipe, su hijo, no con el regocijo, alegría y contento que se esperaba de hazaña tan grande y victoria tan desconfiada, sino con un semblante grave y melancólico, que antes mostraba pesar que placer. O que fuese de envidia de la famosa victoria del hijo o de vergüenza de su pusilanimidad pasada o de temor que el príncipe le quitase el reino, por haber desamparado la casa del Sol y las vírgenes sus mujeres, y la ciudad imperial: no se sabe cuál de estas tres cosas causase su pena, o si todas tres juntas.

En aquel acto público pasaron entre ellos pocas palabras, más después en secreto, hablaron muy largo. Sobre qué fuese la plática no lo saben decir los indios, mas de que por conjeturas se entiende que debió de ser acerca de cuál de ellos había de reinar, si el padre o el hijo, porque de la plática secreta salió resuelto el príncipe que su padre no volviese al Cuzco, por haberla desamparado. Y como la ambición y deseo de reinar, en los príncipes, esté tan dispuesta a abrazar cualquier aparente color, bastó solo esto para quitar el reino a su padre. El cual dio lugar a la determinación del hijo, porque sintió inclinada a su deseo toda la corte, que era la cabeza del reino; y por evitar escándalos y guerras civiles, y particularmente por que no pudo más, consintió en todo lo que el príncipe quiso hacer de él. Con este acuerdo trazaron luego una casa real, entre la angostura de Muina y Quespicancha, en un sitio ameno (que todo aquel valle lo es), con todo regalo y delicias que se pudieron imaginar de huertas y jardines y otros entretenimientos reales de caza y pesquería; que al levante de la casa pasa cerca de ella el río de Yúcay y muchos arroyos que entran en él.

Dada la traza de la casa, cuyas reliquias y cimientos hoy viven, se volvió el príncipe Viracocha Inca a la ciudad, dejó la borla amarilla y tomó la colorada. Mas, aunque él la traía, nunca consintió que su padre se quitase la suya; que de las insignias se hace poco caudal como falte la realidad del imperio y dominio. Acabada de labrar la casa, le puso todos los criados y el demás servicio necesario; tan cumplido, que si no era el gobierno del reino no le faltó al Inca Yáhuar Huácac otra cosa. En esta vida solitaria vivió el pobre rey lo que de la vida le quedó; desposeído del reino por su propio hijo y desterrado en el campo a hacer vida con las bestias, como poco antes tuvo él al mismo hijo.

Esta desdicha decían los indios que había pronosticado el mal agüero de haber llorado sangre en su niñez. Decían también, razonando unos con otros, volviendo a la memoria las cosas pasadas, que si este Inca, cuando temía la mala condición del hijo y procuraba remediarla, cayera en darle un poco de tósigo (según la costumbre de los tiranos, y como lo hacían los hechiceros de algunas provincias de su Imperio), quizá no se viera desposeído de él. Otros que hablaban en favor del príncipe, no negando lo mal que lo había hecho con su padre, decían que también pudiera suceder peor al padre si cayera en poder de los enemigos, pues les había vuelto ya las espaldas y desamparado la dudad; que le quitaran la vida y el reino, la sucesión de los hijos, de manera que perecieran del todo, y que el príncipe lo había remediado con su buen ánimo y valor. Otros, hablando en alabanza común de sus reyes, decían que aquel malhadado Inca no había caído en el remedio del veneno porque todos antes cuidaban en quitarlo del mundo que en usar de él. Otros, que se tenían por religiosos, encareciendo más la nobleza y generosidad de sus Inca, decían que, aunque le advirtieran del remedio del veneno, no usara de él, porque era cosa indigna de Incas, hijos del Sol, usar con sus hijos lo que a los vasallos prohibían usar con los extraños. De esta: suerte decían otras muchas cosas en sus pláticas, como a cada uno le parecía que era más a propósito. Y con esto dejaremos al Inca Llora Sangre, para no hablar más de él.

Capítulo XXI. Del nombre Viracocha, y por qué se lo dieron a los españoles
Volviendo al príncipe, es de saber que por el sueño pasado le llamaron Viracocha Inca o Inca Viracocha, que todo es uno, porque el nombre Inca no significa más antepuesto que pospuesto. Diéronle el nombre del fantasma que se le apareció, el cual dijo llamarse así. Y porque el príncipe dijo que tenía barbas en la cara, a diferencia de los indios que generalmente son lampiños, y que traía el vestido hasta los pies, diferente hábito del que los indios traen, que no les llega más de hasta la rodilla, de aquí nació que llamaron Viracocha a los primeros españoles que entraron en el Perú, porque les vieron barbas y todo el cuerpo vestido. Y porque luego que entraron los españoles prendieron a Atahuallpa, rey tirano, y lo mataron, el cual poco

antes había muerto a Huáscar Inca, legítimo heredero, y había hecho en los de la sangre real (sin respetar sexo ni edad) las crueldades que en su lugar diremos, confirmaron de veras el nombre Viracocha a los españoles, diciendo que eran hijos de su dios Viracocha, que los envió del cielo para que sacasen a los Incas y librasen la ciudad del Cuzco y todo su Imperio de las tiranías y crueldades de Atahuallpa, como el mismo Viracocha lo había hecho otra vez, manifestándose al príncipe Inca Viracocha para librarle de la rebelión de los Chancas. Y dijeron que los españoles habían muerto al tirano en castigo y venganza de los Incas, por habérselo mandado así el dios Viracocha, padre de los españoles, y ésta es la razón por la cual llamaron Viracocha a los primeros españoles. Y porque creyeron que eran hijos de su dios, los respetaron tanto que los adoraron y les hicieron tan poca defensa, como se verá en la conquista del reino, pues seis españoles solos (Hernando de Soto y Pedro del Barco, entre ellos) se atrevieron a ir desde Casamarca al Cuzco y a otras partes, doscientas y trescientas leguas de camino, a ver las riquezas de aquella ciudad y de otras, y los llevaron en andas, por que fuesen más regalados. También les llamaron Incas, hijos del Sol, como a sus reyes.

Si a esta vana creencia de los indios correspondieran los españoles con decirle que el verdadero Dios los había enviado para sacarlos de las tiranías del demonio, que eran mayores que las de Atahuallpa, y les predicaran el Santo Evangelio con el ejemplo que la doctrina pide, no hay duda sino que hicieran grandísimo fruto. Pero pasó todo tan diferente, como sus mismas historias lo cuentan, a que me remito, que a mí no me es lícito decirlo: dirán que, por ser indio, hablo apasionadamente. Aunque es verdad que no se deben culpar todos, que los más hicieron oficio de buenos cristianos; pero entre gente tan simple como eran aquellos gentiles, destruía más un malo que edificaban cien buenos.

Los historiadores españoles, y aun todos ellos, dicen que los indios llamaron así a los españoles porque pasaron allá por la mar. Y dicen que el nombre Viracocha significa grosura de la mar, haciendo composición de *uira,* que dicen que es grosura y *cocha,* que es mar. En la composición se engañan, también como en la significación, porque conforme a la composición que los españoles hacen, querrá decir mar de sebo, porque *uira,* en propia significación, quiere decir sebo, y con el nombre *cacha,* que es mar, dice mar de sebo; porque en semejantes composiciones de nominativo y genitivo, siempre ponen los indios el genitivo delante. De donde consta claro no ser nombre compuesto, sino propio de aquel fantasma que dijo llamarse Viracocha y que era hijo del Sol. Esto puse aquí para los curiosos que holgaran de ver la interpretación de este nombre tan común, y cuánto se engañan en declarar el lenguaje del Perú los que no lo mamaron en la leche de la misma ciudad del Cuzco, aunque sean indios, porque los no naturales de ella también son extranjeros y bárbaros en la lengua, como los castellanos. Sin la razón dicha, para llamar Viracocha a los españoles diremos adelante otra que no fue menos principal, que fue la artillería y arcabucería que llevaron. El padre Blas Valera, interpretando la significación de este nombre, lo declara por esta dicción numen, que es voluntad y poderío de Dios; dícelo no porque signifique esto el nombre Viracocha, sino por la deidad en que los indios tuvieron al fantasma, que después del Sol le adoraron por dios y le dieron el segundo lugar, y en pos de él adoraron a sus Incas y reyes y no tuvieron más dioses.

El Inca Viracocha quedó con tanta reputación acerca de sus parientes y vasallos, así por el sueño como por la victoria, que en vida le adoraron por nuevo dios, enviado por el Sol para reparo de los de su sangre, por que no se perdiese, y para remedio de la imperial ciudad y casa del Sol y de sus vírgenes, que no la destruyesen los enemigos. Y así le hacían la veneración y acatamiento con nuevas y mayores ostentaciones de adoración que a sus pasados, como que en él hubiese nueva y mayor deidad que en ellos, pues habían sucedido por él cosas tan extrañas y admirables. Y aunque el Inca quiso prohibir a los indios que no le adorasen, sino a su *tío,* el que se le había aparecido, no pudo acabarlo con ellos. Empero, quedó acordado que los adorasen a ambos igualmente, y que nombrando a cualesquiera de ellos, pues tenían un mismo nombre, se entendiese que los nombraban a ambos. Y el Inca Viracocha, para mayor honra y fama de su tío el fantasma, y de sí propio, edificó un templo, como poco adelante diremos.

El sueño puédese creer que el demonio, como tan gran maestre de maldad, lo causase durmiendo el príncipe, o que velando se le representase en aquella figura, que no se sabe de cierto si dormía o velaba; y los indios antes se inclinaban a afirmar que no dormía sino que velaba, recostado debajo de aquella peña. Y pudo hacer esto el enemigo del género humano por aumentar crédito y reputación a la idolatría de los Incas, porque, como viese que el reino de ellos se iba estableciendo y que los Incas habían de ser los legisladores de las supersticiones de su gentilidad y vana ley, para que fuesen creídos y tenidos por dioses y obedecidos por tales, haría aquella representación y otras que los indios cuentan, aunque ninguna para ellos de tanta admiración como la del Viracocha Inca, porque el fantasma vino diciendo que era hijo del Sol y hermano de los Incas; y como sucedió después el levantamiento de los Chancas y la victoria contra ellos, quedó el Inca en grandísima autoridad y crédito, hecho un oráculo para lo que de allí adelante quisiese ordenar y mandar a los indios. Este es el dios fantástico Viracocha que algunos historiadores dicen que los indios tuvieron por principal dios y en mayor veneración que al Sol, siendo falsa relación y adulación que los indios les hacen, por lisonjearlos, diciendo que les dieron el nombre de su más principal dios. Lo cierto es que no tuvieron dios más principal que el Sol (si no fue Pachacámac, dios no conocido), antes, por dar deidad a los españoles, decían a los principios que eran hijos del Sol, como lo dijeron del fantasma Viracocha.

Capítulo XXII. El Inca Viracocha manda labrar un templo en memoria de su tío, el fantasma

Para mayor estima de su sueño y para perpetuarlo en la memoria de las gentes, mandó el Inca Viracocha hacer, en un pueblo llamado Cacha, que está a dieciséis leguas al sur de la dudad del Cuzco, un templo a honor y reverencia de su tío, el fantasma que se le apareció. Mandó que la hechura del templo imitase todo lo que fuese posible al lugar donde se le apareció; que fuese (como el campo) descubierto, sin techo; que le hiciesen una capilla pequeña, cubierta de piedra; que semejase al cóncavo de la peña donde estuvo recostado; que tuviese un soberado, alto del suelo; traza y obra diferentes de todo cuanto aquellos indios, antes ni después, hicieron, porque nunca hicieron casa ni pieza con soberado. El templo tenía ciento y veinte pies de hueco en largo y ochenta en ancho. Era de cantería pulida, de piedra hermosamente labrada, como es toda la que labran aquellos indios.

Tenía cuatro puertas, a las cuatro partes principales del cielo; las tres estaban cerradas, que no eran sino portadas para ornamento de las paredes. La puerta que miraba al oriente servía de entrada y salida del templo; estaba en medio del hastial, y porque no supieron aquellos indios hacer bóveda para hacer soberado encima de ella, hicieron paredes de la misma cantería, que sirviesen de vigas, por que durasen más que si fueran de madera. Pusiéronlas a trechos, dejando siete pies de hueco entre pared y pared, y las paredes tenían tres pies de macizo; eran doce los callejones que estas paredes hacían. Cerráronlos por lo alto, en lugar de tablas, con losas de a diez pies en largo y media vara de alto, labradas a todas seis haces. Entrando por la puerta del templo, volvían a mano derecha por el primer callejón, hasta llegar a la pared de la mano derecha del templo; luego volvían a mano izquierda por el segundo callejón, hasta la otra pared. De allí volvían otra vez sobre mano derecha por el tercer callejón, y de esta manera (como van los espacios de los renglones de esta plana) iban ganando todo el hueco del templo, de callejón en callejón, hasta el postrero, que eran el doceno, donde había una escalera para subir al soberado del templo.

De frente de cada callejón, a una mano y a otra, había ventanas como saeteras, que bastantemente daban luz a los callejones; debajo de cada ventana había un vacío hecho en la pared, donde estaba un portero sentado, sin ocupar el paso del callejón. La escalera estaba hecha a dos aguas, que podían subir y bajar por la una banda o por la otra; venía a salir lo alto de ella de frente del altar mayor. El suelo del soberado estaba enlosado de unas losas negras muy lustrosas, que parecían de azabache, traídas de muy lejas tierras. En lugar del altar mayor había una capilla de doce pies de hueco en cuadro, cubierta de las mismas losas negras, encajadas unas en otras, levantadas en forma de chapitel de cuatro aguas: era lo más admirable de toda la obra. Dentro de la capilla, en el grueso de la pared del templo, había un tabernáculo, donde tenían puesta la imagen del fantasma Viracocha; a un lado y a otro de la capilla había otros dos tabernáculos, mas no había nada en ellos; solamente servían de ornamento y de acompañar la capilla principal. Las paredes del templo, encima del soberado, subían tres varas en alto, sin ventana ninguna; tenían su cornisa de piedra, labrada adentro y afuera, por todos cuatro lienzos. En el tabernáculo que estaba dentro de la capilla había una basa grande; sobre ella pusieron una estatua de piedra que mandó hacer el Inca Viracocha, de la misma figura que dijo habérsele aparecido el fantasma.

Era un hombre de buena estatura, con una barba larga de más de un palmo; los vestidos, largos y anchos como túnica o sotana, llegaban hasta los pies. Tenía un extraño animal, de figura no conocida, con garras de león, atado por el pescuezo con una cadena, y el ramal de ella en la una mano de la estatua. Todo esto estaba contrahecho de piedra, y porque los oficiales, por no haber visto la figura ni su retrato, no atinaban a esculpirla como les decía el Inca, se puso él mismo muchas veces en el hábito y figura que dijo haberla visto. Y no consintió que otro alguno se pusiese en ella, porque no pareciese desacatar y menospreciar la imagen de su dios Viracocha, permitiendo que la representase otro que el mismo rey; en tanto como esto estimaban sus vanos dioses.

La estatua semejaba a las imágenes de nuestros bienaventurados apóstoles, y más propiamente a la del Señor San Bartolomé, porque le pintan con el demonio atado a sus pies, como estaba la figura del Inca Viracocha con su animal no conocido. Los españoles, habiendo visto este templo y la estatua de la forma que se ha dicho, han querido decir que pudo ser que el apóstol San Bartolomé llegase hasta el Perú a predicar a aquellos gentiles, y que en memoria suya hubiesen hecho los indios la estatua y el templo. Y los mestizos naturales del Cuzco, de treinta años a esta parte, en una cofradía que hicieron de ellos solos, que no quisieron que entrasen españoles en ella, la cual solemnizan con grandes gastos, tomaron por abogado a este bienaventurado apóstol, diciendo que, ya que con ficción o sin ella se había dicho que había predicado en el Perú, lo querían por su patrón, aunque algunos españoles maldicientes, viendo los arreos y galas que aquel día sacan, han dicho que no lo hacen por el apóstol sino por el Inca Viracocha.

Qué motivo tuviese el Inca Viracocha y a qué propósito hubiese mandado hacer aquel templo en Cacha y no en Chita, donde el fantasma se le apareció, o en Yahaurpampa, donde hubo la victoria de los Chancas, siendo cualquiera de aquellos dos puestos más a propósito que el de Cacha, no lo saben decir los indios, mas de que fue voluntad del Inca; y no es de creer sino que tuvo alguna causa oculta. Con ser el templo de tan extraña labor, como se ha dicho, lo han destruido los españoles, como han hecho otras muchas obras famosas que hallaron en el Perú, debiéndolas sustentar ellos mismos, a su costa, para que en siglos venideros vieran las gentes las grandezas con que sus brazos y buena fortuna habían ganado. Mas parece que a sabiendas, como envidiosos de sí propios, las han derribado por el suelo, de tal manera que el día de hoy apenas quedan los cimientos de esta obra, ni de otras semejantes que había, cosa que a los discretos ha lastimado mucho. La principal causa que les movió a destruir esta obra, y todas las que han derribado, fue decir que no era posible sino que había mucho tesoro debajo de ella. Lo primero que derribaron fue la estatua, porque dijeron que debajo de sus pies había mucho oro enterrado. El templo fueron cavando a tiento, ya aquí, ya allí, hasta los cimientos; y de esta manera lo han derribado todo. La estatua de piedra vivía pocos años ha, aunque toda desfigurada, a poder de pedradas que le tiraban.

Capítulo XXIII. Pintura famosa y la gratificación a los del socorro
Hablando del Inca Viracocha, es de saber que quedó tan ufano y glorioso de sus hazañas y de la nueva adoración que los indios le hacían, que, no contento con la obra famosa del templo, hizo otra galana y vistosa, aunque no menos mordaz contra su padre que aguda en su favor, aunque dicen los indios que no la hizo hasta que su padre fue muerto. Y fue que en una peña altísima, que entre otras muchas hay en el paraje donde su padre paró cuando salió del Cuzco retirándose de los Chancas, mandó pintar dos aves que los indios llaman *cúntur,* que son tan grandes que muchas se han visto tener cinco varas de medir, de punta a punta de las alas. Son aves de rapiña y ferocísimas, aunque la naturaleza, madre común, por templarles la ferocidad les quitó las garras; tienen las manos como pies de gallina, pero el pico tan feroz y fuerte, que de una herronada rompen el cuero de una vaca; que dos aves de aquéllas la acometen y matan, como si fueran lobos. Son prietas y blancas, a remiendos, como las urracas. Dos aves de estas mandó pintar. La una con las alas cerradas y la cabeza baja y encogida, como se ponen las aves, por fieras que sean, cuando se quieren esconder; tenía el rostro hacia Collasuyu y las espaldas al Cuzco. La otra mandó pintar en contrario, el rostro vuelto a la ciudad y feroz, con las alas abiertas, como que iba volando

a hacer alguna presa. Decían los indios que el un cúntur figuraba a su padre, que había salido huyendo del Cuzco e iba a esconderse en el Callao, y el otro representaba al Inca Viracocha, que había vuelto volando a defender la ciudad y todo su Imperio.

Esta pintura vivía en todo su buen ser el año de 1580; y el de 95 pregunté a un sacerdote criollo, que vino del Perú a España, si la había visto y cómo estaba. Díjome que estaba muy gastada, que casi no se divisaba nada de ella porque el tiempo con sus aguas y el descuido de la perpetuidad de aquella y otras semejantes antiguallas, la habían arruinado.

Como el Inca Viracocha quedase absoluto señor de todo su Imperio, tan amado y acatado de los suyos como se ha dicho, y adorado por Dios, procuró al principio de su reinado establecer su reino y atender al sosiego y quietud de él y al buen gobierno y beneficio de sus vasallos.

Lo primero que hizo fue gratificar con favores y mercedes a los que le habían dado el socorro en el levantamiento pasado, particularmente a los Quechuas de los apellidos Cotapampa y Cotanera, que, por haber sido los principales autores del socorro, les mandó que trajesen las cabezas trasquiladas y el llautu por tocado y las orejas horadadas como los Incas, aunque el tamaño del horado fue limitado, como lo dio el primer Inca Manco Cápac a sus primeros vasallos.

A las demás naciones dio otros privilegios de grandes favores, con que todos quedaron muy contentos y satisfechos. Visitó sus reinos por que se favoreciesen con verle, que, por las maravillas que de él se contaban, era deseado por todos ellos. Y habiendo gastado algunos años en la visita, se volvió al Cuzco, donde con el parecer de los de su Consejo determinó conquistar aquellas grandes provincias que llaman Caranca, Ullaca, Llipi, Chicha, las cuales su padre dejó de conquistar por acudir al remedio de la mala condición del hijo, como en su lugar dijimos. Para lo cual mandó el Inca Viracocha que en Collasuyu y Cuntisuyu se apercibiesen treinta mil hombres de guerra para el verano siguiente. Eligió por capitán general uno de sus hermanos, llamado Páhuac Maita Inca, que quiere decir el que vuela Maita Inca, que fue ligerísimo sobre todos los de su tiempo, y el don natural le pusieron por sobrenombre.

Eligió cuatro Incas por consejeros del hermano y maeses de campo; salieron del Cuzco y recogieron de camino la gente levantada. Fueron a las provincias dichas; las dos de ellas, que son Chicha y Ampara, adoraban la gran cordillera de la Sierra Nevada, por su grandeza y hermosura y por los ríos que de ella salen con que riegan sus campos. Tuvieron algunos reencuentros y batallas, aunque de poco momento; porque más fue querer los enemigos, como belicosos, tentar sus fuerzas que hacer guerra descubierta a los Incas, cuya potencia era ya tanta, y más con la nueva reputación de las hazañas del Inca Viracocha, que los enemigos no se hallaban poderosos para los resistir. Por estas causas se redujeron aquellas grandes provincias al Imperio de los Incas con más facilidad y menos peligros y muertes de las que al principio se habían temido, porque son belicosas y pobladas de mucha gente; aunque todavía se gastaron más de tres años en la reducción y conquista de ellas.

Capítulo XXIV. Nuevas provincias que el Inca sujeta, y una acequia para regar los pastos

El Inca Páhuac Maita y sus tíos, habiendo dado fin a su jornada y dejado los gobernadores y ministros necesarios para instruir los nuevos vasallos, se volvieron al Cuzco, donde fueron recibidos del Inca con muchas fiestas y grandes favores y mercedes, cuales convenían a tan gran conquista como la que hicieron; con la cual acrecentó el Inca Viracocha su Imperio hasta los términos posibles, porque al oriente llegaba hasta el pie de la gran cordillera y sierra nevada, y al poniente hasta la mar, y al mediodía hasta la última provincia de los Charcas, más de doscientas leguas de la ciudad. Y por estas tres partes ya no había qué conquistar, porque por la una parte le atajaba la mar y por la otra las nieves y grandes montañas de los Antis y al sur le atajaban los desiertos que hay entre el Perú y el reino de Chile. Mas con todo eso, como el reinar sea insaciable, le nacieron nuevos cuidados de la parte de Chinchasuyu, que es al norte: deseó aumentar su Imperio lo que pudiese por aquella banda, y habiéndolo comunicado con los de su Consejo, mandó levantar treinta mil hombres de guerra y eligió seis Incas, de los más experimentados, que fuesen con él. Proveído todo lo necesario, salió con su ejército por el camino de Chinchasuyu, dejando por gobernador de la ciudad a su hermano, el Inca Páhuac Maita. Llegó a la provincia de Antahuailla, que es de la nación Chanca, la cual, por la traición que hicieron al Inca Yáhuar Huácac en rebelarse contra él, fue llamada traidora por sobrenombre, y dura este apellido entre los indios hasta hoy, que jamás dicen Chanca que no añadan *Auca,* que quiere decir traidor. También significa tirano, alevoso, fementido y todo lo demás que puede pertenecer a la tiranía y alevosía: todo lo contiene este adjetivo *auca*. También significa guerrear y dar batalla, por que se vea cuánto comprende el lenguaje común del Perú con una sola palabra.

Con la fiesta y regocijo que, como gente afligida, pudieron hacer los Chancas, fue recibido el Inca Viracocha. El cual se mostró muy afable con todos ellos, y a los más principales regaló, así con palabras como con dádivas; que les dio de vestidos y otras preseas, por que perdiesen el temor del delito pasado, que, como no había sido el castigo conforme a la maldad, temían si había de llegar entonces o después. El Inca, demás del común favor que a todos hizo, visitó las provincias todas; proveyó en ellas lo que le pareció convenir. Hecho esto recogió el ejército, que estaba alojado en diversas provincias; caminó a las que estaban por sujetar. La más cercana, llamada Huaitara, grande y muy poblada de gente rica y belicosa, y que habían sido del bando de los rebelados; la cual se rindió luego que el Inca Viracocha envió sus mensajeros mandándoles que le obedeciesen, y así salieron con mucha humildad, a recibirle por señor, porque estaban escarmentados de la batalla de Yahuarpampa. El Inca los recibió con mucha afabilidad y les mandó decir que viviesen quietos y pacíficos, que era lo que más le convenía.

De allí pasó a otra provincia, llamada Pocra, por otro nombre Huamanca, y a otras que se dicen Asáncaru, Parco, Pícuy y Acos, las cuales todas se dieron con mucha facilidad y holgaron ser de su Imperio; porque el Inca Viracocha era deseado en todas partes, por las maravillas que había hecho. Habiéndolas ganado, despidió el ejército; ordenó lo que al beneficio común de los vasallos convenía, y entre otras cosas que mandó hacer, fue sacar una acequia de agua de más de doce pies de hueco, que corría más de ciento y veinte leguas de largo; empezaba de lo alto de las sierras que hay entre Parcu y Pícuy, de unas hermosas fuentes que allí nacen, que parecen caudalosos ríos. Y corría el acequia hacia los Rucanas; servía de regar los pastos que hay por aquellos despoblados, que tienen dieciocho leguas de travesía y de largo toman casi todo el Perú.

Otra acequia semejante atraviesa casi todo Contisuyu y corre del sur al norte más de ciento y cincuenta leguas por lo alto de las sierras más altas que hay en aquellas provincias, y sale a los Quechuas, y sirve o servía solamente para regar los pastos cuando el otoño detenía sus aguas. De estas acequias para regar los pastos hay muchas en todo el Imperio que los Incas gobernaron; es obra digna de la grandeza y gobierno de tales príncipes. Puédense igualar estas acequias a las mayores obras que en el mundo ha habido, y darles el primer lugar, consideradas las sierras altísimas por donde las llevaban, las peñas grandísimas que rompían sin instrumentos de acero ni hierro, sino que con unas piedras quebrantaban otras, a pura fuerza de brazos, y que no supieron hacer cimbras para sobre ellas armar arcos de puentes con que atajar las quebradas y los arroyos. Si algún arroyo hondo se le atravesaba, iban a descabezado hasta su nacimiento, rodeando las sierras todas que se le ofrecían por delante. Las acequias eran de diez, doce pies de hueco, por la parte de la sierra a que iban arrimadas; rompían la misma sierra para el paso del agua y por la parte de afuera les ponían grandes losas de piedras labradas por todas sus seis partes, de vara y media y de dos varas de largo, y más de vara de alto, las cuales iban puestas a la hila, pegadas unas a otras y fortalecidas por la parte de afuera con grandes céspedes y mucha tierra arrimada a las losas para que ·el ganado que atravesase de una parte a otra no desportillase la acequia.

Esta, que viene atravesando todo el distrito llamado Cuntisuyu, vi en la provincia llamada Quechua, que es al fin del mismo distrito, y tiene todo lo que he dicho, y la miré con mucha atención. Y cierto son obras tan grandes y admirables que excedían a toda pintura y encarecimiento que de ellas se pueda hacer. Los españoles, como extranjeros, no han hecho caso de semejantes grandezas, ni para sustentarlas ni para estimarlas, ni aun para haber hecho mención de ellas en sus historias; antes parece que a sabiendas, o con sobra de descuido, que es lo más cierto, han permitido que se pierdan todas. Lo mismo ha sido de las acequias que los indios tenían sacadas para regar las tierras de pan, que han dejado perder las dos tercias partes; que hoy, y muchos años atrás, no sirven ya sino las acequias que no pueden dejar de sustentar, por la necesidad que tienen de ellas. De las que se han perdido, grandes y chicas, viven todavía los rastros y señales.

Capítulo XXV. El Inca visita su imperio; vienen embajadores ofreciendo vasallaje

Habiéndose dado la traza y proveído lo necesario para sacar la acequia grande para regar los pastos, el Inca Viracocha pasó de la provincia de Chinchasuyu a la de Cuntisuyu, con propósitos de visitar todos sus reinos de aquel viaje. Las primeras provincias que visitó fueron las que llaman Quechua, que, entre otras que hay de este nombre, las más principales son dos, la una llamada Cotapampa y la otra Cotanera; las cuales regaló con particulares mercedes y favores, por el gran servicio que le hicieron en el socorro contra los Chancas. Luego pasó a visitar todas las demás provincias de Cuntisuyu, y no se contentó con visitar las de la sierra, sino también los valles de los llanos y costa de la mar, por que no quedase alguna provincia desfavorecida de que el Inca no la hubiese visto, según era deseado de todas.

Hizo gran pesquisa para saber si los gobernadores y ministros regios hacen el deber, cada cual en su ministerio. Mandaba castigar severísimamente al que había hecho mal su oficio: decía que estos tales merecían más pena y castigo que los salteadores de caminos, porque, con la potestad real que les daban para hacer justicia y beneficio a los vasallos, los fatigaban con molestias y agravios contra la voluntad del Inca, menospreciando sus leyes y ordenanzas. Hecha la visita de Cuntisuyu, entró en las provincias de Collasuyu, las cuales anduvo una por una, visitando los pueblos más principales, donde, como en las pasadas, hizo muchas mercedes y favores, así a los indios en común como a sus curacas en particular. Visitó aquella costa de la mar hasta Tarapaca.

Estando el Inca en la provincia Charca, vinieron embajadores del reino llamado Tucma, que los españoles llaman Tucumán, que está doscientas leguas de los Charcas, al sureste, y, puestos ante él, le dijeron: «Zapa Inca Viracocha, la fama de las hazañas de los Incas, tus progenitores, la rectitud e igualdad de su justicia, la bondad de sus leyes, el gobierno tan en favor y beneficio de los súbditos, la excelencia de su religión, la piedad, clemencia y mansedumbre de la real condición de todos vosotros y las grandes maravillas que tu padre el Sol nuevamente ha hecho por ti, han penetrado hasta los últimos fines de nuestra tierra, y aun pasan adelante. De las cuales grandezas aficionados los curacas de todo el reino Tucma, envían a suplicarte hayas por bien de recibirlos debajo de tu Imperio, y permitas que se llamen tus vasallos, para que gocen de tus beneficios, y te dignes de darnos Incas de tu sangre real que vayan con nosotros a sacarnos de nuestras bárbaras leyes y costumbres y a enseñarnos la religión que debemos tener y los fueros que debemos guardar. Para lo cual, en nombre de todo nuestro reino, te adoramos por hijo del Sol y te recibimos por rey y señor nuestro, en testimonio de lo cual te ofrecemos nuestras personas y los frutos de nuestra tierra, para que sea señal y muestra de que somos tuyos». Diciendo esto, descubrieron mucha ropa de algodón, mucha miel muy buena, *zara* y otras mieses y legumbres de aquella tierra, que de todas ellas trajeron parte, para que en todas se tomase la posesión. No trajeron oro ni plata, porque no la tenían los indios, ni hasta ahora, por mucha que ha sido la diligencia de los que la han buscado, han podido descubrirla.

Hecho el presente, los embajadores se pusieron de rodillas a la usanza de ellos, delante del Inca, y le adoraron como a su Dios y como a su rey. El cual los recibió con mucha afabilidad, y después de haber recibido el presente, en señal de posesión de todo aquel reino, mandó a sus parientes que los brindasen, para hacerles el favor que entre ellos era tenido por inestimable. Hecha la bebida, mandó decirles que el Inca holgaba mucho hubiesen venido de su grado a la obediencia y señorío de los Incas, que serían tanto más regalados y bien tratados que los demás cuanto su amor y buena voluntad lo merecía mejor que los que venían por fuerza. Mandó que les diesen mucha ropa de lana para sus curacas, de la muy fina, que se hacía para el Inca, y otras preseas de la misma persona real hechas de mano de las vírgenes escogidas, que eran tenidas por cosas divinas y sagradas, y a los embajadores dieron muchas dádivas. Mandó que fuesen Incas parientes suyos a instruir aquellos indios en su idolatría y que les quitasen los abusos y torpezas que tuviesen y enseñasen las leyes y ordenanzas de los Incas, para que las guardasen. Mandó que fuesen ministros que entendiesen en sacar acequias y cultivar la tierra, para acrecentar la hacienda del Sol y la del rey.

Los embajadores, habiendo asistido algunos días a la presencia del Inca, muy contentos de su condición y admirados de las buenas leyes y costumbres de la corte, y habiéndolas cotejado con las que ellos tenían, decían que aquéllas eran leyes de hombres, hijos del Sol, y las suyas de bestias sin entendimiento. Y movidos de buen celo, dijeron a su partida al Inca: «Solo Señor, porque no quede nadie en el mundo que no goce de tu religión, leyes y gobierno, te hacemos saber que, lejos de nuestra tierra, entre el sur y el poniente, está un gran reino llamado Chili, poblado de mucha gente, con los cuales no tenemos comercio alguno por una gran cordillera de sierra nevada que hay entre ellos y nosotros, mas la relación tenérnosla de nuestros padres y abuelos; y pareciónos dártela para que hayas por bien de conquistar aquella tierra y reducirla a tu Imperio, para que sepan tu religión y adoren al Sol y gocen de tus beneficios». El Inca mandó tomar por memoria aquella relación y dio licencia a los embajadores para que se volviesen a sus tierras.

El Inca Viracocha pasó adelante en su visita, como íbamos diciendo, y visitó las provincias todas de Collasuyu, haciendo siempre mercedes y favores a los curacas y capitanes de guerra y a los concejos y gente común; de manera que todos, en general, quedaron con lluevo contento y nueva satisfacción de su Inca. Recibíanle por todas aquellas provincias con grandísima fiesta y regocijo y aclamaciones hasta entonces nunca oídas; porque, como muchas veces se nos ofrece decir, el sueño y la gran victoria de Yahuarpampa habían causado en los indios tanta veneración y respeto para con el Inca, que le adoraban por nuevo dios y hoy día tienen en gran veneración la peña donde dicen que estuvo recostado cuando se le apareció el fantasma. Y no lo hacen por idolatrar, que por la misericordia de Dios bien desengañados están ya de la que tuvieron, sino por memoria de su rey, que tan bueno les fue en paz y en guerra.

Acabada la visita de Collasuyu, entró en Antisuyu, donde, aunque fue recibido con menos fausto y pompa, por ser los pueblos menores que los pasados no dejaron de hacerle toda la fiesta y aparato posible. Hicieron por los caminos arcos triunfales de madera, cubiertos de juncia y flores, cosa muy usada entre los indios para grandes recibimientos; cubrieron los caminos con flores y juncia, por do pasaba el Inca. En suma, hacían todas las ostentaciones que podían para dar a entender la vana adoración que deseaban hacerle. En la visita de estas tres partes de su Imperio, gastó el Inca Viracocha tres años, en las cuales no dejaba de hacer las fiestas del Sol, que llamaban Raimi, y la que llaman Citua, donde le hallaba el tiempo de las fiestas, aunque era con menos solemnidad que en el Cuzco; mas como podían la solemnizaban, por cumplir con su vana religión. Acabada la vista, se volvió a su imperial ciudad, donde fue tan bien recibido como había sido deseado, porque, como a nuevo fundador, defensor y amparo que había sido de ella, salieron todos sus cortesanos a recibirle con muchas fiestas y nuevos cantares, compuestos en loor de sus grandezas.

Capítulo XXVI. La huida del bravo Hancohuallu del imperio de los Incas

De la manera que se ha dicho visitó este Inca otras dos veces todos sus reinos y provincias. En la segunda visita sucedió que, andando en la provincia de los Chichas, que es lo último del Perú hacía el mediodía, le llevaron nuevas de un caso extraño, que le causó mucha pena y dolor, y fue que el bravo Hancohuallu, que dijimos fue rey de los Chancas, aunque había gozado de nueve o diez años del suave gobierno de los Incas, y aunque de sus estados y jurisdicción no le habían quitado nada, sino que se era tan gran señor como antes y el Inca le había hecho todo el regalo y buen tratamiento posible, con todo eso, no pudiendo su ánimo altivo y generoso sufrir ser súbdito y vasallo de otro habiendo sido absoluto señor de tantos vasallos como tenía, y que sus padres y abuelos y antepasados habían conquistado y sujetado muchas naciones a su estado y señorío, particularmente los Quechuas, que fueron los primeros que dieron el socorro al Inca Viracocha, para que él no alcanzase la victoria que esperaba, y que al presente se veía igual a todos los que había tenido por inferiores, y le parecía, según su imaginación y conforme a buena razón, que por aquel servicio que sus enemigos hicieron al Inca eran más queridos y estimados que no él, y que él había de ser cada día menos y menos, desdeñado de estas imaginaciones, que a todas horas se le representaban en la fantasía, aunque por otra parte veía que el gobierno de los Incas era para someterse a él de su voluntad todos los potentados y señoríos libres, quiso más procurar su libertad, desechando cuanto poseía, que sin ella gozar de otros mayores estados. Para lo cual habló a algunos indios de los suyos y les descubrió su pecho, diciendo cómo deseaba desamparar su tierra natural y señorío propio y salir del vasallaje de los Incas y de todo su Imperio y buscar nuevas tierras donde poblar y ser señor absoluto o morir en la demanda; que para conseguir este deseo se hablasen unos a otros, y que lo más disimuladamente que pudiesen se fuesen saliendo poco a poco de la jurisdicción del Inca, con sus mujeres e hijos, y como mejor pudiesen, que él les daría pasaportes para que no les pidiesen cuenta de su camino, y que le esperasen en las tierras ajenas comarcanas, porque todos juntos no podrían salir sin que el Inca lo supiese y estorbase, y que él saldría en pos de ellos lo más presto que pudiera, y que aquel camino era el más seguro para conseguir la libertad perdida, porque tratar de nuevo levantamiento era locura y disparate, porque no eran poderosos para resistir al Inca, y, aunque lo fueran, dijo que no lo hicieran por no mostrarse ingrato y desconocido a quien tantas mercedes le había hecho, ni traidor a quien tan magnánimo le había sido; que él se contentaba con buscar su libertad con la menos ofensa que pudiese hacer a un príncipe tan bueno como el Inca Viracocha.

Con estas palabras persuadió el bravo y generoso Hancohuallu a los primeros que se las oyeron, y aquéllos a los segundos y terceros, y así de mano en mano; y de esta manera, por el amor entrañable que en común los indios a su señor natural tienen, fueron fáciles los Chancas de persuadirse unos a otros, y en breve espacio salieron de su tierra más de ocho mil indios de guerra de provecho, sin la demás gente común y menuda de mujeres y niños, con los cuales se fue el altivo Hancohuallu haciendo camino por tierras ajenas con el terror de sus armas y con el nombre Chanca, cuya ferocidad y valentía era temida por todas aquellas naciones de su comarca. Con el mismo asombro se hizo proveer de mantenimientos hasta llegar a las provincias de Tarma y Pumpu, que están sesenta leguas de su tierra, donde tuvo algunos reencuentros; y aunque pudiera con facilidad sujetar aquellas naciones y poblar en ellas, no quiso, por parecerle que estaban cerca del Imperio del Inca, cuya ambición le parecía tanta que tardaría en llegar a sujetar aquellas tierras, y caería en la misma sujeción y desventura que había huido. Por lo cual le pareció pasar adelante y alejarse donde el Inca no llegase tan presto, siquiera mientras él viviese. Con este acuerdo caminó arrimándose a mano derecha de como iba, llegándose hacia las grandes montañas de los Antis, con propósito de entrarse por ellas y poblar donde hallase buena disposición. Y así dicen los de su nación que lo hizo, habiéndose alejado casi doscientas leguas de su tierra; mas por dónde entró y dónde pobló, no lo saben decir más de que entraron por un gran río abajo y poblaron en las riberas de unos grandes y hermosos lagos donde dicen que hicieron tan grandes hazañas que más parecen fábulas compuestas en loor de sus parientes, los Chancas, que historia verdadera, aunque del ánimo y valor del gran Hancohuallu se pueden creer muy grandes cosas, las cuales dejaremos de contar por que no son de nuestra historia. Baste haber dicho lo que a ella pertenece.

Capítulo XXVII. Colonias en las tierras de Hancohuallu; el valle de Yucay ilustrado

El Inca Viracocha recibió mucha pena de la huída de Hancohuallu, y quisiera haber podido estorbarla, mas ya que no le fue posible, se consoló con que no había sido por su causa y, mirándolo más en su particular, decían los indios se había holgado de que se hubiese ido, por la natural condición de los señores, que sufren mal los vasallos de semejante ánimo y valor porque les son formidables. Informóse muy por menudo de la huida de Hancohuallu, y de qué manera quedaban aquellas provincias, y habiendo sabido que no había alteración alguna, envió a mandar (por no dejar de hacer su visita) que su hermano Páhuac Maita, que había quedado en el Cuzco por gobernador, y otros dos de su Consejo, fuesen con buena guarda de gente y visitasen los pueblos de los Chancas y con blandura y mansedumbre aquietasen los ánimos que hubiese alterados por la ida de Hancohuallu.

Los Incas fueron y visitaron aquellos pueblos y las provincias circunvecinas, y lo mejor que pudieron las dejaron quietas y pacíficas. Visitaron asimismo dos famosas fortalezas, que eran de la antigüedad, de los antecesores de Hancohuallu, llamadas Challcumarca y Suramarca. *Marca,* en la len*gua* de aquellas provincias, quiere decir fortaleza. En ellas estuvo el desterrado Hancohuallu los postreros días que estuvo en su señorío, como despidiéndose de ellas, las cuales, según dicen sus indios, sintió más dejar que todo su estado. Sosegado el alboroto que causó la huida de Hancohuallu y acabada la visita que el Inca hacía de su Imperio, se volvió al Cuzco, con determinación de hacer asiento por algunos años en su corte y ocuparse en el gobierno y beneficio de sus reinos hasta que se olvidase este segundo motín de los Chancas. Lo primero que hizo fue promulgar algunas leyes que parecieron convenir, para atajar que no sucediesen otros levantamientos como los pasados. Envió a las provincias chancas gente, de la que llamaban advenediza, en cantidad de diez mil vecinos, que poblasen y restaurasen la falta de los que murieron en la batalla de Yahuarpampa y de los que se fueron con Hancohuallu. Dióles por caudillos Incas de los del privilegio, los cuales ocuparon los vados que en aquellas provincias había. Concluido lo que se ha dicho, mandó hacer grandes y suntuosos edificios por todo su Imperio, particularmente en el valle Yúcay, y más abajo, en Tampu. Aquel valle se aventaja en excelencia a todos los que hay en el Perú, por lo cual todos los reyes Incas, desde Manco Cápac, que fue el primero, hasta el último, lo tuvieron por jardín y lugar de sus deleites y recreación donde iban a alentarse de la carga y pesadumbre que el reinar tiene consigo, con los negocios de paz y de guerra que perpetuamente se ofrecen. Está cuatro leguas pequeñas al nordeste de la ciudad; el sitio es amenísimo, de aires frescos y suaves, de lindas aguas, de perpetua templanza, de tiempo sin frío ni calor, sin moscas ni mosquitos ni otras sabandijas penosas. Está entre dos sierras grandes; la que tiene al levante es la gran cordillera de la Sierra Nevada, que con una de sus vueltas llega hasta allí. Lo alto de aquella sierra es de perpetua nieve, de la cual descienden al valle muchos arroyos de agua, de que sacan acequias para regar los campos. Lo medio de la sierra es de bravísimas montañas: la falda de ella es de ricos y abundantes pastos llenos de venados, corzos, gamos, *huanacus* y vicuñas y perdices, y otras muchas aves, aunque el desperdicio de los españoles tiene ya destruido todo lo que es cacería. Lo llano del valle es de fertilísimas heredades, llenas de viñas y árboles frutales y cañaverales de azúcar que los españoles han puesto.

La otra sierra que tiene al poniente es baja, aunque tiene más de una legua de subida; al pie de ella corre el caudaloso río de Yúcay, con suave y mansa corriente, con mucha pesquería y abundancia de garzas, ánades y otras aves de agua. Por las cuales cosas se van a convalecer a aquel valle todos los enfermos del Cuzco que pueden ir a él, porque la ciudad, por ser de temple más frío, no es buena para convalecientes. El día de hoy no se tiene por bienandante el español morador del Cuzco si no tiene parte en aquel valle. Este Inca Viracocha fue particularmente aficionado a aquel sitio, y así mandó hacer en él muchos edificios, unos para recreación y otros para mostrar majestad y grandeza: yo alcancé alguna parte de ellos.

Amplió la casa del Sol, así en riquezas como en edificios y gente de servicio, conforme a su magnanimidad y conforme a la veneración y acatamiento que todos los Incas tuvieron a aquella casa, y particularmente el Inca Viracocha, por el mensaje que le envió con el fantasma.

Capítulo XXVIII. Dio nombre al primogénito, hizo pronóstico de la ida de los españoles

En las cosas referidas se ejercitó el Inca Viracocha algunos años, con suma tranquilidad y paz de todo su Imperio, por el buen gobierno que en él había. Al primer hijo que le nació de la Coya Mama Runtu, su legítima mujer y hermana, mandó en su testamento que se llamase Pachacútec (llamándose antes Titu Manco Cápac): es participio de presente; quiere decir el que vuelve, o el que trastorna o trueca el mundo; dicen por vía de refrán *pácham cutin;* quiere decir el mundo se trueca, y por la mayor parte lo dicen cuando las cosas grandes se truecan de bien en mal, y raras veces lo dicen cuando se truecan de mal en bien; porque dicen que más cierto es trocarse de bien en mal que de mal en bien. Conforme al refrán, el Inca Viracocha se había de llamar Pachacútec, porque tuvo en pie su Imperio y lo trocó de mal en bien, que por la rebelión de los Chancas y por la huida de su padre se trocaba de bien en mal. Empero, porque no le fue posible llamarse así, porque todos sus reinos le llamaron Viracocha desde que se le apareció el fantasma, por esto dio al príncipe, su heredero, el nombre Pachacútec, que él había de tener, porque se conservase en el hijo la memoria de la hazaña del padre.

El Maestro Acosta, Libro sexto, capítulo veinte, dice: «A este Inca le tuvieron a mal que se intitulase Viracocha, que es el nombre de Dios, y, para excusarse dijo que el mismo Viracocha, en sueños le había parecido y mandado que tomase su nombre. A éste sucedió Pachacuti Inga Yupanqui, que fue muy valeroso conquistador y gran republicano e inventor de la mayor parte de los ritos y supersticiones de su idolatría, como luego diré».

Con esto acababa aquel capítulo. Yo alego en mi favor el habérsele aparecido en sueños el fantasma y haber tomado su nombre, y la sucesión del hijo llamado Pachacútec. Lo que Su Paternidad dice en el capítulo veintiuno que el Pachacútec quitó el reino a su padre, es lo que hemos dicho que el Inca Viracocha se lo quitó a su padre, Yahuar Huácac, y no Pachacútec a Viracocha, su padre, que atrasaron una generación la relación que a Su Paternidad dieron. Y aunque sea así, huelgo que se le hayan dado, por favorecerme de ella.

El nombre de la reina, mujer del Inca Viracocha, fue Mama Runtu: quiere decir madre huevo; llamáronla así porque esta Coya fue más blanca de color que lo son en común todas las indias, y por vía de comparación la llamaron madre huevo, que es gala y manera de hablar de aquel lenguaje; quisieron decir madre blanca como el huevo. Los curiosos en lenguas holgaron de oír éstas y otras semejantes prolijidades, que para ellos no lo serán. Los no curiosos me las perdonen.

A este Inca Viracocha dan los suyos el origen del pronóstico que los reyes del Perú tuvieron, que después que hubiese reinado cierto número de ellos había de ir a aquella tierra gente nunca jamás vista y les había de quitar la idolatría y el Imperio. Esto contenía el pronóstico en suma, dicho en palabras confusas, de dos sentidos, que no se dejaban entender. Dicen los indios que como este Inca, después del sueño del fantasma, quedase hecho oráculo de ellos, los amautas, que eran los filósofos, y el Sumo Sacerdote, con los sacerdotes más antiguos del templo del Sol, que eran los adivinos, le preguntaban a sus tiempos lo que había soñado, y que de los sueños y de los cometas del cielo y de los agüeros de la tierra, que cataban en aves y animales, y de las supersticiones y anuncios que de sus sacrificios sacaban, consultándolo todo con los suyos, salió el Inca Viracocha con el pronóstico referido, haciéndose adivino mayor, y mandó que se guardase por tradición en la memoria de los reyes y que no se divulgase entre la gente común, porque no era lícito profanar lo que tenían por revelación divina, ni era bien que se supiese ni se dijese que en algún tiempo habían de perder los Incas su idolatría y su Imperio, que caerían de la alteza y divinidad en que los tenían. Por esto no se habló más de este pronóstico hasta el Inca Huaina Cápac, que lo declaró muy al descubierto, poco antes de su muerte, como en su lugar diremos. Algunos historiadores tocan brevemente en lo que hemos dicho: dicen que dio el pronóstico un dios que los indios tenían, llamado Ticci Viracocha. Lo que yo digo lo oí al Inca viejo que contaba las antigüedades y fábulas de sus reyes en presencia de mi madre.

Por haber dado este pronóstico el Inca Viracocha y por haberse cumplido con la ida de los españoles al Perú y haberlo ganado ellos y quitado la idolatría de los Incas y predicado la fe católica de nuestra Santa Madre Iglesia Romana, dieron los indios el nombre Viracocha a los españoles, y fue la segunda razón que tuvieron para dárselo, juntándola con la primera, que fue decir que eran hijos del dios fantástico Viracocha, enviados por él (como atrás dijimos) para remedio de los Incas y castigo del tirano. Hemos antepuesto este paso de su lugar por dar cuenta de este maravilloso pronóstico, que tantos años antes lo tuvieron los reyes Incas; cumplióse en los tiempos de Huáscar y Atahuallpa, que fueron choznos de este Inca Viracocha.

Capítulo XXIX. La muerte del inca Viracocha el autor vio su cuerpo
Murió el Inca Viracocha en la majestad y alteza de estado que se ha referido; fue llorado universalmente de todo su Imperio, adorado por Dios, hijo del Sol, a quien ofrecieron muchos sacrificios. Dejó por heredero a Pachacútec Inca y a otros muchos hijos e hijas, legítimos en sangre real y no legítimos; ganó once provincias, las cuatro al mediodía del Guco y las siete al septentrión. No se sabe de cierto qué años vivió ni cuántos reinó, mas de que comúnmente se tiene que fueron más de cincuenta los de su reinado; y así lo mostraba su cuerpo cuando yo lo vi en el Cuzco, al principio del año de 1560, que, habiendo de venirme a España, fui a la posada del licenciado Polo Ondegardo, natural de Salamanca, que era corregidor de aquella ciudad, a besarle las manos y despedirme de él para mi viaje. El cual, entre otros favores que me hizo, me dijo: «Pues que vais a España, entrad en ese aposento; veréis algunos de los vuestros que he sacado a luz, para que llevéis que contar por allá».

En el aposento hallé cinco cuerpos de los reyes Incas, tres de varón y dos de mujer. El uno de ellos decían los indios que era este Inca Viracocha; mostraba bien su larga edad; tenía la cabeza blanca como la nieve. El segundo, decían que era el gran Túpac Inca Yupanqui, que fue bisnieto de Viracocha Inca. El tercero era Huaina Cápac, hijo de Túpac Yupanqui y tataranieto del Inca Viracocha. Los dos últimos no mostraban haber vivido tanto, que, aunque tenían canas, eran menos que las del Viracocha. La una de las mujeres era la reina Mama Runtu, mujer de este Inca Viracocha. La otra era la Coya Mama Ocllo, madre de Huaina Cápac, y es verosímil que los indios los tuviesen juntos después de muertos, marido y mujer, como vivieron en vida. Los cuerpos estaban tan enteros que no les faltaba cabello, ceja ni pestaña. Estaban con sus vestiduras, como andaban en vida: los llautos en las cabezas, sin más ornamento ni insignias de las reales. Estaban asentados, como suelen sentarse los indios y las indias: las manos tenían cruzadas sobre el pecho, la derecha sobre la izquierda; los ojos bajos, como que miraban al suelo.

El padre Maestro Acosta, hablando de uno de estos cuerpos, que también los alcanzó Su Paternidad, dice, Libro sexto, capítulo veintiuno: «Estaba el cuerpo tan entero y bien aderezado con cierto betún, que parecía vivo. Los ojos tenía hechos de una telilla de oro; tan bien puestos, que no le hacían falta los naturales», etc. Yo confieso mi descuido, que no los miré tanto, y fue porque no pensaba escribir de ellos; que si lo pensara, mirara más por entero cómo estaban y supiera cómo y con qué los embalsamaban, que a mí, por ser hijo natural, no me lo negaran, como lo han negado a los españoles, que, por diligencias que han hecho, no ha sido posible sacarlo de los indios: debe de ser porque les falta ya la tradición de esto, como de otras cosas que hemos dicho y diremos. Tampoco eché de ver el betún, porque estaban tan enteros que parecían estar vivos, como Su Paternidad dice. Y es de creer que lo tenían, porque cuerpos muertos de tantos años y estar tan enteros y llenos de sus carnes como lo parecían, no es posible sino que les ponían algo; pero era tan disimulado que no se descubría.

El mismo autor, hablando de estos cuerpos, Libro quinto, capítulo sexto, dice lo que sigue: «Primeramente los cuerpos de los reyes y señores procuraban conservarlos, y permanecerían enteros, sin oler mal ni corromperse, más de doscientos años. De esta manera estaban los reyes Incas en el Cuzco, cada uno en su capilla y adoratorio, de los cuales el visorrey marqués de Cañete (por extirpar la idolatría) hizo sacar y traer a la Ciudad de los reyes tres o cuatro de ellos, que causó admiración ver cuerpos humanos de tantos años, con tan linda tez y tan enteros», etc. Hasta aquí es del padre Maestro, y es de advertir que la Ciudad de Los Reyes (donde había casi veinte años que los cuerpos estaban cuando Su Paternidad los vio) es tierra muy caliente y húmeda, y por ende muy corrosiva, particularmente de carnes, que no se pueden guardar de un día para otro; que con todo eso, dice que causaba admiración ver cuerpos muertos de tantos años con tan linda tez y tan enteros. Pues cuánto mejor estarían veinte años antes y en el Cuzco, donde, por ser tierra fría y seca, se conserva la carne sin corromperse hasta secarse como un palo. Tengo para mí que la principal y mejor diligencia que harían para embalsamados sería llevarlos cerca de las nieves y tenerlos allí hasta que se secasen las carnes, y después les pondrían el betún que el padre Maestro dice, para llenar y suplir las carnes que se habían secado, que los cuerpos estaban tan enteros en todo como si estuvieran vivos, sanos y buenos, que, como dicen, no les faltaba sino hablar. Náceme esta conjetura de ver que el tasajo que los indios hacen en todas las tierras frías lo hacen solamente con poner la carne al aire, hasta que ha perdido toda la humedad que tenía, y no le echan sal ni otro preservativo, y así seca la guardan todo el tiempo que quieren. Y de esta manera se hacía todo el carnaje en tiempo de los Incas para bastimento de la gente de guerra.

 Acuérdome que llegué a tocar un dedo de la mano de Huaina Cápac; parecía que era de una estatua de palo, según estaba duro y fuerte. Los cuerpos pesaban tan poco que cualquiera indio los llevaba en brazos o en los hombros, de casa en casa de los caballeros que los pedían para verlos. Llevábanlos cubiertos con sábanas blancas; por las calles y plazas se arrodillaban los indios, haciéndoles reverencia, con lágrimas y gemidos; y muchos españoles les quitaban la gorra, porque eran cuerpos de reyes, de lo cual quedaban los indios tan agradecidos que no sabían cómo decirlo.

 Esto es lo que se pudo haber de las hazañas del Inca Viracocha; las demás cosas más menudas de hechos y dichos de este famoso rey no se saben en particular, por lo cual es lástima que, por falta de letras, muriesen y se enterrasen con ellos mismos las hazañas de hombres tan valerosos.

 El padre Blas Valera refiere solo un dicho de este Inca Viracocha; dice que lo repetía muchas veces, y que tres Incas (que nombra) le dieron la tradición de él y de otros dichos, que adelante veremos, de otros reyes Incas.

Es acerca del criar los hijos, que como este Inca se crió con tanta aspereza y disfavor de su padre, acordándose de lo que había pasado advertía a los suyos de qué manera debían criar sus hijos para que saliesen bien doctrinados. Decía: «Los padres muchas veces son causa de que los hijos se pierdan o corrompan, con las malas costumbres que les dejan tomar en la niñez; porque algunos los crían con sobra de regalos y demasiada blandura, y, como encantados con la hermosura y ternura de los niños, los dejan ir a toda su voluntad, sin cuidar de lo que adelante, cuando sean hombres, les ha de suceder. Otros hay que los crían con demasiada aspereza y castigo, que también los destruyen; porque con el demasiado regalo se debilitan y apocan las fuerzas del cuerpo y del ánimo, y con el mucho castigo desmayan y desfallecen los ingenios de tal manera que pierden la esperanza de aprender y aborrecen la doctrina, y los que lo temen todo no pueden esforzarse a hacer cosa digna de hombres. El orden que se debe guardar es que los críen en un medio, de manera que salgan fuertes y animosos para la guerra y sabios y discretos para la paz». Con este dicho acaba el padre Blas Valera la vida de este Inca Viracocha.

FIN DEL LIBRO QUINTO

Libros a la carta

A la carta es un servicio especializado para
empresas,
librerías,
bibliotecas,
editoriales
y centros de enseñanza;
y permite confeccionar libros que, por su formato y concepción, sirven a los propósitos más específicos de estas instituciones.

Las empresas nos encargan ediciones personalizadas para marketing editorial o para regalos institucionales. Y los interesados solicitan, a título personal, ediciones antiguas, o no disponibles en el mercado; y las acompañan con notas y comentarios críticos.

Las ediciones tienen como apoyo un libro de estilo con todo tipo de referencias sobre los criterios de tratamiento tipográfico aplicados a nuestros libros que puede ser consultado en Linkgua-ediciones.com.

Linkgua edita por encargo diferentes versiones de una misma obra con distintos tratamientos ortotipográficos (actualizaciones de carácter divulgativo de un clásico, o versiones estrictamente fieles a la edición original de referencia).

Este servicio de ediciones a la carta le permitirá, si usted se dedica a la enseñanza, tener una forma de hacer pública su interpretación de un texto y, sobre una versión digitalizada «base», usted podrá introducir interpretaciones del texto fuente. Es un tópico que los profesores denuncien en clase los desmanes de una edición, o vayan comentando errores de interpretación de un texto y esta es una solución útil a esa necesidad del mundo académico.

Asimismo publicamos de manera sistemática, en un mismo catálogo, tesis doctorales y actas de congresos académicos, que son distribuidas a través de nuestra Web.

El servicio de «libros a la carta» funciona de dos formas.

1. Tenemos un fondo de libros digitalizados que usted puede personalizar en tiradas de al menos cinco ejemplares. Estas personalizaciones pueden ser de todo tipo: añadir notas de clase para uso de un grupo de estudiantes,

introducir logos corporativos para uso con fines de marketing empresarial, etc. etc.

2. Buscamos libros descatalogados de otras editoriales y los reeditamos en tiradas cortas a petición de un cliente.

www.ingramcontent.com/pod-product-compliance
Lightning Source LLC
Chambersburg PA
CBHW030850170426
43193CB00009BA/555